글로벌라이징 캐피털

글로벌라이징 캐피털

국제 통화 체제는
어떻게
진화하는가

GLOBALIZING CAPITAL

배리 아이켄그린 지음 | 강명세 옮김

미지북스

차 례

GLOBALIZING
CAPITAL

일러두기

1. 저자의 주석은 이 책 말미에 '후주'로 두었고, 본문 바로 아래쪽에는 옮긴이의 주석을 두었다.
2. 본문과 주석에 고딕체로 표기된 단어는 본문 뒤에 나오는 용어 설명의 표제어이다. 단, 용어 설명에 없는 고딕체 표기는 저자의 강조이다.
3. 복합 명사는 띄어 쓰는 것을 원칙으로 하였으나, 조직이나 단체의 명칭은 띄어 쓰지 않았다.
4. 다음의 용어들은 저작권자의 요청에 따라 아래와 같이 번역했다.

   peg: 한 통화가 다른 통화에 연동되어 있다는 뜻으로 pegged rate는 fixed rate와 뉘앙스 차이가 있으나, 일반 독자들의 이해를 돕기 위해 모두 "고정 환율"로 번역했다. 다만, 번역하기 애매한 부분이나 뉘앙스를 살려야 하는 부분에서는 "페그"라고 그대로 썼다.

   parity: 평가平價로 번역되나 일상 언어에서 쓰이는 평가評價와 혼동될 우려가 있고, 일반 독자들의 이해를 돕기 위해 "기준 환율"로 번역했다. 단, gold parity의 경우에는 "금 평가"로 번역했다.

   international reserve / foreign reserve: 준비금의 보유 형태에 따른 뉘앙스의 차이를 살리기 위해 "국제 준비금" 혹은 "외환 보유고" 등으로 문맥에 맞게 번역했다.

한국어판 서문

이 책의 2판이 출판된 2008년 초 이래로 돌이킬 수 없는 수많은 일들이 일어났다. 2007년 미국 서브프라임 모기지 시장에서 발생한 소위 '서브프라임 위기'라고 불린 금융적 난국은 2008년에 접어들면서 최근 80년 동안 가장 심각한 글로벌 신용 위기로 발전했다. 2005년 중반 이후 달러에 대해 위안화 가치의 완만한 상승을 허용했던 중국은 수출이 급격하게 붕괴되자 다시 고정 환율로 돌아갔다. 은행이 해외 차입을 통해 조선업 및 기타 수출 산업에 자금을 대출해주었던 한국 같은 나라들은 달러 유동성이 줄어들자 큰 피해를 입었다. 2008년 9월 투자 은행인 리먼 브라더스가 무너진 후 한국의 원화는 달러당 1,000원에서 거의 1,600원으로 급상승했고, 한국은 미국 연방준비제도로부터 긴급 통화 스왑 300억 달러를 지원받은 후에야 금융 붕괴를 피할 수 있었다.

　제2의 대공황 위험은 결국 G20 국가들의 대대적인 재정 부양책에 의해 궁극적으로 피했다. 그러나 재정 부양은 위기의 씨앗을 뿌린 과도한 부채 문제를 해결한 것이라기보다는 미봉책에 불과했다. 위기로 증발해버린 민간 소비를 대신하기 위해 정부의 재정 적자 지출은 필요했지만, 그 결과는 국가 채무 위기가 그에 앞서 발생한 은행, 기업, 가계의 부채 위기를 대체하는 것이었다. 가계와 기업이 부채를 줄이자 정부 채무가 늘어났다. 2010년 초 가장 취약한 국가들 즉 남유럽의 그리스, 포르투갈, 스페인, 이탈리아 등의 정부에 대한 의혹이 광범하게 퍼졌다. 이는 다시 통화 블록으로서의 유로와 달러의 대안으로서의 유럽 단일 통화에 대한 회의를 낳았다.

이 모든 것은 글로벌 금융 및 통화 체제의 미래에 대한 의구심을 불러일으켰다. 정부들은 국제 자본 유입을 향한 자유화 정책을 지속할 것인가 아니면 2010년 여름의 한국처럼 중앙은행이 외환 선물 시장에서의 은행 거래를 규제함으로써 해외 차입과 대출을 억제할 것인가? 상대적으로 자유로운 변동 환율제를 채택하던 나라들은, 2008년 한국에서처럼 짓궂은 변동성에도 불구하고 이번에도 역시, 이를 고수할 것인가? 위기 이전 중국처럼 환율의 변동폭을 확대하는 방향을 취했던 다른 나라들은 이를 지속할 것인가? 유로권은 유지될 것인가? 달러는 국제 기축 통화로 남을 것인가 아니면 유로, 위안화, 또는 다른 경쟁 통화의 압력을 받을 것인가? 국제적 기축 통화인 달러가 IMF의 특별 인출권과 같은 탈국가 단위에 의해 대체될 것인가?

이 책은 이러한 문제들에 대해 생각하는 법을 제공한다. 이 책은 증가하는 자본 흐름과 국제 자본 이동성 추세는 전반적으로 되돌릴 수 없다고 주장한다. 정부들은 한국 사례가 보여주는 것과 같이 해외 차입과 대출의 특정 형태에 과도하게 의존하는 것을 억제하는 제한된 수단을 사용할 수 있다. 한국 정부는 은행이 과도하게 단기 차입하는 것을 규제했으나 좀 더 일반화된 자본 이동의 상승을 되돌릴 수 없었다. 자본 이동의 증대는 두 가지 흐름으로 촉진된다. 첫째는 기술의 진화이다. 기술 발전은 오늘날 과거에 비해 자본의 국경 이동을 더욱 쉽게 만들었다. 둘째는 정치적 민주주의이다. 민주주의 체제에서 국민은 해외에서의 차입과 대출을 포함하여 정부가 자의적으로 자신들의 금융 결정을 제한하려는 노력에 저항한다. 정보 기술의 발전이나 정치적 민주주의를 향한 세계적 추세는 역전되지 않을 것이다. 따라서 국제 자본 이동은 계속될 것이다.

이는 다시 국제 통화 체제의 구조에 문제를 제기한다. 자본 이동은 1950년대와 1960년대의 브레튼우즈 체제에서 작동했던 조정 가능한 고정 환율 체제의 운용을 거의 불가능하게 만들었다. 자본 이동은 투기꾼들이 환율 고정에 대해 대대적으로 공격하도록 허용한다. 브레튼우즈 체제에서 조정 가능한 고정 환율이 가능했던 이유는 자본 통제가 그러한 행위를 금지했기 때문이다. 국내 금융 규제는 엄격했고 투자자가 규제를 피할 수 있는 범위를 좁혔다. 그러나 1960년대와 1970년대 이미 유로-달러 시장(달러 예금의 해외 시장)의 성장으로 자본 이동은 늘어났으며 환율 고정은 점점 더 취약하고 위태롭게 되었다. 유럽 국가들은 1980년대에 통제를 계속했으나 1980년대 말 상품, 서비스 및 자본의 단일한 유럽 시장을 향한 계획의 일환으로 통제는 사라졌다. 조정 가능한 고정 환율제인 유럽 통화 제도를 운용하려는 유럽의 마지막 시도는 1992~1993년에 실패했다. 아시아 국가들은 비슷하게 1997~1998년의 금융 위기에서 자신들의 사실상의 고정 환율 체제(달러 페그)가 무너지는 것을 지켜보았다.

이 책의 주제는 환율 관리에는 두 가지 선택이 있다는 점이다. 하나는 더 자유로운 변동 환율제이며, 다른 하나는 모든 환율 변동성을 없애는 것 즉 통화 동맹을 통해 환율을 제거하는 방안이다. 일부에서는 최근의 사건이 이러한 방안들의 현실성에 대해 의문을 제기한다고 말할 것이다. 2008~2009년의 불안정한 통화 변동은 더 큰 환율 유연성이 가능하지 않음을 의미한다. 2008년 후반 한국이 경험했던 것처럼 자국 통화의 달러 대비 60%에 달하는 변동은 어떤 경제라도 능히 흡수할 수 있는 것이 아니다. 그리고 2010년의 사건은 유로에도 균열이 있음을 보여준다. 그것은 정치적 통합이 없는 통화 동맹은 작동할 수 없음을 보여준다. 아시아와 같은 지구의 다른 지역에서 정치적 통일은 더욱 일어나기 어려운 점을 고려하면 유로 지역과 유사한 형태의 통화 동맹은 등장하지 않을 것이다.

이러한 반론은 경청할 만하지만 너무 지나친 수정주의이다. 첫째, 모든 점들을 고려해보면 한국같이 변동 환율의 나라들은 계속해서 이를 유지할 것이며, 중국과 같이 최근에 좀 더 유연한 환율로 움직여온 나라들은 마찬가지로 그러한 방향으로 더 나아갈 것이다. 사실 중국은 2010년 6월 바로 이 점을 약속하는 새로운 정책을 선언했다. 특정한 달러 환율을 고집하려 하지 않는다면, 변동 환율제 국가의 중앙은행은 여전히 시장에 때때로 개입할 수 있다. 확실히 개입은 외환 보유고를 필요로 하고 한국 같은 나라들은 계속해서 비축한다. 그러나 외환 보유고의 비축은 특히 주요 외환인 달러가 장기적으로 하락하는 상황에서 비용이 많이 든다. 더 좋은 대안은 통화 스왑의 국제 체제를 구축하여 2008년 후반 연방준비제도와 한국은행 사이에 있었던 스왑(한국 정부가 G20에서 제안했던 것), 그리고 아세안과 한중일 3국이 맺은 치앙마이 이니셔티브에 의해 제공되는 아시아 스왑 체제를 더 많이 사용하는 것이다.

둘째, 유로에 대한 부정적 기류에도 불구하고 유럽의 단일 통화는 사라지지 않는다. 심각한 채무와 재정 문제를 안고 있는 남유럽의 어느 국가도 통화 동맹에서 탈퇴하지 않았다. 탈퇴는 문제를 더 어렵게 만들기 때문이다. 한편 다른 유럽연합 국가인 에스토니아는 2011년 유로를 채택하겠다고 선언했다(그리고 회원으로 받아들여졌다.). 물론 정치적 통합이 없는 통화 통합은 문제가 있다. 유럽에 단일 통화인 유로와 단일 통화 기구인 유럽중앙은행은 만들어졌지만 작동 가능한 통화 동맹의 다른 요소는 확립되지 않았다. 국내 재정 정책을 조율할 효과적인 기제가 없는 것이다. 표면상 그렇게 하는 데 필요한 기제인 안정성 협약은 주로 위반 속에서나 존중되었다. 엄격한 정책을 추구했으나 일시적 재정 문제를 겪는 국가들에 대한 긴급 지원을 확대하거나 파산한 유로 지역 정부의 채무를 재조정하는 데 필요한 영구적 장치가 없다.

그러나 이러한 상황에 대한 유럽의 대응은 유로가 실수였다고 결론 내리지 않는 것이었다. 그 대신 유럽은 역내 재정 정책을 조율할 더 강력한 기제를 창출하고 긴급 구조 장치를 확립하기 위한 노력을 배가하고 있다. 과거의 통화 혼란으로 회귀할 것인가 아니면 더욱 심도 높은 정치적 통합을 향해 나아갈 것인가 하는 선택의 기로에 직면한 유럽은, 이번이 처음은 아니지만, 후자를 선택했다.

그렇다면 이 모든 것은 국제 통화 체제의 진화 그리고 특히 한국의 통화 및 환율 정책에 무엇을 의미하는가? 그것은 달러는 서반구에서, 유로는 유럽에서, 그리고 위안화는 아시아에서 지배적 통화 역할을 하는 삼극의 국제 통화 체제가 부상함을 의미한다. 세계 최대 3대 경제권의 주요 통화들은 서로에 대해 더욱 자유롭게 변동할 것이다. 한편 미국, 유럽 또는 중국과 강한 경제 및 금융 유대를 맺고 있는 작은 나라는 달러, 유로 또는 위안화 중 어느 하나와 관계를 가질 것이다. 이때 한국은행은 종종 해외 외환 시장에 개입하는 때가 오면 단순히 달러 시장, 유로 시장 또는 위안화 시장이 아니라 세 시장 모두에 개입할 것이다. 시간이 지나면서 세계의 경제 중심이 갈수록 중국 쪽으로 이동함에 따라 원-위안화 환율은 한국의 정책 결정자의 계산에서 더 큰 비중을 차지할 것이다.

그러나 이는 너무 나아간 미래의 일이다.

2010년 7월 캘리포니아 버클리에서

배리 아이켄그린

이 책에서 보는 국제 통화 체제의 역사는 두 가지 의미에서 간략하게 되어 있다. 첫째, 나는 짧은 시기, 즉 1850년부터 오늘날까지에 이르는 150년 기간에 집중한다. 내가 서술하는 많은 내용들은 그 이전의 시기에 뿌리를 두고 있지만 그 시사점을 이끌어내기 위해서는 이처럼 상대적으로 짧은 시기에 집중할 필요가 있다. 둘째, 나는 국제 통화 기제를 너무 세부적으로 서술하기보다 주제를 강조하는 짧은 책을 쓰려고 했다.

나는 몇몇 부류의 독자들을 상대로 책을 썼다고 말하려 한다. 첫 번째 부류의 독자는 교과서의 이론적 뼈대에 역사적이고 제도적인 살을 덧붙이고자 하는 경제학 전공 학생들이다. 학생들은 거시 경제학과 국제 경제학 문헌에서 그동안 보아왔던 개념과 모델을 이 책에서 참고할 수 있을 것이다. 두 번째 부류의 독자는 역사학도이다. 그들은 친숙한 역사적 개념과 방법론을 만날 수 있을 것이다. 통화 개혁에 관심이 많고 국제 통화 체제가 계속 작동하면서 미래에도 그러할 것인지에 대해 관심 있는 일반 독자들 역시 이 책은 바로 읽을 수 있을 것으로 기대한다. 이해를 돕기 위해 본문 뒤에 용어 설명을 달아놓았고 본문에서 이 단어들이 처음 나올 때는 고딕체로 표시했다.

이 원고는 루뱅가톨릭대학교Catholic University of Leuven의 가스통

에이스캉Gaston Eyskens 강의에서 시작되었다. 초대해준 루뱅의 경제 학과의 내 친구들에게 감사를 표한다. 특히 에리크 부이스트Erik Buyst, 폴 드 그로베Paul De Grauwe, 헤르만 반 데어 베Herman van der Wee에게 고마움을 표하고 싶다. IMF의 연구 부서, 연방준비제도 이사회의 국제 금융 부서와 국제 경제 관계 연구의 인도 위원회는 개 정하는 데 친절한 환경을 제공했다. 이 책에서 표현된 의견이 나에게 친절을 베풀어준 기관들의 의견이 아님은 명백하다.

경제학에서 진보는 학자들이 전임자들의 연구 위에 쌓아가는 누적 적 과정을 통해 일어나는 것으로 말해지곤 한다. 대학원생 강의 계획 서에 십 여 년 전에 쓰여진 많은 책과 논문조차도 참고 문헌으로 포함 되지 않는 시대에, 이는 상당히 드문 사례이다. 따라서 지금 이 책에 인용된 주석들이 내가 앞 세대 학자들에게 얼마나 빚지고 있는지를 명백히 나타내주기를 기대한다. 그렇다고 해서 초고에 대해 코멘트해 준 나의 동시대 학자들에게 진 빚은 적다는 것도 아니다. 마이클 보도 Michael Bordo, 찰스 캘로미리스Charles Calomiris, 리처드 쿠퍼Richard Cooper, 맥스 코던Max Corden, 폴 드 그로베, 트레버 딕Trevor Dick, 마르크 플랑드로Marc Flandreau, 제프리 프리던Jeffrey Frieden, 줄리오 갈라로티Giulio Gallarotti, 리처드 그로스먼Richard Grossman, 랜덜 헤 닝Randall Henning, 더글러스 어윈Douglas Irwin, 해롤드 제임스 Harold James, 라르스 요눙Lars Jonung, 피터 케넨Peter Kenen, 이언 맥 린Ian McLean, 자크 멜리츠Jaques Melitz, 앨런 멜처Alan Meltzer, 마샤 올니Martha Olney, 리슬리 그레스널Leslie Pressnell, 안젤라 레디시 Angela Redish, 피터 솔라Peter Solar, 네이선 서스먼Nathan Sussman, 피에르 시크시크Pierre Sicsic, 주제페 타타라Guiseppe Tattara, 피터 테

14

민Peter Temin, 데이비드 빈스David Vines, 미라 윌킨스Mira Wilkins에게도 그들의 인내와 건설적인 비평에 대해 감사의 말을 전하고 싶다. 그들은 저자의 완고함이 반영된 오류들에 대해서 아무런 책임이 없다.

이 책은 초판이 출간된 1996년 이후의 이야기를 확장하여 덧붙였다. 이어지는 시기는 환율이 중심적인 역할을 했던 대단히 충격적인 사건인 아시아 금융 위기로 시작되었다. 그리고 근대 국제 통화 역사에서 전대미문의 사건인 유럽 통화 통합이 뒤를 이었다. 또한 그 시기는 국제 통화 체제에서 핵심 주자로 개발도상국이 부상하는 것을 목도한 때였다. 미국에게 대규모 자금을 제공한 개발도상국의 인센티브와 행위를 이해하지 않고서는 이 시기의 상당 기간 동안 어떻게 미국이 거대한 경상 수지 적자를 운위할 수 있었는지를 이해하기란 불가능하다. 만성적인 미국의 적자, 유로의 출현, 그리고 국제 통화 체제에 영향을 미칠 수 있는 신흥 시장에 대한 새로운 인식과 같은 현상들은 모두 향후 전개되는 국제 금융 관계에서 미국과 달러의 역할에 대해 의문을 제기한다. 이 이야기는 복잡하다. 아마 짐작할 수 있듯이, 나는 분석 틀을 이용해 그 이야기를 가장 잘 이해할 수 있는 방법이 이 책에서 제시되고 있다고 주장할 것이다.

이전에 쓴 장들을 포괄적으로 개정하지는 않았지만, 내부적 일관성을 위해 아주 약간은 수정했다. 이 개정판을 완성하는 데 각기 다른 방식으로 도와준 셰릴 애플우드Cheryl Applewood, 피터 도허티Peter Dougherty, 미셸 브리커Michelle Bricker에게 고마움을 전한다.

2008년 1월 버클리에서
배리 아이켄그린

옮긴이의 말

배리 아이켄그린은 새삼 소개할 필요가 없는 국제 금융사 분야의 최고 석학이다. 그가 한국에 본격 알려진 것은 1997년의 아시아 금융 위기 때이다. 그는 한국에서 비교적 늦게 알려졌는데, 그 이유는 외환위기 이전 한국에서는 국제 금융의 중요성을 아직 실감하지 못했기 때문이다. 한국처럼 국제 금융 체제의 쓴맛을 톡톡히 본 나라는 아이켄그린의 논의에 귀를 기울여야 한다. 한국에서 아이켄그린이 읽혀야 하는 데는 몇 가지 이유가 있다.

첫째, 아이켄그린은 여타 금융학자나 전문가와는 달리 분석의 지평이 넓고 긴 호흡의 시각을 제시한다는 점에서 타의 추종을 불허한다. 아이켄그린은 자신이 이 책에서 취급하는 150년의 시간도 짧은 시기에 불과할 만큼 장기적 관점에 서 있다. 장기적 관점은 역사가의 전유물이며 하버드대학교의 닐 퍼거슨Niall Ferguson은 비슷한 방법으로 세계적 명성을 얻었다. 그러나 아이켄그린은 국제 통화나 금융사 영역에 집중하여 대중적 인기에서 퍼거슨보다 덜 알려졌다. 오늘날 자본의 세계화에 대해서는 많은 논의와 그 폐악에 대한 다양한 해법이 나와 있다. 그러나 아이켄그린처럼 자본의 세계화 과정을 역사적 관점에서 시기별로 논의하는 것은 흔치 않다. 세계화는 1990년대 이후에만 발생한 것은 아니다. 오늘의 상황은 제2의 세계화이다. 제1의 세

16

계화는 19세기 말부터 20세기 초 사이에 일어났는데 오히려 자본 이동뿐 아니라 노동의 이동도 자유로웠다는 점에서 최근 10년을 제외하면 제2의 세계화에 비해 오히려 강도가 높았다.

둘째, 아이켄그린은 자본 흐름과 같은 국제 금융 체제의 역사적 변화를 단순히 경제적 요인에 한정하지 않고 더욱 큰 역사적 맥락 가운데서 파악하는 점에서 폴라니적 해석을 제시한다. 저자는 외견상 단순히 금융 문제에 한정되는 것을 사회적 배경에서 조망함으로써 전문가조차 보기 어려운 측면에 접근하도록 한다. 이는 대표적으로 1914년 이전 시기와 20세기 말의 세계화를 비교하는 데서 드러난다. 그는 금융 체제는 진공 속에 존재하는 가공물이 아니라 정치 체제 속에서 구성되는 것임을 일깨워준다. 특히 민주주의가 공기처럼 된 현재의 상황에서 권위주의가 표준이었던 역사적 시점에서 금융 체제의 작동을 이해할 수 없다. 금융과 통화는 경제의 윤활유로서 소득의 분배와 재분배에 막대한 영향을 주기 때문에 정치 체제가 어떤 성격인가에 따라 크게 달라진다. 아이켄그린은 금본위제와 고정 환율제를 기반으로 하는 19세기 금융 체제가 지속될 수 있었던 것은 금융 재정 정책을 결정하는 정부에게 아래로부터의 압력이 없었기 때문이라고 주장한다.

민주주의 체제에서 선거 경쟁을 통해 집권하는 정부는 투표자의 경제적 이해관계를 무시할 수 없다. 민주 정부는 실업과 같은 국내 정치적 목표를 달성하는 데 실패하면 다음 선거에서 패배한다. 보통 선거권이 전면 도입되기 전의 시기에 정부는 '보통 사람'의 눈치를 보지 않고 순수하게 금융 목적만을 추구하는 것이 가능했다. 그렇기 때문에 1914년 제1차 대전이 발생하기 전 자본의 국제적 이동이 활발함에

도 불구하고 금본위제하에서 고정 환율이 가능했던 것이다. 1914년 이전 노동 시장은 극히 일부분만 조직되었고 정치 시장은 진보 정당의 진입을 허용하지 않았다. 오늘날과는 달리 참정권이 제한적이던 시대의 국가는 사회 정책을 위해 환율 안정을 포기할 필요가 없었다. 노동 운동은 여전히 초보적 단계에 머물렀고 의회에 하층의 이해를 대변하는 정당은 존재하지 않았다. 이는 20세기 후반 이후의 상황은 정반대이다. 전후 노동 조직률은 크게 신장되었고 진보 정당은 빈번하게 집권에 성공했으며 완전 고용은 중대한 정책 목표가 되었다. 즉 진보든 보수든 집권 정부의 재정 및 금융 정책은 완전 고용을 염두에 두어야 했다.

셋째, 아이켄그린은 현재 요동치고 있는 '환율 전쟁'을 예고했으며 21세기의 새로운 통화 체제는 달러, 유로 및 위안화로 구성되는 다중 통화 체제로 안착할 것으로 예측했다. 중국 경제의 중요성은 미국의 노벨 경제학상 수상자 로버트 W. 포겔Robert W. Fogel이 예측했다. 그는 2040년 중국의 총생산은 미국을 능가하게 될 것으로 전망했다. 아이켄그린이 위안화의 중요성을 평가한 것은 중국이 이미 세계 경제의 중요한 행위자임을 반영한 것이다. 중국의 지속적 성장으로 현재 미국과 중국은 G2의 적대적 의존 관계에 놓여 있다. 중국은 3조 달러 가까운 외환 보유고를 보유할 뿐 아니라 미국 채권을 가장 많이 갖고 있는 최대 채권국이다. 한편 미국의 재정 및 경상 수지 적자는 2008년 서브프라임 위기 이후 지속 불가능한 지경에 와 있는 것이 현실이다. 아이켄그린은 미중 관계를 무역과 환율의 상반적 관계를 통해 분석했다. G2의 의존적 관계는 글로벌 불균형이 악화될수록 위험한 상황으로 발전할 수 있다. 미국의 쌍둥이 적자 문제를 풀려면 국제 공조가 필요하나 중국이 위안화의 절상에 소극적일 경우 유럽과 독일 역시 먼저 나서서 절상하지 않으려 할 것이다. 국제 공조가 절대적으로 필요하지만 누가 먼저 고양이 목에 방울을 달 것인가? 서울 G20 정상 회의를 계기로 무역 흑자의 규모가 국제 협력의 우선순위로 잠정 제시되었으나 어떻게 지켜질지는 두고볼 일이다. 20세기 역사는 불가분의 관계를 갖는 무역 분쟁과 환율 전쟁이 참혹한 세계적 전쟁으로 끝났음을 보여준다.

끝으로 좋은 책을 만들기 위해 애써주신 이지열 대표와 색인 등 교정 작업을 성실히 도운 김석동 군(성균관대학교 박사 과정)에게 깊은 감사를 드린다.

2010년 10월 성남에서
옮긴이 강명세

GLOBALIZING
CAPITAL

| 1장 |

서론

국제 통화 체제는 국민 경제들을 묶는 접착제이다. 그것의 역할은 외환 시장에 질서와 안정성을 부여하고, 국제 수지 문제의 해소를 장려하며, 교란의 충격이 발생할 경우 국제 신용을 이용할 수 있게 해주는 것이다. 적절하게 기능하는 국제 통화 기제가 없다면 국가들은 교역과 해외 차입에서 오는 이득을 효율적으로 이용하기 힘들다는 것을 알게 될 것이다. 이 기제가 제대로 작동하든 하지 않든 간에 국제 통화 체제를 이해하지 않고서 국제 경제의 작동을 이해하기란 불가능하다.

국제 통화 체제의 발전을 설명하는 것은 또한 필연적으로 국제 자본 시장의 발전을 설명하는 것이다. 따라서 이 책은 다섯 부분으로 구성되는데, 그 각각의 부분은 글로벌 자본 시장이 발전해온 각각의 시대에 상응한다. 1차 세계 대전 이전에는 국제 금융 거래에 대한 통제가 존재하지 않았고 국제 자본의 흐름은 높은 수준에 도달했다. 전간기戰間期에는 이 체제가 붕괴되었고, 자본 통제capital controls가 광범위하게 부과되었으며, 국제 자본의 이동이 감소했다. 2차 세계 대전 이후 30여 년 동안 자본 통제는 점차 완화되었고 국제 자본의 흐름이 서서히 회복되었다. 20세기의 마지막 20여 년은 다시금 중대한 자본 이동의 시기였다. 그리고 세기 전환기는 매우 높은 자본 이동의 시대가

되었다. 이러한 최근의 자본 이동은 어떤 측면에서는 1913년 이전보다도 높은 수준이다.

국제 자본 이동의 이러한 U자형 패턴은 1971년 이후 고정 환율에서 변동 환율로의 전환을 설명하는 지배적인 주장에 명백히 배치된다. 이 주장에 의하면 고정 환율은 2차 세계 대전 이후 첫 25년 동안 금융 자본의 제한적 이동성 덕분에 작동할 수 있었으며, 이후 변동 환율로의 전환은 증대하는 자본 이동의 필연적 결과였다. 1945년부터 1971년까지 작동했던 브레튼우즈 체제Bretton Woods System하에서 자본 통제는 정책에 대한 제약을 완화했다. 자본 통제는 정책 결정자들이 **환율**exchange rate을 불안정하게 하지 않으면서도 국내적 목표를 추구할 수 있도록 해주었다. 자본 통제는 환율을 질서 정연하게 조정하는 데 필요한 숨 쉴 공간을 제공했다. 그러나 통제의 효율성은 국제 경제의 전후 회복과 새로운 시장 및 교역 기술의 발전으로 서서히 침식되었다. 고도의 유동적 국제 금융 시장이 성장하면서 자본 거래 규모는 공적 외환 보유액을 왜소하게 만들었으며 통화의 질서 정연한 조정을 거의 불가능하게 만들었다. 단순한 구두 개입조차도 시장을 자극하며 통제 불가능한 자본 흐름을 야기할 뿐만 아니라, 어쩔 수 없이 부인否認하다가 취해지는 평가 절하devaluation는 환율을 방어하려는 정부의 권위를 손상시킨다. 이처럼, 고정 환율을 방어하는 데 드는 비용이 더욱 높아지는 것과 동시에 고정 환율은 조정하기 더욱 어려워졌다. 변동 환율로의 전환은 불가피한 결과였다.

명백히 이러한 논의에 따르는 문제점은 1차 세계 대전 이전에도 국제 자본의 이동성이 높았지만, 과거에는 높은 이동성이 고전적 금본위제gold standard하에서 고정 환율의 성공적 작동을 방해하지 않았다는 사실이다. 역사를 잠깐만 일별해도 자본 이동성 정도의 변화 자체가 고정 환율에서 변동 환율로의 전환에 대한 적절한 설명이 아니라는 점을 알 수 있다.

내가 이 책에서 주장하는 바는, 고정 환율을 유지하는 데 결정적인 것은 다른 목표를 위해 환율 안정을 포기하려는 압력으로부터 정부를 보호하는 것이었다는 점이다. 19세기 금본위제하에서 그 같은 보호의 원천은 국내 정치로부터 정부를 절연시키는 것이었다. 20세기 정부들로 하여금 환율 안정을 다른 목표에 종속시키도록 하는 압력은 19세기 세계의 모습이 아니었다. 투표권이 제한적이었기 때문에, 경제가 어려울 때 가장 고통받는 일반 노동자는 중앙은행이 환율을 방어하기 위해 금리를 인상하는 것에 반대하기 힘든 상황이었다. 노동조합이나 의회의 노동계 정당이 발전하지 않은 조건에서 노동자들은 환율 방어가 다른 목표를 위해 양보되어야 한다고 주장할 수 없었다. 금본위제의 환율 방어를 우선적 정책 목표로 삼는 **중앙은행**central banks 정책은 기본적으로 도전받지 않았다. 그러므로 정부는 환율을 방어하는 데 필요한 어떤 수단이라도 사용하는 데 거리낌이 없었다.

20세기가 오자 이러한 여건은 바뀌었다. 이제 통화 안정과 완전 고용이 상충하면 정부는 더 이상 통화 안정을 선택하지 않았다. 남성의 보통 선거권과 노동조합주의Unionism 및 의회 내 노동자 정당의 성장은 통화 정책과 재정 정책을 정치화했다. 복지 국가의 등장과 전후의 완전 고용 정책의 추진은 대내 균형과 대외 균형 간의 상충을 첨예화시켰다. 19세기 고전 자유주의classic liberalism에서 20세기 사회적 자유주의embedded liberalism로의 전환은 환율을 방어하려는 정부의 의지에 대한 신뢰를 약화시켰다.[1]

여기서 자본 통제가 시작되었다. 자본 통제는 대내 경제 정책과 대외 경제 정책 간의 연계를 느슨하게 만들어 정부가 완전 고용의 유지 등 다른 목표를 추구할 수 있는 여지를 제공했다. 정부는 고정 환율을 방어하는 데 필요한 그 어떤 조치도 더 이상 취할 수 없게 되었지만 자본 통제는 극단적 조치의 필요성을 제한했다. 자본 통제는 시장이 고정 환율에 대해 가할 수 있는 자원을 제한함으로써 정부가 방어에 사용해야 하는 조치를 제한했다. 2차 세계 대전 이후 수십 년 동안 자본 이동에 대한 제약은 시장 압력으로부터 절연시키는 원천으로서 민주주의에 대한 제약을 대신했다.

그러나 시간이 흐르면서 자본 통제는 강제하기가 더 힘들었다. 자본 이동에 대한 제약이 없거나 시장 압력으로부터 정부를 보호하는 민주주의에 대한 제약도 불가능할 때 고정 환율제를 유지하는 것은 문제였다. 그에 대한 대안으로 일부 국가들은 자유 **변동 환율**floating exchange rates 방향으로 간 반면, 서유럽의 또 다른 일부 국가들은 통화 동맹을 결성함으로써 외환 문제를 영구히 해결하려고 했다.

어떤 면에서 이러한 대안은 50여 년 전에 칼 폴라니Karl Polanyi가 제기했던 것을 정교히 한 것이다.[2] 브레튼우즈 회의가 열렸던 1944년 폴라니는 19세기 동안 이루어진 시장의 제도적 확장이 궁극적으로 시장 체제의 안정성을 잠식하는 단체 및 로비 형태의 정치적 반발을 야기한다고 주장했다. 그는 이러한 반발이 발생한 자유방임 제도 가운데서 금본위제가 단연 두드러진다고 보았다. 그리고 그는 국민 경제의 정책 결정이 노동자 계급의 이익을 대표하는 정당에게 개방됨으로써 금본위제라는 국제 통화 체제가 몰락했다고 주장했다. 어떤 의미에서 이 책은 폴라니의 테제가 많은 시간이 흘렀음에도 불구하고 여전히 맞는지를 묻는다. 20세기 후반 국제 통화의 역사는 폴라니의 동학이 다시 펼쳐지는 것으로 이해될 것인가? 즉 자유로운 자본 이동과 고정 환율제라는 형태로 다시금 민주화와 경제적 자유화가 서로 충돌하는 것인가? 또는 변동 환율제와 통화 통합으로 진행하는 최근의 경향은 자유와 안정성이 두 개의 영역에서 서로 화해하는 길을 보여주는 것인가?

그러나 국제 통화 체제의 진화를 공통의 환경에 대해 많은 개별 국가들이 대응하는 것으로 묘사하는 것은 올바르지 않다. 개별 국가 각각의 결정은 사실상 서로 독립적이지 않다. 이러한 상호 의존성은 국제 통화 체제의 특징인 **네트워크 외부성**network externalities 때문이다. 당신 친구와 동료들 대부분이 윈도우 운영 체제를 사용한다면 당신은 아마 기술적으로 모르는 것을 물어보고 데이터 파일을 쉽게 주고받기 위해 마찬가지로 윈도우를 선택할 것이다. 심지어 혼자 사용할 때는 신뢰도가 더 높고 배우기도 쉬운, 기술적으로 호환 불가능한 대안(예컨대 리눅스나 레오파드)이 있더라도 말이다. 이러한 시너지 효과는 개별적 기술 선택의 비용과 혜택에 영향을 준다. (예를 들어, 나는 이 책을 내 동료 대부분이 사용하는 윈도우 운영 체제를 이용하여 집필했다.) 마찬가지로 한 나라가 선택하는 국제 통화 제도는 다른 나라들의 제도에 의해 영향을 받는다. 역사의 한 시점에서 한 국가의 선택이 그 이전 시기 다른 나라들의 선택에 의해 영향을 받는 한 그 나라의 선택은 역사에 의해 영향을 받을 것이다. 국제 통화 체제는 **경로 의존성**path dependence을 보여준다. 따라서 18세기에 영국이 금본위제를 "우연히" 채택한 것과 같은 우연적 사건이 150년 안에 전 세계가 사실상 금본위제를 채택하게 하는 궤도 위에 국제 통화 체제를 올려놓았던 것이다.

국제 통화 체제를 특징짓는 네트워크 외부성을 고려할 때 체제의 개혁은 필연적으로 집합적 시도이다. 그러나 국가들의 복수성으로 말미암아 협상의 비용이 발생한다. 각 정부는 양보를 받지 않는 한 동의하지 않으려 하는 무임승차의 유혹에 빠지기 쉽다. 개혁을 모색하는 국가들은 그러한 행태를 하지 못하게 하는 정치적 힘을 가져야만 한다. 국제적인 협력 작업이 비협조적인 행위 때문에 파행으로 치달을 수 있다면 개혁 세력은 더더욱 그러한 힘을 보유해야 한다. 그러한 포괄적인 정치적·경제적 연계가 드물다는 것은 전혀 놀라운 일이 아니다. 이는 1870년대, 1920년대, 그리고 1970년대에 있었던 국제 통화 회의의 실패를 설명한다. 매번 통화 체제를 전환하는 합의에 도달하지 못했고 각각의 고유한 계기가 계속 진화하게 되었다. 단 하나의 중요한 반증은 2차 세계 대전 중과 그 후에 존재했던 서방의 연대이다. 서방의 연대는 나치와 소련의 위협에 맞서 예외적으로 정치적 단합을 발전시켰고 브레튼우즈 체제와 유럽공동체(현재는 유럽연합)를 만들 수 있었다. 유럽연합은 경제적·정치적 통합을 향한 이례적인 진전을 이룩하고 유럽 통화 제도EMS를 그리고 현재는 유로euro를 창출했다.

이러한 내용이 함의하는 바는 국제 통화 체제의 발전은 본질적으로 역사적 과정이라는 점이다. 개혁 세력에게 가능한 선택은 그 언제라도 이전에 존재했던 국제 통화 체제에서 독립적이지 않다. 그리고 가장 최근의 제도 자체는 그보다 앞선 사건들을 반영한다. 이렇게 진화하는 질서에 대한 현재의 상황 혹은 미래의 전망은 그 역사를 파악하지 않고는 이해될 수 없다.

GLOBALIZING
CAPITAL

| 2장 |

금본위제

1914년 이전의 금융 역사를 연구할 때 우리는 당시 중요했던 통화 정책 문제들이 오늘날과 아주 흡사했음을 자주 깨닫게 된다.

마르첼로 데 체코Marcello de Cecco, 『돈과 제국Money and Empire』

많은 독자들은 국제 통화 체제가 정상 회의에 참석한 관료와 전문가들이 협상한 일련의 협정이라고 상상할 것이다. 환율과 국제 수지를 관리하기 위해 1944년 뉴햄프셔 주 브레튼우즈의 마운트 워싱턴 호텔에서 정상 회의가 개최되었다. 이 회의에서 도출된 브레튼우즈 협정은 그러한 과정을 전형적으로 보여준다. 사실, 국제적 협상을 통해 수립된 통화 제도는 일반적인 것이라기보다는 오히려 예외적이다. 더 흔하게는 그러한 협정은 주변국들이 내린 과거의 결정에 의해 제약받는 개별 국가들의 선택으로부터 나오며, 더 일반적으로는 역사의 유산에 의해 탄생한다.

1차 세계 대전 이전의 고전적 금본위제 등장은 그러한 과정을 반영한다. 금본위제는 지폐와 **부분 지급준비금 은행업**fractional reserve banking의 발전 이전에 나타난 다양한 상품 화폐로부터 진화하였다. 금본위제의 발전은 현대의 가장 위대한 통화 사건의 하나이다. 그것은 영국이 1717년에 우연히 채택한 사실상의 금본위제에서 유래했다. 당시 조폐를 총괄했던 아이작 뉴턴 경은 은 대비 금 가격을 너무 낮게 설정했는데 이는 본의 아니게 낡고 닳아빠진 것을 제외한 대부분의 은화가 유통에서 사라지도록 하는 결과를 낳았다. 영국이 산업 혁명으로 19세기에 세계의 주도적인 금융 및 상업 권력으로 부상하자, 영국의 통화 제도는 영국과 교역하고 자본을 차입하고자 했던 은본위제 국가들에게 점차 논리적이고 매력적인 대안이 되었다. 고정 환율의 국제 통화 제도는 이와 같이 각국의 자율적 결정으로 탄생했다.

이 제도의 등장과 운용은 특정한 역사적 조건에서 비롯되었다. 이 제도는 정부가 통화와 외환 안정에 우선권을 부여하는 지적 분위기를 전제로 했다. 그것은 정책을 다른 목표로 돌리려는 압력으로부터 정부를 보호하는 정치적 조건을 전제로 했다. 그것은 경제를 상품 merchandise과 금융의 수급에 가해지는 충격으로부터 절연시키는 형태로 자본과 상품commodity의 흐름을 연결시키는 개방적이고 신축적인 시장을 전제로 하고 있다.

이미 1차 세계 대전 무렵 이러한 조건들은 경제적·정치적 근대화로 많이 약화되었다. 그리고 부분 지급준비금 은행업의 등장은 금본위제의 아킬레스건을 노출시켰다. 예금으로 대출 자원을 마련했던 은행들은 신뢰 문제가 발생하여 예금주들이 앞다투어 인출을 요구할 때 취약했다. 이러한 취약성은 금융 체제 전반을 위험에 빠뜨렸고 최종 대부자의 개입이 필요하다는 주장을 낳았다. 중앙은행들과 정부들은 금본위제에 부합하는 한에서만 신용을 제공할 것인가 아니면 최종 대부자로서 추가적인 유동성을 공급할 것인가라는 딜레마에 직면했다. 이 딜레마가 금본위제를 붕괴시키지 않았던 것은 행운과 위기 시 국제적 연대를 허용했던 정치적 조건 덕분이었다.

19세기 이전

귀금속으로 만든 주화는 아득한 옛날부터 화폐로 사용되었다. 심지어 오늘날에도 이러한 주화의 특징은 주화가 한때 함유했던 귀금속의 양을 뜻하는 그 명칭에서 종종 명백히 나타난다. 영국의 파운드pound와 페니penny는 로마 시대의 무게 단위였던 폰두스pondus와 데나리우스denarius에서 나왔다. 중량 단위로서 파운드는 영어권에서 익숙하게 남았고 중량 단위로서의 페니는 못 크기를 재는 데 여전히 사용되고 있다.[1]

은은 중세를 거쳐 근대에 이르기까지 지배적 화폐였다. 다른 금속은 거래하기 편리한 주화로 주조하기에는 (구리와 같이) 너무 무겁거나 (금과 같이) 너무 가벼웠다.[2] 이러한 어려움이 실험을 막지는 않았다. 당시 유럽에서 가장 큰 구리 광산의 부분적 소유자였던 스웨덴 정부는 1625년 동본위제를 세웠다. 구리 가격은 은 가격의 100분의 1이었고 주조된 동전은 같은 가치의 은화보다 무게가 100배 더 나갔다. 액면가denomination가 큰 동전 하나의 무게는 43파운드에 달했다. 이 동전은 도둑이 훔치기에 너무 무거워서 도난당하지 않았으나, 일상 거래를 위해서는 마차가 필요했다. 스웨덴 경제학자 엘리 헥셔Eli Heckscher는 스웨덴이 그에 맞춰 전체 수송 체계를 어떻게 조직했는지를 서술한다.[3]

금화는 로마인들이 사용하긴 했으나 서유럽에서 본격적으로 사용된 것은 중세에 와서였고, 그 시작은 이탈리아에서였다. 이탈리아는

13세기 상업 혁명의 본거지였으며 상인들은 금화가 대규모 거래에 편리하다는 것을 알게 되었다. 피렌체에서는 플로린florin이, 베네치아에서는 제키노zecchino와 두카토ducato가 유통되었다. 프랑스에서는 1255년 루이 9세가 금화를 발행했다. 14세기 무렵 유럽 전역에서 금은 대규모 거래에 이용되었다.[4] 그러나 일상적인 용도로는 은이 압도적이었다. 『베니스의 상인』에서 세익스피어는 은을 "창백한 얼굴을 하고서 사람과 사람 사이에 천한 역할을 하고 다니는 것"으로 그리고 금은 "찬란하고 …… 마이더스 왕에게는 딱딱한 음식"으로 묘사했다. 이러한 생각은 18세기와 19세기에 와서야 바뀌었다.

금, 은, 구리의 이 같은 혼합이 국제 거래의 기반이었다. 한 나라의 거주민들이 해외에 수출한 것보다 더 많이 수입했을 때, 또는 빌린 돈보다 빌려준 돈이 더 많을 때, 그들은 신용 제공자가 수용하는 화폐를 통해 차액을 정산했다. 마치 오늘날 한 나라가 무역 수지 적자를 미국 달러나 유로로 해결하듯이 이 화폐는 금, 은 또는 기타 귀금속의 형태를 띠었다. 흑자 국가의 통화량은 증가했고 적자 국가에서는 통화가 적자를 갚는 데 사용되어 통화량이 감소했다.

역사가들이나 경제학자들이 때때로 얘기하듯이 근대적인 국제 통화 체제가 19세기 마지막 10년 동안 처음으로 등장했다고 말하는 것은 의미있는가? 금본위제가 국제 통화 업무의 기반으로 등장한 것은 1870년 이후라고 말하는 것이 더 정확할 것이다. 이때부터 나라들은 화폐 공급의 기초로 금을 사용했으며, 오직 이때부터 금본위제에 기초한 고정 환율이 확고히 수립되었던 것이다.

복본위제의 딜레마

19세기 많은 국가들의 화폐법은 금화와 은화 모두의 주조와 유통을 허용했다. 이 국가들은 **복본위제**bimetallic standards를 채택했다.[5] 오직 영국만이 19세기 초부터 완전 금본위제를 사용했다. 독일 국가들,* 오스트리아-헝가리 제국, 스칸디나비아, 러시아, 그리고 극동 지역은 은본위제를 이용했다.[6] 복본위제 국가들은 금본위권과 은본위권 사이의 중계 역할을 했다.

1803년의 프랑스 화폐법은 프랑스 복본위제를 잘 나타낸다. 조폐창은 특정량의 금과 은을 가져온 개인에게 법정 통화의 지위를 가진 주화를 제공해주어야 했다. 두 금속의 조폐 비율은 15.5 대 1이었다. 즉 사람들은 특정량의 금 혹은 15.5배만큼의 은을 함유한 주화를 얻을 수 있었다. 금화 및 은화 모두 세금을 내고 계약상의 채무를 갚는 데 이용할 수 있었다.

금화와 은화의 동시 유통을 유지하는 것은 쉽지 않았다. 프랑스에서 15.5:1의 조폐 비율은 시장 가격에 근접했기 때문에(즉, 시장에서 금 1온스당 대략 15.5배의 은이 거래되었다.) 초기에는 금과 은 둘 다 유통되었다. 그러나 19세기 마지막 30여 년간 일어났던 것처럼 세계 시장에서 금 가격이 은 가격보다 많이 상승한다고 생각해보라(그림 2.1 참고). 금이 은의 16배로 올랐다고 가정해보라. 이는 재정 거래arbitrage의 여지를 낳는다. 거간꾼(재정 거래를 하는 사람)은 은 15.5온스를 수입하여

---

* 1871년에 프로이센의 주도로 독일제국이 성립하기 전까지 독일은 39개의 군소 국가로 나뉘어져 있었다.

그림 2.1 은에 대한 금의 상대 가격(1830~1902년)

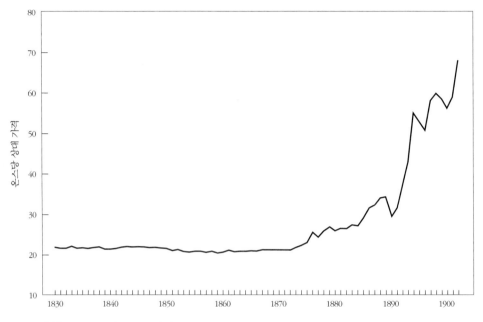

출처: Warren and Pearson 1933.

그것을 주조할 수 있었다. 그는 이 은화를 금 1온스 가치의 금화와 교환할 수 있다. 그는 금을 수출하여 해외 시장에서의 가격에 따라 16온스의 은과 바꿀 수 있다. 거간꾼은 이 거래를 통해 투자금을 회수하고 0.5온스의 은을 추가로 획득했다.

시장의 교환 비율이 조폐 비율보다 확실하게 높게 형성되어 있는 한 재정 거래의 유혹은 존재한다. 거간꾼은 은을 수입하고 국내의 모든 금이 없어질 때까지 금을 수출한다. (이것이 악화가 양화를, 즉 은화가 금화를 구축하는 그레샴의 법칙Gresham's Law이 작동하는 것으로 생각할 수 있다.) 또는 시장 비율이 조폐 비율 밑으로 하락하는 경우(1850년대 금 발견의 결과에서와 같이 발생 가능했다.) 거간꾼은 금을 수입하고 은이 유

36

통에서 사라질 때까지 수출한다. 조폐 비율과 시장 비율이 충분히 근접할 때만 금과 은 모두가 유통된다.

"충분히 근접"한다는 것은 "동일"하다는 것보다 약한 조건이다. 금은의 동시 유통은 시장 비율과 조폐 비율의 작은 이탈에는 위협받지 않았다. 그 이유는 정부가 조폐에 대해 명목 요금인 **주조료**brassage를 부과했기 때문이다. 주조료는 역사적으로 변동했지만 프랑스에서 보통 해당 금 가치의 0.2% 정도였고 은화의 경우에는 더 높았다.[7] 재정 거래의 이익이 발생하려면 시장 비율과 조폐 비율의 차이가 주조료보다 커야만 했다. 다른 요인들도 동일한 방향으로 작동했다. 재정 거래에는 시간이 든다. 재정 거래를 유발하는 가격차는 거래가 끝나기 전에 없어질지도 모른다. 운송과 보험의 비용도 든다. 1820년대 증기선이 도입되고 1840년대 르 아브르*에서 파리까지 철도가 놓이고 난 후에도 파리와 런던 간에 금괴를 수송하는 데는 0.5%의 추가 비용이 소요되었다. 이러한 비용은 조폐 비율 주위에 경계선을 만들어 그 안에서는 재정 거래의 유인을 없앴다.

고정 비율로 금화와 은화를 주조하는 프랑스 같은 일부 나라에서 조폐창은 금과 은을 동시에 유통시켰다. 은의 공급이 세계적으로 증가하여 앞에서 든 예처럼 그 상대 가격이 하락하면 은은 프랑스로 수입되어 주조되고 금은 수출된다. 이 경우 프랑스 화폐 유통에서 은의 비중은 상승한다. 은을 흡수하고 금을 방출함으로써 프랑스 복본위제의 작동은 세계의 다른 지역에 공급 가능한 은의 양을 줄이고 대신 금의 공급을 늘려 여타 세계에서의 금과 은 모두의 유통을 지속시켰다.

---

* 영국 해협을 면한 프랑스 북서부의 항구. 센 강 하구에 위치한다.

복본위제의 이러한 특징을 알고 있던 시장 참여자들은 이러한 요소를 자신들의 기대에 반영했다. 재정 거래가 발생할 정도로 은 가격이 하락할 때 무역업자들은 복본위제가 은을 흡수하고 금을 방출하리라는 것을 알아채고 은을 구입했다. 이처럼 금은의 가격비를 중심으로 형성된 변동폭의 바닥은 과잉 공급된 금속의 상대 가격이 지지되는 한계선을 제공했다.[8]

하지만 이러한 안정화 영향은 금은 공급의 변화가 제한적일 때만 효과적이었다. 커다란 변동은 복본위제를 채택한 국가들에서 조폐 시 과소 평가된 금속을 앗아갈 수 있었다. 방출할 금속이 없게 되면 그들의 통화 체제는 더 이상 방출 금속의 가격이 지지되는 하한선을 제공하지 못했다.

영국이 초기 사례이다. 17세기 말 조폐창에서 금이 과대 평가되었다. 브라질산 금이 영국으로 수입되어 주조되고 은은 유통에서 사라졌다. 영국 관리들은 금화와 은화 모두의 유통되도록 하기 위해 은 조폐 가격을 올리거나(다시 말해 영국 화폐의 은 함유량을 줄이는 것) 또는 금의 조폐 가격을 낮추어야 했다. 그들은 금 가격을 단계적으로 낮추는 길을 택했다. 1717년 뉴턴이 취한 그러한 마지막 조정은 너무 미미해서 은화가 지속적으로 유통되도록 할 수 없었다.[9] 브라질에서 금 생산이 계속되는 상황에서 은 조폐 가격은 여전히 저평가되었고 순도 높은 은화는 유통에서 사라졌다. 1774년 영국은 결국 25파운드를 초과하는 거래에서 은의 법정 통화 자격을 폐지하면서 사실상 금본위제로 갔다. 그리고 1821년에는 소액 거래에서도 은의 법정 자격을 폐지했다.

프랑스의 복본위제는 지속되었다.[10] 1803년 나폴레옹은 금과 은 모두의 유통을 장려하기 위해서 복본위 비율을 14.625에서 15.5로 올렸다. 금은 초기에 프랑스 통화 공급의 약 3분의 1을 차지했었다. 그러나 그 후 금의 시장 가격이 상승했음에도 조폐창에서 저평가되면서 금이 유통에서 사라졌다. 네덜란드와 미국은 1816년과 1834년 조폐 비율을 올려 금을 유입시키고 은을 방출하여 은 가격은 더욱 하락했다. 프랑스에서 금이 유통에서 실제 사라졌는지 그리고 프랑스 통화 공급에서 금화의 비중이 감소했는지에 대해서는 학자들 사이에서 의견이 분분하다. 얼마간의 금이 계속 프랑스 조폐창에서 주조되었다는 사실은 어느 정도는 금이 계속 유통되었음을 말해준다. 그러나 금이 "부유층의 용돈"으로 사용되었다고 주장하는 학자들조차 프랑스가 점차 은본위제로 가고 있었음을 인정한다.[11]

1848년 캘리포니아와 1851년 호주에서의 발견된 금은 세계 금 생산량을 약 10배 증가시켰다. 시장 가격이 하락하면서 프랑스로 금이 실려왔고 프랑스 조폐창은 고정 가격에 금을 매입했다. 프랑스 은은 저평가되었고 은본위제가 지배하던 동아시아로 흘러 들어갔다. 은 광맥이 1859년 네바다에서 발견되고 함량이 낮은 원광에서 은을 추출하는 새로운 기술이 개발되자 흐름은 역전되어 이제는 금이 프랑스로부터 유출되고 은이 유입되었다. 이와 같은 급격한 변화는 복본위제에 대한 불만을 고조시켰고 프랑스 정부는 1857년과 1868년 사이 일련의 통화 조사를 실시했다.

세계의 금과 은 시장에 대한 이러한 충격의 진원지였던 미국에서 복본위제를 유지하는 것은 더욱 힘들었다. 19세기의 처음 30여 년 동안 조폐 비율은 15 대 1(1792년 조폐법의 유산)로 시장 비율과의 차이가 프랑스에서보다 컸고 오직 은만이 유통되었다. 1834년 조폐비가 거의 16 대 1까지 올랐을 때는 금이 은을 밀어내었다.[12]

복본위제의 미끼

복본위제를 운용하기가 어렵다는 점을 감안할 때 복본위제가 19세기 후반까지 지속되었다는 사실은 당혹스럽다. 특히 복본위제에 대한 인기 있는 설명 중 어느 것도 완전히 만족스럽지 않다는 점에서 더욱 그렇다.

안젤라 레디시Angela Redish는 금본위제가 증기력이 도입될 때까지 기술적으로 가능하지 않았다는 이론을 제시한다.[13] 실제 손으로 주고받는 거래에 편리할 만큼 작은 금화도 일상 거래에 통용되기에는 너무 비쌌다. 며칠 동안의 임금에 해당하는 그러한 금화를 노동자가 사용하기란 어렵다. 금화는 복본위제에서처럼 가치가 덜한 은화로 보충되어야 했다. 아니면 금본위제에서 실행되었던 것처럼 법정 화폐의 가치가 본래 금속의 가치를 능가하는 대용 화폐token coin에 의해 보완되어야 했다. 그러나 대용 화폐의 유통은 시장 가격이 법정 화폐의 가치보다 낮은 금속을 가지고 위조 화폐를 만들려는 인센티브를 낳았다. 사람의 힘으로 작동하는 압착기는 일정하지 않은 동전을 만들기 때문에 위조 화폐를 가려내기 어려웠다. 위조 방지의 어려움은 대용 화폐의 사용을 억제하고 19세기 후반 동전을 더욱 정밀하게 제작할 수 있게 한 증기 압착기가 조폐창에 도입될 때까지 금본위제 채택을 지연시켰던 것으로 여겨진다.[14] 예컨대 영국은 저가 동전의 만성적 부족과 위조 지폐의 극성을 겪었다. 1816년 영국 조폐창은 증기 압착기를 도입했으며 이후 5년 안에 소액 거래에 사용되던 은의 법정 화폐 지위는 폐지되었다.[15]

이러한 이론은 1820년대 이전 복본위제에 대한 열의를 설명해줄 수는 있지만 금본위제로 이행하는 데 걸린 상당한 지체를 설명하지 못한다. 영국과의 강력한 무역 연계 때문에 포르투갈은 영국을 따라 1854년 금본위제를 채택했으나 다른 나라들은 반세기 이상을 기다렸다. 물론 새로운 조폐 기술을 연마하는 데는 경험이 필요했다. 프랑스 조폐국은 증기 압착기로 몇 년의 실험을 거친 후 1840년대 마침내 금화를 도입했다.[16] 그럼에도 불구하고 프랑스는 1870년대까지 복본위제를 고수했다.

두 번째 설명은 정치가 통화로서 은의 퇴장을 막았다는 것이다. 화폐적 유통을 통해 은의 가격이 지지됨으로써 은 생산이 장려되었다. 이는 은광업의 목소리를 높여 은의 퇴장에 반대하는 로비를 하도록 만들었다. 또한 은화가 금의 보조적 역할을 하게 함으로써, 모든 화폐가 금일 때보다 세계의 통화량이 더욱 늘도록 만들었다. 이는 명목 액면의 부채를 가진 층에 이익을 줄 것이었고, 이러한 사람들은 종종 농민farmer이었다. 데이비드 리카도David Ricardo가 관찰한 것과 같이 농민은 어느 다른 사회 계급보다도 명목 액면이 고정된 저당금과 부채를 안고 있었기 때문에 인플레이션으로부터 이익을 보았고 물가 하락에서는 피해를 입었다.[17]

그러나 리카도가 언급한 농민 계급의 경제적·정치적 힘의 장기적 하락은 은 로비가 어느 정도 약화된 것을 설명할 수는 있겠지만 복본위제가 유럽 대륙에서 약화된 시기를 설명하기는 어렵다. 그리고 통화 논쟁이 대부분 농민과 제조업자 간의 갈등이었다거나 각각의 집단이 단결하여 전선을 형성했다는 증거는 많지 않다. 마르크 플랑드로Marc Flandreau는 1860년대와 1870년대 유럽에서 실시된 통화에 관한 청문회와 조사들을 연구했으나 농민이 단결하여 은화의 존속을 위해 로비했다거나 제조업자들이 집단적으로 반대했다는 증거를 별로 발견하지 못했다.[18] 통화 표준에 대한 정치적 논란은 존재했지만 그를 둘러싼 분열은 도시 대 농촌 혹은 농업 대 산업 등의 이분법보다 훨씬 복합적이었다.[19]

이러한 요인들이 아니라면 복본위제를 지속시키고 금본위제를 지연시켰던 것은 무엇이었는가? 복본위제는 이 책의 서문에서 기술한 일종의 네트워크 외부성에 의해 존속하게 되었다.[20] 다른 나라들과 동일한 국제 통화 제도를 유지하는 것이 유리하다. 이렇게 하면 교역이 간단해진다. 스웨덴의 경우를 보면 명백한데, 은본위제 국가였던 스웨덴은 영국과의 무역 결제 정산을 위해서 금본위제를 병행했다. 공통의 국제 통화 표준은 해외 차입을 용이하게 했다. 이는 아르헨티나의 사례에서 잘 보인다. 부채 국가 아르헨티나는 국내 거래에서는 태환 불가능한 지폐를 사용하였지만 국제 거래에서는 금으로 결제했다. 그리고 공통의 국제 통화는 주변 국가들이 만든 화폐의 내부 유통으로 야기되는 혼란을 최소화했다.

그러므로 기존 제도를 포기하려는 동기가 존재하려면 그것에 앞서 기존 제도의 불편함이 분명히 밝혀져야 했다. 어느 네덜란드 외교관이 지적한 것처럼, 네덜란드가 금융적·지리적으로 독일과 영국의 사이에 위치하는 한, 네덜란드는 양국의 통화 제도에 맞춰야 하는 동기를 갖고 있었다.[21] 이러한 동기를 극복하는 데는 복본위제 블록을 흐트러뜨릴 충격이 필요했다. 결국 그러한 충격은 산업 혁명의 확산과 보불 전쟁에서 절정에 이르는 국제적 대립을 통해 왔다. 이때까지 네트워크 외부성은 복본위제를 지탱했던 것이다.

금본위제의 부상

19세기의 3/4분기에 복본위제에 대한 압력이 두드러지게 가중되었다. 우연하게 금본위제를 채택했던 영국은 세계의 주도적인 산업 및 상업 권력으로 떠올랐다. 영국과 긴밀히 교역하던 포르투갈은 1854년 금본위제를 채택했다. 갑자기 서유럽권이 금블록과 은블록 또는 금블록과 복본위권으로 분열할 것이라는 전망이 나타났다.

한편 유럽 대륙은 복본위제를 운용하는 데 점차 어려움을 느꼈다. 1860년대의 관세 인하와 수송비 하락의 결과 국제 거래가 증대하여 많은 나라에서 해외 은화의 유통이 증가했다. 증기력이 화폐 주조에 도입되면서 해외 은화는 대용 화폐로 쓰였다. 1862년 통일을 달성한 이탈리아는 화폐 개혁을 실시하여 은 순도fineness가 0.835인 소액권 은화를 발행했다(법정 화폐가 함유한 은의 양은 83.5%였다.). 개인들은 가능한 한, 이탈리아 은화를 사용하고 가치가 높은 프랑스 은화(은 순도가 0.9)는 저장했다. 이 관행은 프랑스에서 이탈리아 은화가 넘쳐나게 하고 반대로 프랑스 은화는 사라지게 했다. 이에 대해 프랑스 정부는 1864년 소액 프랑스 은화의 은 함량을 0.9에서 0.835로 줄였다. 그러나 스위스가 은 함량을 0.8로 전환하자 스위스 은화는 프랑스, 이탈리아, 벨기에 등의 은화를 몰아냈다.[22]

각국은 상호 의존성을 인식하고 1865년 국제 회의(19세기 4/4분기 동안 열렸던 몇 차례 회의 중 최초 회의)를 열었다.[23] 자국에서 은화가 거의 사라지는 것을 경험했던 벨기에가 회의 소집을 밀어붙였다. 그 결과 라틴통화동맹Latin Monetary Union이 탄생했다. 라틴통화동맹은 벨기에, 프랑스, 이탈리아, 스위스(후에 그리스 참여) 등이 은 함유량을

0.835로 맞추도록 정했다.[24] 영국은 참여토록 초대되었으나 거절했다. 은화에 호의적이던 미국 의회는 은화 유통을 가능케 하는 법안을 제출했다. 그러나 미국은 이제 막 내전의 후유증으로부터 회복하는 단계에 있었기 때문에 은화를 사용할 위치에 있지 않았다. 내전의 재정은 불태환 지폐(그린백greenback)의 발행으로 충당되었었다(용어 설명에서 불태환inconvertibility 참고).

이와 같이 불안정한 형국에 일련의 충격이 가해졌다. 보불 전쟁이 일어나자 프랑스, 러시아, 이탈리아, 오스트리아-헝가리 제국은 태환convertibility을 중지했다. 영국은 통화가 안정된 섬나라가 되었다. 갑자기 전후 통화 체제가 어떤 모습이 될지 더 이상 명확하지 않았다.

독일이 이 균형을 와해시켰다. 오스트리아-헝가리와 러시아에서 은화 대신 불태환 지폐가 통용되면서 독일이 동유럽과 교역하는 데 은본위제는 더 이상 이점이 되지 않았다. 어쨌든 19세기 처음 60여 년 동안 동유럽 시장이 아니라 금본위제에 기반을 둔 영국 시장이 급속히 팽창했다. 독일 무역의 상당 부분이 런던에서 스털링 신용을 통해 융자되었고, 따라서 금본위제의 안정성을 누렸다. 독일제국의 수립으로 평판에 대해 고민할 필요성이 줄어들었다. 낡은 통화 체제를 지난 정권의 인위적인 산물로 간주하여 폐지할 수 있었고, 평판에 해를 입지 않으면서도 은화를 무한정으로 주조하지 않아도 되었다.

보불 전쟁의 승전국 독일이 패전국 프랑스로부터 받은 배상금은 독일이 새로이 금본위제 통화 마르크Mark를 창출하는 기반을 제공했다.[25] 1871년 체결된 프랑크푸르트 평화 조약에 따라 프랑스는 50억 프랑franc의 배상금을 지불하게 되었다. 독일은 배상금을 이용해 금을 모았고 이를 기반으로 화폐를 만들었다. 한편 독일은 세계 시장에서

은을 팔고 금을 사들였다.[26]

이와 같은 국제적 금본위제를 창출했던 첫 번째 단계는 그 과정에서 가속도가 붙었다. 독일은 유럽 대륙의 주도적 산업국이었다. 베를린은 대륙의 금융 주도권을 놓고 파리와 경쟁했다. 이 같은 통화 표준의 변화와 함께 금의 매력은 크게 올라갔다.

역사가들은 보통 금본위제로 가는 이후 과정을 1850년대 네바다와 기타 지역에서 은이 발견되고 독일이 은화를 폐지한 것을 이용해 설명한다.[27] 이러한 사건들로 세계의 은 시장에 은이 넘쳤고 이는 복본위제를 운용하는 국가들에게 어려움을 안겨다 주었다. 새로운 은광 발견 직후 이루어진 독일의 결정은 연쇄 반응을 낳았다. 독일의 은화 폐지는 은의 시장 가격을 더욱 하락시켜 다른 나라들로 하여금 물가 앙등을 유발하는 은을 수입하거나 아니면 복본위제를 포기하고 금본위제로 가도록 했다.

복본위제의 어려움은 사실이지만 그 규모를 과장해서는 안 된다. 상당량의 은이 복본위제를 훼손하지 않고서도 프랑스 및 기타 복본위제 국가들로 흡수될 수 있었다. 복본위제 국가들에서 유통되는 금속의 구성은 금 대비 은의 비율이 더 상승하는 방향으로 간단히 이행할 수 있었다. 슈테판 오퍼스Stefan Oppers는 독일이 은화를 폐지한 결과 라틴통화동맹 국가들의 통화 공급에서 금의 비중이 1873년 57%에서 1879년 48%로 하락했으나 15.5 대 1의 비율은 위협받지 않았다고 계산했다.[28]

그렇다면 왜 유럽 국가들은 줄지어 1870년대에 금본위를 채택했는가? 한 측면에서 대답은 산업 혁명이다. 산업 혁명의 상징인 증기기관은 기술적 장애를 제거했다. 산업화는 세계적 경제 대국이자 해외 금융의 주요 원천인 영국이 금본위제를 채택하게 만들었다. 이는 영국과 교역을 추진하고 자본 수입을 모색하던 다른 나라들이 영국의 예를 따르도록 장려했다. 유럽의 2위 산업국 독일이 영국을 따라 1871년 금본위제를 채택했을 때 다른 나라들이 금본위제를 도입할 유인은 더욱 강해졌다. 과거 한때 복본위제를 고수하게 했던 네트워크 외부성이 이제는 각 나라들을 금본위제로 끌어당겼다. 이 같은 연쇄 반응은 독일이 실시한 은화 퇴출 때문이 아니라 상업적·금융적 이웃들이 공유하는 통화 표준을 채택하고자 한 각 나라들의 인센티브 때문에 일어난 것이었다.

금본위제도로의 전환은 네크워크 외부성 모델이 예측하는 것처럼 신속했다. 덴마크, 네덜란드, 노르웨이, 스웨덴, 그리고 라틴통화동맹 국가들이 가장 먼저 금본위제에 가담했다. 그들은 독일 인접국이라는 공통점을 가지고 있었다. 그들은 독일과 교역했고 독일의 결정은 그들의 경제적 이해관계에 강력한 영향을 끼쳤다. 다른 나라들도 뒤따랐다. 19세기 말이 되자 불태환 지폐를 사용하는 국가는 스페인뿐이었다. 오스트리아-헝가리나 이탈리아는 공식적으로는 금태환을 제도화하지 않았으나(이탈리아가 잠깐 금본위제를 채택했던 1880년대를 제외하면) 19세기 말부터 그들은 금본위제 국가들의 통화에 자신들의 통화를 고정시켰다. 미국은 1873년 조폐법에서 은에 대해 언급하지 않았다. 미국은 그린백 지폐가 액면 가치와 동등하게 상승하고 1879년 태환이 복원되었을 때 실질적으로 금본위제 상태였다. 금본위제는 19세기 끝 무렵 러시아와 일본이 채택하면서 아시아까지 도달했다. 오랫동안 은본위제를 고수하던 인도는 1898년 자국 화폐 루피rupee를 파운드에, 그럼으로써 금에 연동시켰다. 곧이어 실론과 시암*도 마찬가

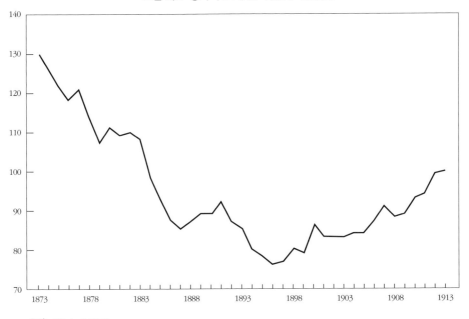

그림 2.2 영국의 도매 물가(1873~1913년)

출처: Mitchell 1978.

지로 금에 연동했다. 은이 풍부하여 은광업의 이해관계가 강력하던 남미에서조차 아르헨티나, 멕시코, 페루, 우루과이가 금태환을 제도화했다. 이제 은은 중국과 소수의 중미 국가들에서만 표준 화폐로 남았다.

밀턴 프리드먼Milton Friedman과 여러 학자들은 국제 복본위제가 금본위제보다 더 안정적인 물가 수준을 제공했을 것이라고 주장했다.[29] 1873년과 1879년 사이 영국 물가는 18% 하락했으며 1886년 은화를 퇴출한 후 더 적은 돈으로 더 많은 상품을 구입할 수 있게 되면

---

* (앞쪽) 실론은 오늘날의 스리랑카이고 시암은 태국이다.

서 물가는 추가로 19% 떨어졌다(그림 2.2 참고). 알프레드 마샬Alfred Marshall은 1898년 글에서 귀금속은 가치의 좋은 척도가 될 수 없다고 불평했다.[30] 만일 미국과 유럽에서 은화 주조가 계속되었다면 동일한 양의 상품을 구하는 데 더 많은 돈이 들었을 것이며, 이 같은 디플레이션은 피할 수 있었을 것이다.

우리는 금본위제가 디플레이션을 일으키는 힘이라는 것을 과연 19세기의 정부들이 이해했는지에 대해 질문을 해야 한다. 그들은 문제의 본질은 이해했지만 그 크기는 이해하지 못했다고 기대하는 것이 합리적이다. 1850년 이후 은의 발견은 은화 주조와 인플레이션 사이의 연관성에 관심을 집중시켰다. 그러나 1870년대에 시작된 물가 하락의 규모를 예측할 기준이 없었다. 디플레이션이 진행된 지 10년이 지난 1880년대에 와서야 그 규모가 이해되었고, 미국과 기타 지역에서 대중 봉기로 나타났다.[31]

1870년대 후반과 1880년대 초에 금으로 인한 디플레이션 경향이 분명해졌을 때 왜 복본위제를 복원하지 않았을까? 가장 크게는 네트워크 외부성이 그러한 전환을 취하고자 하는 국가들에게 협력의 문제를 야기했기 때문이다. 어느 일국의 전환은 다른 나라들이 동시에 취하지 않는 한 자신의 이익에도 부합하지 않는다. 한 나라가 복본위제로 복귀한다고 해서 세계의 통화 공급과 물가가 현저히 상승하지는 않는다. 그 나라가 작으면 작을수록 자유로운 은화 주조의 재개에 따른 금 준비금 고갈의 위험은 커진다. 이는 그 나라를 은본위제로 몰고가 금본위제 세계에 대한 그 나라의 환율을 요동치게 만들 것이다. 환율의 변동이 클수록 국제 금융과 무역에 대한 혼란은 증가한다.

은광업의 이해관계가 강력하고 디플레이션에 대한 농민들의 반발이 컸던 미국은 1878년 복본위제로의 전환을 조정하고자 국제회의를 개최했다. 이제 갓 금본위제로 전환했던 독일은 불참 의사를 밝혔다. 독일 정부는 지속적인 은 방출 정책이 국제적 감시하에 들어가는 것을 원치 않았던 것이다. 완전한 금본위제를 채택했던 영국은 은화에 통화 역할을 부여하는 것을 반대하기 위해 참석했다. 이같이 큰 국가들이 협조하기를 주저하는 상황에서 작은 국가들은 먼저 움직이려 하지 않았다.

금화의 그늘

20세기가 시작될 무렵 금에 기반한 진정한 국제 통화 체제가 결국 등장했다. 그러나 이때에도 각국의 통화 제도는 동일하지 않았다. 통화 제도는 두 가지 측면에서 달랐다(그림 2.3 참고).[32] 오직 네 나라, 즉 영국, 독일, 프랑스, 미국만이 국내 유통 화폐가 금화의 형태를 갖는다

그림 2.3 1880년 이후 국제 금본위제

		국내 유통 형태	
		대개 금화	금, 은, 대용 화폐, 지폐
준비 통화 형태	금	영국, 독일 프랑스, 미국	벨기에 스위스
	대개 외환	러시아, 오스트레일리아 남아프리카공화국 이집트	오스트리아-헝가리 일본, 네덜란드 스칸디나비아 기타 영국 자치령
	전적으로 외환		필리핀, 인도 라틴아메리카 국가들

는 점에서 순수한 금본위제를 유지했다. 그리고 지폐나 대용 화폐가 유통되는 만큼, 그들은 중앙은행 혹은 재무부 금고 안에 지폐와 대용 화폐의 가치에 해당하는 금을 가지고 있었다. 심지어 이 나라들에서 도 금본위제 원칙이 엄격하게 적용되지는 않았다. 프랑스는 "느림보" 금본위제하에 있었다. 은은 더 이상 자유롭게 주조되지는 않았으나 여전히 법정 화폐로 남아 있었다. 프랑스 중앙은행이 발행한 수표는 당국의 옵션에 따라 내국인이나 외국인에 의해 금화나 은화로 태환되 었다. 벨기에, 스위스, 네덜란드 또한 내국인에 의한 태환이 정부 당 국의 재량에 속했다. 금의 유입을 장려하고 유출을 억제하는 다른 장 치는 소위 **금 장치**gold devi-ces라고 불렸다. 중앙은행은 금 유입을 장려 하기 위해 금 수입업자들에게 무이자 대출을 연장해주었다. 프랑스중 앙은행Bank of France과 독일제국은행German Reichsbank같이 지점이 많은 은행들은 국경 근처 지점이나 항구에서 금을 구입함으로써 수송 시간과 비용을 절약하여 금을 확보할 수 있었다. 그들은 자신들이 발 행한 화폐를 오직 본점에서만 금으로 교환해줌으로써 금 유출을 억제 할 수 있었다. 그들은 금괴 매매가를 올리거나 아니면 지폐를 낡고 닳 아빠진 금화로만 태환해줄 수 있었다.

미국에서 금본위제는 1900년 재무부가 은화를 매입하도록 규정한 법에 의해 제한적으로 운용되었다. "73년의 범죄"(은화의 자유로운 주 조를 재개하지 않은 결정을 가리키는 뜻)에 대하여 분개하던 광산업의 이 익 단체들을 회유하기 위하여 제정된 1878년 블랜드-앨리슨 법Bland-Allison Act과 1890년 셔먼 법Sherman Act은 재무부로 하여금 은을 구 입하여 16:1의 비율로 금과 교환 가능한 화폐를 주조하도록 했다(또는 은 증서를 발행하여 그 소유자에게 증서에 상당하는 금을 부여하도록 했다.).[33] 1878년 법안은 헤이즈Hayes 대통령의 거부권 행사에도 불구하고 자유 은화 세력이 지배하는 서부 주들이 연방에 포함되어 의회에서 균형을 무너뜨리면서 통과되었다. 1890년 법안은 동부 산업 세력의 요구에 따라 같은 해에 통과된 미국사에서 가장 보호주의적 법안 가운데 하나인 맥킨리 관세법을 양보하는 대가로 통과되었다.

은화 주조의 의무는 제한적이었다. 셔먼 법하에서 재무부 장관은 매월 은 450만 온스를 구매하여 그에 상응하는 법정 화폐인 재무부 채권을 발행해야 했다. 은 구매는 조폐 비율이 아니라 시장 가격에 따라 이루어졌기 때문에 이는 엄격한 의미에서 복본위제가 아니었다. 그러나 이는 미국 정부의 금본위제에 대한 의지를 의심케 했다. 1900년 금본위제 법안이 통과되고서야 금에 대한 미국 정책의 신뢰가 견고해졌다. 금본위제 법은 달러 가치를 순도 0.9 금 25.8 그레인gr으로 정의한 반면 은 구매나 은화 주조에 대해서는 아무런 언급도 하지 않았다.

다른 나라들의 경우, 유통 화폐는 주로 지폐, 은, 그리고 대용 화폐의 형태를 띠었다. 이 나라들은 정부가 자국 통화를 고정 가격에 금으로 바꿔줄 준비가 되었을 때 금본위제에 돌입했다. 중앙은행은 자신의 부채에 대한 상환 요구가 발생할 때를 대비해 금을 준비해놓았다. 그러한 중앙은행들은 보통 민간 소유 기관이었는데(스웨덴중앙은행, 핀란드중앙은행, 러시아국가은행은 예외), 은행권을 발행하는 독점적 권한을 그대로 부여받는 대신 정부에 공공 서비스(공공 부채 일부를 수용하고 재무부에 현금을 신용 제공하며 금융 체제의 운용을 감독하는 것)를 제공했다.[34] 이들은 일반 대중을 상대로도 영업을 했는데 이는 공공 책임성과 사적 이해 사이의 갈등의 여지를 야기했다. 1844년부터 영란은행Bank of England을 운용했던 은행허가법Bank Charter Act(필 법안

Peel's Act)은 발권 부서와 은행 부서를 분리함으로써 은행업과 통화 업무의 공존을 인정했다.[35] 이를 포함한 여러 면에서 다른 나라들도 영란은행의 예를 따랐다. 그러나 뒤에서 보는 바와 같이 책임을 분리하려는 시도가 완벽하게 성공한 것은 아니었다.

국제 준비금international reserves의 구성과 그 운용에 대한 지침 또한 나라마다 달랐다. 인도, 필리핀, 남미의 많은 나라들에서 준비 통화는 금 태환 국가들에 대한 금융 지급 청구의 형태를 띠었다. 러시아, 일본, 오스트리아–헝가리, 네덜란드, 스칸디나비아, 영국 자치령에서는 준비 통화 가운데 일부만이 이러한 형식이었다. 이 나라들은 준비 통화의 일부를 런던에서 영국 재무부 채권이나 은행 예금으로 보유하고 있었다. 이들의 부채가 금 태환으로 요구된다면 중앙은행이나 정부는 영란은행에서 동일한 양의 스털링을 금으로 바꿔줄 수 있었다. 일본, 러시아, 인도는 이러한 관행을 하는 가장 큰 나라들이었다. 그들이 전체 외환 보유고의 3분의 2 정도를 보유했다.

대외 수지의 비중은 1880년 총 준비 통화의 10% 정도에서 1차 세계 대전 직전에는 20%로 상승했다.[36] 이 시기 끝 무렵 영국 스털링은 전체 외환 보유고의 약 40%를 차지하는 지배적인 준비 통화였다(표 2.1 참고). 프랑스 프랑과 독일 마르크는 합쳐서 40%를 점했다. 나머지는 벨기에 프랑, 스위스 프랑, 네덜란드 크로네, 미국 달러 등으로 구성되었다. 미국 달러는 주로 캐나다와 필리핀에서 주요 역할을 했다.

준비 통화는 이자를 제공한다는 점에서 매력적이었다. 런던, 파리, 또는 베를린에서 자금을 차입한 정부들이 신용 제공자들의 요구에 따라 금융 중심지에 예금 일부를 예치했다. 이 같은 요구가 없을지라도 차입 국가들은 신용도를 고려하여 예치금을 유지했다.

표 2.1 외환 자산의 증가와 구성(1900~1913년, 백만 달러[a])

	1899년 말	1913년 말	증감	1913년 지수 (1899년=100)
정부 기관	246.6	1,124.7	878.1	456
알려진 스털링	105.1	425.4	320.3	405
알려진 프랑	27.2	275.1	247.9	1,010
알려진 마르크	24.2	136.9	112.7	566
기타 통화	9.4	55.3	45.9	590
할당되지 않음	80.7	232.0	151.2	287
민간 기관	157.6	479.8	340.2	316
알려진 스털링	15.9	16.0	0.1	100
알려진 프랑	—	—	—	—
알려진 마르크	—	—	—	—
기타 통화	62.0	156.7	94.7	253
할당되지 않음	79.7	325.1	245.4	408
모든 기관	404.2	1,622.5	1,218.3	401
알려진 스털링	121.0	441.4	320.4	408
알려진 프랑	27.2	275.1	247.4	1,010
알려진 마르크	24.2	136.9	112.7	566
기타 통화	71.4	212.0	140.6	297
할당되지 않음	160.4	557.1	396.7	347
스털링, 프랑, 마르크, 할당되지 않은 보유 자산 합계				
모든 기관	332.8	1,410.5	1,077.7	424
정부 기관	237.2	1,069.4	832.2	451
민간 기관	95.6	341.1	245.5	357

출처: Lindert 1969, 22쪽.

[a] 세부 사항은 라운딩rounding 때문에 합계에 더해지지 않았을 수도 있음.

— 적용할 수 없음.

중앙은행이 보유해야 하는 준비금의 양에 대한 국가별 규정은 서로 달랐다. 영국, 노르웨이, 핀란드, 러시아, 일본은 **신탁 제도**fiduciary systems를 운용했다. 중앙은행은 금으로 보장되지 않는 일정량의 통화를 창출("신용 발행fiduciary issue")하는 것이 허용되었다. 전형적으로 이러한 유통 부분은 정부 채권에 의해 보증되었다. 그 이상의 통화 공급은 그 금액만큼 금에 의해 지원되어야 했다. 이와는 대조적으로 유럽 대륙의 많은 나라들(벨기에, 네덜란드, 스위스, 그리고 얼마 동안의 덴마크)은 **비례 제도**proportional systems를 운용했다. 조건부이긴 하나 그들의 금과 외환 보유고는 총 통화의 일정 비율(보통 35~40%) 아래로 떨어질 수 없었다. 일부 국가(독일, 오스트리아-헝가리, 스웨덴, 그리고 얼마 동안의 이탈리아)는 위 두 제도를 혼합하여 사용했다.

일부 통화법은 (벨기에처럼) 재무부 장관의 재량하에 혹은 (오스트리아-헝가리, 독일, 이탈리아, 일본, 노르웨이처럼) 중앙은행이 조세를 납부하는 경우에 외환 보유고가 법적 최저 수준 밑으로 떨어지는 것을 허용하는 조항을 포함했다. 통화 공급과 기타 목적을 위한 금 및 외환 보유고 사이의 관계에는 탄력성이 있었다. 신탁 제도와 비례 제도에 대한 법령은 오직 최저 준비금만을 규정했다. 그 무엇도 중앙은행이 규정 이상의 준비금을 보유하는 것을 막지 않았다.[37] 예를 들어, 영란은행의 은행국은 발권국이 창출한 신용 화폐 1,400만 파운드를 현금 준비금cash reserve으로 보유했다. 이를 통해 영란은행은 금의 획득 없이 또는 금본위제 법에 저촉되지 않고도 채권을 할인하거나 구매하여 통화량을 조절할 수 있었다. 비례 제도를 운용하는 나라에서 중앙은행은 법이 요구하는 적법한 부채의 35~40%를 초과해서 준비금을 보유하고 추가적인 금 준비금 없이도 현금을 풀어 채권을 매입함으로써 통화 공급을 늘릴 수 있었다. 이는 금본위제의 운용에 유연성을 가져다주었다. 자국 통화를 금으로 태환하여 금이 국외로 유출된다 하더라도, 교과서적인 금본위제에서처럼 금 손실분만큼 통화 공급이 감소하는 일은 더 이상 일어나지 않았다.[38]

이것이 그 과정에 한계가 있다는 것을 부정하는 것은 아니다. 다음에서 보는 것처럼 이것들은 금본위제의 핵심이다.

금본위제는 어떻게 작동했는가

금본위제의 기제에 대해 가장 영향력 있게 공식화한 것은 데이비드 흄David Hume의 가격-정화 플로우 모델price-specie flow model이다.[39] 이 모델의 가장 훌륭한 특징은 그 존속성이다. 이 모델은 18세기에 생겨나 오늘날까지 금본위제에 대한 가장 지배적 접근법으로 남아 있다.

모든 뛰어난 모델이 그렇듯이, 가격-정화 플로우 모델도 단순화된 전제가 핵심이다. 흄은 오직 금화만이 유통되고 은행의 역할은 무시되는 세계를 가정했다. 상품이 수출될 때마다 수출업자는 금으로 지불받고 그 금을 화폐로 주조하기 위해 조폐창으로 가져간다. 수입업자가 해외에서 상품을 수입하면 금을 수출함으로써 대금을 결제했다.

무역 적자를 보는 나라는 위에서 말한 두 번째 거래가 첫 번째 거래를 초과했다. 이 나라는 금의 유출을 경험했는데 이는 연쇄적인 자기 조정을 가져온다. 무역 적자국에서는 좀 더 적은 돈(금화)이 유통됨에 따라 물가가 하락한다. 한편 무역 흑자국에서는 좀 더 많은 돈(금화)이 해외에서 들어옴에 따라 물가가 상승했다. 이러한 금화의 흐름이 상대물가의 변화를 만들었다(따라서 가격-정화 플로우 모델로 명명되었다.).

수입 재화가 더 비싸지게 되면 국내 거주자는 수입품 소비를 줄일 것이다. 외국인은 수입품이 더 싸지게 되면 그것을 더 많이 소비하게 될 것이다. 적자국의 수출은 증가하고 수입은 감소하여 무역 불균형은 사라진다.

경제학 최초의 일반 균형 모델 중 하나인 이 이론의 강점은 세련된 간결함이었다. 그것은 18세기 중반의 무역 수지를 조절하는 기제를 간결하게 서술하였다. 그러나 시간이 감에 따라 금융 시장과 제도가 계속 발전하면서 흄의 모델은 금본위제가 어떻게 작동하는가에 대해 점차 부분적으로만 설명할 수 있게 되었다.

정확성을 위해서 흄의 모델은 19세기 후반의 두 가지 특징을 담을 수 있도록 확정되어야 했다. 하나는 국제 자본 이동이다. 해외 차입에 따른 순 자본 이동은 흔히 상품 무역 수지보다 훨씬 컸다. 흄은 이러한 흐름의 결정 요소들, 즉 금리 수준과 상업·중앙은행의 활동 등에 대해 아무런 것도 언급하지 않았다. 두 번째 특징은 흄이 예측했던 것과 같은 규모의 국제적 금 선적이 없었다는 점이다. 남아프리카와 기타 다른 지역에서 새롭게 채굴된 금이 런던 금 시장으로 유입된 것을 빼면 국제적 금 이동은 무역 적자와 흑자의 극히 일부에 불과했다.

자본 이동, 금리, 그리고 중앙은행의 역할을 받아들이면 흄 모델의 확장이 가능하다. 그러나 1차 세계 대전 말에 컨리프 위원회Cunliffe Committee(전후 통화 문제를 논의하기 위해 만들어진 영국의 정부 위원회)의 보고서가 나오기 전까지는 적절하게 다듬어진 확장 모델은 보이지 않았다.[40] 흄 모델의 컨리프 판은 다음처럼 작동했다. 금화 대신 지폐가 유통되는 세계 또는 영국처럼 지폐와 금화가 공존하는 세계를 가정한다. 중앙은행은 통화를 금으로 바꿔줄 준비가 되어 있다. 한 나라

(예를 들어 영국)가 다른 나라(예를 들어 프랑스)와의 교역에서 적자를 보면, 다시 말해 수출보다 수입을 많이 하면 수입 초과분만큼 프랑스 수출업자에게 스털링으로 결제했다. 프랑스 상인(혹은 런던에 있는 그들의 은행가)에게 영국 통화는 필요가 없으므로 이를 영란은행에 가져가 금으로 바꾼다. 프랑스 상인들은 받은 금을 다시 프랑스중앙은행을 통해 프랑으로 교환했다. 적자국 영국의 통화 공급은 줄어들고 반대로 흑자국 프랑스의 통화 공급은 늘어났다. 다시 말해 이는 흄이 제안했던 가격-정화 플로우 모델과 본질적으로 다르지 않다. 두 나라의 통화 공급은 반대 방향으로 움직이고 이전처럼 상대 물가가 조절되어 무역 불균형은 제거되었다. 유일한 차이는 과정을 구동시킨 통화 공급이 지폐 형식이라는 점이다. 금은 적자국의 순환 과정에서 흑자국의 순환 과정으로 이동했다기보다는 한 나라의 중앙은행에서 다른 나라의 중앙은행으로 이동했다.

그러나 컨리프 판은 현실과는 달리 계속해서 상당 규모의 금 거래를 예측했다. 이 같은 현실과의 괴리를 없애려면 중앙은행의 다른 활동을 도입할 필요가 있다. 한 나라가 무역 적자로 금을 잃게 되면 그 나라 중앙은행은 통화 공급의 조절을 신속히 도모하기 위해 개입한다. 통화 공급을 축소함으로써 중앙은행의 개입은 물가에 대한 하락 압력을 가하고 국내 재화의 경쟁력을 증대시켜 금 유출과 마찬가지로 효율적으로 대외 적자를 제거했다. 금 유출이 국내 통화 공급에 미치는 효과를 조절하기 위한 중앙은행의 개입을 포함한 모델 확장은 이처럼 금의 이동이 없는 상황에서 어떻게 대외적 조정이 가능한지를 설명할 수 있다.

전형적으로 사용된 정책 수단은 할인율이었다.[41] 은행과 (할인상사

discount houses로 알려진) 기타 금융 중개업은 상인들에게 60일 또는 90일간 자금을 대출해주었다. 중앙은행은 상인이 서명한 어음과 이자를 지불받고 그 대신 즉시 은행에 자금을 공급했다. 이 같은 자금 제공은 어음 할인으로 알려졌고 여기에 부과된 금리가 할인율이었다. 종종 중앙은행은 적격 어음에 대해서는 모두 기존 금리에서 할인해주었다 (적격성은 어음에 있는 서명의 수와 질, 어음이 작성된 조건, 그리고 만기 조건 등에 달려 있었다.). 중앙은행이 할인율을 인상하여 할인을 비싸게 하면, 점점 더 적은 수의 금융 중개업자들이 어음을 제시하여 현금을 보유하려고 할 것이다. 중앙은행은 할인율을 조작하여 국내 신용의 양을 조절할 수 있었다.[42] 중앙은행은 금의 이동없이 국제 수지 균형을 회복시키기 위해 신용을 증가 혹은 감소할 수 있었다.[43] 금 손실을 예상한 중앙은행이 할인율을 인상하고 국내 자산의 보유를 줄이면 시중에서 현금이 줄어들었다. 실제의 금 유출 없이도 통화 공급은 감소하고 무역 수지는 회복했다.[44]

중앙은행의 이러한 행태는 게임의 규칙에 따르는 것으로 알려졌다. 물론 그러한 행태를 서술한 규정집 같은 것은 존재하지 않았다. "게임의 규칙"은 전전戰前의 금본위제가 기억으로만 남아 있던 1925년 당시 영국 경제학자 존 메이너드 케인즈John Maynard Keynes에 의해 만들어진 용어였다.[45] 이 용어가 그토록 늦게 소개되었다는 점은 중앙은행이 심지어 암묵적으로라도 엄격한 지침에 따라 움직였다는 것을 믿기 어렵게 한다.

이러한 증거가 간접적이기는 하지만, 사실 중앙은행은 그러한 지침에 따라 행동하지 않았다. 래그나 넉시Ragnar Nurkse는 국제 통화 체제가 왜 1920~1930년대 그토록 형편없이 작동했는가에 대하여 설명하기 위해 1944년 출간한 한 영향력 있는 글에서 1922~1938년 동안 정부 당국이 마치 "게임의 규칙"에 따르는 것처럼 중앙은행의 국내 자산과 해외 자산이 같이 움직였던 경우와 그러지 않았던 경우가 몇 번이나 되는지 국가별 연도별로 분류했다.[46] 넉시는 많은 경우에 국내 자산과 해외 자산이 서로 반대 방향으로 움직인다는 것을 발견한 후 전전 금본위제 체제의 불안정성은 규칙의 광범한 위반 때문이었고, 고전 금본위제의 안정성은 규칙의 준수 때문이라고 추론했다. 그러나 1959년 아서 블룸필드Arthur Bloomfield가 전전의 자료를 이용하여 넉시의 실험을 되풀이 하였으나 놀랍게도 1913년 이전에도 규칙의 위반은 전후와 마찬가지로 광범하였음을 발견했다.

그렇다면 분명히 무역 수지 외에 다른 요인들이 중앙은행이 할인율을 결정하는 데 영향을 주었다. 많은 중앙은행들이 민간 소유였음을 고려할 때 그 요인 가운데 하나는 이윤율이었다. 중앙은행이 시장 금리보다 높게 할인율을 책정했다면 중앙은행은 이익을 낼 수 없어 망했을 것이다. 이것이 1870년대 초반 영란은행이 직면했던 문제였다. 19세기 중엽 이후 민간 은행업의 성장은 영란은행의 시장 지분을 축소시켰다. 과거에 영란은행은 세력이 막강하여 다른 모든 은행들의 자본과 준비금을 흡수하고도 자신의 자본은 소진되지 않을 정도였다.[47] 그러나 영란은행의 할인 규모가 경쟁 은행의 할인 규모의 일부에 불과할 정도로 감소하자, 영란은행의 할인율(은행율 Bank rate) 상승이 시장 금리에 주는 충격이 적어졌다. 은행율 상승은 은행율과 시장 금리의 차이를 더욱 크게 만들어 영란은행의 사업을 잠식했다. 그 차가 너무 크면 은행율은 현실과 괴리되어 시장 금리에 대한 영향력을 잃었다. 영란은행은 채권 가격을 낮추어 시장 금리를 은행율로 상승시키기 위해 (재구매 약속과 더불어) 채권을 매각하여 은행율의 유효성을 회복하는 법을 시간이 지남에 따라 배웠을 뿐이다.[48]

또한 고려해야 할 것은 금 유출을 막기 위한 금리 상승이 경제를 위축시킨다는 점이었다. 중앙은행은 정치적 결과로부터 절연되어 있었으나 금리 인상은 투자 비용을 상승시키고 재고 축적을 억제하였다.

마지막으로 중앙은행들은 정부가 안고 있는 부채의 이자 비용 부담을 늘릴까봐 금리 인상을 주저했다. 심지어 민간 기관인 중앙은행들조차 부채로부터 정부를 보호하려는 압박에서 자유롭지 못했다. 프랑스중앙은행은 민간 소유이지만 은행장은 재무부 장관이 임명하는 관료였다. 은행 이사회 12명의 이사 중 3명은 정부가 임명했다. 독일제국은행의 직원 대부분은 공무원이었다. 독일제국은행 이사회는 다수결로써 주요 정책을 결정하지만 정부와 마찰이 생기면 재무부 장관의 지시를 받도록 요구되었다.[49]

그러므로 "게임의 규칙"이라는 단순한 언명은 잘못되었고 시간이 가면서 더욱 그러했다. 중앙은행들은 자신들이 만든 정책에 대해 어느 정도 자율권을 갖고 있었다. 그들은 정치적 압력으로부터 보호되었으나 보호가 완벽하지는 않았다. 그럼에도 국내외적 혼란에 직면하여 금의 태환을 지켜내는 그들의 능력은 금 태환이 정부의 다른 정책 목표와 상충될 때 중앙은행이 받는 정치적 압력의 한계에 달렸다. 정책에 영향력을 행사하는 이들 사이에서는 금 태환의 유지가 우선이라는 광범한 합의가 있었다. 우리가 이제 살펴볼 것처럼 이 같은 합의와 정책 신뢰가 강력할수록 중앙은행들은 금본위제의 안정성을 위협하지 않으면서도 "규칙"에서 벗어날 수 있는 여유를 더 많이 가졌다.

특수한 역사적 제도로서의 금본위제

게임의 규칙에 대한 엄격한 준수가 아니라면 어떻게 상당한 정도의 금의 유동이 없이 국제 수지의 조정이 이루어졌는가? 이 문제는 금본 위제가 어떻게 작동했는지를 이해하는 열쇠이다. 이에 답하기 위해서 는 국제 통화 체제가 교과서의 "금본위제" 부분에 소개된 일련의 방정 식 이상임을 이해해야 한다. 그것은 사회적으로 구축된 제도이며 그 생존 능력은 주위 환경에 달려 있었다.

전전 금본위제의 주춧돌은 정부가 금 태환의 유지를 최우선으로 고 려했다는 점이다. 금본위제 체제의 핵심 국가들, 즉 영국, 프랑스, 독 일의 관리들은 궁극적으로 중앙은행의 금 준비금을 방어하고 통화의 태환성을 유지하는 데 필요한 조치를 취했다. 영국의 경제학자 P. B. 웨일P. B. Whale은 19세기 통화 체제에 대한 자신의 연구에서 "각 중 앙은행의 경우 일차적 과제는 금본위제에서 자신들의 통화를 연계하 는 것을 보호할 수 있을 정도의 규모로 금 준비금을 유지하는 것이었 다."고 결론지었다.[50] 다른 고려 사항은 기껏해야 정부 당국이 취하는 조치의 타이밍에 영향을 줄 정도였다. 중앙은행의 정책과 경제 사이 의 관계에 대한 정교한 이론이 없는 한 사람들은 금리 수준이 실업을 더욱 악화시켰는지에 대해 의견을 달리할 수도 있었다.[51] 20세기 정부 들에게 통화 안정을 다른 정책 목표에 종속시키라는 압력은 19세기에 는 없던 일이다. 태환성을 유지하고자 하는 정부의 의지에 대한 신뢰 도는 불황으로 가장 고통 받는 노동자들이 반대할 만한 위치에 있지 않았기에 더욱 높아졌다. 대부분의 국가에서 투표권은 재산이 있는 남성에 제한되었다(여성은 사실상 모든 나라에서 투표권을 갖지 못했다.).

노동자 계급을 대표하는 노동자 정당들은 막 형성되는 단계에 있었다. 중앙은행이 할인율을 인상할 경우 실업에 처하기 쉬운 노동자는 그에 반대하는 기회를 갖지 못했고 정책을 책임진 정부와 중앙은행 관계자들을 공직에서 추방할 수는 더더구나 없었다. 임금과 물가가 상대적으로 유연했다는 사실은 국내 지출 삭감을 필요로 하는 국제수지의 충격이 실업 증가보다는 물가와 비용의 하락에 의해 완화되었다는 것을 뜻했다. 나아가 고용 문제와 관련하여 정부에 대한 압력이 약화되는 것을 뜻했다. 이 모든 이유로 인해 중앙은행들이 통화의 태환성 유지에 부여한 우선순위는 거의 도전받지 않았다.

투자자들은 이와 같은 우선순위를 인식했다. 매츨럽Machlup은 1914년 이전에 투자자들 사이에서 평가 절하의 가능성에 대한 논의는 거의 없었다고 지적한다.[52] 환 위험은 극히 적은 것으로 인식되었기 때문에 해외 투자는 환 위험에 대해 거의 헤지되지 않았다.[53] 통화가 출렁거리면 투자자들은 안정화 방식으로 대처했다. 예를 들어 환율이 금 수출점gold point까지 하락한다고 가정하자(국내 통화를 금으로 바꿔 그 금을 수출함으로써 외화를 획득하는 것이 이윤이 남을 정도로 국내 통화 가치가 하락하는 것). 중앙은행은 금 준비금을 잃기 시작한다. 그러나 일단 중앙은행이 환율을 강화하는 조치를 취하면 해외 투자자들은 국내 자산에 발생하는 이익을 예상하고 자금을 투자하게 되고 따라서 국내에 자금이 유입된다. 기준 환율parity에 대한 정부 정책은 의심의 여지가 없기 때문에 자본은 신속히 대량 유입된다. 환율은 스스로 강화되어 중앙은행이 개입할 필요성은 최소화된다.[54] 스웨덴 경제학자 베르틸 올린Bertil Ohlin이 말한 것처럼 "교란성" 자본 이동이 1913년 이전에는 사실상 존재하지 않았다고 주장하는 것은 너무 과할지 모르

겠으나, 불안정한 자본 이동은 "그 이후보다 상대적으로 훨씬 덜 중요했었다는 점은 분명히 사실이다."[55]

따라서 중앙은행은 급박한 금 보유의 손실을 당하지 않고도 게임의 규칙에 정해져 있는 개입을 연기할 수 있었다. 중앙은행은 심지어 얼마 동안은 반대 방향으로 개입하여 금 보유의 손실이 통화 공급에 미치는 영향을 강화하는 것이 아니라 상쇄시킬 수 있었다. 이러한 개입은 금 준비금의 충격이 국내 시장에 끼치는 영향을 중화하고 생산과 고용에 미치는 효과를 최소화했다.[56]

중앙은행들은 자신들의 금 태환 유지 정책이 신뢰받았기 때문에 게임의 규칙에서 벗어날 수 있었다. 일 년 정도의 짧은 기간으로 보면 중앙은행들은 규칙을 거듭 위반하였지만 장기간에 걸쳐 보면 중앙은행들의 국내외 자산은 같이 움직였다. 중앙은행들이 장기적으로는 규칙을 따른다는 것에 대해서는 의심의 여지가 없었기 때문에 그들은 단기적으로 규칙을 위반할 수 있었다.[57] 투자자들은 정부 당국이 궁극적으로 태환을 방어하는 데 필요한 정책을 취하리라는 것을 알고 자본을 약세 통화 국가로 이동하여 중앙은행이 일시적으로 규칙을 위반할 때조차 적자를 지원했던 것이다.[58]

국제 연대

금융 자본과 금 준비금을 끌어당기는 일국의 할인율 인상은 그로 인해 자본과 금이 유출되는 다른 국가들의 국제 수지를 약화시켰다. 그러므로 한 중앙은행의 할인율 인상은 다른 중앙은행들의 비슷한 조치를 유발할 수 있었다. 영국 경제학자 랄프 호트리Ralph Hawtrey는 "영란은행과 프랑스중앙은행이 금이 부족하여 금을 마련하려고 취한 그 어떠한 조치도 다른 중앙은행들로 하여금 유사한 조치를 취하게 만든다."고 지적했다.[59] 마찬가지로 한 중앙은행의 할인율 인하는 다른 중앙은행들의 할인율 인하를 유발한다. 블룸필드는 1차 세계 대전 이전 20년 동안에 발생한 할인율 등락 경향을 기록했다.[60]

이상적으로는 어느 누군가가 공동의 할인율을 책임지고 세계경기가 과열될 때는 높게, 반대로 불황이 닥칠 때는 낮게 책정할 수 있을 것이다. 예를 들어, 신용 조건이 과도하게 엄격하여 이완이 필요하면 몇 나라의 중앙은행은 공동으로 협의하여 할인율을 동시에 조절해야 했다. 조정의 필요는 지불 준비율 증가에 의해 예고되는데, 경기 침체와 더불어 금화가 유통에서 사라져 중앙은행의 금고 속으로 이동해 준비금이 예금과 기타 부채에 비해 증가하기 때문이다. 한편 조정의 필요는 금리 인상 수준(호황이면 높고 불황이면 낮다.)에 의해 예고될 수도 있다. 중앙은행들은 그러므로 시장 금리에 따라 은행율을 조정함으로써 "시장을 추종한다."

이러한 접근법의 한계는 예측 가능한 사이클을 예견하고 완화할 수 있는 능력이 없다는 데 있다. 이를 해결하려면 중앙은행 금리가 시장을 따르는 것이 아니라 이끌어야만 했다. 이는 영란은행이 1870년대에 하기 시작한 관행으로 국제 금본위제의 도래와 일치한다.[61] 이러한 관행은 협력의 필요성을 부각시킨다. 한 중앙은행이 할인율을 인하하는데 다른 중앙은행들이 이를 따르지 않는다면 할인율을 인하한 은행은 준비금을 잃고 자국 통화의 태환성이 위협받을 수 있다. 그러므로 리더십 추종이라는 전통이 발전했다. 당시 중앙은행 가운데 가장 영향력이 있었던 영란은행은 행동 개시를 알리는 역할을 했는데 그 할인율은 정책 협조의 초점을 제공했다. 영란은행이 방향을 "결정했다 called the tune." 이에 당시 유명한 문구에서 케인즈는 영란은행을 가리켜 "국제 오케스트라의 지휘자"라고 지칭했다.[62] 각국의 중앙은행들은 영란은행의 지휘에 따라서 글로벌 신용 조건의 조정에 협력했다.[63]

위기의 시기에 정책을 조정하는 것은 더욱 어려웠다. 금융 위기의 확산을 막기 위해서는 각국 중앙은행의 할인율이 서로 반대 방향으로 움직여야 했다. 위기를 당하여 준비금 손실을 겪는 나라는 해외에서 금과 자본을 유인하기 위해 할인율을 올려야 한다. 국제 협조를 위해서는 다른 나라가 위기에 처한 나라의 중앙은행과 동일한 정책을 취하는 것이 아니라 그 나라로 금이 유입되도록 허용해야 했다. 리더십 추종의 접근만으로는 충분하지 않았다. 사실 심각한 금융 위기 시 각국의 중앙은행들은 위기에 처한 은행을 지원하기 위해 특단의 조치를 취해야 한다. 이들은 위기 국가를 위해 채권을 할인해주고 금을 대출해주어야 했다. 그로써 위기의 국가가 자신의 금 평가gold parity*가 위협받을 때 인출할 수 있는 자원은 자신의 준비금을 초과하여 다른 금본위제 국가로부터 차입할 수 있는 금액까지로 확대되었다.

하나의 사례로 1890년 베어링 위기Baring Crisis를 들 수 있다. 당시 영란은행은 영국의 주요 상업은행인 베어링 브라더스가 아르헨티나 정부에 악성 대부를 과도하게 제공함으로써 지급 불능 사태에 직면했었다. 영란은행은 프랑스중앙은행에서 3백만 파운드를 차입하고 러시아로부터 150만 파운드의 금화 제공을 약속받았다. 이 조치는 전례가

---

* 금본위제 국가의 통화에 포함되어 있는 금 함유량을 비교하여 산출한 각국 통화의 교환 비율.

없지 않았다. 영란은행은 1839년 프랑스중앙은행으로부터 금을 빌린 적이 있다. 영란은행은 1847년에는 비슷한 위기에 빠진 프랑스중앙은 행에 같은 조치를 제공했다. 스웨덴중앙은행은 1882년 덴마크중앙은 행으로부터 수백만 크로네를 차입했다. 그러나 그러한 조치가 국제 금본위제와 기축 통화인 스털링의 안정을 유지하기 위해 필요했던 것 은 1890년이 처음이다. 이 사건을 가리켜 호트리는 "1890년 외국 중 앙은행들이 제공한 지원은 새로운 이정표를 의미한다."고 표현했다.[64]

당시의 위기는 영란은행이 스털링 환율을 방어할 자원을 보유했는 가에 대한 의심에서 촉발되었다. 투자자들은 영란은행이 최종 대부자 로서 파운드를 방어할 수 있는 능력을 가졌는가에 대해 의문을 품었 다. 외국인 저축은 인출되었고 영란은행은 할인율 인상에도 불구하고 보유 금을 상실하기 시작했다. 영국은 자신의 은행 체제와 파운드의 금 태환성 사이에서 선택하도록 압박받았다. 영국은 프랑스와 러시아 의 중앙은행의 도움으로 이 같은 딜레마에서 벗어났다. 영란은행은 금 준비금이 다시 채워지자 런던 시장에 유동성을 공급할 수 있었고, 스털링의 금 태환 약속에 준비금을 소진하지 않으면서도 베어링 브라 더스에 대한 보증 기금guarantee fund에 기여할 수 있었다. 투자자들 은 안심했으며 위기는 극복되었다.

이 일화는 위기 시 금본위제를 지키기 위해서는 연대가 필요하다는 점을 보여주었으며, 통화 체제 보전을 위한 협력은 점차 확립되어갔 다. 1893년 각국 정부의 장려하에서 만들어진 유럽 은행의 컨소시엄 은 미국 재무부가 금본위제를 지키는 것에 기여했다. 1898년 독일제 국은행과 상업은행들은 영란은행과 프랑스중앙은행의 도움을 받았 다. 1906년과 1907년에는 영란은행이 다시 금융 위기에 처하여 프랑스중앙은행과 독일제국은행의 도움을 받았다. 한편 러시아국가은행 Russian State Bank은 독일제국은행의 금 준비금 부족을 보충하기 위해 베를린으로 금을 선적했다. 또한 1907년 캐나다 정부는 통화량을 증대했는데, 이는 부분적으로는 심한 신용 경색에 빠져 있는 미국 금융 체제를 위한 준비금을 마련하기 조치였다.[65] 1909년과 1910년 프랑스중앙은행은 다시 영국 채권을 할인해주어 런던에 금이 부족하지 않게 만들었다. 벨기에, 노르웨이, 스웨덴 같은 유럽 소국들은 외국의 중앙은행과 정부들로부터 준비금을 차입했다.

이러한 종류의 국제 협력은 일상사는 아니지만 위기 시에는 아주 중요했다. 그것은 금본위제가 원자적 체계라는 인식이 잘못되었음을 말해준다. 오히려 금본위제의 존립은 중앙은행과 정부들의 협력에 의존했다.

금본위제와 최종 대부자

금본위제의 작동은 우리가 본 바처럼 중앙은행의 대외 태환성의 유지에 대한 강고한 의지에 달려 있었다. 할인 정책과 금리를 일반적으로 경기 순환에 연결하는 아주 세련된 이론이 존재하지 않는 한, 통화 당국은 자신들의 도구를 다른 목표에 사용하라는 기껏해야 제한된 압력을 받았을 뿐이다. 이 같은 금본위제는 은행들이 예금을 받지만 자산의 오직 일부만을 현금과 유동 증권으로 보유하는 부분 지급준비금 은행업의 등장으로 위협받게 된다. 이 체제에서 예금주들이 일시에 인출을 요구하게 되면 펀더멘털은 건전하나 일시적으로 유동성이 부족한 은행은 도산하게 되는 가능성이 제기된다. 나아가 일각에서는 뱅크런(예금 인출 쇄도)이 신뢰를 무너뜨리고 다른 기관으로까지 전염되어 전체 금융 체제의 안정을 위협할 것이라고 우려했다. 한 은행이 도산하면 다른 은행에 대한 신뢰까지 붕괴되는 심리적 경로를 통해 전염이 될 수 있었다. 또는 문제가 되는 은행의 예금주들이 현금을 확보하기 위해 다른 은행에 있는 예금을 인출하면서 전염이 이루어지기도 한다. 어느 쪽이든 위기 확산을 방지하기 위한 최종 대부자의 개입을 필요로 했다.

중앙은행이 언제부터 이러한 문제점을 인지하기 시작했는지 정확하게 말하기는 어렵지만 영국의 경우 1866년 일어난 오버렌드와 거니 Overend and Gurney 위기가 전환점이었다. 오버렌드와 거니는 오래전에 설립된 회사로 1865년에 유한 책임회사로 막 법인화되었다. 1866년에 왓슨, 오버렌드의 리버풀 철도 계약 회사가 도산하고 뒤이어 스페인 상업회사 핀토, 페레스가 무너지자, 이들에 관여했던 오버렌드와 거니는 문을 닫아야 했다. 패닉이 은행 체제를 통해 퍼져나갔다. 은행들은 영란은행에 채권을 할인함으로써 유동성을 확보했다. 몇몇 은행들은 영란은행이 적절한 지원을 연장해주지 않는다고 불평했다. 영란은행은 자신의 준비금 수준이 떨어질 것을 우려하여 채권 할인에 대한 요구를 거부했다. 패닉이 최고조에 달했을 때 영란은행은 정부 증권을 담보로 요구되는 선불을 제공하지 않았다.[66] 패닉은 심각했다.

부분적으로는 이 같은 경험의 결과로, 영란은행은 1890년 베어링 위기가 도래했을 때 최종 대부자의 책임감을 더욱 절실히 느꼈다. 문제는 최종 대부자로서 행동하려는 욕구와 금본위제의 수호자로서의 책임감이 상충된다는 것이다. 예금주들이 예금을 회수하여 현금화하고 나아가 금으로 바꾸려 함에 따라 상업은행이 위기에 처하고 영란은행의 금 준비금이 유출된다고 가정해보자. 문제가 된 은행을 지원하기 위해 영란은행은 유동성을 제공할 수 있다. 그러나 이는 금본위제 게임의 규칙을 위반하는 것이다. 중앙은행은 금 준비금이 축소되는 것과 동시에 시장에 대한 신용 공급을 증가시킨다. 중앙은행의 준비금이 금본위제 규정이 정한 하한선으로 떨어지면 금 태환의 유지라는 중앙은행의 정책은 의심을 받게 될 것이다. 일단 중앙은행이 국내 은행의 위기가 확산되는 것을 허용하기보다는 금 태환 중지와 통화 가치 하락depreciation을 용인할 것이라는 우려가 발생하면, 투자자들은 평가 절하 시 국내 통화 표시 자산에서 발생하는 자본 손실을 피하려 하기 때문에 은행 예금을 인출하여 금으로 바꾸려는 움직임은 더욱 가속화될 수 있다. 그러므로 유동성이 은행 체제에 신속하게 투입되면 될수록 더욱 빠르게 유출된다. 최종 대부자의 개입은 어려울 뿐 아니라 반생산적일 수 있다.

1930년대 금융 당국은 우리가 제3장에서 볼 것처럼 이 같은 딜레마에 빠져 어찌할 바를 몰랐다. 1차 세계 대전 이전까지는 이러한 곤경을 대부분 피할 수 있었다. 부분적으로 중앙은행이 최종 대부자의 책임을 진다는 생각은 아주 점진적으로 발전했다. 사실 미국 같은 나라에서는 여전히 이러한 책임을 감당할 중앙은행조차 없었다. 많은 중앙은행들과 정부들은 1920년대에 처음으로 경제 규제에 있어서 일반적으로 확대된 정부 역할의 한 부분인 은행 체제의 안정에 대해 중대한 책임이 있다는 생각을 받아들였다. 또한 중앙은행과 정부가 보여준 금본위제 유지에 대한 확고한 입장은 투자자들로 하여금 최종 대부자 역할로 나타난 금본위제 "규칙"의 위반은 일시적인 것이라고 믿게 만들었다. 그러므로 해외 자본은 다른 경우에서처럼 안정화 방향으로 흐른다. 중앙은행이 유동성을 투입하여 환율이 약해지면 투자자들이 통화가 조만간 회복될 것으로(그리하여 나중에 자본 이득을 볼 것으로) 예상했기 때문에 자본은 해외에서 유입되었다. 금본위제와 국내 금융 안정 사이의 상충 관계trade-off*는 완화되었다. 투자자들이 추가적 인센티브를 요구하면 중앙은행은 수익율을 높이기 위해 금리를 인상할 수 있었다. 이는 배젓의 원칙Bagehot's rule으로 알려져 있었다.** 즉, "내적 유출(예금 인출과 금 태환)"에 대해서는 자유로이 할인하고 "외적 유출"에 대해서는 금리를 올리는 것이다(국제 수지에 대한 영향을 봉쇄하기 위해).

중앙은행의 활동 영역을 더욱 넓히는 것은 예외적 상황에서 직용 가능한 면책 조항escape-clause이었다. 위기가 심각하면 중앙은행은 준비금이 법정 최저 수준 아래로 하락하는 것을 용인하고 통화가 금 수출점 이하로 떨어지는 것을 허용한다. 앞에서 지적한 것처럼 어떤 나라에서 이는 재무부 장관의 승인 또는 조세 지불을 통해 허용된다. 심지어 금본위제 법이 그러한 행동을 허용하지 않았던 영국에서조차 정부는 의회에 신용 발행의 예외적 증액***을 요청할 수 있다. 독자적으로 검증 가능하고 명백하게 정부 자신이 조성하지 않은 상황에 대응해서 이러한 면책 조항이 작동했기 때문에, 정상 시에는 금 태환을 준

수할 것이라는 정부 당국의 신뢰를 훼손하지 않으면서도 예외적 조건에서 금 태환을 중지하는 것이 가능했다.[67] 최종 대부자의 개입에 대한 금본위제의 제약은 이런 식으로 일시적으로 완화될 수 있었다.

그 이상의 면책 조항은 은행권에서 자체적으로 실행되었다. 은행들은 대량 인출 사태에 처한 은행이 영업을 일시적으로 중단하는 것을 허용하고 유동성 투입에 대한 대가로 자산과 부채를 집단적으로 관리함으로써 금융 위기에 대처할 수 있었다. 은행들은 그와 같은 "구조선 활동"을 통해 최종 대부자의 기능을 효과적으로 민영화할 수 있었다. 한편 체제 전반이 위기에 처한 경우에 은행들은 예금을 통화로 바꾸는 것을 동시에 중지하는 데 합의할 수 있었다. 이 마지막 관행은 미국과 같이 최종 대부자가 없는 나라에서 실시되었다. 은행들은 예금에 대한 접근을 동시에 제한했기 때문에 유동성 요구가 은행권 전체로 확산되는 것을 피했다. 이 같은 제한은 상업은행 부채의 유동성을 제한하기 때문에 현찰 통화에 대한 프리미엄(현찰 1달러가 예금 1달러보다 높은 가치를 갖는 상황)이 발생했다. 통화에 대한 요구가 발생하면 1893년 미국에서 실제로 일어났던 것처럼 금융 위기에도 불구하고 금은 그런 나라로 유입된다.[68] 다시 말해, 국내 금융 안정성과 국제 금융 안정성 간의 잠재적 갈등을 피할 수 있었다.

주변부의 불안정

유럽 중심부를 벗어나면 금본위제의 경험은 그리 유쾌하지는 않았다.[69] 주변부 국가들이 경험한 문제 중 일부는 협력이 그리 확장되지 않았다는 사실에 있다. 영란은행이 1890년 그리고 다시 1907년에 해외의 지원을 받았다는 사실은 우연이 아니었다. 체제의 안정은 영국의 참여에 달려 있었다. 영란은행은 해외 지원이 필요한 시점에 타개책을 갖고 있었다. 다른 곳 사정은 달랐다. 주도적인 중앙은행들은 금융 불안정이 확산될 것이라는 위험을 인식했으며 프랑스와 독일 같은 나라는 중앙은행의 지원을 기대할 수 있었다. 그러나 주변부에서 일어난 문제는 체제 전반의 안정을 위협하지 않았으며 유럽의 중앙은행들은 예컨대 남미 국가를 지원하려 하지 않았다.

실제로, 유럽에 속하지 않은 많은 나라들은 그러한 국제 공조를 조정할 수 있는 중앙은행을 갖고 있지 않았다. 미국의 중앙은행인 연방준비제도는 1913년에 처음으로 설치되었다. 남미의 많은 국가들과 그 밖의 다른 국가들은 1920년대까지 미국 방식의 중앙은행을 설립하지 않았다. 주변부의 은행 체제는 불안정했고 최종 대부자가 없는 상황에서 해당 국가의 대내외 금융 체제를 붕괴시킬 수 있는 위기에 특히 취약했다. 금과 외환 준비금의 손실은 통화 공급의 축소로 나타났다. 준비금 유출을 중화할 중앙은행이 부재했고 심지어 중화 작업에 필요한 채권 시장이나 할인 시장도 없었다.

또 다른 요인들이 북중부 유럽 이외의 지역에서 금본위제를 운용하는 것을 특히 어렵게 만들었다. 원자재 생산 국가들은 상품 시장의 전례 없는 충격에 놓였다. 많은 국가들은 협소한 종류의 상품commodity을 생산하고 수출하는 데 특화했기 때문에 교역 조건terms of trade의 극심한 변동에 노출되어 있었다. 또한 주변부 국가들은 국제 자본 이동의 불안정한 변동을 경험했다. 영국의 경우 그리고 다소 정도는 덜하지만 기타 유럽의 채권 국가들의 경우, 해외 대출의 증대는 상품 무역 수지를 충당하는 자본 이동을 야기했다. 1870년 이후 점차 국제 금본위제의 등장과 더불어 영국의 대출은 해외 투자를 지원했다.[70] 캐나다 나 호주가 철도 건설을 위해 실시한 해외 차입은 선로용 강철과 기관차의 수요를 창출했다. 항구 건설을 위한 자본 차입은 선박과 크레인 수요를 낳았다. 영국이 이들 나라가 수입하는 자본재의 주공급원이라는 사실은 영국의 경상 수지를 안정화하는 데 기여했다.[71] 반대로 원자재 수출 국가를 향한 자본 흐름의 감소는 타 지역에서의 이 상품들에 대한 안정적인 수요 증대를 유발하지 않았다. 그리고 상품 수출의 감소는 자본 수입 국가를 덜 매력적인 투자처로 만든다. 해외 부채를 갚는 데 필요한 수출 수익의 적절성에 대한 의문이 제기되면서 원자재 수출 국가에 대한 자본 유입은 감소했다. 그리고 자본 유입이 줄어들면서 수출은 신용 경색으로 고통받는다. 이처럼 경상 계정과 자본 계정에 대한 충격은 서로를 강화하는 효과를 낳았다.

마지막으로 유럽에서 금본위제를 지지했던 사회적·정치적 요인들의 결합은 다른 곳에서는 잘 작동되지 않았다. 이는 미국의 경험에서 나타난다. 금에 대한 달러 가격을 지키고자 하는 미국의 의지는 19세기 마지막까지 의문시되었다. 남성의 보통 선거권은 디플레이션에 비판적인 소농의 정치적 영향력을 높여놓았다. 흩어져 있던 농업 및 광업의 서부 주들을 포함한 미국의 각 주州는 의회에 두 명의 상원 의원을 갖고 있다. 은광업은 중요한 산업이었고 정치적 압력 단체였다. 수입품과 경쟁하던 유럽의 농업이 보호 관세를 통해 무마되었던 것과는 달리 수출 지향적인 미국 농업은 관세의 보호가 필요하지 않았다. 그리고 은광업 이익 단체들과 부채 농민들이 미국의 동일 지역에 집중되었다는 사실은 이들의 연대 결성을 도와주었다.

1890년대 들면서 미국 물가는 20년 동안 계속 하락했다. 디플레이션은, 모기지 부채 부담은 줄어들지 않으면서 생산물 가격만 하락하는 것을 의미했다. 포퓰리즘 운동의 지도자들은 이 같은 디플레이션은 본질적으로 세계적 생산이 세계의 금 보유량보다 빠르게 성장하기 때문이라고 판단했다. 그들은 물가 하락을 방지하려면 정부가 더 많은 화폐를, 이상적으로는 은화 형태로 발행해야 한다고 결론지었다. 1890년 셔먼 은 구매 법Sherman Silver Purchase Act은 이를 위한 것이었다.

재무부가 법정 지폐를 주고 은을 구매하자 예측한 대로 물가 하락은 멈췄다. 은이 금을 대신해 시중에 유통되었다. 그러나 지출이 증가하자 미국의 국제 수지는 적자가 되었고 재무부로부터 금이 유출되었다. 재무부에서 달러를 금으로 바꿔줄 수 있는 금 보유가 부족해질 것이라는 우려가 발생했다. 1891년 유럽의 흉년으로 미국의 수출이 증대하여 불가피한 것으로 여겨졌던 금 고갈은 연기될 수 있었다. 그러나 1892년 대선에서 나타난 그로버 클리블랜드Grover Cleveland의 승리는 우려를 고조시켰다. 시장에서는 새로 당선된 민주당 대통령이 당 내의 강력한 불태환 지폐soft money 세력과 타협할 것을 우려했다. 1892년 12월 또 다른 국제 통화 회의의 결렬로 국제적 복본위제에 대해 합의를 보지 못하자 시장의 우려는 더욱 고조되었다. 1893년 4월 재무부의 금 준비금은 최저 안전 수준인 1억 달러 이하로 떨어졌고 통화 안정에 대한 대중의 불안은 "격심"해졌다.[72] 투자자들은 태환이 중지되고 달러 가치가 하락할 경우 달러 표시 자산의 보유로 입을 손실을 피하기 위해 유럽 통화로 자본을 이동했다.[73]

1893년 가을 클리블랜드 대통령은 경화hard money를 지킬 것을 천명했다. 셔먼 법은 대통령의 주장으로 그해 11월 1일 폐지되어 달러의 운명은 또 한 번 연장되었다. 그러나 수면 아래의 갈등은 사라지지 않았다. 그 갈등은 다음 대선에서 다시 부상했으며 민주당과 포퓰리스트의 후보인 윌리엄 제닝스 브라이언William Jennings Bryan을 제치고 공화당의 윌리엄 맥킨리William McKinley가 선출되었을 때야 비로소 해소되었다. 브라이언은 은화의 무제한 주조를 선거 공약으로 내걸고 미국 농민과 노동자를 "황금의 십자가Cross of Gold"에 매달지 말 것을 유권자들에게 호소했다. 자유로운 은화 주조와 달러 절하의 가능성은 자본 도피capital flight와 금리 인상을 야기했다. 최근에 금화주의와 통화 안정주의로 선회한 맥킨리가 대통령에 당선되고서야 국외로 탈출했던 자본이 돌아왔다.

1896년 전 세계적 물가 상승은 맥킨리의 승리에 호재가 되었다. 호주 서부, 남아프리카, 그리고 알래스카에서의 금광 발견과 시안화 금 추출 기술의 개발은 통화 공급의 증가를 야기했다. 예금은 부분 지급 준비금 은행업이 발전한 결과 점차 통화용 금 위에 피라미드처럼 쌓였다. 금본위제와 디플레이션의 연계성은 해체되었다. 달러의 위상은 1900년 금본위제 법의 통과로 더욱 강고해졌다.

다른 나라의 경우 통화 가치 하락에 대한 압력은 쉽사리 가라앉지 않았다. 남유럽과 남미의 "라틴" 국가들은 반복적으로 금 태환을 중지할 수밖에 없었으며 통화 가치 하락을 용인해야 했다. 아르헨티나, 브라질, 칠레, 이탈리아 그리고 포르투갈이 그러했다.[74] 종종 이 국가들이 태환을 방어할 수 없었던 점은 인플레이션과 통화의 하락을 선호했던 집단들의 정치적 영향력으로 설명되었다. 미국에서처럼 남미에서도 통화 가치 하락은 고정 모기지를 안고 있던 지주들과 국제 경쟁력을 높이고자 했던 수출업자들에게 환영받았다. 그리고 이 두 집단은 종종 동일했다. 이들의 세력은 은화 주조를 환영했던 광산업 세력으로 더욱 불어났다. 남미의 특히 작은 국가들은 유럽의 주요 국가들이 금본위제로 간 후에도 오랫동안 계속해서 은화를 주조했다. 이 국가들의 금 손실과 태환성 유지의 문제는 예견 가능했다. 유럽의 중심부에서 금본위제에게 신뢰감을 주었던 특수한 정치적 · 사회적 요인의 부재는 세계의 많은 곳에서 금본위제 작동을 어렵게 만들었다.

체제의 안정

국제 경제학 교과서를 펼치면 당신은 금본위제가 1913년 이전의 국제 금융 거래를 조직화하는 정상적인 방법이었다고 읽을 것이다. 그러나 이 장에서 보여주듯, 금본위제는 오직 1870년대에 들어가서야 서유럽 국제 금융 거래의 기초가 되었다. 금본위제는 19세기 말까지 세계의 더 넓은 지역으로 퍼져나가지 않았다. 환율 안정과 그 상징이었던 기계적 통화 정책은 정상이 아니라 예외였던 것이다.

아마도 금본위제를 번성케 했던 경제적 · 정치적 환경은 정상과는 가장 거리가 멀었다. 세계 경제에서 영국의 유일무이한 위치는 영국의 국제 수지를 위기로부터 보호했으며 스털링이 국제 체제의 축으로 작동하도록 허용했다. 한편으로 영국의 자본 수출과 다른 한편으로 자본재 수출의 연계는 영국의 대외 계정을 안정시켰고 영란은행에 대한 압력을 풀어주었다. 이런 상황은 금본위제의 다른 유럽 중심부 국가들에서도 어느 정도 동일했다. 이런 점에서 19세기 후반이 팽창의 시대이며 증대하는 다자 무역의 시대였다는 것은 단순히 금본위제하에서 환율이 안정되었기 때문만은 아니었다. 시장의 개방성과 무역 자체의 활성화가 금본위제 **조정 기제**adjustment mechanism의 작동을 지탱해주었다. 영국 자본재의 해외 수출 시장이 봉쇄되지 않았다는 사실은 영국의 상품 수출이 자본 수출의 뒤를 따르도록 허용하여 체제 중심에 있는 국가의 국제 수지를 안정시켰다. 영국과 기타 산업 국가들이 원자재 수출국들의 수출품을 수용했다는 점은 이 수출국들이 대외 부채를 갚고 국제 수지의 충격에 적응하도록 도왔다. 금본위제의 작동은 이와 같은 무역 체제에 기반을 두었고 이를 지탱했다.

정치적 측면에서 보면 통화 당국이 향유했던 절연성insulation은 금 태환의 유지를 가능하도록 했다. 그 효과는 자기 강화적이었다. 당국의 정책 의지에 대한 시장의 확신은 환율이 약할 때 투자자들이 통화를 매입하도록 하여 개입의 필요성과 환율 안정에 필요한 조치들이 낳을 불편함을 최소화했다. 1871년부터 1913년 동안의 시기가 유럽에서 예외적으로 평화의 기간이었다는 사실은 금본위제의 존재가 위협받았을 때 체제를 지탱했던 국제 공조를 촉진했다.

이러한 균형이 더 오랫동안 유지되었을 것인가에 대해서는 의심의 여지가 있다. 19세기 말 영국의 지위는 다른 나라들의 급속한 경제 성장과 금융 발전으로 잠식되고 있었다. 영국 자본 수출의 감소는 자본재 수출의 증대에 의해 자동적으로 상쇄되었다. 자본 수출에서보다 적은 부분이 자동으로 해외 예금 형식으로 런던 시장으로 다시 돌아왔다.

1890년대에 금광 발견이 주춤하자 팽창하는 세계 경제의 필요에 부응하는 적절한 금 공급에 대한 관심이 다시 떠올랐다. 금을 외국 통화로 보완하는 것이 국제 통화 질서에 안정적 기반을 제공할 것인지는 명확하지 않았다. 외환 보유고의 증대는 위험성을 고조시켰다. 외환 보유고의 청산을 유발하는 신뢰에 대한 충격이 어느 시점에서 체제 전체를 와해시킬지도 몰랐다. 세계 금융 시장에 가해지는 충격의 주된 원천이었던 미국의 성장은 위기가 더욱 창궐할 것이라는 위험을 고조시켰다. 여전히 농업이 지배적이었던 미국 경제에서 상대적으로 초보적인 지방 은행 체제와 더불어 통화에 대한 수요(그리고 금리 수준과 금에 대한 수요)는 파종기와 수확기 때마다 급격히 늘어났다. 이러한 금의 대부분은 런던에서 충당되었다. 신용 수요의 증가로 인해 준비금이 감소한 미국 은행들은 다소 정기적으로 심각한 어려움을 겪었다. 미국 투자자들은 은행의 도산을 우려하여 금을 선호하였고 금은 영국과 캐나다 등에서 왔으며, 따라서 이 국가들은 금융 체제의 긴장을 경험했다. 당시 영국의 유명한 금융 부문 언론인이던 월터 배젓의 표현대로 영란은행이 "달에서from the moon" 금을 인출할 수 있는 능력이 시험대에 올랐던 것이다.

정치적 조건 역시 여의치 않았다. 선거권이 확대되고 노동자 계급을 대표하는 정당이 부상하자, 금융 당국이 태환성에 부여했던 확고한 우선순위가 도전받을 가능성이 높아졌다. 실업과 국내외 수지 간의 상충 관계에 대한 높은 의식은 통화 정책을 정치화했다. 아프리카 대륙 분할 이후 발생한 독일, 프랑스, 영국 사이의 정치적·군사적 긴장은 금융 협조의 기반이던 연대를 붕괴시켰다.

이러한 변화가 금본위제의 안정을 심각하게 위협했는지 아닌지, 혹은 국제 금융 체제가 변화를 수용하기 위해 진화했을 것인지 아닌지에 관한 물음은 1차 세계 대전의 발발로 미결로 남겨졌다. 그러나 그 해답을 추측해보고자 하는 사람에게 1920년대의 국제 통화 체제를 재건하려 했던 시도보다 더 좋은 사례는 없을 것이다.

78

GLOBALIZING CAPITAL

전간기의 불안정

"금본위제"라는 용어는 오류를 담고 있다. 이 오류는 세상을 속이는 가장 값비싼 오류의 하나이다. 그것은 하나의 특정한 금본위제가 존재하며, 오직 하나만 존재한다는 오류이다. 금본위제의 이름으로 가장한 매우 다양한 통화 제도들이 동일하다는 가정은 최근 세상을 파산지경으로 만들었다.

찰스 모건-웹Charles Morgan-Webb 경

『금본위제의 등장과 몰락The Rise and Fall of the Gold Standard』

앞 장에서 우리는 전전戰前의 금본위제가 어떻게 그 시기와 장소에 따라 특정한 일련의 경제적·정치적 상황에 의해 지탱되었는가를 보았다. 전간기戰間期는 반대의 사례를 통해 동일한 점을 말해준다. 정책 공조의 초점을 제공했던 스털링은 더 이상 세계 경제에서 특권적인 위상을 향유하지 못했다. 영국의 산업 및 상업적 우위는 과거의 일이 되었으며 영국은 1차 세계 대전 동안 많은 해외 자산을 처분해야 했다. 영국의 해외 투자와 자본재 수출 사이의 상호 보완적 관계는 더 이상 1913년 이전과 같이 되지 않았다. 국제적 채권국이었던 독일 같은 국가는 채무국이 되었고 대외 수지 균형을 위해 미국에서의 자본 수입에 의존하게 되었다.

노동조합 운동이 확산되고 노동 시장이 관료화bureaucratization됨에 따라 임금은 충격에 대해 더 이상 전통적인 속도로 반응하지 않았다.[1] 부정적 충격은 실업을 야기했고 통화 제도를 위험하게 만드는 방식으로 반응하도록 정부에 압력을 가했다.[2] 전후의 정부들은 선거권의 확대, 노동자 정당의 발전, 사회 지출의 증가 등에 의해 이 압력하에 놓이게 되었다. 전전의 금본위제를 지탱했던 요인 중 그 어느 것도 더 이상 기대되지 않았다.

1920년대 후반 부활한 금본위제는 결과적으로 전전의 금본위제가 가진 장점을 공유하지 않았다. 노동 시장과 상품 시장이 그 전통적 유연성을 상실함에 따라 새로운 체제는 충격을 쉽게 흡수할 수 없었다. 정부는 성장과 고용을 촉진하라는 압력으로부터 절연되지 못했으며 새로운 체제는 신뢰성을 결여했다. 체제가 충격을 받으면 한 때 안정화 방향으로 흐르던 금융 자본은 도피했으며, 미미한 충격도 경제적·정치적 위기로 악화되었다. 대공황으로 발전한 1929년의 경기 하강은 그러한 과정을 반영했다. 궁극적으로 희생물은 금본위제 자체였다.

여기서 도출되는 교훈은 시계를 거꾸로 돌리려는 것은 무용하다는 점이다. 관료화된 노동 관계, 정치화된 통화 정책, 그리고 기타 20세기만의 특수한 상황들은 결국 영구적인 것으로 받아들여졌다. 1940년대 국제 통화 체제를 재건하려고 시도할 때 새로 그려진 설계도는 충격을 흡수하는 더 큰 환율 탄력성과 불안정을 초래하는 투기를 봉쇄하기 위한 국제적 자본 이동에 대한 규제를 특징으로 했다.

연대기

전전戰前 체제의 핵심이 국내 통화를 일정 양의 금으로 바꿔주려는 정부의 의지와 개인이 공식적 및 기타 원천에서 획득한 금을 수출입할 수 있는 자유라고 한다면, 1차 세계 대전은 그것을 여지없이 붕괴시켰다. 귀금속은 해외에서 전쟁 수행에 필요한 물자를 구매하는 핵심 자원이 되었다. 정부들은 법령을 통과시켰고 아주 예외적인 경우를 제외하고는 금 수출을 금지했다. 금 시장의 거래가 끊기자 환율은 변동하기 시작했다. 환율의 변동폭은 외환 거래의 대부분을 금지한 통제 정책에 의해 제한되었다.

전쟁 물자를 동원하기 위해 정부는 새로운 조세를 부과했고 정부 채권을 발행했다. 그렇게 동원된 자원이 부족할 경우 정부는 통화를 금이나 외환으로 보증토록 하는 법률을 정지시켰다. 정부는 (금이나 외환으로 바꿀 수 없는) 지폐(법정 불환 화폐fiat money)를 발행하여 군인들 봉급을 주고 국내에서 전쟁 물자를 구입했다. 나라별로 지폐를 발행하는 정도가 달랐으므로 환율이 크게 변동했다.

결과적으로 전후 재건의 일부는 통화 문제였다. 전쟁 중에 미국은 영국과 프랑스에게 자본을 제공함으로써 그들이 자국 통화를 평가 절하된 가격으로 달러에 고정시키도록 도왔다. 종전은 이러한 지원의 종식을 뜻했다. 영국 및 기타 유럽 국가들의 인플레이션은 미국의 인플레이션을 훨씬 앞질렀다. 영국 정부는 미국의 지원이 끝났는데도 자신의 과대 평가된 파운드를 유지하려 하면 금이 광범위하게 유출될 것으로 인식하고 태환을 정지시켰다. 주요 통화 가운데 오직 달러만이 금 태환을 유지했다. 규제는 신속히 풀렸으나 태환이 회복되는 데는 몇 년이 더 걸렸다.

전후 국제 통화 질서의 두드러진 특징은 환율 변동의 자유이다. 중앙은행들은 일반적으로 외환 시장에 개입하지 않았다. 1920년대 전반은 이처럼 변동 환율 체제의 비교적 분명한 예를 보여준다.

금 태환을 가장 먼저 재개한 국가 가운데는 오스트리아, 독일, 헝가리, 폴란드와 같이 초인플레이션hyperinflation을 오랫동안 겪은 국가들이 있다. 그 국가들의 인플레이션은 정부의 재정 적자를 메꾸기 위해 발행한 지폐에 의해 발생했다. 마침내 문제는 스스로 해결책을 발견했다. 조세 증가와 지출 삭감에 대한 반발은 통제 불능의 인플레이션과 화폐 경제의 붕괴라는 트라우마에 의해 약화되었다. 오스트리아는 1923년, 독일과 폴란드는 1924년, 그리고 헝가리는 1925년 환율을 안정시켰다. 이 국가들은 새로운 통화를 발행했는데 통화 공급은 금본위제 법에 의해 통제되었다. 준비금은 국제연맹(그리고 독일의 경우는 연합국에 대한 배상금 이전을 감독하기 위해 설치된 배상위원회Reparations Commission)이 승인한 대출로 새로이 충당되었다. 이러한 해외 지원의 조건으로 중앙은행의 독립성은 강고해졌다.

완만한 인플레이션을 경험한 나라들은 독일식의 **화폐 개혁**currency reform 없이 통화를 안정시켰고 금 태환을 복원했다. 벨기에는 1925년에, 프랑스는 1926년, 그리고 이탈리아는 1927년에 안정화했다.[3] 각국은 변동 환율제 기간 동안 인플레이션과 통화 가치 하락을 감내했다. 예를 들면 1926년 말 프랑스 프랑은 전전戰前에 비해 달러 대비 5분의 1로 하락했다. 이러한 인플레이션을 일정 부분 이상 되돌리는 것은 경제를 어렵게 할 수 있기 때문에 전환 과정에 있던 프랑스와 기타국가들은 그 시기의 일반적인 수준에서 환율을 안정화하는 정책을 선

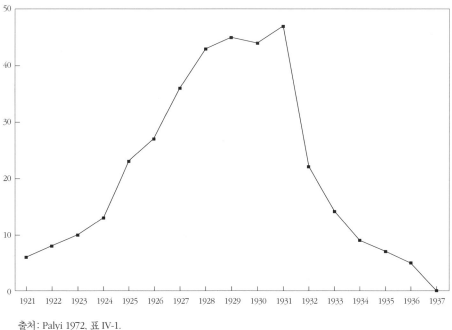

그림 3.1 금 본위제로 복귀한 나라의 수(1921~1937년)

출처: Palyi 1972, 표 IV-1.

택했다.

인플레이션을 초기에 극복했던 국가들은 금의 전전 가격과 기존의 달러 환율을 회복할 수 있었다. 스웨덴은 1924년에 회복했다. 영국은 1925년에 전전 가격을 회복했는데, 이는 호주, 네덜란드, 스위스, 남아프리카공화국 등이 동일한 조치를 취하도록 유도했다. 결정적으로 다수의 국가들이 금 태환을 회복하자 금본위제의 네트워크 외부성으로 인해 나머지 국가들이 금본위제를 도입했다. 캐나다, 칠레, 체코슬로바키아, 핀란드는 1926년에 안정되었다. 프랑스도 뒤이어 그해 말에 안정되었다. 그림 3.1은 연도별로 금본위제로 복귀한 나라들의 수를 가리킨다.

1926년 프랑스의 안정화가 금본위제의 재건을 그리고 영국의 1931년 스털링 평가 절하가 그 종말을 가리키는 것이라면, 글로벌 체제로서 전간기 금본위제가 기능한 기간은 5년 미만이다. 금본위제 작동은 이 같은 슬픈 종말 이전에 이미 불만족스러운 것으로 여겨졌다. 조정 기제는 잘 작동하지 않았다. 영국처럼 약세 통화weak-currency의 국가들은 만성 적자와 금과 외환 준비금 부족을 겪는 한편, 프랑스와 같이 강세 통화strong-currency 국가들은 한결 같은 흑자 상태에 있었다. 대외 계정의 균형을 회복시키는 데 필요했던 자산 및 상품 시장의 조정은 작동하지 않는 듯했다. 준비금의 세계적 공급은 모자랐고 1931년 중앙은행들이 경쟁적으로 외환을 금으로 바꾸려고 하면서 대폭 축소되었다.

제2장에서 본 바와 같이 1차 세계 대전 이전에 금본위제는 산업 국가들 외에서는 전혀 확고하게 자리 잡지 않았으며 이는 그에 필요한 기관이 없었기 때문이었다. 남미 등의 국가들은 1913년에 연방준비제도를 만듦으로써 자신의 금융 체제의 단점을 교정하려 했던 미국의 예를 따라 1920년대에 와서 중앙은행을 창설했다. 프린스턴대학교의 에드윈 케머러Edwin Kemmerer 같은 통화 박사들은 세계를 순회하면서 금본위제와 중앙은행의 독립성을 역설했다. 그러나 단순히 중앙은행의 존재만으로는 안정성이 보장되지는 않았다. 1929년 대공황의 발발은 1차 세계 대전 이전에 그랬던 것처럼 금본위제가 주변부에서부터 무너지게 했다. 1차 상품 생산국들은 자본 수입輸入과 상품 수출 수익의 이중 하락으로 충격받았다. 중앙은행들은 준비금이 하락하자 통화 공급의 수축을 묵인할 수밖에 없었다. 이때 힘을 발휘하는 것은 정치이다. 디플레이션 심화는 통화 축소를 막기 위해 금본위제의 제약

을 완화할 것을 주장하던 사람들의 힘을 강화시켰다. 아르헨티나 정부와 우루과이 정부는 이들의 요구에 부응하여 1929년 말 금 태환을 제한했다. 캐나다는 평가 절하에 해당하는 금 수출 금지령을 내렸다. 브라질, 칠레, 파라과이, 페루, 베네수엘라, 호주, 뉴질랜드는 금의 획득을 어렵게 함으로써 금본위제를 위축시켰고 자국 통화가 공식 환율 이하로 하락하게 했다.

1931년 여름, 불안정은 체제의 산업 중심부로 확산되었다. 오스트리아와 독일은 은행 위기를 겪으면서 국제 준비금이 줄어들었다. 중앙은행이 자국의 은행 체제를 더 많이 지원할수록 중앙은행의 금 출혈은 더 빠르게 악화되었다. 그들은 금 태환을 중지하고 **외환 통제** exchange controls를 해야 했다. 공황으로 해외 투자의 소득이 하락하면서 이미 취약해진 영국의 국제 수지는 중유럽의 은행 위기로 인해 더욱 나빠졌다. 영국 정부는 영란은행이 준비금 압박을 받은 후 1931년 9월 금 태환을 중지시켰다. 그로부터 수 주 안에 20개국의 다른 정부들도 영국을 따랐다. 많은 나라들은 영국과의 교역량이 상당했으며 금융을 런던 시장에 의존했다. 그들에게는 파운드에 자국 통화를 고정시켜 외환 보유고를 런던의 스털링 계좌로 보유하는 것이 바람직했다.

1932년 국제 통화 체제는 세 블록으로 갈라졌다. 미국을 위시한 아직 금본위제를 유지하는 국가들, 영국 및 파운드에 연동한 국가들로 구성된 **스털링 지역** sterling area, 그리고 외환 통제를 실시하는 독일을 위시한 중동부 유럽 국가들이 그것이다. 몇몇 국가는 아무런 곳에도 속하지 않았다. 미국과 영국 둘 다와 관계를 갖는 캐나다는 영국을 따라 금본위제를 이탈했으나 미국과의 금융 관계가 깨지는 것을 피하기 위해 스털링이 했던 것처럼 자국 통화를 급격히 평가 절하하지는 않았다. 섬유 시장 분야에서 랭카셔와 경쟁 관계에 있었던 일본은 영국을 따라 금본위제를 떠났으나 스털링 블록에 참가하지는 않았다. 19세기 후반의 통합된 세계 경제하에서 여러 나라들을 공통의 통화 표준으로 묶었던 네트워크 외부성은 1930년대의 분절된 세계 경제에서는 과거처럼 강력하게 작동하지 않았다.

그리고 이 같은 삼각의 국제 통화 체제는 특별히 안정적이지도 않았다. 영국 및 스털링 블록의 통화 가치 하락은 독일과 동유럽 국가들이 취한 외환 통제와 더불어 여전히 금본위제에 있던 국가들의 수지 균형을 와해시켰다. 후자의 국가들은 준비금을 방어하기 위해 엄격한 통화 정책과 재정 정책을 실시했는데, 이는 경제를 더욱 위축시켰다. 이 같은 긴축 정책을 완화하려는 정치적 압력이 가해졌다. 무역업자들은 임박한 정책 변화를 기대하고 이 나라들의 통화를 매각하기 시작했다. 중앙은행들이 준비금 손실을 입자 금리를 인상해야 했는데 이는 실업을 악화시키고 평가 절하의 압력을 가중시켜 자본 도피의 원인이 되었다. 결국 **금블록**gold bloc 국가들은 태환을 중지하고 평가 절하를 해야 했다. 1932년 미국 대통령 선거에서 루즈벨트 후보가 허버트 후버Herbert Hoover 대통령에게 승리한 것은 후버가 금본위제를 방어하기로 결정한 거시 경제적 결과 때문이었다. 신임 대통령이 맨 처음 한 일 중 하나는 물가 하락을 막기 위해 금본위제에서 이탈한 것이었다. 루즈벨트 대통령은 **재건금융공사**Reconstruction Finance Corporation가 금을 매입하는 달러 가격을 매일 인상했으며 이것이 9개월 연속으로 계속되자 금본위제 국가들의 통화에 비해 달러는 40% 하락했다. 달러의 평가 절하는 미국 은행 체제의 위기를 봉쇄하고 미국을 회복시키는 데 도움이 되었던 반면 다른 나라들에게는 자국의 경쟁력 악화로 인식되었다. 금블록에 남아 있던 나라들에 대한 압박은 이후 더욱 심해졌다. 체코슬로바키아는 1934년, 벨기에는 1935년, 프랑스, 네덜란드, 스위스는 1936년에 평가 절하를 실시했다. 금본위제는 이 같은 험악한 과정을 통해 다시 한 번 변동 환율제에 자리를 내주었다.

그러나 이번에는 1920년대 전반의 자유 변동 환율제와는 대조적으로 외환 시장에 정부가 개입했다. 이 기능을 위해 **환평형 계정**Exchange Equalization Accounts이 설치되었다. 그것은 전형적으로 "대세를 거슬러" 환율이 약할 때 통화를 매입하고 강할 때 매각하는 것이었다. 때때로 그것은 환율을 억제하여 자국의 생산업이 비교 우위를 얻도록 자국 통화를 매각하는 것이었다.

변동 환율제 경험: 프랑을 둘러싼 논쟁

1920년대는 환율의 자유 변동이 허용된 20세기 최초의 기간으로서 통화 조절에 대한 인식에 중대한 영향을 주었다. 변동 환율은 환율의 쉼 없는 변동과 투기성 불안정을 야기한다고 평가되었다. 즉, 변동 환율제는 경제 펀더멘털과 무관한 투기적 매매(소위 "핫머니 유입")에 의해 환율이 요동치는 경향 때문에 비난받았다.

이러한 경험에 실망한 정책 결정자들은 그 재발을 피할 방법을 모색했다. 전간기 금본위제의 붕괴 이후 변동 환율제가 다시 도입되었을 때 정부는 환율의 변동폭을 제한하기 위해 개입했다. 1930년대의 변동 환율제는 1920년대의 불만스러운 결과 때문에 신중하게 운용되었다. 그리고 2차 세계 대전 이후 국제 통화 체제를 재건할 때 국제 자본 흐름을 통제하고자 하는 데 어떤 망설임도 없게 하였다. 1920년대는 분명히 오랜 그림자를 드리웠다.

경제학자 래그나 넉시는 국제연맹에 관한 연구를 통해 전간기 경험에 대해 명료하게 설명했는데, 이 연구 성과가 출판된 시점은 전후 국제 통화 질서에 대해 논의하던 브레튼우즈 협정 시기와 우연히 일치했다.[4] 넉시는 변동 환율제를 전면 비난했다. 넉시가 원형적으로 든 예는 프랑스 프랑인데 이에 대해 이렇게 적었다.

전후 1926년까지의 프랑의 역사는 완전히 자유롭고 통제가 전혀 없는 환율 변동의 교훈적 예이다. …… 자유 변동 환율제하의 누적적이고 자기 강화적인 운동의 위험은 프랑의 경험에서 분명히 드러난다. …… 자기 강화적 운동은 국제 수지를 조정하는 것이 아니라 역으로 초기의 어떤 불균형을 심화시키고, 불안정성의 "폭발적" 조건이라고 할 만한 것을 야기하기 쉽다. …… 우리는 특히 1924~1926년 동안의 프랑의 예를 떠올릴 수 있겠다.

이보다 더 심한 비난을 상상하기는 어렵다. 그러나 전간기의 트라우마가 잦아들자 수정주의자들은 넉시의 주장을 반박했다. 가장 유명한 사람은 밀턴 프리드먼이었다. 프리드먼은 변동 환율제에 대한 넉시의 비판이 거의 전적으로 이 한 통화, 즉 프랑의 행태에 의존한다고 보고 과연 그것이 넉시의 주장을 지지하는지를 문제 삼았다. 프리드먼은 "넉시가 제시한 증거는 확고한 결론을 정당화하지 않는다."라고 기술했다. "사실, 그것에 관한 한, 넉시가 내린 결론에 그리 호의적이지 않은 것으로 보인다. 즉, 투기는 불안정을 야기한 것이 아니라 역으로 안정화에 기여했다."[5]

프리드먼이나 그의 추종자들은 프랑의 변동에 대한 넉시의 주장을 반대하기보다 프랑의 변동은 단순히 통화 정책과 재정 정책의 변동을 반영하는 것임을 주장했다. 환율은 정책이 불안정했기 때문에 불안했던 것이다. 그들의 입장에서 보면, 프랑의 역사는 통화 정책과 재정 정책이 합리적으로 상호 부합할 때 변동 환율제가 만족스럽게 작동할 수 있다는 점을 의심할 근거를 제공하지 않는다.

그러나 넉시는 변동 환율제 고유의 문제점을 진단했다. 즉, 변동 환율은 "초기의 어떤 불균형을 더욱 악화시키는 누적적이고 자기 강화적인 운동에 종속된다."는 것이다. 정책의 불안정에 대해서는 이견이 없었다. 논란이 된 것은 정책 불안정 자체가 환율 변동에 의해 유발되거나 아니면 적어도 강화된다는 넉시의 주장이었다. 넉시의 비판자들은 정책 불안정이 주어진 것이며 환율 불안정은 그 결과라고 주장했다. 그들의 관점에 따르면 환율은 정책에 대응하는 것인 반면 넉시는 인과 관계를 반대로 보았다.

프리드먼 등은 1924년에 전개되었던 일들을 설명하는 데 아무런 문제가 없다.[6] 이 시기 프랑스의 인플레이션과 통화 가치 하락은 중앙은행이 재건 비용을 대기 위한 프랑스 정부의 부채를 매입함으로써 떠안게 된 대규모 재정 적자로 설명이 가능했다. 향후 예상되는 재정 적자의 규모와 그것이 어떻게 충당될 것인가에 대한 새로운 정보가 밝혀질 때마다 프랑의 하락은 가속되었다.

5년 이상 그러한 적자는 지속되었다. 지난 전쟁에서 프랑스를 수호했던 국민들은 이제 새로운 사회적 프로그램을 요구했다. 도로, 철도, 광산, 공장, 그리고 가장 치열한 전투를 치렀던 동북부의 10개 데파르망département*에서 파괴된 주택을 건설하는 데 많은 비용이 들었고 이는 재정 당국에 추가적 부담을 가져다주었다. 한편, 재정 수입은 회복 속도가 부진했다. 누구의 사회 정책이 삭감되고 누구의 세금이 인상될 것인가에 대한 논란은 재정 압박을 더욱 오래 지속시켰다. 좌파 계열 정당들은 자본과 부에 대한 증세를 요구한 반면 우익 정당들은 사회 지출의 삭감을 요구했다. 합의가 쉽지 않고 오래 걸리는 동안 인플레이션과 프랑의 하락은 지속되었다.

프랑스 정부는 1920년 제정된 법에 따라 중앙은행에서 빌린 자금을 매년 20억 프랑씩 상환해야 하도록 되어 있었다. 그렇게 하려면 재정 흑자를 달성해야 했기 때문에 이 법안은 재정 정책에 대한 기대를 안정시켰고 프랑에 대한 신뢰를 강화했다. 그러나 상환을 의무화하는 것은 쉬웠지만 실제로 하는 것은 그렇지 않았다. 정부는 거듭 연례 상환의 지불 기일을 놓쳤고 심지어 법을 문자 그대로 지킬 때에도 민영 은행에서 자금을 빌려 중앙은행에 상환함으로써 법의 정신을 위반했다. 민영 은행이 정부에 빌려준 돈은 중앙은행에서 빌린 돈이다. 1922년에 이 같은 속임수는 명백해져 프랑의 평가 절하는 가속화했다.

프랑스의 재건에 독일이 얼마만큼 기여해야 하는가에 대한 갈등은 조세 논쟁을 더욱 복잡하게 만들었다. 증세는 패전국이 프랑스의 재건 비용을 충당해야 한다는 주장을 약화시켰다. 프랑스의 입장은 프랑스가 전쟁으로 심하게 파괴되었기 때문에 재건 비용을 감당할 자원이 부족하다는 것이었다. 적자가 크면 클수록 그리고 그로 인해 인플레이션과 프랑 가치의 하락 속도가 빠르면 빠를수록 프랑스의 협상 위치는 더 강력해졌다.

---

* (앞쪽) 데파르망은 우리나라 도道에 해당한다.

그림 3.2 프랑스 프랑 – 미국 달러 명목 교환율(1921~1926년, 월별 비율 변화)

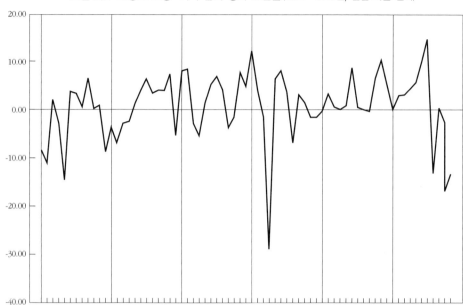

출처: Federal Reserve Board 1943.
주: 프랑이 하락하면 교환율이 증가한다. 수직선은 각 연도의 1월에 그려졌다.

1924년 내내 프랑은 이러한 협상 과정의 영향을 받았다. 상당한 보상이 이루어질 것처럼 보일 때마다 사람들은 프랑스 재정 적자와 인플레 및 프랑 가치의 하락 예상 폭을 낮게 잡았다. 예를 들어 1921년 연합국이 독일에 310억 달러의 배상금을 부과할 때 프랑은 강해졌다. 1922년 6월 전문가위원회가 배상위원회에 독일의 지불 능력에 대한 회의적인 보고서를 제출했을 때 프랑은 떨어졌다(그림 3.2 참고).

그 무렵 프랑스의 신임 총리 레이몽 푸앵카레Raymond Poincaré가 타협하기보다 힘으로 배상금을 끌어내려 하는 것이 분명해졌다. 1923년 1월 그 같은 위협을 위해 프랑스와 벨기에 군대가 독일의 루르 지역을 침공했다. 루르는 독일의 석탄, 철광, 철강의 70%를 생산했으며 현물 배상의 분명한 원천이었다. 점령 첫 몇 개월 동안 프랑은 강력해졌는데, 이는 점령이 프랑스의 재정 문제를 해결할 것이라는 기대를 반영했다. 독일의 수동적 저항이 자원을 강제로 확보하려는 프랑스의 노력을 좌절시키는 것이 명백해지자, 그러한 기대는 기반을 상실했다. 독일 노동자는 점령군에 협조하기를 거부했고 독일 정부는 노동자들의 급여를 위해 천문학적인 수량의 지폐를 발행했다(때로는 시간과 인쇄비를 아끼기 위해 지폐의 한쪽 면만 인쇄했다.). 침공이 지리멸렬해지자 프랑은 하락세로 돌아섰고 점령군 유지에 드는 추가 비용으로 인해 하락 속도는 과거보다 더욱 빨랐다.

1923년 말 합의의 가능성이 부상하자 프랑은 안정되었다. 미국 은행가인 찰스 도스Charles Dawes를 위원장으로 하는 위원회가 구성되어 타협을 중재했다. 도스 위원회가 대부분의 배상금 지불의 연기를 추천하려 한다는 것이 밝혀지자 프랑은 다시 하락했다. 2차년도에 정부는 중앙은행에 대한 20억 프랑 상환을 면제하는 특별법을 통과시켜 달라고 의회에 요청하였고 시장은 사기가 꺾여버렸다.

마침내 배상 타협안인 도스 플랜Dawes Plan이 도출되었다. 독일은 국민 소득의 약 1%에 달하는 금액을 매년 지불한다는 것이었다. 배상금의 절대적 가치는 독일 경제의 팽창과 더불어 상승할 것이다. 이 타협안은 프랑스 정부의 기타 수입을 보충하는 것 외에, 프랑스 정부가 국제적 위상을 떨어뜨리지 않으면서도 재정 문제를 해결할 수 있도록 국제 상황을 명쾌하게 정리했다. 그것은 독일에 대한 처리 문제에서 프랑스의 입장을 강화한다는 명목으로 국내적 타결을 지연시켰던 인센티브를 제거했다. 중도 우파 정당들의 연합인 국민연합Bloc National은 거래세turnover taxes와 소비세excise duty를 약 20% 정도 인상하는 데 성공했다. 재정 균형은 회복되었다. 국가 부채는 1923년 38억 전전戰前 프랑에서 1924년에는 14억 프랑, 1925년에는 8억 프랑으로 하락했다. 이제 프랑스 정부는 뉴욕의 투자 은행 J. P. 모건J. P. Morgan에서 1억 달러 그리고 런던의 라자르 프레르Lazard Freres에서 2천만 달러를 빌릴 수 있었다. 환율은 갑자기 호전되었다.[7]

이것이 논의의 끝이라면 넉시의 비판자들은 프랑의 불안정이 단순히 프랑스 정책의 불안정을 반영했다고 주장하기에 충분한 근거가 있을 것이다. 그러나 재정 균형이 회복되고 배상 문제의 불확실성의 가장 심각한 원인이 제거되었음에도 불구하고 프랑의 평가 절하는 1925년 다시 재개되었다. 1925년 초 달러 대비 19프랑에서 1925년 말 경 28프랑, 그리고 1926년 7월에는 41프랑으로 떨어졌다. 거래자들은 더 이상의 하락을 예견하여 프랑을 매각함으로써 자신들이 두려워했던 바로 그 프랑의 하락을 만들어냈다. 환율이 전전 물가에서 멀어질수록 프랑스 정부가 전전 물가 수준과 환율을 회복하는 데 필요한 과격한 디플레이션을 부과할 가능성은 더욱 낮아졌다. 프랑의 하락을 예상했던 세력은 결국 한 방향으로 효과적으로 베팅했던 것이다. 임금과 가격의 결정자들이 프랑의 하락을 영구적인 것으로 인식하자 통화의 하락은 더욱 빠르게 인플레이션으로 전이되었다. 프랑은 1년 반이 지나 나머지 가치의 반 이상을 잃고 나서야 안정화되었다. 명백히 넉시가 경고했던 "누적적이고 자기 강화적인 운동"을 겪었던 것이다.[8]

투기가 불안정성을 야기한다는 가설을 이 일화가 지지한다고 믿는 이들에게는 불행하게도 두 번째 해석 역시 사실과 부합한다. 재정이나 통화 창출의 속도에 대한 통계에서 현행 정책의 불안정성을 말해주는 증거는 없으나 미래에 불안정이 다시 재현될 것이라는 것을 예측할 만한 이유는 있어 왔다.[9] 도스 플랜은 프랑스와 독일 간의 배상 분규를 매듭지었으나 조세를 둘러싼 국내 갈등을 끝내지는 못했다. 1924년 푸앵카레의 중도 우파 정부가 부과한 간접세 증세는 좌파에 의해 거부되었다. 푸앵카레 연정은 그해 늦게 선거에서 패배하여 에두아르 에리오Edouard Herriot가 이끄는 중도 좌파 정부로 교체되었다. 에리오는 경제 문제에 대한 능력보다는 베토벤의 전기를 집필한 것으로 더 유명했다. 투자자들은 신정부가 푸앵카레가 시도했던 간접세 부과 대신 부유세와 소득세, 특히 모든 부에 대해 과세하는 10% 자본세capital levy를 도입할 것을 우려했다. 지방 의회 의원들에 의해 선출되어 금융적 이해 그룹이 지배하던 상원은 1925년 봄 불신임 투표를 통해 에리오 정부를 무너뜨렸다. 이후 14개월 동안 다섯 차례의 무력한 소수 정부가 계속되었다. 그동안 자본세의 가능성은 여전히 남아 있었다. 1926년 5월, 뉴욕연방준비은행의 벤저민 스트롱Benjamin Strong 총재는 유럽을 순방하면서 현 프랑스 정부는 해산하고 또 하나의 에리오 정부가 들어선다는 루머를 언급했다. 새로운 정부는 "당연히 자본세를 강력 주장하는 블룸Blum(사회주의자)파의 지지를 받을 것이다. 만약 프랑스에 그와 같은 정부가 들어선다면 상황은 틀림없이 더욱 악화될 것이다. 프랑스인들은 경악할 것이며 나는 프랑으로부터의 자본 탈출이 지금보다 더욱 나빠질 것을 걱정한다."[10] 부유층은 스스로를 보호하기 위해 자산을 조국으로부터 빼내갔다. 그들은 재무부 채권과 기타 프랑 표시 자산을 매각하고 런던과 뉴욕에서 스털링과 달러 표시 증권과 은행 예금으로 바꿨다. 스털링과 달러로의 전환은 프랑 가치를 곤두박질하게 만들었다. 돈을 빼내는 투자자들이 많아질수록 다른 투자자들도 동참하려는 동기가 더 강해졌다. 자본 도피는 자본세가 부과되는 대상을 축소시켰는데, 이는 남은 자산에 대한 더 높은 자본세 부과를 의미했다. 예금을 찾으려고 은행 밖에 선 행렬이 인출 사태를 일으키는 것처럼, 프랑으로부터의 이탈도 일단 시작되자 더욱 강력해졌다.

결국 좌파는 자본세를 통과시키는 데 필요한 의석수를 채우지 못했다. 그러나 1926년 여름까지만 해도 이는 명백하지 않았다. 위기의 최종 단계인 1925년 10월과 1926년 6월에 평균 5주에 한 번꼴로 재무부 장관이 바뀌었다. 신뢰에 미치는 영향은 예측할 만했다. 이를 가리켜 한 신문은 "프랑스 전체가 오늘 분노로 들끓고 있다."라고 표현했다.[11]

"프랑의 위기"는 결국 1926년 7월 금융 대혼란에 염증이 난 국민들이 선택한 정부에 의해 해소되었다. 10년간의 인플레이션은 거리의 프랑스인을 타협하게 만들었다. 푸앵카레가 국민연합 정부의 수장으로 복귀했다. 그는 경제 정책을 위해 스스로 전권을 가진 재무부 장관을 겸하며 간접세 증세와 공공 지출 삭감을 상징적으로 선언했다. 더 중요한 것은 정치적 공고화가 자본세를 재정 계획에서 영원히 축출했다는 점이다. 프랑의 회복은 즉각적으로 이루어졌다. 해외로 탈출했던 자금은 프랑스로 돌아왔고 통화는 안정되었다.

이는 투기의 불안정성에 대한 논쟁을 종식시켰는가? 1925~1926년 간 프랑의 하락이 미래 정책 불균형(재정 적자의 재발과 프랑스중앙은행의 통화 발행)에 대한 통화 거래자들의 기대를 반영했다는 것은 의심의 여지가 없다. 문제는 재정 적자의 재발이 그 자체로 프랑 투매의 결과였나 하는 점이다. 투매는 (넉시의 투기 불안정 이론이 제시하듯) 인플레이션을 가속화했고 공공 지출에 비해 상대적으로 조세의 실질 가치가 하락하게 만들었다. 그것이 아니라면 그러한 재정 적자와 인플레이션은 분배 갈등에 대한 해결책 부재를 반영하는 것이며 투기 공격이 아니더라도 재발할 수 있는 문제였는지도 모른다. 통화 거래자들의 기대를 실제로 관찰하기란 불가능하다는 점을 감안할 때, 이 논쟁은 일정 수준에서 불가피하게 미결로 남을 것이다.

이처럼 변동 환율제의 옹호자와 비판자 모두 1920년대 전반으로부터 근거를 끌어올 수 있었다. 문제는 왜 부정적 시각이 지배적이었던가이다. 혹자는 언제나 최근 역사의 영향력이 가장 강하다는 점, 즉 고정 환율제보다 최근 현상이었던 변동 환율제하의 불안정성에 대한 우려가 고정 환율의 취약성에 대한 우려보다 강력하다는 점을 주장할지 모른다. 근본적으로 사람들은 변동 환율제하에서 불안정의 여지를 가져온 전례 없는 정치 환경이 금본위제의 고정 환율에도 마찬가지로 심각한 위협을 가한다는 점을 깨닫지 못했다. 단순히 금본위제로 복귀하는 것만으로는 투기 자본의 흐름을 촉발했던 정치적 압력이 제거되지 않았다. 조세 부담과 중앙은행 정책으로 인한 실업 비용에 관한 분란은 전후 더욱 격렬해졌으며, 환율을 고정시키는 것으로는 없앨 수 없었다. 변동 환율제의 경험에서 끌어와야 했던 교훈은, 새로운 금본위제는 이전의 금본위제가 가지고 있던 신뢰성과 내구성을 필연적으로 가질 수 없을 것이라는 점이었다.

금본위제의 재건

결과적으로 1920년대 전반의 변동 환율제 경험은 전전의 금본위제를 부활시켜야 한다는 욕구를 강하게 만들었다. 변동 환율제가 투기에 의해 불안정해졌다고 믿은 사람들은 통화 거래자들에게 투기의 기회를 주지 않기 위해 금본위제를 추구했다. 정책 결함을 비난했던 사람들은 금 태환의 부활이 정부에 규율을 부과하는 길이라고 생각했다. 1920년대 미국에 대한 엘머스 위커Elmus Wicker의 기술은 더욱 광범위하게 적용 가능하다. "건전한 통화와 국내의 금 태환은 구별할 수 없으며 통화 문제와 관련하여 여론의 기초를 형성했다."[12]

핵심 단계는 영국의 태환 회복이었다. 영국은 1925년에 태환 회복에 성공했는데, 이는 전전 가격, 즉 11/12 순도의 정금을 온스당 3파운드 17실링 9페니에서 태환하는 것이었다. 미국은 금의 달러 가격을 변동하지 않았기 때문에 전전 금의 파운드 가격은 달러와 스털링의 전전 교환비(파운드당 4.86달러)를 뜻했다. 이 비율을 방어하기 위해 영국 물가는 전전 수준은 아니더라도 최소한 미국 물가가 정한 다소 높은 수준으로 하향되어야 했다.

급속한 디플레이션의 혼란을 피하기 위해 접차적으로 전환이 이루어졌다. 영국 물가는 1920~1921년 영국 정부가 전후 경제 붐이 통제 불능 상태로 되는 것을 막기 위해 정부 지출을 삭감했을 때 급격히 하락했다. 영란은행은 동시에 할인율을 인상하여 스털링이 달러에 비해 더욱 하락하는 것을 막았다. 금리 인상과 물가 하락은 불황을 초래했다. 그후 1년 만에 실업률은 2%에서 11.3%로 증가했다. 여기서 교훈은 전환을 일거에 하기보다 점진적으로 완성시키는 것이 바람직하다는 점이다.

가야 할 길이 여전히 멀었다. 미국은 종전 후 공공 지출을 삭감했고 경기 과열을 방지하기 위해 금리를 인상했다. 근래 설립된 뉴욕연방준비은행의 벤저민 스트롱 총재는 미국 물가 수준을 1913년 수준으로 되돌리는 것이 바람직하다고 믿었다. 1920년 여름, 경기가 정점일 때 연방준비제도는 금 보유고가 줄어들었고 준비율은 법정 최저치인 40%에 육박하여 위험할 정도로 하락했다. 연방준비은행은 준비금을 늘리기 위해 엄격한 디플레이션 정책을 채택했다.

이러한 정책은 영란은행의 부담을 가중시켰다. 미국 물가가 하락하던 시점에 미국 대비 영국의 물가 수준을 하향하는 것은 더욱 힘들었다. 심지어 영란은행은 연방준비제도가 긴축 정책을 추구하는 상황에서 달러 대비 스털링을 밀어올리기 위해 더욱 긴축적인 정책을 써야 했다.

1922년 일단 미국 물가 수준이 하락을 멈춘 뒤 영국의 전망은 밝아졌다. 영란은행은 그 후 2년 동안 느리지만 꾸준히 앞으로 나아갔다. 그러나 영국의 금본위제를 중지한 의회의 법안은 1925년 말 소멸되었다. 만일 보수당 정부가 전후 만 7년 안에 태환을 회복하지 못한다면 곤경에 처할 것이었다. 호주와 남아프리카공화국을 포함한 영국의 많은 전통적 우방국들은 영국의 정책과는 관계없이 태환을 재개할 뜻을 알렸다. 이들의 전열 이탈은 영국을 더 난처하게 만들 것이었다.

1924년 뉴욕연방준비은행이 벤저민 스트롱의 주장대로 영국의 금본위제 복귀를 돕기 위해 할인율을 내렸다.[13] 자금이 더 높은 수익을 쫓아 뉴욕에서 런던으로 흐르자 스털링은 강해졌다. 1925년 말 금은(수출 통제) 법이 소멸됨에 따라 보수당이 행동에 나설 수밖에 없을 것이라고 인식한 시장은 이를 예상하고 스털링을 매입했다.[14] 스털링은 1925년 초 전전 가격에 육박했으며 영국 정부는 4월 25일 금 지불 gold payment의 재개를 선언했다. 그러나 영국 물가와 해외 물가의 관계는 회복되지 않았다. 환율이 물가 수준보다 먼저 움직였다는 사실은 영국 물가가 너무 높다는 것을 의미하며 따라서 랭카셔의 섬유 수출업 그리고 수입품과 경쟁하는 화학 기업의 국제 경쟁력을 위협했다. 스털링의 **과대 평가**overvaluation는 영국 제품에 대한 수요를 억눌러 실업을 악화시켰다. 그것은 영란은행의 금 손실을 유발하여 영란은행으로 하여금 경기 위축의 비용에도 불구하고 금리를 인상토록 만들었다. 1920년대 나머지 기간 동안 영국 경제를 괴롭힌 느린 성장과 두 자리 수의 실업은 전전의 금 평가parity로 되돌아가도록 하는 결정의 기초가 되었다.

케인즈는 스털링이 10~15% 과대 평가되었다고 보았다. 그는 자신의 저서 『미스터 처칠의 경제적 결과The Economic Consequences of Mr. Churchill』(1925년)에서 금본위제 복귀 결정을 개탄했다. 케인즈의 계산에 대해 곧장 문제가 제기되었다. 케인즈는 미국 물가 지표 중에서 매사추세츠 주의 지수를 골랐는데 이는 전국 물가 수준과 차이가 많이 났다.[15] 그러나 좀 더 대표성이 있는 지표가 다소 적은 과대 평가, 즉 15%가 아니라 5~10%를 말해준다 해도 질적 결론은 여전했다.

왜 정부는 이러한 사실들을 간과했는가? 재무부 장관 윈스턴 처칠Winston Churchill의 개인 비서였던 제임스 그리그James Grigg 경은 금본위제 복귀의 반대자들과 찬성자들이 처칠을 설득하려 했던 만찬 자리를 묘사했다.[16] 케인즈와 전임 재무부 장관이자 후에 미들랜드은행의 이사장을 지낸 레지널드 멕케나Reginald McKenna는, 과대 평가는 영국 제품을 국제 시장에서 내쫓을 것이며 이에 대한 대응책인 임금 삭감은 노동 분규를 야기할 것이라고 주장했다. 그러나 그리그는 케인즈가 최고위직에 있지 않았고 설득력 있게 주장하지 않았기 때문에 처칠이 계속 밀고 나갔을 것으로 보았다. 옹고집의 처칠과 케인즈 사이의 성격 갈등은 처칠로 하여금 케임브리지 교수의 처방을 기각하도록 했을 것이다. 그리고 처칠은 평가 절하된 상태의 금본위제 복귀가 정책이 주는 혜택을 사상시킬 것이라고 우려했다. 이 같은 주장에 따르면 영국의 금본위제 의지가 신뢰를 얻으려면 태환성은 전전戰前 수준으로 회복되어야 했다. 일단 전전의 평가平價에서 벗어나면 정부가 다시 또 그럴지 모른다는 신호를 주는 것이다. 외국 정부, 중앙은행, 기업, 그리고 투자자들은 런던에 스털링 예금 구좌를 갖고 있으며 거기서 국제 금융 업무를 수행했다. 심지어 예외적 상황에서조차 파운드의 평가 절하는 그들로 하여금 자신들의 투자 전략을 재고토록 할 것이었다. 국제 금융 거래의 상실은 영국과 영국의 금융 이익에 큰 손해를 입힐 것이었다. 정체된 산업 부문 위에 군림하던 금융의 이해 관계를 반영하던 특수한 이익 정치는 정치인들의 결정에 영향을 주었을 것이다.

영국의 금본위제 복귀는 다른 나라들의 복귀를 알리는 신호였다. 호주, 뉴질랜드, 헝가리, 그리고 단치히 자유시*는 즉각 복귀했다. 전쟁 기간과 전후 인플레이션의 결과로 물가가 급등했던 곳에서 물가를 전전 수준으로 낮추는 것은 채무자로부터 채권자로의 대대적 재분배를 의미했기 때문에 배제되었다. 따라서 이탈리아, 벨기에, 덴마크, 포르투갈은 프랑스처럼 평가 절하된 환율(금의 국내 통화 가격의 상승)에서 금본위제로 복귀했다. 영국과 비교할 때 그들의 이후 경험은 전

---

* 발트해 연안의 항구 도시로 과거 프로이센 영토였으며 1차 대전 직후 베르사유 조약에 의해 중립 도시가 되었다. 현재는 폴란드 영토로 지명도 그단스크로 바뀌었다.

전 평가의 회복이 신뢰를 높인다는 명제를 검증하는 데 이용될 수 있다.

1926년 금본위제는 39개국에서 통용되고 있었다.[17] 1927년이 되면 금본위제의 재건은 기본적으로 완성되었다. 프랑스가 프랑을 기존의 환율에서 안정화하는 1926년 12월 결정을 합법화한 것은 1928년 6월이었다. 그리고 발트해와 발칸 지역 등 유럽 변방의 국가들은 아직 금 태환으로 복귀하지 않았다. 스페인은 하지 않을 것으로 알려졌다. 중국과 소련 역시 금블록에 가입하고 싶은 뜻이 없었다. 그러나, 이 같은 예외에도 불구하고 금본위제는 다시 세계의 많은 지역에 걸쳐 실시되었다.

신新금본위제

금화는 1차 세계 대전 중 유통에서 거의 사라졌다. 오직 미국에서만 유통 화폐의 상당 부문(8%)이 금의 형태를 띠었다. 전후 정부들은 금이 중앙은행의 금고에 집중되면 세계적으로 부족해진 금의 공급이 더 늘어나리라 희망했다. 정부들은 금이 유통되지 않도록 하기 위해 일정량 이상을 구매하는 사람에게만 제공했다. 영란은행의 요구에 따라 최소 4백 온스의 정금을 획득하려면 약 1,730파운드(8,300달러)를 투자해야 했다. 다른 나라들도 비슷한 규제를 부과했다.

통화 공급의 확대를 지원하는 금 준비금을 (통화 공급을 지원하기 위한 전통적 수준으로) 늘리는 또 다른 장치는 금에 외환을 보충하여 1차 세계 대전 이전의 방식을 확대하는 것, 즉 금본위제를 **금환본위제**gold-exchange standard로 변환하는 것이었다. 벨기에, 불가리아, 핀란드, 이탈리아, 러시아 등은 1914년 외환 준비금의 사용을 제한하지 않은 바로 그 유럽 국가들이었다.[18] 국제연맹의 지원으로 안정화된 국가들은 그들의 중앙은행 규정에 준비금 전체를 이자가 붙는 해외 자산의 형태로 보유할 수 있다는 규정을 넣었다(그리고 국제연맹이 보증하는 대출을 받기 위한 조건으로 중앙은행의 독립성이 요구되었다.). 기타 다른 국가들은 중앙은행이 준비금의 일정 부분을 외환으로 보유하는 권한을 부여했다.

금을 중앙은행에 집중하고 그것을 외환으로 보충하려는 욕구는 세계적 금 부족에 대한 우려를 반영한 것이었다. 통화와 예금에 대한 수요는 물가 상승과 세계 경제의 성장으로 증가했다. 금 공급은 그러나 아주 완만하게 증가했다. 정책 결정자들은 이러한 "금 부족"이 통화 공급의 더 이상의 확대를 방해하고 금융 경색이 경제 성장을 저해할 것을 우려했다.

금이 희소하여 그 획득 비용이 비싸다면 중앙은행은 개별적으로 외환 준비금의 사용을 늘릴 수는 없었는가? 당시 사람들은 이러한 행동이 가능하다고 보지 않았다. 이 같은 행위를 일방적으로 취한 나라는 그 나라의 통화를 매각하여 오직 금으로만 지원되는 통화를 매입하려는 투기꾼들의 희생물이 되었을 것이다. 모든 나라들이 준비금 일부를 외환으로 보유하는 데 합의할 때에만 투기의 위협으로부터 안전할 수 있다. 그러므로 조정의 문제는 이 같은 전환을 허용하지 않는다.

조정의 문제는 소통과 협력을 통해 해결된다. 1920년대에 이러한 시도를 위해 일련의 국제 회의가 개최되었다. 가장 중요한 회의는 1922년 제노바 회의Genoa Conference이다.[19] 제노바 회의에는 미국을 제외한 모든 주요 금본위제 국가들이 참가했다. 고립주의적인 미국

의회는 제노바 회의를 국제연맹과 같이 국제 사회에 엮여 들어가는 원천으로 보고 미국 참가를 거부했다. 영국 대표단 주도하의 금융 소위원회는 중앙은행이 무제한의 외환 준비금을 보유할 수 있도록 각국이 국제 규약을 협의할 것을 권고하는 보고서를 기초했다.

제노바 회의의 또 다른 의제는 국제 협력이었다. 중앙은행들은 "자국 통화와 타국 통화의 균형을 맞추려는 관점에서뿐 아니라 금 구매력의 불필요한 변동을 방지하는 데에도 관심을 기울여" 정책을 만들도록 지시되었다.[20] ("금의 구매력"은 물가 수준을 나타내는 데 사용된 용어였다. 중앙은행은 금의 국내 통화 가격을 페그했기 때문에 물가가 하락하면 금의 구매력은 상승했다.) 중앙은행들이 부족해진 세계의 금 준비금을 획득하기 위해 비협조적으로 갈등하고 상대방의 금을 끌어들이기 위해 금리를 올린다면 누구도 금 확보에 성공하지 못하면서(그들의 금리 상승은 상쇄될 것이기 때문이다.) 물가와 생산만 암울해진다. 중앙은행들이 할인율을 더 적절한 수준에서 공동으로 조정한다면 준비금의 국제적 배분은 비참한 디플레이션을 야기하지 않고도 달성할 수 있었다.

케인즈와 랄프 호트리(당시 재무부의 금융조사국장)는 제노바 결의의 초안을 작성하는 데 중요한 역할을 했다. 제노바 결의는 국제 통화 관계에 대한 영국 측 시각을 반영했다. 인도와 같은 영국 보호령은 오랫동안 외환 준비금을 보유해왔다. 따라서 런던은 이를 세계의 통화 문제에 대한 자연적 해결책으로 보았다. 영란은행은 전전戰前에 있었던 중앙은행들의 협력에 대부분 참여했으며 영연방Commonwealth 및 보호령Dominions 은행들과 정기적 관계를 맺고 있었다. 영란은행은 그러한 협력을 바람직하면서도 동시에 실질적인 것으로 보았다. 제노바 결의는 영국의 자기 이익을 반영했다. 불충분한 국제 준비금으로 인해 세계의 물가가 더 하락한다면, 스털링의 전전 평가 회복은 더욱 복잡해질 것이었다. 고도로 발달된 금융 구조를 가진 런던은 19세기에 그랬던 것처럼 외환 준비금의 주 저장고가 될 것이었다. 런던의 역할을 다시 역동적으로 만드는 것은 대단히 절실한 국제 은행업을 (런던의 금융 지구인) 시티the City에 가져다줄 것이다. 이는 전쟁 전 그토록 칭송을 받을 정도로 잘 작동했던 국제 수지 조정 기제의 재건을 도울 것이었다.

금융에 관한 제노바 결의 초안을 작성한 소위원회는 세부 사항을 논의하기 위해 중앙은행 회의를 소집할 것을 제안했다. 그러나 이 회의는 미국의 지지가 없어서 열리지 않았다. 비록 미국은 제노바 회의에 참가하지는 않았지만 연방준비제도 관리들은 영란은행이 중앙은행장 회의를 조직하는 책임을 맡는 것에 분개했다. 미국은 금환본위제의 효과와 중앙은행의 협력에 대한 필요성을 의심했다. 1차 세계 대전 동안 미국은 금과 외환을 얻기 위해 농산물과 제조품을 수출했었다. 미국의 금 준비금은 1913년 13억 달러에서 1923년에는 40억 달러로 늘었다. 미국은 태환성 회복을 위해 디플레이션 정책을 실시할 필요가 없었다. 또한 새로이 설립된 연방준비제도의 관리들은 금본위제의 자동성automaticity에 대한 환상을 품고 있었다. 그들은 전전의 운영에 기여하지 않았기 때문에 외환 준비금과 중앙은행의 협력이 해온 역할을 잘 알지 못했다.[21]

이처럼, 제안되었던 중앙은행 회의는 전혀 개최되지 않았다. 중앙은행 협력과 외환 준비금 사용을 장려하려 했던 시도들은 그때 그때 필요에 따라 처리되도록 방치되었다. 이러한 조건들 때문에 국제 통화 체제는 전반적으로 재건될 수 없었다. 전전의 체제처럼 전간기 금본위제는 점진적으로 진화했다. 그 구조는 각 나라들의 통화 제도를 합친 것이었지만 그중 어느 것도 체제 전체의 운용과 관련하여 선택되지 않았다. 넉시가 말한 것처럼 "국제 통화 제도의 재건이 점진적으로 그리고 마구잡이로 이루어진 것은 결국 해체의 씨앗을 뿌린 것이었다."[22]

신금본위제의 문제점

1920년대 후반 각국 통화는 다시 고정된 국내 가격에 금으로 태환되었고 국제 자본 거래와 금 거래에 대한 중요한 제약은 대부분 제거되었다. 이러한 두 요인이 합쳐져 1차 세계 대전 이전처럼 각국 통화 간의 환율을 안정시켰고 금의 국제적 이동을 국제 수지 결제의 궁극적 수단으로 만들었다.

1924년부터 1929년의 기간은 경제 성장의 시기이자 통화와 신용에 대한 수요가 전 세계적으로 강력했던 시기였다. 일단 금본위제가 회복되고 나자, 세계 경제의 팽창은 추가적인 유동성을 필요로 했고, 이는 국제적 준비금의 증대에 기초해야 했다. 그러나 통화용 금의 세계적 공급은 금이 중앙은행의 금고에 집중되었음에도 불구하고, 1차 세계 대전과 1920년대 동안 아주 서서히 증가했을 뿐이었다. 중앙은행의 지폐와 요구불 예금 대비 금의 비율은 1913년의 48%에서 1927년에는 40%로 하락했다.[23] 중앙은행들은 제한된 금의 기반 위에 점증하는 채무의 상부 구조를 피라미드처럼 쌓아올려야 했다.

특히 골치 아픈 일은 두 나라, 즉 프랑스와 독일이 1920년대 후반의 세계 통화 준비금 증가분의 거의 대부분을 흡인했다는 사실이다

(표 3.1 참고). 프랑스중앙은행의 금 준비금은 1926~1929년 동안 두 배 이상 증가했다. 1930년 말 무렵 그것은 세 배가 되었다. 1931년 말에는 네 배로 증가했다. 프랑스는 미국 다음으로 금을 주도적으로 축적한 국가가 되었다. 이렇게 금이 엄청나게 늘어나는 것은 (프랑의 안정화를 추진했던 수상의 이름을 기린) 푸앵카레 프랑franc Poincaré의 과소 평가를 뜻했다. 프랑스 당국이 안정화를 위해 택한 환율이 국내 생산업에 과도한 비교 우위를 부여하지 않았다면 그토록 많은 금이 프랑스 중앙은행으로 흘러 들어가지 않았을 것이다. 프랑스 당국이 1926년 말 프랑 가치의 상승을 막기 위해 개입하는 대신 시장이 작동하도록 허용했다면 강력한 프랑은 이 같은 인위적 비교 우위를 제거하고 무역 수지 결과를 중립화했을 것이다. 강한 프랑은 물가를 낮추는 동시에 유통 중의 지폐와 예금의 실질 가치를 높이고 금 수입의 필요성을 무마했을 것이다. 프랑스는 국제 체제에 대한 압력을 완화하면서 세계의 금이 모이는 웅덩이가 될 수 없었다.

왜 프랑스중앙은행은 그처럼 외고집의 정책을 취했는가? 프랑스 의회는 이전 프랑스 정부들이 신용 공여를 남용한 것에 대한 반작용으로 정부에 대한 중앙은행의 대출 확대를 금지하거나 **본원 통화**monetary base 중에서 국내 신용 부분을 늘리는 것을 금지하는 법령을 제정했다. 프랑스를 금본위제에 올려놓은 1928년 법안은 프랑스중앙은행으로 하여금 어음과 예금 가운데 최소 35%에 해당하는 금액을 금으로 보유하도록 했을 뿐 아니라 **공개 시장 조작**open-market operation의 사용을 제한했다. 만약 또 다른 중앙은행이 있었다면 35%의 금 준비를 규정한 법령에 따라 1프랑어치의 금을 확보할 때마다 거의 3프랑을 유통시킬 수 있는 팽창적인 공개 시장 조작을 사용할 수 있었을 것이다.

표 3.1 중앙은행과 정부의 금 준비금(1913~1935년, 전체 중에서의 %)

국가	1913	1918	1923	1924	1925	1926	1927	1928	1929	1930	1931	1932	1933	1934	1935
미국	26.6	39.0	44.4	45.7	44.4	44.3	41.6	37.4	37.8	38.7	35.9	34.0	33.6	27.8	45.1
영국	3.4	7.7	8.6	8.3	7.8	7.9	7.7	7.5	6.9	6.6	5.2	4.9	7.8	7.3	7.3
프랑스	14.0	9.8	8.2	7.9	7.9	7.7	10.0	12.5	15.8	19.2	23.9	27.3	25.3	25.0	19.6
독일	5.7	7.9	1.3	2.0	3.2	4.7	4.7	6.5	5.3	4.8	2.1	1.6	0.8	0.1	0.1
아르헨티나	5.3	4.5	5.4	4.9	5.0	4.9	5.5	6.0	4.2	3.8	2.2	2.1	2.0	1.9	2.0
호주	0.5	1.5	1.5	1.5	1.8	1.2	1.1	1.1	0.9	0.7	0.5	0.4	a	a	a
벨기에	1.0	0.7	0.6	0.6	0.6	0.9	1.0	1.3	1.6	1.7	3.1	3.0	3.2	2.7	2.7
브라질	1.9	0.4	0.6	0.6	0.6	0.6	1.1	1.5	1.5	0.1	n.a.	n.a.	0.1b	0.1b	0.1
캐나다	2.4	1.9	1.5	1.7	1.7	1.7	1.6	1.1	0.8	1.0	0.7	0.7	0.6	0.6	0.8
인도	2.5	0.9	1.3	1.2	1.2	1.2	1.2	1.2	1.2	1.2	1.4	1.4	1.4	1.3	1.2
이탈리아	5.5	3.0	2.5	2.5	2.5	2.4	2.5	2.7	2.7	2.6	2.6	2.6	3.1	2.4	1.6
일본	1.3	3.3	7.0	6.5	6.4	6.1	5.7	5.4	5.3	3.8	2.1	1.8	1.8	1.8	1.9
네덜란드	1.2	4.2	2.7	2.3	2.0	1.8	1.7	1.7	1.7	1.6	3.2	3.5	3.1	2.6	2.0
러시아-소련	16.2	—	0.5	0.8	1.0	0.9	1.0	0.9	1.4	2.3	2.9	3.1	3.5	3.4	3.7
스페인	1.9	6.3	5.6	5.5	5.5	5.4	5.2	4.9	4.8	4.3	3.8	3.6	3.6	3.4	3.3
스위스	0.7	1.2	1.2	1.1	1.0	1.0	1.0	1.0	1.1	1.3	4.0	4.0	3.2	2.9	2.0
기타 국가들	9.9	7.8	7.1	6.9	7.4	7.3	7.4	7.3	7.0	6.3	6.4	6.0	6.9	6.7	6.6
전체	100.0	100.0	100.0	100.0	100.0	100.0	100.0	100.0	100.0	100.0	100.0	100.0	100.0	100.0	100.0

출처: Hardy 1936, 93쪽

a 0.05 % 미만

b 브라질, 과테말라, 콜롬비아, 에콰도르.

3장 전간기의 불안정 **109**

그러나 프랑스중앙은행은 안정화 법에 의해 공개 시장 조작을 할 수 없게 되었다. 프랑스는, 우리가 2장에서 본 것처럼, 1913년 이전에 공개 시장 조작을 광범위하게 사용했던 국가에 속하지 않았다. 다시 말해, 전간기 체제의 적합한 구조와 운용은 너무나 강력하게 전전의 경험에 의해 제약되었던 것이다.

프랑스중앙은행은 국내 신용을 확대하고 금 유출을 방지하는 데 사용할 수 있는 다른 도구들을 갖고 있었다. 프랑스중앙은행은 할인율을 내림으로써 은행들이 자신들의 은행 어음을 재할인하도록 장려할 수 있었다. 중앙은행은 외환 시장에서 프랑을 매각할 수 있었다. 그러나 파리의 할인 시장은 소규모여서 할인 정책의 효과는 제한적이었다. 그리고 프랑스 관료들은 외환 보유에 대해 편한 마음이 아니었다. 사실 1927년 프랑스중앙은행은 보유한 외환을 매각하기 시작했다. 프랑의 상승을 제한하기 위해 매각 1년 전인 1926년 하반기에 금 준비금에 맞먹는 7억 5천만 달러를 매입했다. 프랑스 관료들은 프랑스중앙은행이 1차 세계 대전 이전에 대규모의 금을 보유하면서 외환은 거의 보유하지 않았음을 기억했다. 그들은 금환본위제를 제도화하려는 제노바 제안에 대해 파리를 제치고 런던을 금융 중심지로 만들려는 영국의 술수라고 보았다.

프랑스 통화 정책이 낳은 문제는 1927년 고집쟁이 시골 신사 에밀 모로Emile Moreau가 프랑스중앙은행의 수장을 맡아 외환 보유고를 금으로 바꾸기 시작하면서 더욱 악화되었다. 모로가 이전 6개월 동안 모았던 스털링의 20%를 태환하려고 영란은행에 제시하자, 영란은행은 모로의 요구는 영국으로 하여금 태환을 중지하라고 강요하는 것이나 마찬가지라고 경고했다. 금본위제를 금융 안정성의 보루로 보았던

110

프랑스 관료들에게 이 위협은 심각했으며 모로는 자신의 주장을 누그러뜨렸다.[24]

1920년대 후반 금 준비금이 대규모로 증가한 또 다른 나라가 독일이었다는 점은 언뜻 보면 놀랍다. 독일은 배상금 이전 문제들을 처리해야 했지만 한편으로 독일은 미국의 주요 투자처였다. 독일제국은행은 초인플레이션으로 놀란 시민들을 안심시키기 위해 금본위제의 다른 국가들보다 높은 금리를 유지했는데, 이는 독일을 매력적인 투자 장소로 만들었다. 해외에서 자본이 유입되자, 1924~1928년 사이 독일제국은행의 금 준비금은 세 배 이상 늘어났다.[25]

브룩클린 태생의 독일제국은행 총재 히알마르 H. G. 샤흐트Hjalmar H. G. Schacht는 금환본위제에 대해 모로와 회의적인 견해를 공유했다(덧붙여 말하면 그가 이름을 딴 19세기 미국의 정치인이자 언론인은 금에 대한 강력한 믿음을 가졌다.). 독일의 초인플레이션은 샤흐트로 하여금 정치적 압력으로부터 중앙은행을 절연시킬 수 있는 엄격한 금본위제가 바람직하다고 믿게 만들었다. 그러나 샤흐트는 도스 플랜이 부여하는 해외 차관을 통해 적지 않은 양의 외환을 물려받았다. 스털링과 같은 유럽 통화가 영국의 금본위제 복귀 예상 때문에 상승하는 한, 독일은 도스 차관을 스털링으로 보유하면 자본 이익을 챙길 수 있었다. 그러나 1926년부터 샤흐트는 외환 보유고를 금으로 바꾸기 시작했다.[26] 금 수입을 장려하기 위해 샤흐트는 재정 거래자들이 금을 내륙으로 수송하는 비용을 절약할 수 있도록 하기 위해 베를린은 물론 브레멘에서도 금을 받을 것임을 선언했다.

독일과 프랑스의 금 흡수는 다른 나라의 중앙은행들에도 압력을 가했다. 전간기 영란은행 총재를 지냈던 몬태규 노먼Montagu Norman

은 영란은행이 계속해서 "괴롭힘을 당하고" 있다고 표현했다.[27] 금이 프랑스와 독일로 유입됨에 따라 다른 중앙은행들은 점점 감소하는 준비금을 방어하려면 금리를 인상하여 신용을 억제해야 했다.

통화용 금의 최대 보유국 미국은 도움이 되지 않았다. 1926년 미국은 전 세계 금 공급 중 거의 45%를 차지했다(표 3.1 참고). 4분의 1이 완전히 **자유금**free gold, 즉 금본위제 법에서 요구하는 기준인 40%를 초과했다.[28] 연방준비은행이 할인율을 인하하거나 팽창적 공개 시장 조작 조치를 취하면 자본 유출을 독려하여 이 금을 세계의 나머지 지역으로 재분배할 것이었다. 이러한 방향의 온건한 조치가 1927년 뉴욕 연방준비은행에 의해 취해졌다. 당시 국제 수지 위기 와중에 있던 영란은행을 지원하기 위해 할인율을 인하하고 공개 시장 구매를 했다. 이후 미국 정책은 긴축 방향으로 선회했다. 미국 통화 공급의 증가율은 하락했다. 미국 정부 채권 수익률은 하락을 멈추었다. 단기 금리는 상승했다. 이러한 사건들은 외국의 중앙은행들을 더욱 곤경에 처하게 했다.

연방준비제도 관료들이 도대체 무슨 생각을 하고 있었는지는 전혀 미스터리가 아니다. 그들은 1927년 내내 자원이 생산적 활동으로부터 이탈했다고 보이는 월 스트리트 붐에 정신을 쏟고 있었다. 주식시장의 투기를 억제하기 위해 뉴욕연방준비은행은 1928년 상반기에 할인율을 3.5%에서 5%로 인상했다. 이와 함께 연방준비제도는 금 준비율의 하락을 걱정했다. 1920년대 후반의 붐으로 미국이 보유한 금 준비금보다 통화와 신용이 급팽창하자 연방준비제도는 중앙은행이 해야 할 책임으로서 금리를 인상했다.[29]

연방준비제도의 조치는 국내와 국외 모두에서 감지되었다. 통화 긴축은 미국 경제의 팽창을 완만하게 했다.[30] 고금리는 미국 자본의 해외 유출을 막았다. 연방준비제도가 금을 풀지 않은 것은 다른 나라에게도 압력을 가해 이들도 할인율을 인상하지 않을 수 없게 만들었다.

국제 수지의 새로운 패턴

새로운 금본위제의 설계자들이 이것이 계획대로 잘 작동하지 않는다고 결론을 내리는 데는 오래 걸리지 않았다. 일부 국가들은 만성적 국제 수지 적자로 빠져들어서 금과 외환 보유고를 소진했다. 영국의 국제 수지는 1928년 약간의 흑자였으나 1927~1931년 사이 매년 적자로 반전했다. 다른 나라들은 반대로 계속 흑자를 기록하여 준비금이 늘어났다. 프랑스의 국제 수지는 앞에서 말한 것처럼 1927~1931년 내내 매년 흑자를 기록했다. 미국의 수지는 1920년대 내내 흑자였다. 흑자와 적자를 제거하여 국제 수지 균형을 회복시켜주는 조정 기제는 제대로 기능하지 않았다. 그리고 과거에 산업 국가의 **경상 계정**current-account 적자를 막아 안정화시켰던 자본 이동은 더 이상 기대할 수 없었다.

이 같은 부적절한 문제점들은 체제의 조정 능력을 제약했던 국제 수지의 패턴 변화에 의해 극적으로 나타났다. 1914년 남미에 대한 유럽의 상품 수출이 감소하자 그 공백을 미국 생산업자들이 차지했다. 전쟁 동안 미국 기업이 구축한 마케팅과 유통망은 1918년에 와서 해체하기 어려운 것으로 판명되었다. 예를 들어, 아르헨티나 수입 중 미국의 몫은 1913년 15%에서 1927년에는 27%로 증가한 반면 영국의 몫은 31%에서 19%로 감소했다. 전시의 변화는 또한 일본에게도 오랫동안 유럽 생산업자들이 지배했던 아시아 시장을 공략할 기회를 주었다. 결과는 유럽의 경쟁력 약화였다.

전쟁 부채와 배상금은 유럽의 고충을 더욱 힘들게 했다. 1924년과 1929년 사이에 승전국은 독일로부터 약 20억 달러의 배상금을 받았다. 그들은 그 일부를 전시에 빌린 원금과 이자를 갚기 위해 미국에 건네주었다. 1926년 중반부터 1931년 중반 사이 전쟁 부채 관련으로 약 10억 달러가 미국에 지불되었다.

이러한 거래는 미국으로 유입되는 금과 외환을 증가시켰다. 그것은 미국의 국제 수지를 강화한 반면 타국의 수지는 약화시켰다. 이러한 변동에 대한 논리적 귀결은 가격-정화 플로우 모델에서 예측된 바였다. 즉, 세계의 다른 지역에 비해 미국 물가와 비용이 상대적으로 상승해야 했다. 그러나 그와 같은 조정은 일어나지 않았다. 그 대신 미국은 흑자의 많은 부분을 유럽 및 기타 다른 지역에 빌려주었다. 미국이 자본 수출을 지속하는 한, 유럽은 경상 계정 적자를 메울 수 있어 상대 물가의 중요한 변화에 대한 필요성을 약화시켰다. 그리고 미국의 자본 수출은 1920년대 후반에 더 높은 수준에 도달했다. 전쟁은 미국을 채무국에서 주도적 채권국으로 바꿔놓았다.[31] 유럽의 투자자들은 보유하던 미국 증권을 현금화하고 새로운 부채를 얻어야 했다. 전시의 황폐화는 유럽을 자본 빈국으로 만든 반면 미국은 전쟁으로 피해를 입지 않았다. 자본 부족은 고금리를 뜻하며 미국 자본이 대서양을 건너 유럽으로 흐르게 하는 인센티브를 제공했다.

루르 지역 침공이 있던 1923년을 제외하고 미국은 해외에 대규모 차관을 제공했다(그림 3.3 참고). 자금 이동은 대부분 외국인 대출을 위한 신규 증권 발행 형태를 띠었고, 이는 1927~1928년 최고조에 달했

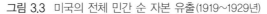

그림 3.3 미국의 전체 민간 순 자본 유출(1919~1929년)

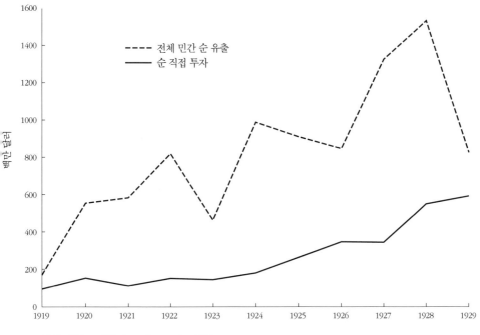

출처: Office of Business Economics 1954.

다. 미국의 투자 은행들은 외국 정부와 기업을 위해 달러화 표시 채권
을 발행하는 새로운 비즈니스를 열었다. 1914년 말 20만 명가량의 미
국인들이 채권에 투자했는데 그 수는 1929년에 4배로 늘어났다.[32] 전
쟁 동안 전시 공채Liberty bonds를 판매했던 전국 은행national bank*
들은 이 새로운 고객들에게 해외 증권을 소개함으로써 영업을 계속했
다. 이 은행들은 해외 채권을 지속적으로 공급하기 위해 자체 발행을
시작했는데 이는 마케팅 압력으로 작용했다. 은행들은 채권 부서가

---

* 미국 연방 정부의 허가를 받아 설립한 상업은행.

행인 고객을 끌어들일 수 있도록 길거리 판매를 시작했고 영업 사원을 고용하여 전국을 다니며 농부와 미망인들에게 해외 채권을 팔게 했다.

다른 나라들이 미국으로부터의 자본 수입에 의존하는 상황에서 1928년 자본 순환 고리의 붕괴는 강력한 타격이었다. 연방준비제도가 월 스트리트의 붐을 가라앉히고 금 준비율 하락을 막기 위해 시도한 금리 인상은 미국의 고정 금리 증권에 대한 투자를 매력적으로 만들었다. 고금리는 또한 부채가 많은 국가들이 부담해야 할 이자를 갑자기 높임으로써 이 국가들의 신용도를 악화시켰다. 미국의 해외 대출은 1928년 전반에 최고조에 달했다가 그 해 후반기에는 제로로 하락했다.

일단 자본 유입이 끊기자 채무 국가들에서 수요가 감소했다. 그 결과 그들이 생산하는 상품의 상대 가격의 하락은 자본 유입의 중단으로 생긴 간극을 채우기 위해 수출을 늘리고 수입을 억제하는 조정 기제였다. 그러나 1929년 대공황의 발발로 수출 시장은 또 한 번 결정타를 맞아 상대 가격의 조기 변화는 전혀 적합하지 않게 되었다.

미국의 대출 감소와 대공황으로 인한 국제 수지 충격을 줄이는 데는 두 가지 분명한 방법이 있다. 첫째, 전쟁 부채와 배상금의 폐지이다. 독일에서 영국과 프랑스로, 그리고 다시 영국과 프랑스에서 미국으로의 일방적인 자본 이전을 폐지하는 것은 유럽의 국제 수지를 개선시키고 자본 수입에 관한 대미 의존도를 줄여줄 것이었다. 그러나 전쟁 부채 및 배상금에 대한 지불 유예는 적정 기한 내에 논의하기 불가능했다. 두 번째, 가격과 비용을 더 삭감하면 가격-정화 플로우 모델에 따라 유럽과 남미의 재화가 국제 시장에서 다시 팔릴 수 있었다.

그러나 가격이 디플레이션을 유발하지 않고 내릴 수 있는 데에는 한계가 있었다. 해외 부채는 명목 화폐로 표시되었기 때문에 가격 하락은 부채 상환에 드는 실질 비용을 늘려 대외 수지를 악화시켰다. 농민과 기업의 부채는 명목 화폐로 표시되기 때문에 가격 하락은 판매 수입을 감소시켰고 지불 정지와 파산 문제를 유발했다. 그 결과 악성 대출의 양이 크게 늘어난다면 은행 체제의 안정성이 위협받을 수 있었다.[33] 이 같은 모든 이유 때문에 일반적인 디플레이션 처방의 효과에는 한계가 있었다.

대공황에 대한 대응

금본위제의 역사에 익숙한 사람들은 자본 시장과 상품 시장의 동반 충격에 대해 그리 놀라지 않을 것이다. 1차 생산물 국가들은 이러한 충격을 전전 시기에 반복적으로 경험했었다. 과거에 그랬던 것처럼 개발도상국들은 대안이 없었다. 그들은 남은 외환 수입을 대외 부채를 상환하는 데 사용하거나 중앙은행의 준비금을 절약하여 자국 통화의 태환성을 방어하는 데 쓸 수 있었다. 채무 불이행 선언은 채권자들이 자본 시장 접근을 철회하도록 하지만, 중앙은행이 준비금을 적절하게 유지하지 못하면 금융 안정성에 심대한 의문이 제기될 것이다. 금본위제 법에 대한 타협이 좀 더 손쉬운 해결책이라고 결론 내린 아르헨티나, 호주, 브라질, 캐나다는 1929년 말과 1930년 초에 태환성 규칙을 수정하여 자국 통화가 평가 절하되는 것을 허용했다. 다른 나라들도 이를 따랐다.

위기에 처한 나라들이 금 태환을 중지하는 것은 선례가 없지는 않지만 과거에는 그 범위가 제한적이었다. 1880~1913년 사이 주변부의 모든 국가들이 금본위제를 동시에 포기한 적은 한 번도 없었다. 태환 중지는 개별 국가의 흉작, 군사적 충돌, 경제적 운용 실패 등 수출을 하락시키고 자본 유입을 메마르게 하는 사건들에 의해 촉발되었다. 1929년의 태환 중지는 글로벌 경제 위기에서 비롯되었고 따라서 국제 체제에 더욱 위협적이었다.

주변부의 금본위제 해체는 중심부에서의 안정을 무너뜨렸다. 동시대 사람들이 이 위험을 모르지 않았다. (금융과 산업의 관련성을 조사하기 위해 설치된) 영국 맥밀란 위원회Britain's Macmillan Committee는 1931년에 기초한 보고서에서 다음과 같이 경고했다. "채권국들이 처음에는 채무국 그리고 그다음에는 채권국 자신들의 경제적 조건을 와해시키지 않으려면 자신들의 흑자를 금으로 보관하는 대신에 다시 대출해야 한다."[34] 말은 쉬워도 이를 실천하기는 어려웠다.

이러한 취약한 금융 상황은 더 근본적 문제 위에 겹쳐진 것이었다. 그것은 산업 생산의 붕괴였다. 산업은 과거에도 불황을 경험했으나 1929년에 시작한 것과는 달랐다. 미국의 산업 생산은 1929~1932년 사이 무려 48% 줄었고 독일에서는 39% 감소했다. 기록된 실업률은 미국 노동력의 25%로 극에 달했다. 독일 산업의 실업은 44%에 달했다.[35]

정부들은 자연히 맥빠진 경제를 다시 일으켜 세우길 바랐다. 그러나 소비와 투자를 장려하기 위한 신용 투입과 금리 하락은 금본위제의 유지와 일치하지 않았다. 추가적인 신용은 상품 수입에 대한 추가 수요를 뜻했다. 낮은 금리는 해외 투자를 촉진시켰다. 낮은 금리로 인한 준비금 손실은 평가 절하의 우려를 낳아 자본 도피를 부추겼다. 경제 하강의 소용돌이를 멈추게 할 정책을 사용하려는 정부들은 팽창 정책과 금 태환성 사이의 양립 불가능성에 직면했다.

이 시점에서 1920년대의 변화된 정치 환경이 작용했다. 1차 세계 대전 이전에는 금본위제의 중심부 국가들은 체제를 방어할 태세였었다. 과거에는 한 나라의 환율이 약화되면, 자본이 그 나라로 유입되어 중앙은행의 태환 방어 노력을 잠식하는 것이 아니라 오히려 뒷받침해 주었다. 통화 거래자들이 금 수출점gold point내에서 환율을 고수하려는 당국의 의지를 신뢰했고, 따라서 통화의 약세가 곧 역전될 것이라고 기대했기 때문이다. 그러나 이러한 새로운 정책 환경에서는 통화의 약세가 일시적이라는 것은 더 이상 명백하지 않았다. "이 시기의 가장 중요한 변화는" 로버트 트리핀Robert Triffin이 말한 것처럼 "통화 정책의 최종 결정 요인으로서 국내 요인들이 점점 중요해졌다는 것"이었다.[36] 이러한 더욱 정치화된 환경에서 금본위제와 실업 축소 정책 사이에서 어느 하나를 선택해야 한다면 정부가 어떻게 대응할 것인지는 불확실했다.

투기꾼들은 정부가 통화 가치의 하락을 용인해 국내 신용을 확대할 것이라고 판단하면, 즉시 통화를 매각하여 통화 하락으로 인한 자본 손실을 피하고자 했다. 약한 통화가 회복할 경우 겪는 투매자들의 자본 손실은 태환이 정지되고 통화 하락이 용인될 경우 발생하는 이익에 비하면 훨씬 작았다. 1차 세계 대전 이전과는 대조적으로 (2장에 언급했던 베르틸 올린의 표현대로) "교란성" 자본 이동은 널리 확산되었다.

환율 안정에 대한 우려가 커지면서 스털링과 달러 같은 주요 통화의 안정성에 대해 의문이 제기되었다. 신중한 중앙은행장은 스털링이나 달러가 평가 절하될 위험이 있다면 런던이나 뉴욕에 예금을 보유하는 데 주저할 것이었다. 영국은 다른 나라들이 런던 계좌를 정리하는 것을 말리기 위해 도덕적 설득에 의존했다. 스털링을 방어한다는 중앙은행의 약속이 공허한 것으로 판명나면 그들은 상당한 피해를 입었고 외환 준비금의 보유에 대해 더욱 혐오하게 되었다. 나라들이 앞다투어 외환 준비금을 금 준비금으로 대체하자 금의 상대 가격은 올라갔다. 중앙은행이 여전히 금의 명목 가격을 고정했던 나라에서 이는 상품 가격이 더 하락함을 뜻했다. 외환 준비금의 청산은 국제 준비금(금과 외환)의 수량을 축소시켰다. 1931년 동안 24개 주요국들의 준비금은 약 1억 달러 감소했다.[37] 이같이 준비금이 추가로 감소하자 중앙은행들은 적정 규모의 준비금과 태환을 재확인하기 위해 할인율을 인상해야 했다.

통화에 대한 투기의 강도는 금본위제를 수호하려는 정부 의지에 대한 신뢰에 달려 있었다. 신용이 가장 확실할 때 자본은 여전히 안정화 방향으로 흘러 들어와 대내외적 균형의 상충 관계를 약화시켰다. 정부 의지에 대한 신뢰가 의심될 때는 안정을 위협하는 투기가 갈등적 이해관계를 조정하려는 정부에 거세게 압력을 가했다. 신뢰성은 과거의 행태에서 나온다고 생각할 수 있다. 다시 말해 정부가 과거 위기속에서도 금본위제를 방어했는가 그리고 어쩔 수 없어 금 태환을 정지했더라도 나중에 초기 가격으로 복귀했는가의 여부에 달려 있었다.

그 같은 과거 행적을 통해 신뢰가 얻어질 수 있다는 믿음은 전전의 금 가격으로 복귀하려는 영국 정부의 결정에 영향을 주었다. 이제 전전의 금 가격을 지켰던 국가들, 그중에서도 영국과 미국 정부는 가장 신뢰를 얻지 못했던 반면 금융 시장 참가자들은 프랑스와 벨기에가 했던 것처럼 평가 절하된 가격으로 금본위제에 복귀했던 국가들의 정부에 가장 큰 신뢰를 보냈다는 사실이 드러났다.

　이러한 반전은 두 가지 사실을 반영했다. 첫째, 전전 가격의 태환 복귀를 막았던 극심한 인플레이션 경험은 종종 정부로 하여금 지난 십여 년간 있었던 금융적·사회적 혼란의 재발을 막기 위해 새로운 가격에서의 태환을 방어하는 데 각별히 주력하게 했다. 프랑스, 벨기에, 이탈리아가 바로 그 경우이다. 다시 말해, 현재의 정책적 우선순위가 과거의 관행보다 더 중요했다. 둘째, 금본위제의 수호 의지의 지속 여부에 대해서는 과거의 관행과 마찬가지로 현재의 경제 조건도 중요했다. 금본위제를 방어하는 데 필요한 혹독한 디플레이션 정책이 정치적으로 지속 가능할지에 대한 의구심은 초기 경기 하강이 완만했던 곳(프랑스)보다 경기 하강이 심각했던 곳(미국)에서 더 광범위하게 퍼져 있었다. 신뢰성이 그 피해자였던 것이다.

은행 위기와 그 운용

이러한 딜레마는 은행 체제가 약한 나라에서 가장 고통스러웠다. 대공황으로 인한 물가 하락은 은행으로부터 대출을 받은 사람들이 상환하는 것을 어렵게 했다. 담보 가치의 하락으로 은행은 그들에게 기존 대출을 연장해주거나 신규 대출을 해주기 꺼려했다. 운영 자금을 얻을 수 없는 소기업은 문을 닫아야 했다. 이윤이 나는 기업은 자금을 확보할 수 없었다.

　은행 체제에 대한 최종 대부자로서의 중앙은행이 이러한 문제점을 모르고 있지 않았다. 그러나 중앙은행은 금본위제하의 고정 가격에 대한 우선순위로 인해 은행 체제를 위해서 개입할 수 없었다. 금융 시장에 대해 유동성을 주입할 경우 중앙은행은 대외 채무 대비 최소의 금 준비율을 확보해야 하는 법 규정을 위반할 수 있다. 그것은 금본위제하의 금 평가를 방어하려는 정책 의지에 대한 의구심을 심화시킬 수 있다. 실제로 통화 가치가 하락한다 하더라도 중앙은행이 은행 체제를 구할 준비가 되어 있다는 우려로 인해 투자자들이 통화 하락에 따른 손실을 피하려 하기 때문에 예금 인출은 더욱 확대되었다. 그 결과, 중앙은행이 금융권에 유동성을 빠르게 주입할수록 그것은 자본 탈출을 통해 더 빠르게 빠져나갔다. 이러한 상황에서 최종 대부자의 개입은 어려울 뿐만 아니라 반생산적일 수 있었다.[38]

이러한 문제점들은 전전에 은행 위기를 처리하는 데 사용되었던 많은 기제들이 사용될 수 없었다는 사실에 의해 더욱 복잡해졌다. 은행권 전체가 위기에 처했을 때 강력한 은행이 취약한 은행을 지원하는 집단적 지원을 마련하는 것은 불가능했다. 미국 같은 나라에서는, 과거 1890년 베어링 위기 때 영란은행이 주도했던 구조선 활동이 사태를 해결해주지 못했다. 1893년과 같은 전반적인 예금 인출 중지는 대공황이 발발한 지 4년이 경과한 뒤 새로운 대통령 루즈벨트가 취임하여 전국적 은행 휴무를 선언한 후에야 실시되었다. 한 설명에 따르면 1893년 및 기타 사례에서 집단적으로 구조 작업을 유예했던 뉴욕과 기타 금융 중심 지역의 은행 컨소시엄은 신설된 연방준비제도가 구조 작업을 할 것이라는 믿음에서 자신들의 집단적 책임을 방기했다. 그렇다면 그들에 대한 신뢰는 잘못되었던 것이다.

더구나 19세기 정부와 중앙은행들에게 금본위제 완화를 위해 허용되었던 일시적 이탈이 1930년대에는 없었다.[39] 2장에서 본 것처럼, 이러한 "면책 조항escape clause"은 엄격한 조건을 충족시킬 때에만 정부의 금본위제 고수 의지에 대한 신뢰 훼손 없이 이용할 수 있었다. 금 태환이 일시 중지된 데에 따른 반작용으로 이루어진 금의 대내외 유출은 정부의 조치와는 관계없는 상황에서 발생했다는 것이 확실해야 했다. 1차 세계 대전 이전에는 중앙은행들이 태환 방어를 최우선으로 생각했다는 데에는 의심의 여지가 없었기 때문에 중앙은행의 과도한 팽창 정책 자체가 태환의 일시적 중지를 부른 위기를 유발했다고 믿을 이유는 없었다.

1차 세계 대전 이후 정책의 우선순위는 달라졌으며 중앙은행과 정부는 취약한 국내 경제 상황에 대처하기 위해 금리를 인하하고 팽창적 공개 시장 조작을 취해야 했다. 다시 말해서 외적 유출이 정부의 정책 탓이 아닌 상황에서 비롯되었다는 점이 더 이상 명확하지 않았다. 태환의 중지와 통화 가치 하락은 이런 사실을 확인시켜주는 것이었으며 정책 신뢰도를 심각하게 훼손했다. 태환에 대한 정책 의지가 이미 의심받는 상황에서 중앙은행은 시장을 안심시키기 위해 금 평가를 끝까지 밀고 가는 것 외에는 대안이 없었다. 이처럼 금본위제는 은행 체제를 지원하는 개입에 대해 제약을 가했던 것이다.

이 같은 제약에서 벗어나는 길은 국제 협력이었다. 다른 나라들이 위기에 처한 국가의 환율을 지원한다면 그 나라의 중앙은행이 금융 체제에 유동성을 제공할 때 반드시 외환 위기가 초래되는 것은 아니었다. 마찬가지로 팽창적 통화 정책과 재정 정책이 국제적 협력 하에 추진된다면 외적 제약은 완화될 것이다. 국내에서의 팽창은 여전히 국제 수지를 약화시킬 것이지만 해외에서의 팽창은 국제 수지를 강화시킬 것이다. 국내 및 대외 경제 정책의 조화는 국제 수지를 중화시킬 수 있게 해주었다. 금융 중개의 붕괴로 인한 세계적인 유동성 부족은 피할 수도 있었다.

불행히도 견해 차이로 인해 리플레이션reflation*을 국제적으로 추진하려는 시도가 봉쇄되었다. 영국의 경기 하강은 영란은행이 통화와 신용을 불충분하게 제공한 탓이었다. 이러한 견해는 1931년 케인즈가 맥밀란 위원회에서 행한 사적 증언에서 제기되었고 1925년 처칠이 실시한 전전 금 평가 회복 조치에 대한 비판자들에 의해 제시되었다. 이와는 대조적으로 프랑스에서는 통화 팽창이 해법이 아니라 문제로 여겨졌다. 1920년대 전반에 프랑스가 겪은 두 자리 수의 인플레이션으로 인해 프랑스인들은 통화 팽창을 금융적·정치적 대혼란으로 연상했다. 그들은 대공황을 금본위제 규칙을 준수하지 않은 중앙은행의 과잉 신용 창출 때문이라고 생각했다. 그들은 값싼 신용이 투기과열을 조장하여 1929년 대공황을 유발했다고 믿었다. 물가가 막 하락하기 시작하려 할 때 중앙은행들이 다시금 개입하려는 것은 또 다른 투기과열 그리고 최종적으로는 또 다른 공황을 유발하는 것이었다. 지나치게 확장 상태에 있는 기업을 청산함으로써 과열을 제거하는 것이 더 건전한 것이었다. 이와 비슷한 청산론은 루즈벨트 대통령이 1933년 취임할 때까지 미국의 정책에도 영향을 주었다.

이렇게 서로의 견해가 너무 다른 상황에서 국제 협력은 기대할 수 없었다. 그리고 경제를 안정화하기 위해 취해져야 할 일방적 정책은 금본위제의 제약으로 배제되었다.

---

* 통화 수축 후의 통화 재팽창.

금본위제의 해체

금본위제의 종말은 이 같은 배경하에서 이해될 수 있다. 오스트리아는 은행 위기와 국제 수지 위기를 경험한 첫 번째 유럽 국가였다. 오스트리아가 처음이었던 점은 우연이 아니다. 오스트리아의 단기 외채는 1억 5천만 달러를 초과했는데 이는 소국으로서는 적지 않은 액수였다. 이 부채 대부분은 빈Wien 은행들 안에 유동성 예금 형태로 존재했다. 그리고 그 은행들은 경기 하강으로 특히 고통을 겪던 산업 부문에 제공해주었던 광범위한 대출로 이미 취약해져 있었다.

오스트리아 최대 은행이었던 크레디트 안슈탈트Credit Anstalt는 특히 힘든 상황에 있었다. 대마불사too-big-to-fail 원리는 정반대로 작동했다. 크레디트 안슈탈트 은행의 부채는 오스트리아 정부 예산보다도 많았다.[40] 예금이 일정 기간 동결되는 것은 경제에 파멸적인 영향을 줄 것이었다. 따라서 오스트리아 정부는 크레디트 안슈탈트가 1931년 5월 악성채권이 자본을 잠식했음을 발표했을 때 주저없이 은행을 구출했다.

정부는 신속히 크레디트 안슈탈트 은행의 자본을 다시 충당해주었으나 그 개입은 예금주들을 안정시키지 못했다. 은행 손실이 발표액보다 많다는 루머가 돌았으며 이는 결국 사실로 확인되었다. 오스트리아와 독일은 베르사유 조약을 위반하고 관세 동맹의 결성을 논의했다는 것이 드러났는데, 이 사실은 프랑스와 영국의 지원 전망에 도움이 되지 않았다. 무엇보다도, 은행권에 대한 정부의 유동성 공급은 잠재적으로 금본위제 유지와 부합하지 않았다. 중앙은행은 5월의 둘째 주부터 3주 동안 크레디트 안슈탈트 주식을 매입하고 어려움을 겪고 있던 다른 금융 기관들에 지원을 함으로써 통화 유동성을 25% 이상 늘렸다. 이 기간 동안 준비금은 상승하는 것이 아니라 하락하고 있었다. 경제 활동의 위축으로 예산은 이미 적자였다. 정부가 크레디트 안슈탈트의 부채에 대해 사실상 무제한 보증에 해당하는 짐을 떠안은 것은 재정 적자만 추가로 늘릴 뿐이었다.[41] 중앙은행이 재정 적자에 대해 직접 금융을 제공하는 것은 법으로 금지되어 있었으나 재무부 채권을 재할인해줌으로써 과거에도 법을 위반했었다.[42] 이 중 어느 것도 시장을 진정시키지 못했다. 예금주들은 평가 절하 또는 외환 통제의 실시를 우려하여 자금을 해외로 도피시킬 첫 단계로서 예금을 인출했다.

금본위제를 훼손하지 않고 은행권을 돕는 것(그리고 그 때문에 은행권을 흔들지 않고 금 태환을 방어하는 것)은 해외 차관을 필요로 했다. 협상은 바젤에 위치한 은행의 은행이자 금융 협력을 조정하는 논리적 기관인 국제결제은행Bank for International Settlements(BIS)에서 시작되었다. 협상은 결론없이 질질 끌었다. BIS가 독일의 전후 배상금을 이전하기 위해서 만들어졌다는 사실은 차관 협상에 정치색을 드리웠다. 프랑스는 지원의 조건으로 오스트리아가 먼저 관세 동맹 제안을 철회할 것을 주장했다. 그리고 돈이 해외로 탈출하는 속도를 생각하면 오스트리아가 최종적으로 얻는 차관은 양동이 속의 한 방울 물에 불과했다.

은행 체제의 방어와 금본위제의 방어 둘 가운데 어느 하나를 선택해야 했던 오스트리아는 전자를 택했다. 그러나 변동 환율제하의 초인플레이션 기억이 아직 생생했기 때문에 정부는 평가 절하보다는 외환 통제를 실시했다. 처음에 통제는 은행권에 의해 비공식적으로 시행되었다. 빈의 주요 은행들은 정부 지원에 대한 대가로 자본이나 금을 해외로 내보내지 않거나 그러한 목적을 가진 고객에게는 자금을 제공하지 않을 것에 동의했다. 이러한 제약이 의외로 잘 작동했지만 개별 은행들이 합의를 이탈하게 하는 인센티브가 남아 있었다. 그러므로 9월 외환 통제는 공식화되었다. 오스트리아 실링은 유일하게 외환이 거래되던 빈의 커피하우스에서 10~15% 할인되어 거래되었다.[43]

위기는 오스트리아에서 헝가리와 독일로 확산되었다. 크레디트 안슈탈트 은행은 헝가리 최대 은행의 지분 중 50% 이상을 보유하고 있었다. 빈에서 위기가 발생할 때 외국 투자자들은 부다페스트의 은행에서 예금을 인출했다. 헝가리는 또한 배상금 지불의 부담을 지고 있었고 농산품 수출 국가로서 교역 조건의 손실을 입고 있었다. 중앙은행은 금고에 자원이 없었다. 7월에는 은행 휴무가 선포되었다. 정부는 해외 예금을 동결시켰고 외환 통제를 실시했다. 국내 통화의 금 태환과 금을 수출할 수 있는 권리는 중지되었다. 오스트리아에서처럼 금본위제는 속 빈 조개 껍데기였다.

크레디트 안슈탈트 은행의 독일 투자는 크지 않았고 빈의 독일 예금은 제한적이었으나 오스트리아와 독일의 은행 체제는 중요한 점에서 유사했다. 독일의 은행들은 오스트리아 은행들처럼 산업과 긴밀한 연관을 맺고 있어 공황 발생으로 큰 손실을 입었다. 크레디트 안슈탈트 위기는 그러므로 은행 체제의 취약성을 드러냈다.[44] 오스트리아에서처럼 독일에서 대외 수지는 가까스로 균형을 이뤘고 대외 지불의 안정은 자본 유입에 의존했다. 독일의 **무역 수지**balance of trade는 약간 흑자였으나(산업 상품의 수출 국가로서 교역 조건의 손실이 아니라 이득을 보았다.) 흑자는 배상금을 갚을 정도였을 뿐 상업 부채를 상환할 만큼

은 되지 않았다.

국내 및 해외 예금주들은 오스트리아에서 위기가 터지자 독일의 은행에서 돈을 인출했다.[45] 처음에 독일제국은행은 은행권에 유동성을 제공했다. 그러나 독일의 단기 외채는 중앙은행 준비금의 세 배나 되었기 때문에 중앙은행은 운용의 여지가 거의 없었다. 5월 말까지만해도 독일의 통화용 금 비축은 세계에서 네 번째로 많았고 요구불 예금 대비 금의 비율은 50%이상이었다. 이 비율은 6월 21일 법정 최저치인 40%로 하락했다. 이러한 사건은 "신용 구조에 대한 신뢰 상실로 인해 일어난 금 유출에 국가가 대처할 수 있는지 여부로 건전성adequacy을 테스트한다면 어떠한 금 공급도 결코 건전하지adequate 않을 것"이라는 표현에 대한 "풍부한 증거"를 제공했다.[46]

독일은 오스트리아처럼 해외 차관과 배상금 지불 유예를 모색했다. 그러나 프랑스중앙은행 총재 클레망 모레Clement Moret는 오스트리아와의 협상에서 프랑스의 입장을 말하면서 독일 정부는 우선 배상금 지불 약속을 재확인하라고 요구했다. 뉴욕연방준비은행의 조지 해리슨George Harrison 총재는 반대로 독일이 은행권에 신용 제공을 제한하는 것에 동의할 것을 주장했다. 해리슨은 이러한 조건하에서만 독일제국은행에 차관을 제공하려 했다!

한편 독일제국은행은 금본위제를 방어하기 위한 조치를 취했고 준비금을 방어하기 위해 은행권에 대한 신용 제공을 제한했다. 은행 위기는 이 같은 엄격성의 결과였다. 베를린의 한 최대 은행의 고객이었던 섬유 기업 노르트볼레Nordwolle의 도산이 위기에 불을 당겼다. 7월 13일 정부는 은행 휴무를 선언해야 했다. 이때 정부는 외환 통제를 실시했다. 유럽 최대의 산업국이며 세계 2위의 산업국 독일은 더 이상 금본위제 국가가 아니었다.

스털링의 위기

영국의 은행들은 산업과 느슨한 관계를 가졌기 때문에 산업 생산의 하강으로부터는 상대적으로 안전했다.[47] 그러나 중부 유럽에서의 현상 유지 협정은 몇 개 상업은행에 어려움을 가져다주었다. 예를 들어 라자르 프레르 은행은 7월 도산 위기에 처했는데 영란은행의 지원 확대에 의해서만 유지 가능했었다. 다른 은행들도 비슷한 상황에 있다는 루머가 돌았다.[48]

또한 영란은행은 1925년 금본위제 복귀 이후 준비금 손실과 전쟁을 치르고 있었다. 영란은행은 "보이지 않는 소득invisible earnings*"에 의존했다. 해외 투자에 대한 이자와 배당, 관광 수입, 그리고 해운, 보험, 외국인에 대한 금융 서비스 등에서 나오는 소득이 그것이다(용어 해설의 무역외 계정invisible account 참고). 1930년부터 다른 나라들은 경기 하강으로 고통받는 산업을 해외 경쟁으로부터 보호하기 위해 관세를 부과하였다. 세계 무역은 붕괴되었고 이로 인해 해운과 보험으로부터 영국이 얻었던 수입은 감소하였다. 더욱 큰 손실은 해외 투자에 대한 이자, 배당, 이윤의 하락이었다. 1930년에 이는 기업 여건의 전반적 악화를 반영했다. 1931년에 그것은 남미 국가들의 지불 정지와 오스트리아, 헝가리 및 독일의 이자 상환 금지에 의해 더욱 악화되었다. 1929년부터 1931년 사이 영국의 무역 수지는 6천만 파운드 적자

---

* 무역외 수입을 말한다.

그림 3.4 프랑-스털링 실질 환율(1920년 1월~1936년 8월, 상대 도매 물가에서 월별 변화)

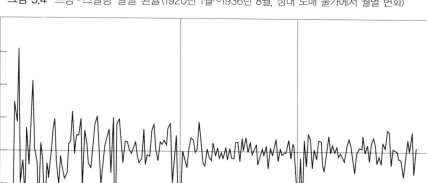

출처: Federal Reserve Board 1943에서 명목 환율을, International Conference of Economic Services 1938에서 도매 물가를 가져옴.

였으나 무역외 수지는 그보다 두 배 이상 어려워서 영란은행이 스털링을 금 수출점 내에서 방어하기 어렵게 했다.[49] 1930년 하반기에 금 손실은 더 가속화되어 프랑스중앙은행과 뉴욕연방준비은행이 스털링을 지원하기 위해 개입했다. 1931년 1월 환율은 4.8625달러에서 4.855달러로 떨어졌다(그림 3.4~3.7 참고).

역사가들은 이러한 국제 수지의 추세를 강조한다.[50] 그들은 악화되는 경상 수지가 영란은행의 금 손실을 야기했고 스털링에 대한 투기 공격을 유발했다고 말한다. 이 주장의 문제점은 영란은행이 할인율이라는 강력한 무기를 갖고 있어 스스로를 방어할 수 있었다는 것이다.

그림 3.5 스웨덴 크로나-프랑스 프랑 실질 환율(1920년 1월~1936년 8월, 상대 도매 물가의 월별 변화)

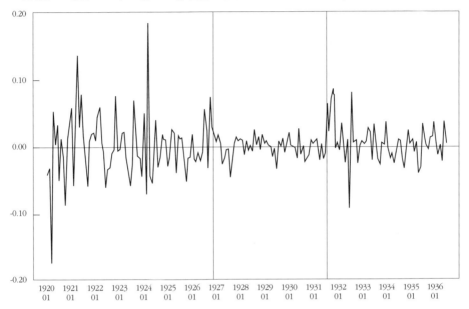

출처: Federal Reserve Board 1943에서 명목 환율을, International Conference of Economic Services 1938에서 도매 물가를 가져옴.

할인율 운용은 오스트리아와 독일에서와는 달리 은행 체제를 위협하
지 않았다. 영란은행은 7월 23일 할인율을 한꺼번에 1포인트나 올렸
고 1주 후 다시 1포인트를 인상했다. 역사적 경험이 준거를 제공한다
면 이러한 인상은 경상 수지 악화를 상쇄할 만큼의 자본을 유입할 수
있을 정도로 충분해야만 했다.[51]

　그렇다면 문제는 왜 자본이 빠져나갔는가 하는 것이다. 시장은 영
란은행의 할인율 인상이 지속 불가능하다고 보았을 수 있다. 금리 인
상은 실업을 악화시켰고 의회 내 소수파였던 노동당 정부에 대한 지
지를 약화시켰다.[52] 그것은 중유럽의 현상 유지 협정으로 수익이 이미

그림 3.6 스웨덴 크로나-스털링 실질 환율(1920년 1월~1936년 8월, 상대 도매 물가의 월별 변화)

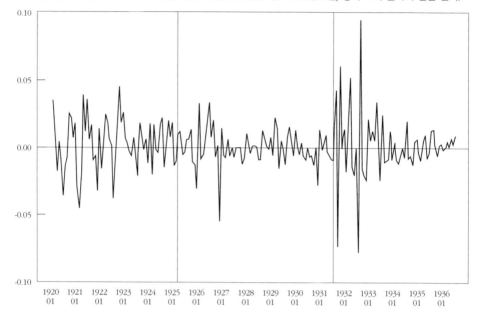

출처: Federal Reserve Board 1943에서 명목 환율을, Inter-national Conference of Economic Services 1938에서 도매 물가를 가져옴.

초토화가 된 은행들의 입장을 더욱 힘들게 하면서 악성 채무 문제를 악화시켰다. 고금리는 공공 부채의 상환 비용을 증대시켜 재정을 어렵게 만들었다. 정부 부채는 대부분 "전시 공채"로 알려진 유동성 채권이었으며 이자 상환이 정부 지출의 3분의 1을 차지했다. 1920년대 후반에 흑자였던 정부 예산은 1930~1931년 사이 적자로 반전했다.[53] 여건이 개선되지 않고 실업이 계속 증가한다면 영란은행의 긴축 정책 포기는 불가피했을 것이다.[54] 유럽의 경제 회복에 불길한 조짐이었던 독일의 위기는 마침내 긴축 정책이 폐지될 가능성을 높였다. 맥밀란 위원회의 보고서는 이미 "정치적·사회적 안정에 중대하게 영향을 미

132

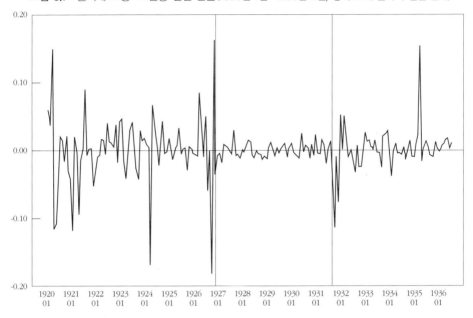

그림 3.7 벨기에 프랑-스털링 실질 환율(1920년 1월~1936년 8월, 상대 도매 물가의 월별 변화)

출처: Federal Reserve Board 1943에서 명목 환율을, Inter-national Conference of Economic Services 1938에서 도매 물가를 가져옴.

칠 가격의 폭락을 막을 방법"을 요구했었다.[55] 투기꾼들은 정부와 영란은행이 정책을 반대로 틀 것이라고 예견하고 스털링을 매각했다.[56]

영란은행은 20%의 실업률에도 불구하고 7월 16일 2.5%였던 할인율을 7월 23일엔 3.5%로 인상했다. 투기 공격이 없었다면 이 할인율 수준은 스털링 가치를 유지할 수 있었다. 불황이 악화되자, 추가적인 금리 인상은 물론이거니와 심지어 현재 수준의 금리조차도 정치적 이유로 인해 지속 가능하지 않았다. 시장은 영란은행의 조치에 한계가 있으며, 금본위제에서 일단 손실을 본 영란은행과 정부가 금리를 인하하고 "싼 자금cheap money" 정책(통화 팽창)으로 선회하리라고 인식하면서 정부를 압박했다. 독일 위기는 결연하게 옮겨야 할 시점을 통화 거래자들에게 알려준 격이었다. 시장은 20%의 실업률에 직면한 민주적으로 선출된 그 어떤 정부도 지탱할 수 없을 정도의 금리 인상을 강제하기에 충분한 양의 스털링을 매각함으로써, 그렇지 않았다면 지속될 수 있었던 스털링 가격을 포기하도록 압박했다. 정부는 9월 초에 했던 것처럼 뉴욕과 런던에서 제한된 양의 경화를 차입함으로써 결단의 날을 미루었을 뿐이었다. 정부는 추가로 재원을 확보했지만 이는 또한 외채를 뜻했고, 장기 전망에 대한 투기꾼의 회의적 견해를 강화시켜 투기적 노력을 배가시켰다.[57] 스털링에 대한 공격은 일단 시작되자 막는 것이 불가능했다.

1931년 9월 19일 영국의 금 태환 중지는 다른 어떤 사건보다도 전간기 금본위제의 해체를 상징했다. 스털링은 전간기 체제의 중심에 위치했었다. 그것은 전간기 성공을 지키는 양대 산맥 가운데 하나였다. 그런 스털링이 3개월 만에 금 대비 3분의 1의 가치를 상실했다. 이러한 하락은 다른 통화들에 대한 신뢰를 무너뜨렸다. 외국 중앙은행들은 달러 보유로 인해 발생할 손실을 우려하여 달러 준비금을 팔고 금 준비금을 매입했다. 달러의 평가 절하는 생각조차 할 수 없었던 일이었지만, 시장 분위기가 갑자기 바뀌기 시작했다. 시장은 달러를 매각하여 연방준비제도로 하여금 금리를 인상하도록 했다.

달러에서 금으로의 이동은 전 세계 통화 체제의 준비금 기반을 위축시켰다. 1932년 초 약 24개국이 태환성을 포기하고 자신들의 환율을 평가 절하함으로써 압력에 대응했다. 세계 체제로서의 금본위제는 역사가 되었다.

달러로 확산된 위기

당시 금 태환을 유지한 그룹은 서유럽(프랑스, 벨기에, 스위스, 네덜란드, 체코슬로바키아, 폴란드, 루마니아는 계속 금 태환 유지), 미국 및 그 영향권에 있는 남미 국가들, 그리고 이 국가들의 해외 보호령(예를 들면, 네덜란드 동인도, 필리핀)에 불과했다. 중유럽과 동유럽 국가들이 속한 두 번째 그룹은 외환 통제를 통해 자국 통화를 지탱했다. 환율은 명목상 불변이었으나 국제 자본 이동은 통제되었고 외환 공급이 제한되어 이 국가들의 통화는 암시장에서 할인되었다. 세 번째 그룹은 영란은행을 따라 금 태환을 포기하고 스털링에 환율을 고정한 나라들이다. 그들은 자신들의 통화를 파운드에 연계함으로써 환율 안정의 많은 혜택을 누렸고 영국처럼 공황으로부터 회복하기 위해 금리를 인하했다.

금본위제를 포기하고 통화를 평가 절하한 나라들의 경우 금블록 국가들의 상품이 더 비싸졌기 때문에 지출에서 변화가 일어났다. 독일과 동유럽 이웃 국가들의 외환 통제는 비슷한 효과를 냈다. 금블록 국가들은 자신들의 경쟁력이 악화되고 국제 수지가 악화되는 것을 보게 되었다. 금본위제 국가에서는 수요가 약화되었고 공황의 골은 더 깊어져 긴축 정책으로부터 유턴하려는 압력이 높았다. 투자자들은 재앙이 임박했음을 느끼고 남아 있는 금본위 통화들의 안정성을 의문시하기 시작했다.

그 첫 단계는 달러의 1933년 평가 절하였다. 3월 루즈벨트가 취임할 때까지 생산은 감소하고 실업은 악화되었다. 은행 도산은 놀랄 정도였다. 후버 행정부는 금본위제를 고수하기 위해 리플레이션 정책(통화 재팽창)을 쓸 수 없었기 때문에 특별한 대안이 없었다. 1931년 말 영란은행의 평가 절하로 인해 보유하던 스털링에서 35%의 손실이 발생한 프랑스중앙은행은 다시 달러를 포함하여 대외 수지 청산을 재개했다. 자유금을 거의 갖고 있지 않던 연방준비제도는 준비금 손실로 미국의 통화 공급이 더욱 고갈되는 것을 허용해야 했다.

1932년 3월 선거 운동을 목전에 둔 미국 의회는 연방준비제도에 압력을 가해 공개 시장 조작을 확대토록 했다. 의회는 (법정 금 준비율 40%는 그대로 존속시켰으나) 글래스-스티걸 법안Glass-Steagall Act을 통과시켜 과거 통화 팽창 정책을 봉쇄했던 자유금 제한을 없앴다.[58] 공개시장위원회는 의회의 압력에 굴복하여 채권 매입을 통해 신용을 확대했다. 예측했던 바와 같이 준비금은 시중으로 나왔으며 달러의 금 평가가 위협받았다. 때마침 의회는 재선거 운동으로 휴회하여서 연방준비제도는 그 개입을 축소했다. 연방준비제도의 방향 선회는 달러의 금 평가를 지탱하는 데 성공한 반면, 이 사건은 리플레이션에 대한 지지가 어느 정도인지를 보여주었다. 외환 시장에서는 선출직 관리들 특히 민주당 의원들이 금본위제를 지지하지 않을 것이라고 보았다.[59]

루즈벨트의 승리는 시장의 우려를 재확인시켰다. 루즈벨트의 실험을 의식했던 사람들은 그가 의회로부터 재무부와 연방준비제도를 통해 리플레이션을 추진하라는 여러 가지 형태의 압력을 받고 있음을 알고 있었다. 1890년대의 포퓰리즘 연대를 재현하듯 농업 주州들의 하원 의원들은 은 구매의 법제화를 바라는 은광업 이익집단과 힘을 합쳤다. 그들은 은 구매가 금본위제의 철폐를 뜻한다 하더라도 은 구매를 옹호하려 했다.

루즈벨트는 이 같은 압력에 굴복할 것으로 생각되었다. 투자자들은 이를 예상하고 은행에서 예금을 인출하여 금과 외환으로 바꾸었다.[60] 신임 대통령은 그들의 예상이 옳았음을 입증하는 데 시간을 오래 끌지 않았다. 3월 취임 즉시 그는 사실상 모든 주에서 행해지는 인출 사태에 직면하여 은행 휴무를 선포했다. 4월의 세 번째 주 그는 금 태환의 중지를 선언했다. 달러는 4월 남은 기간 동안 10% 이상 하락했다. 통화 안정에 대해 논의하던 런던 경제 회담 중에 달러는 안정되었지만, 미국 정부는 인상된 가격에 금을 매입함으로써 달러 가격을 내렸다. 루즈벨트와 그 참모들은 매일 아침 대통령의 침실에서 달걀과 커피로 조찬을 하면서 금의 달러 가격을 정했다.[61] 1934년 1월 달러가 마침내 안정되었을 때 1온스당 금 가격은 20.67달러에서 35달러로 올랐다.

미국의 금본위제 포기는 다른 나라들로 하여금 뒤따르도록 했다. 그로써 미국, 필리핀, 쿠바, 그리고 많은 중미 국가들로 이루어진 "작은 달러 블록"이 결성되었다. 뒤를 이어 캐나다와 아르헨티나가 합류했다. 남은 금본위제 국가들에 대한 파급 효과는 예견될 수 있었다. 공황은 깊어 갔고 리플레이션 정책에 대한 요구가 더 높아졌다. 그 국가들의 국제 수지는 약화되어 긴축 정책이 강화되지 않으면 금 태환은 위태로웠다. 금 본위 블록은 차례로 태환을 중지해야 했다. 체코슬로바키아는 1934년, 벨기에는 1935년, 그리고 프랑스, 네덜란드, 스위스는 1936년 태환을 중지했다. 변동 환율제로의 복귀가 끝났다.

관리 변동 환율제

환율은 다시 변동하게 되었으나 1920년대 전반기보다는 덜 변동했다

(관리 변동 환율제managed floating에 대한 용어 설명 참고). 환평형 계정을 이용해 통화의 급변을 억제했다. 통화 정책 및 재정 정책은 1920년대 고인플레이션 국가들에서 있었던 것보다 실책이 심각하지 않았다. 일부 외환, 그중에서도 프랑-파운드 교환비(그림 3.4)에서 보는 것처럼, 월별 실질 환율 이동은 1920년대 전반기가 아니라 금본위제가 시행되기 직전의 변동과 유사했다. 대부분의 다른 통화들의 변동은 더 컸으며 1920년대 초반을 닮았다.[62]

금본위제를 탈퇴한 후 정부들과 중앙은행들은 독립적 경제 정책을 추진할 자유를 더 많이 갖게 되었다. 영국은 경제 회복에 정책 우선순위를 두었다. 금블록 국가들의 통화에 대한 스털링의 하락을 허용하고자 한다면 영란은행은 할인율을 얼마든지 인하할 수 있었다. 할인율 인하는 명목 및 실질 시장 금리를 하향시켰고 이는 주택 건설 등 금리에 민감한 부문들의 경기 회복을 주도하게 했다.[63] 금리 인하와 질서 정연한 외환 시장이 조화를 이루게 하기 위해 영란은행은 환평형 계정(1932년 7월 개설)을 통해 스털링이 질서 정연하게 하락하도록 개입했다.[64]

거시 경제적 디플레이션에 대한 국제적 협조 계획이 있었더라면 더 좋았을 것이었다. 모든 국가들이 금리를 인하하고 통화 공급을 늘린다면 환율의 불안정 없이 경제는 더욱 효과적으로 회복될 수 있었을 것이다. 미국이 1932년처럼 통화를 팽창했을 때 달러는 약세였으나 프랑스도 동시에 팽창했다면 달러는 강세였을 것이다. 금본위제와 리플레이션은 상호 조화가 가능했을 것이다. 그러나 국제적 협조하의 리플레이션 추진은 불가능한 것으로 드러났다. 미국, 프랑스, 영국은 결연하게 함께 행동하는 데에 합의하지 못했다. 특히 1933년 런던 경제 회담에서의 협조 시도는 무위로 끝났다. 1920년대의 인플레이션에 사로잡힌 프랑스는 통화 재팽창을 투기 과열과 경제 불안의 근원으로 치부하여 문제 해결이 아니라 문제의 일부라고 보았다. 영국은 자신의 정책을 신뢰할 수 없는 상대국에 연계시키기를 거부했다. 미국은 기다리기를 거부했다.

따라서 1930년대의 리플레이션 정책은 일방적으로 취해졌다. 이것은 불가피하게 통화 가치의 하락을 가져왔다. 통화 하락은 국내 생산품의 대외 경쟁력을 높여 이들에 대한 수요를 창출했고 따라서 수출이 증가했다. 리플레이션 국가의 경쟁력 개선은 당연히 무역 상대국의 경쟁력 저하를 의미했다. 이 때문에 이러한 정책은 근린 **궁핍화 평가 절하**beggar-thy-neighbor devaluation라고 비난받았다. 그러나 이러한 평가 절하가 이기적이라는 사실이 그것의 효과를 덮어버려서는 안 될 것이다. 평가 절하의 시점은 경기 회복의 시점을 설명하는 데 큰 도움이 된다. 영국 파운드의 초기 평가 절하는 영국이 1931년에 회복하기 시작했다는 것을 설명한다. 미국 회복은 1933년의 달러의 평가 절하와 일치했다. 프랑스의 늦은 회복은 1936년까지 평가 절하를 하지 않으려 했기 때문이었다. 평가 절하와 회복을 맺는 기제는 명백했다. 통화 가치의 하락을 허용한 나라들은 통화 공급을 늘렸다. 평가 절하는 환율 방어를 위해 정부 지출을 줄이고 조세를 인상해야 했던 요인들을 제거했다. 평가 절하는 은행 체제를 안정시키려는 정부의 시도를 막았던 제약들을 제거했다.[65]

이처럼, 1930년대의 평가 절하는 문제의 일부가 아니라 공황에 대한 해결책의 일부였다. 금본위제 포기가 더욱 팽창적인 통화 정책을 유발했다면 그 효과는 훨씬 더 강력했을 것이다. 중앙은행들이 팽창적 공개 시장 조작을 적극적으로 추진했다면 총수요 부족 문제는 더 신속히 해결되었을 것이다. 회복에 따른 통화 수요의 증대는 금 및 자본의 수입 추가가 아니라 국내 신용의 확대로 해결할 수 있었다. 이는 금본위제에 집착했던 국가들의 금 손실을 줄여 평가 절하로 인한 근린 궁핍화 효과를 완화시켰을 것이다.

그러나 인플레이션에 대한 공포가 만연했기 때문에 경기 하강 상태에서조차 팽창적 정책을 쓰는 데 자신이 없었다. 평가 절하를 실시하고 자국 산업의 상품으로 수요를 이동시킨 국가들은 국제 수지를 강화하고 자본 및 준비금의 해외 차입을 통해 통화와 신용에 대한 늘어나는 수요를 만족시켰다. 그들의 준비금 획득은 한편으로 금본위제 국가들의 준비금 손실이었다. 그러나 문제는 평가 절하가 실시되었다는 것이 아니었다. 문제는 평가 절하가 광범하게 이루어지지 않았으며 심지어 좀 더 팽창적인 정책을 도모하지 않았다는 점이다. 금본위제 포기는 정책 독립성을 다시 갖추는 것을 허용했다. 그리고 그 나라들은 외환 시장의 역풍을 막는 데 정책 독립성을 투여함으로써 외환 시장의 혼란을 겪지 않고 그렇게 할 수 있었다.

이러한 관리 변동 환율제가 환율의 안정과 정책 자율성을 결합하는 것이라면 왜 그것은 2차 세계 대전이 끝난 후 국제 통화 체제의 모델을 제공하지 않았는가? 크게 보면 전후 관찰자들은 1930년대의 관리 변동 환율제를 1920년대의 만족스럽지 않았던 자유 변동 환율제의 얼룩진 풍광을 통해 보았다. 과거 경험은 계속해서 국제 통화 체제에 대한 당대의 인식을 형성했다(어떤 이는 더 나아가 왜곡한다고 말한다.). 더 나아가 관리 변동 환율제가 보호 무역을 유발했다고 비판한다. 영국과 미국의 평가 절하는 프랑스와 벨기에가 자신들의 과대 평가된 통화를 지키기 위해 관세를 인상하고 수입 쿼터를 제한하도록 했다. 정책 결정자들이 반대한 것은 단순히 불확실성의 근원으로서의 단기적인 환율 변동만이 아니라 보호 무역의 압력을 일으켰던 예측 가능한 중기적 환율 변동이었다.[66]

1936년 마지막 평가 절하의 시점에서 프랑스, 미국, 영국은 삼자 합의를 논의했다. 프랑스는 미국과 영국이 상호 평가 절하를 하지 않는다면 프랑의 평가 절하를 제한하겠다고 약속했다. 이 합의를 통해 3국은 수입 쿼터를 철폐하고 다자 무역 체제의 재건을 위해 노력했다. 무역 갈등이 유럽 하늘을 어둡게 한 전운戰雲에 직접 책임이 있는 것은 아니지만, 무역 갈등을 낳았던 환율 파동은 독일의 팽창주의적 야심을 봉쇄하는 데 공동의 이해관계를 갖고 있던 나라들 사이의 협력을 조성하는 데 도움이 되지 않았다. 2차 세계 대전 중에 그리고 종전 후 미국이 국제 통화 체제를 재건하려는 노력을 주도했을 때 미국은 견고한 무역 체제의 수립을 특별히 지원해줄 수 있는 안정적인 환율 제도를 모색했다.

결론

전간기 국제 통화 체제의 발전은 세 가지 상호 연관된 정치적·경제적 변화를 통해 이해 가능하다. 첫 번째 변화는 경쟁하는 경제 정책 목표들 간의 갈등이 커졌다는 것이다. 1차 세계 대전이 발발할 때까지 통화 안정과 금 태환은 중앙은행과 재무부의 불문의 우선 과제였다. 1920년대와 1930년대에는 사정이 달랐다. 통화 정책을 적극적으로 사용함으로써 얻을 수 있는 일련의 국내 경제 목표들이 19세기와는 달리 우선권을 획득했다. 대내외 목표 간의 상충 관계가 작용하기 시작했다. 전쟁 전에 중앙은행이 고집스럽게 추구하던 환율 안정은 과거의 일이 되었다.

두 번째 관련된 변화는 국제 자본 흐름이 더욱더 이중적인 성격을 띠게 되었다는 점이다. 자본 이동은 각국 경제를 묶는 접착제의 일부였다. 자본 이동은 무역과 해외 투자에 자본을 제공하며 이를 통해 각국 경제들은 서로 연결되었다. 통화 정책이 신뢰받을 때 이러한 자본 이동은 일시적으로 약한 환율을 방어하여 중앙은행의 압박감을 풀어주었다. 그러나 국내 목표와 연결된 새로운 우선순위는 신뢰가 그냥 얻어지는 것이 아님을 뜻했다. 전간기의 새로운 환경에서 국제 자본 이동은 중앙은행에 대한 압력을 덜어주는 것이 아니라 가중시켰다.

전전기 및 전간기를 구분짓는 세 번째 변화는 국제 체제의 무게 중심의 변화였다. 중심의 하중은 영국에서 미국으로 옮겨졌다. 1차 세계 대전 이전에 국제 통화 체제는 장갑 속의 손처럼 국제 무역 체제에 꼭 맞았다. 영국은 근래 개발된 해외 지역을 위한 금융 및 물리적 자본의 주 공급지였다. 영국은 1차 상품 수출을 수용하는 주요 시장을 제공했다. 채무국의 1차 상품은 대외 채무를 갚는 데 필요한 외환을 버는 수단이었다. 전간기 동안 미국은 금융 및 상업 영역에서 영국을 대신하여 주도국이 되었다. 그러나 미국의 대외 금융 및 상업 관계는 조화로운 국제 체제의 작동에 아직 잘 맞지 않았다.

따라서 전후 계획가들이 다시 국제 체제의 재건을 생각할 때 그들은 이와 같이 변화된 조건들을 처리할 수 있는 판을 모색했다. 그 해법은 간단치 않았다.

GLOBALIZING CAPITAL

| 4장 |

브레튼우즈 체제

우리가 자유방임 방식에 충실하기만 한다면 균형을 유지하는 조정 기제가 자동적으로 잘 작동한다고 가정하는 것은, 건전한 이론의 뒷받침 없이 역사의 교훈에 귀를 기울이지 않는 교조적인 망상이다.

존 메이너드 케인즈

심지어 브레튼우즈 체제가 붕괴된 지 30년이 지난 오늘날에도 브레튼우즈 국제 통화 체제는 수수께끼로 남아 있다. 어떤 사람들은 브레튼우즈 체제가 전후 황금시대의 성장에 결정적인 요소였다고 믿는다. 브레튼우즈 체제는 이전과 이후의 시기와 비교할 때 높은 수준의 환율 안정성을 가져다주었다. 그것은 지불 문제를 신속히 해결했고 국제 무역과 투자의 전례 없는 팽창을 유발하여 전후 성장을 견인했다.

다른 시각은 좀 덜 장밋빛이다. 이에 따르면 조정의 용이함은 경제 성장의 원인이 아니라 결과였다. 그리고 브레튼우즈가 환율 안정과 시장 개방의 조화를 도모했다는 말은 대체로 환상이었다. 정부는 브레튼우즈 시기 동안 국제적 자본 이동을 제한했다. 해외 투자는 브레튼우즈 덕분이 아니라, 국제 자본 이동을 제한하는 브레튼우즈 체제의 영향에도 불구하고 발생했던 것이다.

브레튼우즈 체제는 세 가지 근본적인 측면에서 금환본위제와 달랐다. 환율은 고정되었지만 조정 가능했으며 특정한 조건에 종속되었다 (이른바 "근본적 불균형" 하에서만 조정 가능했다.). 국제 자본의 흐름을 제한하기 위해 자본 통제가 허용되었다. 그리고 국제통화기금International Monetary Fund(IMF)이라는 새로운 기구가 설립되어 각국 경제 정책을 감독하고 위기에 놓인 국가에 국제 수지 금융 지원을 확대해주었다. 이러한 혁신은 정책 결정자들이 1920년대와 1930년대로부터 물려받은 주된 우려를 해소했다. 조정 가능한 고정 환율은 국제 수지 적자를 제거하는 도구였으며 전간기 동안 고통스러운 정책으로 판명났던 중앙은행의 할인율 인상에 대한 대안이었다. 자본 통제는 전간기 동안 극심한 교란성 자본 이동으로 인한 위협을 피하기 위해 고안되었다. 그리고 IMF는 금융 자원, 감독권, 희소 통화 조항scarce-currency clause을 가지고 국제 체제를 교란시키는 정책에 책임이 있는 국가들을 제재하고 안정적 정책을 취하는 나라들에는 보상을 제공했다.

원칙상, 브레튼우즈 체제의 이러한 세 요소는 상호 보완적이었다. 조정 가능한 고정 환율pegged but adjustable exchange rates은 자본 통제 때문에 가능했다. 자본 통제는 불안정성을 초래하는 자본 유입으로부터 자국 통화를 보호하려는 국가들을 절연시켜주고 그 국가들이 질서 정연하게 조정할 수 있는 여지를 제공해주었기 때문이다. IMF 지원은 시장 압력에 대해 고정된 환율을 유지하기 위해 힘쓰는 국가들을 보호하는 추가적 방어선을 제공했다. 그리고 IMF 감독은 제도를 악용할 수 있는 기준 환율의 변화와 환율 통제의 변화를 억제했다.

불행히도 이 세 가지 요소는 실제로는 완전히 조화를 이루며 작동하지 않았다. 조정 가능한 고정 환율은 모순 어법이었다. 특히 체제 중심부 산업국들에 의한 기준 환율 변화는 아주 드문 일이었다. IMF 감독은 별 실효성이 없는 것으로 드러났다. IMF의 지원은 곧 전후 지불 문제 때문에 왜소해 보였고 체제 안정을 위협하는 나라들을 제재하기로 예정되었던 희소 통화 조항은 결코 사용되지 않았다.

자본 통제는 그래도 계획대로 다소 작동했던 요소였다. 오늘날 사람들은 20세기 후반의 고도로 상호 연결된 금융 시장에 깊은 인상을 받았기 때문에 그러한 방식의 집행 가능성에 대해 회의적이다. 그러나 2차 세계 대전 이후 사반세기 동안의 상황은 달랐다. 이 시기에 정부는 경제와 금융 체제에 적극적으로 개입했다. 금리는 억제되었다. 은행이 투자할 수 있는 자산은 제한되었다. 정부는 전략적 부문에 신용을 제공하기 위해 금융 시장을 규제했다. 수입 허가제import license는 경상 계정을 통한 자본 거래를 복잡하게 만들었다. 자본 통제는 신속한 자본 흐름의 한가운데 단순히 놓인 바위 덩어리가 아니었기 때문에 홍수를 제어했다. 통제는 급격한 흐름을 제어하는 일련의 제방이고 자물쇠였다.

자본 통제의 효과가 과장되어서는 안 된다. 통제는 그 후 시기보다 1940년대와 1950년대 동안 특히 유효했다. 급류의 비유*가 의미하는 것처럼 국내 규제와 경상 계정에 대한 제약의 완화는 자본 통제의 작동을 약화시켰다. 1959년 경상 계정의 태환을 회복하자 수출입을 과다·과소 청구하고 그 밖의 경상 계정을 통해 자본 거래를 하는 것이 쉬어졌다. 그러나 브레튼우즈 시대에 자본 통제의 효과가 미미했다고

---

* 급류가 떠내려오는데 탄탄하지 않은 제방을 쌓는 것은 더 큰 급류와 재앙을 낳는다는 뜻이다.

주장하는 사람들은 정부가 계속해서 자신의 한계를 시험했다는 점을 간과하고 있다. 전후 재건의 필요성은 광대했다. 실업을 줄이고 성장을 촉진하는 것은 수요의 높은 압력하에서 경제를 운용하는 것을 말한다. 정부는 자본 통제를 붕괴점까지 압박해 국제 수지에 대한 영향을 한계점까지 밀어붙였다.

사실 1950년대 브레튼우즈 체제가 완전 작동하기 전에 지속적인 국제 수지 적자와 준비금 손실을 겪던 나라들은 무역 수지를 개선하기 위해 자본 통제뿐만 아니라 외환 통제와 수입 허가제를 강화하거나 아니면 적어도 규제 완화의 속도를 늦추었다. 경상 계정 거래에 대한 이와 같은 규제는 자본 통제를 동시에 실시하지 않는다면 효과적일 수 없었다.

통제권의 확보는 전통적 조정 기제가 없는 상황에서 요긴했다. 전후 사회적 합의의 일부분이었던 완전 고용과 성장 정책의 의지는 긴축 정책을 사용하지 못하게 했다. 금본위제하에서 국제 수지 적자를 해결해주던 중앙은행의 디플레이션 정책은 정치적으로 더 이상 가능하지 않았다. IMF는 한 국가의 정책에 영향을 미칠 권한이 없었고, 그로 인해 발생하는 국제 수지 불균형을 시정할 자원이 부족했다. 각국이 오직 근본적 불균형의 상황에서만 자신의 환율을 변경하도록 허용한 것은 각국이 문제를 예측해서 **지출 전환 정책**expenditure-switching policies을 사용하는 것을 봉쇄했다. 환율은 위기 시에만 변경 가능했다. 따라서 정부는 환율 변경으로 위기가 촉발되는 것을 방지하기 위해서 그 방법은 처음부터 배제했다. 윌리엄 스캐멜William Scammell이 말한 것처럼, "한편으로는 금본위제 및 고정 환율제 그리고 다른 한편으로는 변동 환율제를 타협한 브레튼우즈 체제의 설계자들은 진

148

정한 조정 체제라고 말할 수 없는 그러한 조건에 도달했다."[1]

사라진 조정 기제를 대신한 외환 통제는 외부에서 압력이 가해지면 수입품에 대한 수요를 봉쇄했다. 그러나 1959년 경상 계정의 태환성 회복으로 이 같은 도구는 더 이상 사용할 수 없었다.[2] 자본 계정capital account에 대한 거래 규제는 남아 있었으나 그것을 사용한다고 해서 조정을 보장해주진 않았다. 그것은 단지 최후의 날을 연기시킬 뿐이었다. 조정 기제가 없는 상황에서 브레튼우즈 국제 통화 체제의 붕괴는 불가피했다. 신기한 것은 그것이 왜 그토록 오래갔는가이다.

전시 계획과 그 결과

전후 국제 통화 질서에 대한 계획은 영국에서는 1940년부터 그리고 미국에서는 1941년부터 논의되어왔다.[3] 1941년 8월 대서양 헌장과 1942년 2월의 상호 원조 조약에 따라, 영국은 경상 계정에서 스털링의 태환성을 회복하고 금융 지원을 호의적 조건에서 연장하며 영국의 완전 고용 우선 정책을 존중해주기로 한 미국의 약속에 대한 화답으로 무역에서의 무차별 원칙*을 수용했다. 이러한 목표를 조율한 사람들은 당시 영국 재무부 장관의 무보수 경제 고문이었던 케인즈와 맹렬하고 호전적인 학자 출신으로서 미국 재무부에서 일했던 해리 덱스터 화이트Harry Dexter White였다.[4] 이들의 경쟁적 계획안은 일련의 초안을 거쳐 진행되었다. 1943년의 최종안은 영국과 미국의 전문가들 사이에서 취해진 "공동 선언"과 IMF 협정문의 기초를 제공했다.

---

* 최혜국 대우.

케인즈 안과 화이트 안은 채권국에 부과한 의무와 환율의 유연성 그리고 자본 이동성 등에서 서로 달랐다. 케인즈 안은 완전 고용과 국제 수지를 조화시키기 위해 정부가 환율을 바꾸고 외환 및 무역에 대해 규제할 수 있도록 한 것이었다. 반대로 화이트 안은 통제가 없으며 국제 기구가 각국의 환율 변동에 거부권을 행사하는 고정 환율을 주장했다. 케인즈가 구상한 청산동맹Clearing Union은 해외의 디플레이션 정책이 실업을 초래하는 것을 방지하기 위해 국제 수지 금융 지원의 확대(점차로 강화되는 조건과 연체 이자율을 전제로)와 상당한 정도의 환율 유연성을 제공하는 것이었다. 1930년대에 그랬던 것처럼 미국이 지속적 흑자를 기록한다면 미국은, 케인즈 구상에 따르면, 230억 달러에 달하는 다른 나라의 인출권에 대한 재원을 책임져야 했다.

예측할 수 있는 것처럼 미국인들은 케인즈의 청산동맹이 "잠재적 채권국들에게 무한한 책임을 지우는" 것으로 보고 반대했다.[5] 미국 협상단은 의회가 그러한 백지수표에 서명하지 않을 것이라고 주장했다. 그러므로 화이트 안은 전체 인출권을 더욱 줄여 50억 달러로 한정했고 미국의 의무는 20억 달러로 했다.

공동 선언과 협정문은 영국과 미국의 비대칭적 협상력을 반영한 타협이었다. 쿼터로 정해진 88억 달러는 케인즈가 주장한 260억 달러가 아니라 화이트가 제시했던 50억 달러에 가까웠다.[6] 미국의 최대 의무는 27억 5천만 달러로서 케인즈의 230억 달러보다 화이트가 제시한 20억 달러에 가까웠다.[7]

금융 지원이 덜 관대하면 할수록 환율의 유연성은 더 절실해졌다. 그리고 미국이 제안한 고정 환율은 무시되었다. 고정 환율을 주장한 미국과 조정 가능한 환율을 말한 영국 사이의 타협의 결과 "조정 가능한 고정 환율"이 되었다. 협정문 20조는 참여국가들로 하여금 금 또는 금태환이 가능한 외환(사실상 달러)을 통해 자국 통화의 기준 환율을 공표하고 평가 수준의 1% 안에서 환율을 유지할 것을 요구했다. 기준 환율은 "근본적 불균형"을 교정하기 위해서는 IMF의 사전 승인 없이도 10% 변동이 가능했고, 사후 협의를 거치면 되었다. 기금 투표권 가운데 4분의 3의 동의를 획득하면 더 높은 수준에서의 변동도 가능했다. 중요한 용어 "근본적 불균형"에 대해서는 특별히 정의하지 않았다. 또는 레이먼드 마이크셀Raymond Mikesell이 말하듯, 그것은 10페이지 미만으로는 결코 정의되지 않았다.[8]

나아가, 협정문은 국제 자본 이동에 대한 통제를 유지하도록 허용했다. 이는 무역과 금융 이동에 대한 일체의 통제를 부인한 화이트의 초기 구상과 반대되었다. 미국은 구제 금융 지원액을 제한하자고 주장했기 때문에 영국의 환율 유연성 요구를 들어주어야 했고, 같은 방식으로 영국의 자본 통제 유지도 수용해야 했다.

마지막으로 영국은 지속적 흑자를 보는 국가들 그리고 IMF에 통화가 별로 없는 국가들로부터 회소 통화 조항을 확보했다. 회소 통화 조항이 적용되는 경우는 예를 들어 미국의 누적 흑자가 20억 달러에 달하며 미국의 IMF 공여금이 다른 나라들의 달러 적자를 메우는 데 온전히 사용될 때 발생할 것이었다. 또한 영국은 제한된 기간 동안 경상 거래에 대한 통제를 취하는 것에 대해 미국의 동의를 확보했다. 14조에 따르면 IMF는 3년 경과 후 통제국들에 대한 보고서를 제출할 것이며 5년 경과 후에는 통제를 중지하는 정책을 촉진하는 권고를 시작할 것이었다. 이는 충분한 진전이 없는 나라들은 IMF를 떠날 것을 요구하는 암묵적 위협이었다.

돌이켜보면, 이 체제가 작동할 수 있다고 믿는 것은 너무 순진한 것이었다. 협정문이 정한 많지 않은 쿼터와 인출권은 IMF가 1947년 문을 열기 전에 발생한 달러 부족으로 더욱 왜소해 보였다. 전후 유럽은 식량, 자본재, 그리고 기타 미국산 재화에 대해 그칠 줄 모르는 막대한 수요를 나타냈으나 수출할 상품을 생산할 역량은 제한적이었다. 따라서 외부 세계에 대한 지속되는 무역 적자는 1946년에는 58억 달러에 그리고 1947년에는 75억 달러에 이르렀다. 미국은 이 점을 인식한 후 IMF 창설 후 1948~1951년의 4년 동안 유럽의 적자를 지원하기 위해 130억 달러의 정부 간 지원을 확대했다(마샬 플랜의 일부로서). 이는 유럽에 할당된 인출권의 네 배가 넘었고 협정문에서 정한 미국의 의무 액수를 여섯 배 초과했다. 그러나 협정문에 나와 있는 액수를 훨씬 초과한 지원에도 불구하고 기준 환율의 초기 체제는 작동하지 않았다. 1949년 9월 유럽 통화들은 평균 30%씩 평가 절하되었다. 그리고 수입 규제는 여전히 없앨 수 없었다.

미국 측은 왜 문제의 심각성을 과소 평가했을까? 확실히 미국은 유럽과 일본의 경제가 받은 고통과 재건 비용에 대해 제대로 이해하지 못했다.[9] 이러한 편견은 국제 무역이 모든 상흔을 다 치유할 수 있으리라는 미국 측 인사들의 믿음에 의해 더욱 강화되었다. 루즈벨트 대통령 밑에서 오랫동안 국무부 장관을 지내온 코델 헐Cordell Hull은 열린 다자 무역 체제의 복구를 미국 정책의 1순위로 정했다. 그는 확장적 무역망이 프랑스 경제와 독일 경제의 상호 의존성을 높이고 정치적·외교적 갈등을 억제하여 두 나라가 다시금 전쟁하는 것을 방지할 것으로 보았다. 무역은 경제 회복을 도모하고 유럽에 원자재와 자본재를 수입輸入하는 데 필요한 경화 수입收入을 제공할 것이었다. 일단 열린 다자 무역 체제가 다시 복구되면 유럽은 달러 부족과 전후 재건 문제에서 빠져나올 수 있어 태환 통화 체제가 유지될 수 있을 것이었다.

자유 무역을 지향하던 미국 행정부는 수출을 전후 번영에서 핵심적인 것으로 보고 영국의 **제국 특혜 관세**imperial preference 체제*가 미국 산업의 시장 접근을 방해한다고 보았던 미국 산업계의 지지를 받았다. 전쟁 산업은 미국 남부와 태평양 해안을 중심으로 활성화되었다. 이 지역 내 항공기와 무기 제조업의 성장은 다른 주들도 자유 무역 진영에 참가하도록 했다.[10] 미 의회는 브레튼우즈 협정의 막연한 통화 제도보다 그것의 무역 촉진적 성격에 더 열광했다. 무역 촉진의 요소가 아니었다면 의회가 비준에 동의하지 않았을 것이다.

이처럼, 열린 다자 무역 체제의 복원이 브레튼우즈 체제를 가동하게 했던 기조였다. 전반적 합의는 이 목적을 향했다. 어느 저자가 말한 것처럼, "미국인들은 다자 무역의 재건 조항이 안정화 기능과 더불어 국제통화기금의 주요 존재 이유raison d'etre라고 믿고서 그것에 중요성을 부여했다."[11] IMF 동의하에서만 변경 가능한 고정 환율 체제를 미국인들이 주장한 것은 무역의 재건을 방해하는 국제 통화의 혼란을 피하기 위함이었다. IMF 협정문 협상과 함께 미국 대표단은 IMF 자매 기구의 창설을 포함한 일련의 권고를 수용했다. 자매 기구는 IMF가 무역에 대한 통화적 장애물의 제거를 감독하는 것과 같은 방식으로 관세를 낮추는 업무를 관장하는 것이었다. 협정문 8조는 회원국들이 IMF의 동의 없이 경상 계정의 지불을 제약하는 것을 금했다. 통화는

---

* 영제국이나 영연방 내에서만 특별히 적용되는 저율의 관세를 말한다.

공식 가격에서 태환되도록 하였고 어떤 회원국도 환율을 차별적으로 조정할 수 없었다. 협정문 14조는 회원국으로 하여금 IMF가 활동을 시작한 지 5년 안에 무역에 관한 통화적 제약을 상당히 철폐토록 지시했다.

우리는 경상 계정 거래에 대한 통제를 급속히 철폐한 것이 달러 부족을 없앨 정도로 충분하게 유럽의 수출을 진작시켰는지 결코 알 수 없을 것이다. 서유럽 국가들은 통제를 철폐한 것이 아니라 유지했으며 어떤 경우에는 전시 통제를 더욱 강화했다. 동유럽의 경우 외환 통제는 국가 무역을 붕괴시킬 수 있는 허점을 막는 데 이용되었다. 남미 국가들은 수입 대체 산업화를 위해 다중 외환 제도를 사용했다. 일부 국가는 무역에 대한 통화적 장애를 제거하는 데 진전을 보인 반면 다른 국가들은 후퇴해야 했다. 전체적으로 자유화 방향으로 흘렀으나 5년의 과도기는 배 이상으로 늘어났다.

자유화가 예정된 속도로 진행되지 못했던 것에 대해 몇 가지 설명이 있다. 좀 더 자유주의적 무역 체제를 유지하기 위해서는 유럽 국가들이 수출을 증대시켜야 하는데, 이는 다시 유럽 국가들의 상품이 국제적 경쟁력을 갖기 위해 통화 가치의 상당한 하락을 필요로 한다. 정부들은 무역 자유화가 교역 조건을 악화시키고 생활 수준을 열악하게 만든다는 관점에서 이에 저항했다. 수입 제한은 관세와 같다. 수입 제한은 교역 조건을 미국에는 불리하나 유럽에는 유리하게 했다. 교역 조건의 상당한 악화와 생활수준의 저하는 노동 분규를 유발했고 회복 과정을 방해했다.[12] IMF는 수입 제한이 사라지면 유럽의 통화들이 1945~1946년에 약정된 기준 환율에서 통화는 평가 절상된다는 것을 알고 있었다. 전시 인플레이션은 미국에서보다 유럽에서 더 빠르게 진행되었으나 환율은 1939년에 그랬던 것처럼 달러 대비 절반 가량 높았다.[13] IMF는 높은 환율이 국내 정치적 이유로 인해 필요하다는 유럽의 주장을 반대하지 않고 수용했다.[14]

무역 제한은 정부 지출이 줄고 수요가 감소한다면 지속 불가능한 적자를 만들지 않고서도 또는 상당한 정도의 통화 하락을 요구하지 않고도 철폐될 수 있다. 전후 정부들이 투자를 지속하는 데 정책 우선권을 두지 않았다면 외적 제약은 그토록 탄탄하게 옥죄지 않았을 것이다.[15] 다시 강조하면 국내 정치가 행동의 장애물이었다. 미국인들은 무역을 성장의 엔진으로 본 데 비해 유럽인들은 투자가 핵심이라고 믿었다. 그리고 유럽의 노동자 계급에게 투자 축소는 회복과 성장을 지연시키는 것 외에도 완전 고용 정책에 대한 약속을 저버리는 것으로 간주되었다.

무엇보다도 무역 자유화 시도는 협력의 문제, 즉 유럽 국가들이 공동으로 행동해야 하는 필요성에 의해 무력화되었다. 한 나라가 수입을 많이 하려면 수출을 많이 해야 하지만 이는 다른 나라들이 자유화를 해야만 가능하다. 국제무역기구International Trade Organization (ITO)는 관세와 쿼터를 공동으로 축소하는 것을 조정함으로써 이 같은 고르디우스의 매듭*을 자르기 위해 설립되었다. 미국이 아바나 협정(쿠바의 아바나에서 개최된 UN 무역 및 고용 회담에 참가한 56개국이 국제무역기구의 창설에 합의한 협정)에 비준하지 않은 것은 결정타였다. 합의는 한편으로 회담의 자유주의적 주장에 반대하는 보호주의자들과

---

* 알렉산드로스 대왕이 단칼에 잘랐다는 전설의 매듭. 대담한 방법을 써야만 풀 수 있는 문제라는 뜻이다.

다른 한편으로 완전 고용을 확립하고 경제 발전을 가속화하거나 상품 수출 가격을 안정시키기를 원하는 나라들에게 무역 개방에 대한 무수한 예외를 연장하는 것을 비판하는 완벽주의자들 양쪽으로부터 협공당했다.[16] 트루먼 행정부는 양쪽에서 십자포화를 받고 회담을 의회에 다시 제출하지 않았다.[17]

그 와중에 관세 및 무역에 관한 일반 협정General Agreement on Tariffs and Trade(GATT)이 돌출하여 초기에 제한적 성공을 거두었다.[18] 1947년 제네바에서 열린 제1차 GATT 라운드는 미국으로 하여금 관세의 3분의 1을 내리도록 했으나 다른 22개 계약 당사국들은 최소한의 양보를 했다. 1949년 안시Annecy에서 개최된 제2차 라운드에서는 23개 창설 회원국 누구도 양보를 하지 않았다. 제3차 라운드(1950~1951년 토키Torquay에서 개최)에서 참가국들은 협의하려 했던 400개 항목 중 단지 144개 항목에 한해 합의를 보는 데 그쳐 제3차 라운드는 실패했다. GATT의 모호한 지위는 IMF와의 협력 여지를 제한했으며 외환 통제의 철폐와 관세 인하를 위한 노력을 불발시켰다. IMF는 자신이 상호 양보를 조정하는 위치에 있다고 보지 않았다.

이처럼, 이 책 서문에서 언급하고 2장의 고전 금본위제에 대한 분석에서 강조한 네트워크 외부성은 경상 계정 태환current-account convertibility으로의 신속한 이동을 봉쇄했다. 모든 국가가 공동으로 통화 태환으로 이행한다면 모두에게 이득이지만 다른 국가들이 불태환 통화를 지속하는 한에서는 각각의 개별 국가 또한 그렇게 하는 것이 합리적이었다. 브레튼우즈 합의의 구축자들은 태환의 복구 일정을 확정하고 IMF를 창설하여 이 과정을 감독하도록 함으로써 이 정체 상태를 해소하려 했다. 결국 그들이 고안한 방안들은 부적합했다.

156

마침내, 산업 국가들은 경상 계정 제약의 철폐를 조정하기 위해 유럽결제동맹European Payments Union을 창설했다. 그 과정에서 유럽 국가들은 일련의 혼란, 특히 영국의 1947년 태환 위기와 1949년 평가 절하를 경험했다.

스털링 위기와 유럽 통화의 환율 조정

　한 나라가 다른 나라의 협력 없이 태환을 회복할 수 없다는 사실은 1947년 영국의 시도에서 잘 나타난다. 영국의 인플레이션은 유럽 대륙의 다른 나라들보다 빠르게 진행하지 않았으며 스털링이 구매력 기준에서 볼 때 과대 평가되었는지도 명확하지 않았다.[19] 또한 전쟁으로 인한 기반 시설과 산업 능력의 파괴가 유럽의 많은 다른 나라들처럼 광범하지도 않았다. 그러나 다른 유럽 국가들이 높은 관세와 수량 제한을 유지하고 있는 한, 영국이 수출을 확대할 수 있는 범위는 제한적이었다. 영국은 태환 화폐를 떠받치는 데 필요한 수출 수입收入을 만들 수 있을 만큼 다른 유럽 국가의 시장에 충분히 진입할 수 없는 처지에 놓여 있었다.[20]

　태환성을 회복하려는 영국의 시도는 영국의 미묘한 금융 조건으로 인해 더욱 힘들었다. 영국은 2차 세계 대전 이후 통화 과잉 상태였다 (1938~1947년 사이 통화 공급은 세 배 증가했으나 명목 GNP는 불과 두 배 증가했는데 이는 인플레이션을 막기 위해 가격 통제를 했기 때문이었다.). 금과 달러에 대한 민간과 정부의 보유는 50% 줄었다. 해외 자산은 징발되었고 해외 투자에 대한 규제는 영국인의 해외 자산 구입을 금지했다. 1939~1945년 사이 영연방 제국에 속한 국가들은 영국의 전쟁 수행에 식량과 원자재를 제공하는 대가로 스털링 잔고를 축적했다. 종전 후 이러한 스털링 잔고는 35억 파운드 또는 영국 GNP의 3분의 1을 넘었다. 영국의 금과 외환 준비금은 기껏해야 10억 파운드에 불과했다.

해외 스털링 보유자들이 자신들의 포트폴리오를 재조정하거나 또는 달러 지역에서 재화를 구입하면 스털링 표시 자산은 헐값 세일이 될 것이었다. 영국 정부는 스털링 잔고를 양도 불가능한 예금으로 강제 전환하는 것*과 같은 과격한 정책을 피하면서 쌍방 합의를 통해 기존의 잔고를 봉쇄하고 현재 벌어들이는 스털링에 대해 달러 태환을 제한하려 했다. 그러나 새로이 얼마나 스털링을 벌어들이는지는 정확히 알기 어려웠고 따라서 제약을 피하려는 인센티브가 강력했다.

이 상황에서 1947년 태환 회복의 결정은 무모함의 극치였다. 그것은 영국이 아닌 미국의 결정이었다. 1946년 미국은 영국이 대출 이후 1년 안에 경상 계정 태환성을 회복하는 것에 동의하는 조건으로 37억 5천만 달러의 차관을 연장해주었다.[21] 여력이 전혀 없는 영국으로서는 달리 선택할 방법이 없었다. 태환성은 브레튼우즈 협정의 최종 시한을 거의 5년 앞둔 1947년 7월 15일 복구되었다.[22] 일부 과거에 축적된 스털링 잔고를 제외하면 스털링은 공식 가격 4.03달러에서 달러와 다른 통화로 태환될 수 있었다.

태환이 실시된 여섯 주 동안은 재앙이었다. 준비금 손실은 막대했다. 정부는 준비금이 완전 소진되는 것을 보면서 8월 20일 미국의 동

---

* 스털링 잔고를 양도할 수 없게 만들면, 현 소유자가 만기에 스털링으로 바꾸는 것 외에는 거래될 수 없다는 의미이다.

의하에 태환을 중지시켰다. 10년은 버틸 것으로 예측되었던 자금 지원은 몇 주 안에 고갈되었다.

초기의 태환 회복을 요구하던 미국의 주장은 제국 내 특혜 관세에 대한 불만에서 비롯되었다. 태환성은 미국 수출 산업에 균등한 기회를 보장하는 분명한 방법이었다. 나아가 미국 정책 결정자들은 영국의 태환성 회복을 열린 다자 무역 체제의 수립을 위한 중요한 단계라고 보았다. 스털링은 달러 다음으로 가장 중요한 준비금이었고 기축통화였다. 다른 나라들의 스털링 잔고가 태환될 수 있고 국제 준비금으로서 기능한다면 그 나라들도 태환성을 회복할 것으로 보였다. 그러나 미국 관리들은 IMF 협정문에서 쿼터와 인출권을 정할 때 그랬던 것처럼 태환 회복의 어려움을 과소 평가했다.

1947년의 스털링 위기는 미국 정책 결정자들이 잘못을 깨닫게 해주었다. 미국은 더 이상 태환의 조기 회복에 대해 고집하지 않았고 그후 태환 과정을 연기하려는 유럽의 요구를 수용했다. 유럽 문제의 심각성을 인식한 미국은 미국 수출에 대한 적정한 수준의 차별을 받아들였다. 그리고 미국은 마샬 플랜을 제시했다. 워싱턴은 유럽에 대한 원조에 대해 영국의 태환 회복이 실패하기 전부터 논의해왔고, 조지 마샬George Marshall 장군은 하버드대학교 연설에서 영국이 직면한 7월 15일의 최종 기한보다 한 달 일찍 원조 계획을 발표했다. 그러나 마샬 원조는 의회에서 승인되지 않았다. 스털링 위기는 유럽 경제의 취약한 조건을 부각시킴으로써 원조에 대한 반대론을 무너뜨렸다.

마샬 원조의 상당 부분은 최종적으로 1948년 후반에 실시되었다. 그때까지 영국의 상황은 아슬아슬했다. 그리고 문제는 영국에 한정되지 않았다. 정치 상황이 불안정했던 프랑스, 이탈리아, 독일은 자본이

탈을 겪었다. 프랑스는 지속적 적자를 겪으며 준비금을 탕진하여 1948년 초 달러 대비 환율을 119프랑에서 214프랑으로 평가 절하해야 했다. 대부분의 유럽 국가들과의 무역은 이러한 환율에서 이루어졌고, 달러 지역에 대한 수출품 절반은 공식 환율로 그리고 나머지 절반은 병행 시장parallel market*의 환율로 판매되었다. 자유 환율이 300프랑 이상으로 거래되기 때문에 평균적으로 보면 대미 무역에서 효과적인 환율은 264프랑이 되었다. 달러를 더 비싸게 한 것은 프랑스의 달러 준비금을 보충하기 위해 대미 수출을 장려하고 수입을 억제하기 위함이었다. 그러나 이 정책은 비효율을 초래하고 다른 나라들을 불리하게 만들었다. 예를 들어 그것은 제3국을 통한 영국의 대미 수출을 봉쇄했다. 이런 것은 브레튼우즈 협정을 기초했던 사람들이 언짢아했던 일종의 차별적 다중 환율제였다. IMF는 프랑스의 기금 사용 권한을 박탈해버렸다. 협정문에 그러한 조치의 법적 근거가 없다고 주장한 프랑스 실무국장의 반대에도 불구하고 말이다. 프랑스 정부는 굴욕적으로 다시 또 평가 절하를 단행해야 했고 그래서 환율은 1달러당 264프랑에 맞췄다.

결국 마샬 원조는 수혜 국가들의 짐을 덜어줬다. 미국은 유럽 정부들에게 스스로 원조를 분배하도록 지시했다. 이에 유럽 국가들은 달러 적자의 예상을 기초로 배분에 합의했다. 미국이 향후 4년 동안 제공한 130억 달러는 수혜국들이 재건을 마치고 최종적 태환 준비를 끝낼 때 발생하는 달러 적자를 보전하기에 충분할 것으로 기대되었다.[23]

달러 지역과의 교역이 신속하게 균형을 회복시킬 것이라는 희망은

---

* 공식적인 외환 시장에 대해 정부가 묵시적으로 인정하고 있는 대안적 시장.

1948~1949년의 미국의 불황에 의해 산산히 부서졌다. 불황은 유럽재화에 대한 미국의 수요를 억제했고 달러 갭*은 더 벌어졌다. 불황은 일시적이었으나 그것이 유럽의 준비금에 미친 파급은 일시적이지 않았다. 미국은 한 손으로 준 것을 다른 손으로 다시 가져갔다.

불황은 1949년 평가 절하를 일으킨 즉각적 충격이었다. 과대 평가된 통화와 수입 통제와 연관된 교역 조건의 이득이 아무리 매력적이어도 양자의 조화에는 한계가 있었다. 2차 세계 대전은 1차 세계 대전이 그랬듯이 균형 환율을 바꾸었다.[24] 이 점은 스털링 지역으로부터의 미국의 수입이 1949년 1분기와 3분기 사이에 50% 하락했던 데서 명확히 알 수 있다. 1차적 타격을 받은 곳은 영국이 아니라 미국 수입의 대부분을 차지하던 원자재를 수출하는 스털링 지역이었다. 그러나 기타 스털링 지역 국가들은 자신들의 스털링 잔고를 달러로 교환함으로써 달러 지역으로부터의 수입을 과거 선에서 유지하고자 했다. 통제는 그들의 이러한 능력을 제약했지만 완전히 없애지는 못했다. 영국은 준비금이 줄어들자 통제를 더욱 강화했고 영연방 국가들도 이를 따랐다. 그러나 금과 달러의 유출은 계속되었다. 7월에서 9월 중순까지 유출금은 3억 달러를 넘어섰다. 파운드는 9월 18일 평가 절하되었다.

이 에피소드는 주요 통화의 평가 절하가 마치 위원회 회의 안건에서 논의되는 것처럼 이루어질 수 있다는 믿음을 불식시킨다. 협정문 4조는 IMF에게 평가 변화가 있기 72시간 전에 통지받을 권한을 부여했

---

* 외국이 수출을 통해 벌어들인 달러보다 미국에 지불해야 하는 달러가 더 많은 것을 말한다.

다. 외국 정부와 IMF가 평가 절하가 임박했음을 통지받는다 하더라도 이 정보가 시장으로 새 나갈 위험성을 최소화하기 위해 IMF는 단지 24시간 전에 그 변화의 규모를 통보받았다. 대비할 시간은 있으나 협정문에 있는 국제적 심의와 같은 것을 하는 것은 가능하지 않았다.[25]

영국의 평가 절하 발표가 있은 후 일주일 안에 23개국이 그 뒤를 이었고 다시 7개국이 평가 절하를 단행했다. 대부분의 국가들은 이미 국제 수지 문제의 압력하에 있었으며 이들에게 스털링의 평가 절하는 자신들의 상황이 더욱 나빠진다는 것을 뜻했다. 평가 절하를 하지 않은 통화는 미국의 달러, 스위스 프랑, 일본 엔, 그리고 남미와 동유럽의 일부 국가들의 통화뿐이었다.

평가 절하는 의도했던 결과를 낳았다. 당시에 이것이 논란거리였고 오늘날에도 문제시되고 있다는 사실은 1930년대로부터 물려받은 환율 변화에 대한 불신을 뜻한다. 영국의 준비금 손실은 즉시 멈추었고 2년 만에 준비금은 세 배로 증가했다. 다른 나라들 역시 상황이 개선되었다. 프랑스는 외환 통제를 완화할 수 있었고 여행자들이 외국에서 은행권을 쓸 수 있게 했으며 선물 시장 거래를 허용하였다. 미국의 경상 계정 흑자는 1949년 초부터 1950년 초까지 절반 이상 하락했다. 이에 기여한 것은 평가 절하뿐만이 아니었다. 미국 불황은 1949년 후반에 끝났고 1950년에는 한국 전쟁이 발발했다.[26] 그러나 무역 수지의 개선은 평가 절하를 크게 한 국가들에서 가장 컸으며 이는 1949년 환율 조정realignment이 별개로 유의미한 경제적 효과가 있었음을 말해 준다.

달러 부족은 약간 완화되었으나 완전히 해소된 것은 아니었다. 1950년 상반기 미국의 경상 계정 흑자는 여전히 연간 30억 달러를 유지했다. 준비금이 제한적이고 적자 규모가 적지 않았던 다른 국가들은 2년 안에 태환 체제로의 이행을 마감할 수 있었는지는 결코 분명하지 않았다. 유럽의 역내 무역은 여전히 경상 계정 거래에 대한 숨막히는 규제로 인해 위축되었다. 1950년에 이르자 관련 국가들은 이 문제를 해결하기 위해서는 특단의 국제적 통화 조치가 필요하다고 결론지었다.

유럽결제동맹

이러한 비상 조치는 유럽의 무역 및 지불 문제를 취급하기 위해 IMF 외에 지역적 기구, 즉 유럽결제동맹European Payments Union(EPU)을 추가로 설립하는 것이었다. EPU는 1950년 초에 2년 예정으로 작동을 개시했으나 1958년에야 중단되었다. 그것은 한편으로는 브레튼우즈 모델을 정교하게 복사한 것이었다. 참여국, 특히 서유럽 국가들과 그 해외 식민지들은 경상 계정 태환의 회복을 동시에 진행할 의도를 재확인했다. 그들은 경상 계정 거래를 위해 통화 교환에 대한 통제를 철폐할 것을 명령한 자유화 규정Code of Liberalization을 채택했다. EPU가 설립된 지 1년도 안 된 1951년 2월, 현존하는 모든 규제는 참여국 모두에 동일하게 적용되었고 참여국은 무역 장벽을 처음에는 절반 그리고 이후에는 60~70% 낮추었다. 이는 경상 계정 거래의 모든 제한을 철폐할 것을 명시한 브레튼우즈 합의의 유럽판이었고 더욱 구체화되었다.

적자 국가들은 일단 쿼터가 소진되면 상대국들과 금과 달러로 청산해야 했으나 EPU의 신용을 이용할 수 있었다. 브레튼우즈 협정문에서 도출된 아이디어가 여기서도 이용되었다. 회원국들이 누린 신용은 브레튼우즈 합의가 규정한 쿼터 및 인출권과 흡사했다. IMF 쿼터처럼 신용의 획득 여부는 조건부였다. 1958년 EPU가 종식될 무렵 거의 30억 달러의 신용이 존재했는데 브레튼우즈 협정문 조항이 규정한 쿼터가 50% 증가한 것과 같다.

다른 차원에서 보면 EPU는 브레튼우즈 모델에서 이탈했으며 브레튼우즈에 도전했다. 미국은 자유화 규정을 수용함으로써 경상 계정 태환의 회복을 위한 브레튼우즈의 일정이 비현실적임을 인식했다. 미국은 국제 수지 균형을 맞추기 위한 추가적인 신용을 제공하면서 IMF 협정문이 제공하는 쿼터가 부적합하다는 것을 깨달았다. 미국은 EPU가 미국으로부터의 수입에 대한 제한을 철폐하는 속도보다 빠르게 유럽 국가들 간의 무역 장벽을 낮추는 것을 허용함으로써 무역 차별을 용인했다. 미국은 마샬 원조에도 불구하고 달러 부족이 전후의 중심적 통화 문제라는 것을 인식했다.[27] 유럽 국가들은 차별적 정책을 위한 제도를 창설함으로써 브레튼우즈에서 언급되지 않았던 점을 인정했다. 즉, 전후 국제 통화 체제는 미국과 달러가 예외적 역할을 하는 비대칭적 체제라는 사실을 인정한 것이다.

EPU가 브레튼우즈에서 이탈했다는 점은 여러 가지로 인정되었다. 지불 청산의 책임은 IMF가 아니라 1930년대 창설된 국제결제은행BIS에 있었다. EPU 운용을 감독하는 이사회는 워싱턴이 아니라 바젤에 있었다. 자유화 규정은 협정문 규정에 부속된다기보다는, 마샬 원조의 분배를 촉진하기 위해 만들어진 유럽경제협력기구Organization for European Economic Cooperation(OEEC)의 작품이었다. 결국 태환성의 회복과 무역의 재건은 브레튼우즈 체제에서 빠졌고 그 권위는 축소되었다.

브레튼우즈에서 정리되었던 노선에서 이탈하게 된 현상을 설명하는 한 요인이 있다면 그것은 1947년과 1949년의 위기이다. 이 위기들은 미국이 전후 조정 문제의 심각성을 부인하지 못하도록 만들었다. 냉전의 도래는 핵심적 변화를 봉쇄했다. 소련은 주로 회의가 끝난 뒤풀이 파티에서나 적극적이긴 했지만 브레튼우즈에 참석했다. 소련은 아직 동유럽을 자신의 영향권으로 구축하거나 서방의 정치적 안정을 위협할 정도로 부상하지 않았다. 그러나 1950년에 냉전은 이미 시작된 상태였으며 소련은 IMF 회원국의 의무를 준수하기를 거부했다. 이러한 상황은 미국으로 하여금 서유럽의 경제 회복과 성장에 도움이 된다면 더욱 적극적으로 무역 차별을 지지하도록 만들었다.

브레튼우즈 체제의 권위는 국제무역기구의 사산死産뿐만이 아니라 IMF와 세계은행의 전후 지불 문제로부터 거리를 두려는 결정에 의해 약화되었다. 세계은행은 창설 후 첫 7년 동안 다른 어느 대륙보다도 유럽에 많은 신용을 제공했으나 최초의 신용이 제공된 1947년 5월부터 마지막 신용이 제공되었던 1953년 말까지 총 액수는 마샬 원조의 5%에 불과했다.[28] 1947~1951년 사이 IMF에서 인출된 8억 1,200만 달러는 그리 많다고 할 수 없다. IMF는 태환 통화의 작동을 감독하고 일시적 지불 불균형을 금융 지원하기 위해 만들어졌다. IMF는 불태환과 지속적인 지불 불균형의 세계에 적응하는 데 느렸다. IMF는 마샬 원조를 받는 나라에는 대출을 하지 말라는 미국의 요구를 수용했고 이 국가들이 자신들에 대한 미국의 금융 규제를 방해하지 못하게 했다. 심지어 IMF는 1947년 영국의 사례에서 더욱 강력한 지원의 필요가 입증된 후에도 태환을 회복한 국가들을 위한 자원을 늘리지 않았다. 1952년 시작된 대기성 차관stand-by arrangements은 IMF의 자원을 이용하는 것을 단순화했으나 자원을 증액하지는 않았다. 이 모든 이유 때문에 IMF는 전후 문제를 처리하는 데 필요한 규모의 지원을 제공할 수 없었다.

지불 문제와 선별 통제

영국, 프랑스, 독일이 오랫동안 유럽 통화 문제의 중심에 있었다. 이는 비록 이 세 나라와 그 통화가 미국과 달러의 영향권하에 계속 있었지만 이러한 사실이 1950년대보다 더 들어맞았던 적은 없었다.

세 나라에서 2차 세계 대전은 1차 세계 대전과 마찬가지로 노동의 위상을 강화하여 노동을 기반으로 하는 좌파 계열 정당에 힘을 실어주었다. 노동의 대표 세력들은 1차 세계 대전 후에 그랬던 것처럼 더 많은 임금, 더 높은 부유세를 주장했고 사회 정책의 확대를 요구했다. 이들은 그 외에도 금리, 자본 유출, 가격, 지대 등을 통제하고 정부 활동의 범위를 확장하라고 주장했다. 유럽이 정치 및 작업장 분규를 피해 경제를 회복하려면 노동과의 타협이 결정적으로 중요했다.

이 같은 타협이 이루어지는 과정은 복잡했다. 예를 들어 프랑스와 이탈리아에서 미국은 공산당이 정부에 참여하지 않는 것을 마샬 원조의 조건으로 내세워 타협을 독려했다. 그러나 결정적 조치는 유럽인 스스로에 의해 취해졌다.[29] 사회주의 정당들은 지지 기반을 확대하기 위해 자신들의 요구를 완화했다. 노동자들은 복지 국가를 확대하는 대신 사유 재산의 유지를 수용했다. 노동자들은 완전 고용과 성장을 위한 정부 정책을 위해 임금 요구를 완화하는 데 동의했다.

국제 수지의 조정이라는 시각에서 보면 성장과 완전 고용 정책이 핵심이었다. 금본위제에서 대외 적자를 해소하는 수단은 금리 인상이었다.[30] 중앙은행의 할인율 인상은 금리의 모든 영역에 압력을 주어 재고 투자와 자본 형성을 어렵게 했다. 경제 활동의 위축은 국내의 성장과 고용을 감소시키고 수입에 대한 수요를 축소시켰다. 이러한 수단을 적극적으로 사용하는 정부는 나쁜 신념을 갖고 있는 것으로 간주되었다. 대외 수지를 회복하기 위해 금리를 인상함으로써 성장과 고용을 희생하는 것은 자본과 노동의 타협을 어렵게 만들었다.[31]

따라서 유럽 국가들은 국제 수지 문제가 생겼을 때 금리를 인상하여 조정할 수 없었다. 그들의 유일한 수단은 외환 통제였다. 이 통제가 EPU와의 협조하에서 취해졌다는 사실은 그들의 교역 상대국이 그러한 정책을 수긍했다는 것을 뜻했다. 진행 중이던 자유화 과정에서 외환 통제가 예외적이었던 사실 그리고 그것이 EPU의 승인하에서 실시되었다는 점은 통제가 일시적이라는 주장에 신뢰성을 부여했다.[32] 그것은 말썽을 최소화하기 위해 통제가 모든 EPU 회원국들로부터의 수입에 동일하게 적용된다는 것을 뜻했다.

독일은 1950년 후반 한국 전쟁으로 인해 독일이 수입하는 원자재의 상대적 가격이 인상되어 교역 조건이 악화됨에 따라 국제 수지의 위기를 경험했다. EPU가 활동을 개시한 지 5개월 만에(1950년 7~11월) 독일은 자신에 배당된 쿼터를 소진했다.[33] 그때 독일 정부는 EPU와 특별 협상을 했다. 독일은 외환 통제를 실시하고 1억 2천만 달러의 신용을 얻었다. 그 대가로 독일은 기존의 환율을 고수할 것을 재확인하고 소비를 억제하기 위해 거래세를 인상하고 개인 및 법인 소득세를 인상하는 데 동의했다. 수입 제한은 대외 적자를 제거하는 데 사용되는 유일한 장치는 아니지만 중요한 일부였다. 수입 제한을 통해 위기는 극복되었다. 독일의 상황은 충분히 개선되어 1951년 중반에는 EPU 차관을 상환할 수 있었다. 성장은 계속되었으며 독일은 EPU 안에서 영구 흑자국이 되었다.

EPU 이사회는 외환 통제가 일시적이라는 독일의 재확인을 조건으로 1억 2천만 달러의 신용을 제공했다. 독일 정부는 무역 자유화 조치를 일방적으로 뒤집으려는 유혹을 받았다. EPU의 특별 고문인 페르 야콥손Per Jacobsson은 EPU와의 협력하에서 수입 규제가 다시 실시될 때까지 기다릴 것을 조언했다. 나아가 EPU 신용 제공은 독일의 경제장관 루트비히 에르하르트Ludwig Erhard로 하여금 콘라트 아데나워Konrad Adenauer 수상의 반대를 무릅쓰고 조세 및 금리 인상을 밀어붙이게 했다. 아데나워 수상은 조세와 금리 인상이 성장과 사회적 평화를 훼손할 것이라고 걱정했다.[34]

영국의 위기와 대응 노력 역시 비슷하게 설명 가능하다. 한국 전쟁으로 인한 호황이 지나가고 스털링 지역의 수입이 줄어들자 지불 문제가 불거졌다.[35] 1951년 후반 영연방 재무부 장관들은 달러 지역으로부터의 수입을 통제하고 유럽경제협력기구OEEC가 내놓은 자유화 일정에서 이탈하기로 합의했다. 스털링은 회복했으며 영국은 통제를 완화하기 시작했다.

영국의 경제 성장이 활기를 띠자 정부는 국제 수지를 규제하기 위해 마지못해 할인율을 사용했다. 연평균 실업률은 1953년 1.8%로 하락하고 1958년까지 그 수준을 초과하지 않아 정부는 실업을 유발한다는 비판에 직면하지 않고 금리를 바꿀 수 있었으나 이 도구를 사용하기를 주저했다. 결과는 영국의 "스톱-고우Stop-Go" 정책*이었는데,

이는 특히 선거에 임박하여 금리를 낮추어 소비자 수요를 확대하고 소득 상승을 허용한 뒤 이어서 수요를 억제하기 위해 금리를 상승시킨 것이었다. 이러한 정책은 위기를 막기에는 너무 늦었다.

1950년대의 프랑스 경험 또한 국제 수지 조정을 위한 무역 제한의 수단이 얼마나 중요한가를 보여준다. 독일이 1950년대 초 한 차례의 지불 위기를 겪은 데 비해 프랑스는 여러 차례 경험했다. 이 위기들의 공통점은 재정 적자 지출이었다. 인도차이나 및 기타 등지에서의 군비 지출 외에 공공 투자의 야심찬 계획과 관대한 사회 정책 그리고 주택 보조금 등이 적자 지출을 유발했다. 1920년대처럼 프랑스는 이 같은 정책들에 어떻게 지출할 것인지에 대해 정치적 합의를 이루지 못했다. 유권자의 3분의 1은 부유세 증세를 선호하고 지출 삭감을 거부했던 공산당에 투표했다. 제4공화국의 나머지 정당들은 여러 차례에 걸쳐 단명 정부를 구성했는데, 어느 하나도 재정 문제를 해결할 수 없었다. 정부가 추진한 야심찬 현대화 계획의 금융적 결과는 결국 국제 수지 적자 문제로 번졌다.

결과는 1951년에 드러났다. 인도차이나 전쟁에서 지출은 늘어갔다. 국제 수지 적자는 프랑스 안정화 기금을 소진시켰고 EPU 쿼터를 최대한 활용하도록 만들었다. 이에 대응하여 프랑스 정부는 수입 규제를 강화하고 수출 기업에 대한 세금 환급tax rebate을 연장했다. 프랑스 정부는 OEEC의 자유화 조례가 정한 조치를 중단했다. 프랑스는 더 강력한 수입 규제와 미국으로부터의 금융 지원으로 위기를 극복할 수 있었다.

---

* (앞쪽) 긴축과 완화를 오가는 경제 정책.

OEEC 조례가 정한 경상 계정 규제는 1954년 다시 회복되었으나 군비 지출은 1955~1956년 알제리 분규와 수에즈 운하 위기로 인해 다시 상승했다. 1956년 집권한 사회주의 정부는 연금 정책을 도입하고 기타 지출을 늘렸다. 프랑스는 1956년 초와 1957년 1/4분기 동안 준비금의 절반을 잃었다. 재차 수입 규제가 강화되었다. 수입업자들은 허가받은 수입액 중 25%를 수입 전에 예치해야 했다. 1957년 6월 수입 예치금 비중은 50%로 인상되었고, 프랑스는 OEEC 조례를 다시 한 번 어겼다. 프랑스 정부는 IMF 지원금을 받았고 EPU를 활용했다.

이러한 방법들은 숨통을 틔워주었으나 근본적 불균형을 없앤 것은 아니었다. 8월 평가 절하(그러나 IMF와의 협의를 필요로 하는 것은 아니었다.)에 해당하는 조치로서 일정 종류의 원자재 수출입과 관련된 것을 제외한 모든 외환의 매입과 매도에 20%의 프리미엄이 부과되었다. 2달 후 이는 모든 상품으로 확대 적용되었다. 수입 통제의 자유화에 대한 반대 급부로 프랑스는 EPU, IMF, 미국 등으로부터 6억 5,500만 달러의 신용을 받았다.

그러나 예산 문제가 정리될 때까지 유예는 일시적일 뿐이었다. 1957년 여름, 이 같은 현실은 더 이상 부인될 수 없었다. 1924년의 "프랑 전투the battle of Franc" 동안 그랬던 것처럼 계속되는 위기에 대한 대중의 좌절은 마침내 합의에 대한 정치적 저항을 무너뜨렸다. 경제적으로 보수적인 펠릭스 가야르Felix Gaillard를 재무부 장관으로 하는 새로운 내각이 들어섰다. 가야르는 곧 수상이 되었고 적자를 획기적으로 축소할 것을 약속하는 예산안을 의회에 제출했다. 그러나 1924년처럼 균형 재정을 지속하려는 정치적 의지가 다시 의문시되었다. 알제리 상황은 계속 악화되었고 1958년 봄 파업이 발생했다.[36] 위기는 전쟁 영웅 샤를 드골Charles de Gaulle이 정부를 구성하고 금융 정통파인 앙투안 피네Antoine Pinay를 재무부 장관으로 기용했을 때에야 진정되었다.[37] 이는 긴축 정책이 되돌이킬 수 없는 것임을 분명히 했다. 전문가 위원회는 증세와 정부 보조금 삭감을 건의했다. 드골은 위원회가 제시한 지출 삭감안을 전부 수용하려 하지는 않았으나 증세와 재정 적자의 축소에는 동의했다. 전문가 위원회는 미국 및 프랑스의 EPU 파트너와 함께 OEEC 조례를 지킬 것을 요구했다. 이를 가능하게 하기 위해 프랑은 이번에는 다시 17% 평가 절하되어야 했다.

평가 절하와 재정 긴축은 희망했던 효과를 낳았다. 프랑스의 대외 수지는 적자에서 흑자로 반전했고 1959년 외환 준비금은 늘었다. 이는 프랑스가 유럽 역내 무역의 90% 그리고 달러 지역과의 교역 중 88%를 자유화하는 것을 허용했다.[38]

평가 절하와 재정 균형을 조화시킴으로써 대내외 불균형의 근원을 처리하는 일의 중요성은 프랑스 경험의 핵심 교훈이었다. 수입 통제 자체가 균형의 회복을 보장할 수는 없었다. 독일에서처럼 수입 통제는 통화 정책과 재정 정책의 지원을 받아야 했다. 그리고 긴축은 1920년대에 그랬던 것처럼 정치적으로 뒷받침 되어야 했다. 그때까지는 수입 통제가 환율을 방어하는 기본적인 수단이었다.

태환성: 문제와 발전

이와 같은 주기적 위기가 균형 회복으로 나아가는 데에 장애가 되도록 해서는 안 되었다. 그러나 다른 일에서는 명민한 많은 당대 사람들은 계속해서 달러 갭을 전후 세계의 영구적 현상으로 보았다. 그들은 유럽의 황폐화와 미국의 산업 능력에 깊은 인상을 받았으며 미국의 생산성 증가가 다른 나라들을 계속해서 앞지를 것으로 믿었다. 미국은 영원한 흑자를 기록할 것이고 이는 다른 나라들에게 영원한 적자를 안겨줄 것이었다.[39]

암울한 시나리오를 경고한 그들의 연구가 출판되자마자 달러 부족은 사라졌다. 유럽과 일본이 다시 성장하기 시작하면서 이들의 무역수지는 강화되었다. 유럽은 미국 기업의 매력적인 투자처가 되었다. 마샬 플랜에 따른 미국의 해외 군비 지출과 대외 원조는 매년 20억 달러에 달했다. 이제 만성 적자에 빠진 것은 다른 산업 국가들이 아니라 미국이었다.

준비금이 미국에서 다른 곳으로 재분배된 것은 경상 계정 태환의 기초가 되었다. 1948년에 미국은 전 세계 준비금의 3분의 2 이상을 보유했었다. 미국의 비중은 10년 만에 반으로 줄었다. 1958년 12월 1일 유럽 국가들은 경상 계정 태환을 재개했다.[40] IMF는 1961년에 협정문 8조를 준수하는 국가들을 발표함으로써 새로운 시대를 인정했다(그림 4.1 참고).

태환 통화들 사이에서 고정 환율을 운용하는 것은 브레튼우즈 체제의 기초를 마련한 이들이 인식했던 것처럼 불균형을 지원하기 위한 자금을 필요로 했다. 고정된 환율을 조정하고 금리와 조세를 인상하기를 주저하면 할수록, 이에 소요되는 자금은 더 많았다. 그리고 자본 통제의 완화가 빠르면 빠를수록, 투기 자본의 유출을 상쇄할 자금이 더 많이 필요했다. 이것이 1960년대를 풍미했던 국제 유동성international liquidity 논쟁의 배경이었다. 약세 통화 국가들은 더 많은 IMF

그림 4.1 협정문 8조를 받아들였던 IMF 회원국 수(1946~1961년)

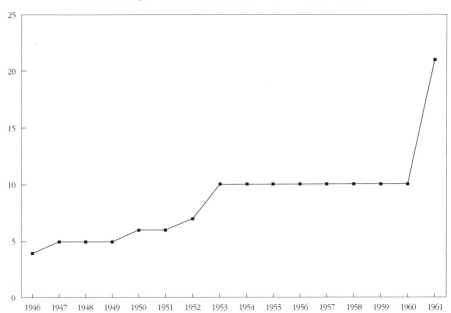

자료: International Monetary Fund, *Annual Report on Exchange and Trade Restrictions*, 각 연도.

쿼터와 국제 준비금 증액을 위해 로비를 했다. 강세 통화 국가들은 추가적 신용 창출이 적자 국가들로 하여금 자신들의 능력 이상으로 살도록 장려한다며 이를 반대했다.

상황은 브레튼우즈 체제가 이전의 금본위제처럼 스스로의 유동성을 생성한다는 사실에 의해 더 복잡해졌다. 각국 정부와 중앙은행은 금본위제에서처럼 금 준비금을 외환 준비금으로 보충했다. 국제 무역과 금융에서의 미국의 지배적 위치와 미국이 보유한 충분한 금을 감안하여 그들은 달러를 축적함으로써 준비금을 보완했다. 미국은 외국 정부들과 중앙은행들이 획득하기를 바라는 달러만큼 적자를 낼 수 있었다. 미국은 금리 인상을 통해 외국의 중앙은행들이 달러를 얻는 비용을 인상시킴으로써 달러 수요를 한정했다. 또는 미국은 달러에 대한 제약을 완화함으로써 국제 체제에 유동성이 넘치도록 했다. 어느 쪽이든 국제 체제는 늘어나는 유동성 수요를 위해 달러에 의존해야 했다.

이러한 의존성은 국제 통화 체제의 대칭성을 잠식했다. 브레튼우즈 협정으로 미국은 금에 대해 달러 가격을 설정하고 다른 나라들은 달러에 대해 자국 통화의 가치를 설정하게 되었지만, 여기에는 시간이 경과하면서 대칭성이 증대할 것이라는 가정이 깔려 있었다. 희소 통화 조항은 적자국은 물론이고 흑자국들도 조정을 할 수 있도록 하는 장치였다. 그리고 일단 유럽의 회복이 마무리되면 IMF 쿼터는 유동성에 대한 세계 수요를 충족시킬 것으로 예상되었다. 그러나 달러가 주도적 기축 통화로 자리 잡음에 따라 체제는 점점 비대칭적으로 변해 갔다. 우리는 프랑스 드골 대통령이 이 현상을 가장 강력하게 비판했다는 점에서 이를 드골 문제de Gaulle problem라고 부른다.

프랑스 입장의 역사적 일관성은 매우 뚜렷하다.[41] 1922년 제노바 회담 이후 프랑스는 특정 통화에 특별 지위를 부여하는 것에 반대했다. 파리는 런던이나 뉴욕에 비해 결코 금융 중심지가 아니었다는 점은 프랑 표시 자산의 유동성을 제한했고 따라서 국제 준비금으로서의 매력을 떨어뜨렸다. 다시 말해 어떤 통화가 기축 통화가 된다면 그 통화는 프랑이 아닐 가능성이 높았다. 우리가 3장에서 본 것처럼 1920년대와 1930년대 프랑스가 금본위제의 순수성을 높이기 위해 보유 외환을 매각하는 것은 대공황을 부른 유동성 긴축에 기여했다. 미국의 "터무니없는 특권"에 대한 드골의 비판과 프랑스 정부가 갖고 있던 달러 잔고를 청산하겠다는 위협은 마찬가지 방향으로 작동했다.[42]

174

또 다른 문제는 트리핀 딜레마Triffin dilemma였다. 벨기에 출신 화폐 경제학자 로버트 트리핀Robert Triffin은 예일대학교 교수로서 EPU의 창설자이며 1947년 이미 브레튼우즈 체제가 준비금에 대한 과잉 수요를 달러 잔고의 증가를 통해 대처하는 경향이 동학적으로 브레튼우즈 체제를 불안정하게 만든다는 점을 알았다.[43] 달러 준비금의 축적은 달러의 금태환에 대한 우려가 없을 동안에만 매력적이었다. 그러나 달러 준비금이 미국의 금 준비금에 비해 커지게 되면 태환의 신뢰성은 의심된다. 1960년에는 미국의 해외 통화 부채가 처음으로 미국의 금 준비금을 초과했으며, 1963년에는 해외의 통화 당국들에 대한 미국의 부채가 그러했다. 만일 일부 해외 채권국들이 그들의 준비금을 태환하려 한다면 예금을 인출하기 위해 은행 밖에서 대기하는 긴 줄과 같은 효과를 낼 것이다. 다른 나라들도 태환하지 못하는 것을 걱정하여 태환 대열에 합류할 것이다. 나라들은 미국이 평가 절하하기 전에 현금을 찾기 위해 앞다투어 몰려들 것이다.[44]

드골과 트리핀 문제는 상호 관련된 것임은 자명하다. 드골은 미국 재무부의 거대 채권국으로서 자신의 잔고 청산을 무기로 위협했다. 이는 정확하게 트리핀이 경고했던 것처럼 달러의 불안정을 위협했던 종류의 사태 전개였다.[45]

특별 인출권

합리적인 대응은 다른 형태의 국제 유동성으로 대체하는 것이었다. 이를 통해 해결하려는 문제는 세계적 유동성 부족이 아니라 달러를 대신할 새로운 준비금 자산을 만드는 것이었다. 새로운 준비 통화는 트리핀이 지적한 문제 때문에 브레튼우즈 체제가 불안정하게 되지 않도록 하기 위한 것이었다.[46] 앞에서 말한 것처럼 이는 약세 통화 국가들은 선호하고 강세 통화 국가들은 반대했던 것이었다. 달러가 약한 동시에 강하다는 점 때문에 논의는 더 복잡했다. 달러는 주요 기축 통화라는 점에서 대안적인 유동성 창출로 달러의 역할이 축소된다는 점에서 강하다. 달러는 해외의 달러 잔고 증가가 그 태환에 대한 의심을 낳는다는 점에서 약하다. 대체 유동성 준비금의 발전은 미국의 해외 통화 부채가 증가하는 것을 늦출 것이고 따라서 달러의 안정성을 위협하는 압력을 막을 것이었다. 이러한 갈등적 상황에서 미국이 문제 해법에서 일관적이지 못했던 것은 놀라운 일이 아니다.

추가적 준비금 창출에 대한 협의는 주요 선진 10개국Group of Ten (G10)에 의해 시작되었다. G10은 브레튼우즈 협상을 지배했던 미국 대표단과 영국 대표단의 후속 기구로서 산업 국가들로 구성되었다. 1963년에 G10은 고위 관리의 위원회로서 IMF 쿼터의 증액을 권고하는 대표단 그룹을 만들었다. G10은 소수의 산업 국가들에게 준비금을 할당하고 그 국가들이 다른 국가들에 대한 조건부 신용을 제공하는 데 책임을 지도록 했다.

이러한 접근법은 산업 국가의 관리들에게는 충분히 논리적이었으나 제3세계의 부상을 고려하지 않은 것이었다.[47] 개발도상국들은 브레튼우즈에 충실히 참가했다. 그중 많은 국가들은 오랫동안 무역 규제와 자본 통제의 그늘에서 고정 환율을 유지했다. 금본위제에서처럼 그들은 아주 극심한 국제 수지 충격에 시달렸으며 산업 국가와는 달리 평가 절하를 통해 대처했다.[48] 제3세계 국가는 그 수가 늘어나 자신들의 조직을 창설한 후, 자신들의 국제 수지 적자의 보전 문제는 산업 국가들의 국제 수지 문제와 마찬가지로 중대하다고 반박했다. 제3세계 국가들은 추가적 자원이 가장 필요한 국가들(제3세계 자신들)에 직접 배당되어야 한다고 주장했다. 그들은 G10이 문제를 해결하는 데 부적절한 자리라고 보았다. 준비금의 증액은 이처럼 그 분배 문제와 긴밀히 연결되었다.

1958년 말, IMF 쿼터는 브레튼우즈에 참여하지 않았던 나라들(소련의 불참과 폴란드의 탈퇴)이 추가로 참여함에 따라 당초의 58억 달러에서 92억 달러로 증가했다. 1944년 이후의 세계 경제 팽창을 고려하여 1959년 쿼터는 50% 증액이 합의되었다.[49] 그러나 세계 무역량의 달러 평가액이 1944년 이후 두 배 이상 늘었기 때문에 국제 거래와 관련하여 IMF 자원은 화이트 안*의 온건한 수준에도 미치지 못했다. 1961년 후일 G10을 결성한 10개국은 **일반 차입 협정**General Arrangements to Borrow을 통해 60억 달러의 자국 통화를 IMF에 대여하는 데 합의했다. 그러나 이는 IMF 쿼터의 증액이 아니었다. 그것은 단순히 IMF가 접근 가능한 특정 통화의 공급을 증가시킨 것이었으며 IMF 자원을 이용하려면 G10 재무부 장관을 만족시켜야 한다는 조건에 따랐다.[50] IMF 쿼터는 1966년 증액되었으나 벨기에, 프랑스, 이탈리아, 네덜란드가 대량 증액에 반대했기 때문에 25% 증가에 그쳤다.[51]

결국 해법은 **특별 인출권**special drawing rights(SDRs)을 창출한 협정문의 제1차 수정안에서 찾았다. 추가적 재원의 분배를 두고 발생한 산업국과 개발도상국 간의 갈등은 일정 비율로 모든 쿼터를 증액하는 데 합의함으로써 간단한 해결이 모색되었다. 그러나 산업 국가들 안에서

---

* 영국의 케인즈 안과 대립한 미국 재무부의 H. D. 화이트 안을 말한다.

의 약세 통화 국가와 강세 통화 국가의 갈등은 해결하기 더 힘들었다. 약세 통화 국가들은 국제 수지 결제를 위해 더 많은 신용을 희망한 반면 강세 통화 국가들은 신용 추가가 가져올 인플레 영향을 우려했다. 처음에 미국은 달러의 기축 통화 역할을 축소할 수 있다는 우려에서 특별 인출권과 같은 수단을 만드는 것에 반대했다. 1964년 IMF 연례 총회에서 달러의 비대칭적 위상을 반대하던 프랑스는 그러한 수단을 만들자고 제안했으나 미국에 의해 좌초되었다. 드골은 이에 굴하지 않고 국제 체제의 대칭성을 회복하기 위해 남은 유일한 길로서 금본위제로의 복귀를 제시했고 프랑스중앙은행은 달러를 금으로 급히 교환했다.

이러한 은근한 협박은 미국의 공식 입장을 변하게 만들었다. 미국의 대외 달러 부채가 금 준비금을 초과하고 런던의 금 가격이 미국 재무부가 뉴욕에서 고정시킨 가격을 크게 웃돌게 된 지 5년 만의 일이었다. 시장은 달러가 정말 평가 절하될 수도 있다고 전망했다. 미국은 미국의 대외 통화 위상이 더 이상 난공불락이 아니라는 점을 인식하고 1965년에 입장을 바꿔 특별 인출권 창출에 동의했다. 자세한 내용은 1967년 리우 데 자네이루에서 개최된 IMF 회의에서 최종 결정되었다. 프랑스의 고집스런 요구에 따라 특별 인출권은 조정 과정이 "호전될" 경우에만, 즉 다시 말해 미국이 국제 수지 적자를 청산했을 때에만 작동하도록 하는 단서가 붙었다.

1969년 미국이 특별 인출권 작동의 필요 조건이었던 흑자를 달성하자 1970년에 처음으로 특별 인출권이 배당되었으며 이로써 문제는 더 이상 유동성 부족이 아니었다. 1960년대 미국의 국제 수지 적자는 국제 준비금의 양을 부풀렸고 1969년의 긴축 통화 정책이 일시적일

178

거라고 믿을 만한 충분한 이유가 있었다. 유동성은 다른 산업 국가들의 팽창적 통화 정책으로 더욱 활성화되었다. 이러한 인플레적 상황에서 특별 인출권 할당 형식의 추가적 유동성은 필요하지 않았다. 협의 과정에서의 불가피한 지연은 정책 결정자들이 어제의 문제를 현재에 비생산적인 방식으로 풀어가고 있음을 의미했다.

이러한 불안정성은 초기에 좀 더 관대한 특별 인출권 할당으로 막을 수 있었을까? 유동성에 대한 요구가 그러한 재원으로 충당되었다면 분명히 공식 달러 잔고의 총액을 증액할 필요가 없었다. 미국은 달러를 방어하기 위해 적자를 축소하여 트리핀과 드골의 문제를 해결해야 했다. 문제는 미국이 그렇게 할 수단을 가졌는가 하는 점이다. 미국의 군사 정책과 사회 정책에 대한 지출을 늘리려는 압력하에서 지출 삭감 정책은 가능하지 않았다. 대외 불균형은 조정 가능하도록 되어 있던 고정된 환율을 조정함으로써만 해결 가능했지만, 미국도 다른 국가들도 아직 이 방법을 고려하려고 하지 않았다.

통제의 감소와 경직성의 증가

한편 브레튼우즈 조정 기제의 한계는 무역 규제의 제거에 의해 분명해졌다. 경상 계정 태환의 회복과 함께 수입 허가제를 강화하는 것은 더 이상 가능하지 않았다.[52] 미국은 자신의 무역 상대국으로 하여금 관세를 인하하도록 하는 전략을 세우고 1958년 무역 수지가 악화될 때 새로운 GATT 라운드를 제안했다. 그러나 이 전략은 1962년 딜론 라운드Dillon Round를 마칠 때까지 4년 동안 지연되었던 데서 나타나듯 투기적 압력을 처리하는 데 필요한 속도를 내지 못했다.

정부들은 여전히 자본 계정을 관리함으로써 무역 불균형을 교정하려 했다. 자본 이동에 대한 통제는 강화될 수 있었다. 내국인에 의한 해외 투자를 억제했던 미국의 이자 평형세Interest Equalization Tax와 같은 조치가 사용될 수 있었다. 그러나 자본 유출을 억제하는 조치는 시간을 벌 뿐이었다. 이런 시도들은 무엇보다도 자본 유출의 동기를 촉발시킨 본질을 제거하지 않았다. 다시 말해 그것들은 국내 정책에 일시적 자율성을 제공했지만 효과적인 조정 기제를 제공하지는 않았다.

자본 통제의 효율성을 측정하는 하나의 방식은 커버된 금리차covered interest differential*(외환 시장에서 선물환 할인으로 조정된 금리차)의 규모이다. 모리스 옵스펠트Maurice Obstfeld는 1960년대의 자료에서 이를 계산하여 영국에서는 커버된 금리차가 2%나 되었고 독일에서는 1% 이상이었음을 발견했다.[53] 이 정도의 금리차는 예상되는 환율의 변화 때문에 발생할 수 없으며 자본 통제가 문제라는 점을 확인해준다. 리처드 마스턴Richard Marston은 유로스털링(역외) 금리와 영국(역내) 금리 사이의 커버된 금리차를 비교했다. (이 비교의 장점은 국가 위험, 즉 어떤 나라가 이자 지불 의무를 이행하지 않을 위험성을 제거한다.) 유로스털링 금리가 영란은행에 의해 처음 보고되었던 1961년 4월과 브레튼우즈 체제가 끝난 첫 해였던 1971년 4월 사이에 커버된 금리차는 평균 0.78%였다. 마스턴은 통제가 "분명히 금리차에 아주 대단한 영향을 주었다."고 결론지었다.[54]

국제 수지에 대한 함의는 1974년 펜티 카우리Pentti Kouri와 마이클 포터Michael Porter의 연구에서 조사되었다.[55] 카우리와 포터는 호주,

---

* 환 위험 제거 이자율 격차라고도 한다.

이탈리아, 네덜란드의 경우 국내 신용 변화의 약 절반 정도 그리고 독일에서는 3분의 2에서 4분의 3 정도가 국제 자본 이동에 의해 무효화된다는 것을 발견했다. 이 결과는 국제 자본 이동이 이 신용 조건의 변화에 대응하지만 자율적 통화 정책을 위한 여지는 일정 부분 있다는 점을 시사한다. 중앙은행들은 국내 신용의 해외 유출 없이도 같은 돈으로 통화 조건을 여전히 변경할 수 있었다. 정부들이 환율을 변경하거나 국내 수요를 억누르는 것을 주저하는 상황에서, 자본 통제는 단기적으로 대내외 수지를 조화시키는 유일한 장치였다.

물론 경상 계정 태환의 회복으로 자본 통제는 실행하기 어려워졌다. 무역의 과다 청구 및 과소 청구를 통해 자금을 해외로 빼돌리는 것이 용이해졌다. 다국적 기업의 성장은 유럽 통화 시장의 발전이 그랬던 것처럼 자본 계정 거래의 또 다른 통로를 만들었다. 유럽에서 은행 거래에 대한 통제가 일단 풀리자 런던에 근거지를 둔 은행들은 달러 예금을 받기 시작했고 예금 금리가 Q 규제Regulation Q*에 의해 통제받는 미국 은행들로부터 예금을 유치했다. 유럽의 달러 예금주들은 달러의 안정성을 걱정하면서 자신의 잔고를 독일 마르크로 환전할 수 있었다. 유럽 통화의 거래량은 제한적이었으나 미국 정부가 국경 안에서 집행한 자본 이동에 대한 규제는 달러 풀dollar pool이 이미 해외에 있는 한 효과적이지 않았다.

대외 불균형에 대응하여 국가들이 평가 절하하는 것을 왜 그토록 주저했는지는 브레튼우즈 문헌에서 가장 논란이 많은 영역이다. 사실 브레튼우즈 체제의 설계자들은 잦은 환율 조정이 무역에 줄 수 있는

---

* 은행 예금 이율의 최고 한도를 정한 연방준비제도의 규정.

혼란을 우려하여 그것을 제한하려고 했었다. 환율 변경을 위해서는 사전에 IMF의 허가를 받도록 요구한 규정이 있었으나, 그 의도가 시장에 유출될 위험 때문에 실제로는 그 사용이 억제되었다. IMF 허가 없이 가능했던 빈번한 소규모 평가 절하와 평가 절상은 불안정을 키울 뿐이었다. 그것들은 규모가 너무 작아서 근본적 불균형을 제거하지 않는다고 보였으나 자본 이동을 촉발한다는 이유로 당국이 좀 더 큰 폭의 환율 변경을 고려할 준비가 되어 있음을 증명하는 것이었다. 이는 1961년 독일과 네덜란드의 환율 평가 절상에서 얻은 교훈이었다. 그리고 오직 근본적 불균형의 증거가 있을 경우에만 평가 절하를 용인하는 것은 심각한 문제가 발생하기 전에 평가 절하하는 것을 배제했다. 가중하는 압력이 궁극적으로 근본적 불균형을 구성하는 것이 아니라는 가능성은 정부들로 하여금 자본 이탈과 상황 악화를 피하기 위해 기존의 환율을 고수하도록 만들었다. 그 반대의 평가 절하 정책은 심각한 불안의 원인이 된다.[56]

이러한 "관리된 유연성" 체제하에서 환율의 경직은 이처럼 상반된 동기에서 나왔다. 자본 이동이 증가하고 자본 통제에 구멍이 뚫리면서 문제는 더욱 심각해졌다. 대외 취약성은 자본 유출의 홍수를 낳았다. 정부는 환율을 방어하기 위해 더욱 강경한 발언을 하고 더욱 엄격한 정책을 펴야 했다. 평가 절하는 너무 뻔한 실패를 인정하는 것이었다.[57]

국제 수지 문제를 통제하기 위해 금리를 인상하고 긴축 재정을 실시할 여유 또한 많지 않았다. 자본가들이 이윤을 투자하고 노동자들이 임금 요구를 완화하는 것을 내용으로 하는 전후의 사회 협약은 높은 성장을 약속하는 한에서만 매력적이었다. 따라서 존 F. 케네디는

182

1960년 대선에서 5% 성장을 공약했다. 1962년 총선에서 영국의 양대 정당은 모두 4% 성장을 약속했다.[58] 이러한 공약은 지출 삭감 정책의 여지를 없앴다.

이 모든 것은 브레튼우즈 체제가 놀랍게도 1971년까지 존속하도록 만들었다. 대부분은 정부와 중앙은행 간의 국제 협력으로 설명할 수 있었다.[59] 체제 유지를 위한 협력이 위기의 금본위제를 지지했던 것처럼 기축 통화에 대한 국제적 지원은 브레튼우즈가 오래가도록 했다. 중앙은행 총재들과 관리들은 바젤의 국제결제은행에서 월례 회의를 했다. OECD의 경제정책위원회의 제3작업반은 정보 교환과 조언의 공간을 제공했다.[60] 1961년 3월 4일 독일이 마르크를 평가 절상하면서 스털링에 대한 압력이 발생하자, 주요 중앙은행 총재들은 스왑 조정 swap arrangements에 합의하여 약세 통화 국가들에 대한 금태환 요구를 하지 않음으로써 그 국가들이 국제 수지를 일시적으로 유지하도록 해 주었다. 1961년 영국은 이 스왑 규정에 따라 10억 달러를 지원받았다. 1964년 스털링이 다시 공격을 받게 되었을 때 뉴욕연방준비은행은 영국에 특별 지원금으로 30억 달러 신용을 제공했다. 1920년대의 특징 이었던 중앙은행 간 협력이 30년의 공백 후에 부활했다.

협력의 다른 예들은 일반 차입 협정과 외국 예금에 대한 독일과 스위스의 이자 지급 금지 등을 포함한다.[61] 1961년에 영국, 스위스, 그리고 유럽경제공동체European Economic Community(EEC) 회원국들이 설립한 골드풀Gold Pool 또한 이런 관점에서 이해될 수 있다. 1961년에 미국 밖에서 금과 달러의 교환 비율은 미국이 의도했던 1온스당 35달러를 초과한 수준으로 상승했다. 달러의 상대 가격은 하락하기 시작했다 (다시 말해, 금의 시장 가격이 35달러 이상으로 올랐다.). 이에 따라 다른 나라의 중앙은행들이 미국의 재무부로부터 금을 요구하려는 동기가 더욱 강해졌다. 그리하여 산업 국가들은 골드풀을 창설했다. 골드풀 하에서 산업 국가들은 달러를 금으로 태환하는 것을 자제하고 미국에 대한 압력을 풀어주기 위해 준비금으로 보유하던 금을 매각했다.[62]

외국 정부들과 중앙은행들은 단기성 신용에 대한 즉각적 상환을 확신할 수 없었기 때문에 신용 지원은 대가가 없는 것이 아니었다.[63] 그들은 신용을 받는 국가들이 환율 조정을 약속함으로써 지원의 규모가 제한적이고 그리고 그것이 바람직한 결과를 낳을 것이라는 점을 확신시켜주지 않는 한 지원을 꺼렸다. 미국이 다른 경제적 · 정치적 목적을 금에 대한 달러 가격 방어에 종속시키기를 거부했을 때 상대국들은 그린백* 지원에 대한 열의가 식었다. 런던 시장에서 매각된 금의 40% 는 영국, 스위스, 그리고 유럽경제공동체 회원국들의 금이었다. 미국이 환율 조정을 주저하는 것이 명백해지자 그들은 점점 더 많은 부분을 제공해야 할 것이라는 결론을 내렸다. 그러한 제도에 대해 언제나 부정적이었던 프랑스는 1967년 6월 골드풀에서 이탈하여 미국으로 하여금 기여금을 증액토록 만들었다. 스털링의 평가 절하가 달러의 신인도를 약화시키고, 골드풀 참여국들로 하여금 한 달 안에 8억 달러의 금을 매각하게 만들었을 때 재앙은 임박하고 있었다. 골드풀은 다음 해 봄에 종식되었다. 연방준비제도의 금 소진을 막기 위해 공식 가격은 바꾸지 않았으나 시장에서의 금 가격은 상승하도록 허용되었다. 시장 가격이 40달러 이상으로 뛰면 다른 중앙은행들도 연방준비제도에서 35불에 금을 매입할 동기가 강력했다. 다른 중앙은행들 눈에 달

---

* 남북 전쟁 당시의 불태환 지폐. 미국 지폐를 말한다.

러를 지원하는 비용은 명백했다. 브레튼우즈 국제 통화 체제의 붕괴는 논리적으로 정해진 수순이었다.

붕괴는 미국이 자본 통제를 실시한 몇 년 동안을 견딘 후 도래했다. 1964년의 이자 평형세는 앞에서 논의한 것처럼 은행과 기업에 의한 자본의 해외 거래에 대한 규제로 이어졌다. 이 같은 규제는 1965년에, 그리고 다시 1966년과 1968년에 더욱 강력해졌으며, 이는 미국의 베트남전 개입의 단계적 확대와 일치했다.

스털링 전투

이러한 압력의 두 가지 표출은 영국 파운드 및 미국 달러를 위한 전투였다. 위에서 본 바와 같이, 스털링의 경상 계정 태환을 유지하려는 투쟁은 1947년으로 거슬러 올라간다. 미국은 스털링을 달러의 제1차 방어선으로 보았다. 파운드는 두 번째로 중요한 준비 통화였다. 스털링은 영연방 국가들에게 국제 준비금의 주요 형태였다. 스털링의 평가 절하는 국제 준비금 체제 전반에 대한 신뢰를 흔드는 것이었다. 누구도 영국의 금본위제 포기가 달러 이탈을 부추겨 연방준비제도가 금리를 인상해야 했던 1931년을 잊지 않았다.

영국 정부는 심각한 문제에도 불구하고 2.80달러의 파운드 환율을 지키기 위해 노력했다. 생산은 서유럽과 미국의 기준에서 보면 천천히 증가했다.[64] 영국 노조 운동의 파편적 구조는 유럽의 코포라티즘 국가들에서처럼 협상을 중개하고 임금을 억제하며 투자를 장려하기 힘들게 했다. 대외 부채는 늘어났고 스털링의 준비 통화 역할을 유지하려는 시도는 영국의 취약한 금융을 더욱 압박했다. 변동 환율제를

그림 4.2 독일 마르크 대비 스털링 기대 평가 절하율(1961~1971년, 각 연도, %)

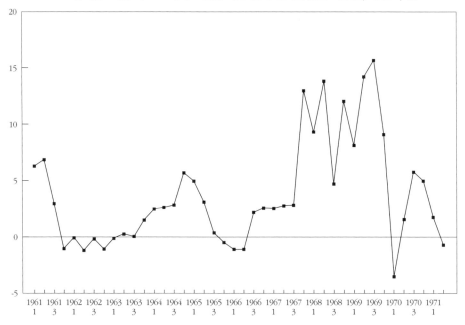

출처: 저자의 계산. Sterling interest rates from Bank of England, *Quarterly Bulletin*, 각 호. International Monetary Fund, *International Financial Statistics*, 각 연도의 기타 자료.

시도할 나라가 있다면 그것은 영국이었다. 스털링의 태환과 변동 환율화 가능성은 1952년 검토되었으나(아이디어를 낸 로안Rowan, 볼턴Bolton, 오토 클라크Otto Clarke의 이름을 딴 소위 로봇 플랜ROBOT plan) 파운드가 불안정해지고 갑작스런 평가 절하는 인플레이션과 노동 분규를 초래할 것이라는 우려가 생기면서 거부되었다.[65] 그 대신 영국은 길고 험난한 길을 걸은 후 1958년 말 고정 환율에서 태환을 회복했다.

그림 4.2는 기대 평가 절하율(평가 절하 발생 시 예상되는 규모×평가 절하의 암묵적 가능성)을 보여준다.[66] 1961년 평가 절하에 대한 기대가 상승한 것은 놀랍다. 1959~1960년에 성장은 가속화했으며 수입을 증

가시켜 그런대로 흑자였던 경상 수지를 상당 수준의 적자로 반전시켰다. 가격 경쟁력 문제는 수출로 대응하는 것을 막았다. 무역외 수입은 1931년을 상기시킬 정도로 정체했다. 경상 수지 적자는 고금리가 끌어들인 단기성 자본 유입으로 메워졌다. 할인율은 1961년 1월 1포인트 증가하여 5%가 되었고 6월에는 다시 2%가 증가했다. 금리는 10월과 11월 5.5%와 5%로 내려간 후 다음 해 7월에는 다시 7%로 올랐다. 금리 상승은 긴축 재정을 동반했다. 1961년 4월 정부는 전반적 긴축 재정 예산을 발표했다. 7월 재무부 장관은 수입에 대한 10% 관세, 소비세, 그리고 여러 가지 지출 삭감을 발표했다. 그리고 그림 4.2가 보여주듯이 이러한 조치들은 시장을 잠재우는 데 성공했다.

이런 정책들은 브레튼우즈 체제에서 국가들이 전형적으로 취하길 거부했던 지출 삭감 정책들이다. 영국도 예외는 아니었다. 1961년 영국의 긴축이 특히 컸던 것은 아니다. 어떻든 재정 정책은 일시적인 것으로 기술되었다. 실업은 1961년 1.6%에서 1962년에는 2.1%로 소폭 상승했을 뿐이었다. 정책은 국제 사회에 영국의 의지를 확신시켜주는 정도에서 조정되었다. 1961년 3월, 유럽의 중앙은행들은 스털링을 위해 강도 높게 개입했다. 영국은 IMF에서 15억 달러를 받았으며 IMF는 긴급 상황에 대비하여 5억 달러의 추가 신용을 허용했다. 이 점에서 시장을 잠재운 것은 국내 정책만큼이나 외국의 지원 덕분이었다고 주장할 수 있다.

다음 해인 1962년은 별 탈 없이 지나갔으나 1963년에는 100년만의 가장 혹독한 겨울(실업의 상승), 영국의 유럽경제공동체 참가에 대한 드골의 거부, 그리고 선거 전의 불확실성 등이 존재했다. 1964년 1월에 영국 경제는 다시 급속히 팽창했고 선거를 앞둔 보수당 정부가 디플레이션 정책을 취하는 것을 주저하였다. 상품 무역의 적자는 최고치를 기록했다. 그해 10월, 13년 만에 노동당 정부가 선거에서 승리했다.

해롤드 윌슨Harold Wilson의 신임 내각은 평가 절하를 거부했다. 윌슨 내각은 이미 완전 고용에 접근한 경제에서 인플레이션이 나타날 것을 걱정했고 노동당이 상습적 평가 절하의 정당으로 비춰지는 것을 우려했다.[67] 정부에게 남은 유일한 대안은 주저하던 디플레이션 재정 정책을 실시하는 것이었다. 11월 재무부 장관의 예산 연설에서 이 망설임이 확인되었을 때 위기는 증폭되었다. 위기는 정부가 자본 통제를 강화하고 IMF에서 10억 달러의 신용을 보증받고 11개국으로부터 추가로 30억 달러의 신용을 획득했을 때야 진정되었다. 미국은 투기가 달러로 퍼져나가는 것을 우려하여 영국이 평가 절하를 거부하도록 압력을 넣었고 외국의 지원을 조직하는 데 앞장섰다.

그러나 근본적 조정이 없는 상황에서 외국의 지원은 불가피한 결과를 연기시킬 뿐이었다. 그림 4.2는 1966년에 재현된 격렬한 변동을 보여주는 동시에 1967년 상반기의 재정 긴축과 해외 신용 13억 달러의 추가 지원으로 평가 절하에 대한 기대가 더 이상 악화되지 않음을 보여준다. 1967년 6일 전쟁 동안 수에즈 운하의 폐쇄는 무역 혼란을 가중시켜 도움이 되지 않았으나 윌슨 수상은 1968년 선거를 목전에 둔 미국 경제가 곧 호황으로 가면 위기를 극복할 수 있을 것으로 기대했다. 그러나 프랑스 외무부 장관 모리스 쿠브 드 뮈르빌Maurice Couve de Murville은 영국이 적절한 조치를 취하지 않은 것에 실망하고 스털링의 안정성에 대해 의구심을 드러냈다. 그가 더 이상의 해외 지원이 가능한지에 대해 문제를 제기하자 조건은 크게 악화되었다.[68]

188

이 같은 배경하에서 자본 이탈이 발생했다. IMF는 영국 정부가 주저했던 디플레이션 정책의 실시를 조건으로 신용을 확대했다. 평가절하 외에는 대안이 없게 되었다. 11월 18일 스털링의 대외 가치는 17% 하락했다. IMF는 한 시간 전에서야 통보받았는데, 이는 자본 시장의 자유화와 사건 전개의 속도를 시사하는 바가 크다(이에 반해 1949년에는 24시간 전에 통보받았다.).

달러의 위기

1960년 10월 민간 시장에서의 금 가격은 1온스당 40달러였다. 그해 11월 선거에서 존 F. 케네디의 승리는 자본 이탈로 이어졌고 금의 달러 가격은 더욱 상승했다. 시장은 마치 1932년 루즈벨트의 당선에 대해 반응했던 것처럼 "미국을 다시 움직이게 할 것"을 공약한 신임 대통령이 틀림없이 평가 절하를 할 것으로 보았다.[69]

시장이 이렇게 반응했던 것은 35달러의 금 가격이 절대 불가한 것처럼 보이던 1940년대 이래로 상황이 얼마나 바뀌었는지를 보여준다.[70] 미국의 늘어나는 공식 대외 부채를 줄어드는 금 위에 피라미드처럼 쌓음으로써 준비금을 창출했던 브레튼우즈 체제의 동학은 달러를 2차 세계 대전 이후의 파운드 처지에 갖다놓았다. 결과는 미국이 경상 계정을 강화할 때에만 관리 가능했다. 사람들은 1940년대 영국이 그랬던 것처럼 평가 절하가 요청된다고 보았다. 이전에 영국이 그랬던 것처럼 미국 정부는 자본 이동을 통제했다. 그리고 종말이 가까이 오자 수입 관세를 부과함으로써 압력을 봉쇄하려고 했다.

드와이트 D. 아이젠하워Dwight D. Eisenhower 대통령은 1961년 1

월 대통령직에서 물러나기 전 미국인이 해외에서 금을 보유하는 것을 금지하는 명령을 내렸다. 그리고 케네디는 미국인이 금화를 수집하는 것을 금지했다. 그는 수출을 촉진시키기 위해 각국 미국대사관에 주재하는 상무관 수를 늘렸다. 관광을 활성화하기 위해 비자 요구는 간소화했으며 수출입은행Export-Import Bank의 수출신용보험은 확대되었다. 재무부는 외국 통화 표시 채권을 발행했고 연방준비제도는 재무부 대리인으로서 선물 시장에 개입했다.[71] 1962년 대외 수지 균형을 유지하기 위해 의회는 다른 나라의 통화 당국이 보유한 정기 예금의 한도 적용을 중지시켰다. 미국인이 다른 산업 국가들에서 발행한 증권을 매입하는 것에 부과되는 이자 평형세가 1963년 7월에 도입되고 1964년 9월에 시행되어 장기 해외 채권의 세후 수익은 약 1% 감소했다. 미국 상업은행에 의한 해외 차관에 대한 자발적 억제가 1965년 도입되어 보험사와 연기금으로 확대되었다. 1968년 7월 금융 중개업에 대한 이 같은 규제는 의무화되었다.

케네디 행정부와 존슨 행정부가 사용했던 일련의 정책은 몹시 난망한 것이었다. 두 행정부는 달러 문제의 심각성을 인지했으나 근원이 아닌 징후만을 처리하려 했다. 근본적 처방은 달러의 준비 통화 역할을 축소하는 방식으로 국제 통화 체제를 개혁하는 것이었다. 하지만 이는 미국이 아직 고려하려 하지 않던 길이었다.

이와 같이 다른 방식으로는 지탱 불가능한 상황을 떠받친 것은 국제 협력이었다. 한 예로서 런던 골드풀을 들 수 있다. 또한 1962~1963년에 연방준비제도는 외국 중앙은행들과 일련의 통화 스왑 협정을 협의했다. 연방준비제도는 현물 및 선물 시장에 개입하여 달러를 방어했으며 독일연방은행German Bundesbank과 기타 유럽의 중앙은행들은 연방준비제도를 돕기 위해 협력에 참여했다. 외국 중앙은행들은 자신들의 제한된 협상력에도 불구하고 루사 채권Roosa bonds(재무부 장관이던 로버트 루사Robert Roosa의 이름을 딴, 달러 평가 절하에 따른 자본 손실을 보장하는 채권)을 매입했다.

미국의 최후 위협은 난폭한 행동, 즉 외국 중앙은행들이 달러를 지원하지 않고 외국 정부들이 미국 상품의 수입을 늘리지 않으면 무역과 통화 체제를 교란하는 것이다. 외국 정부들은 달러가 브레튼우즈 체제의 핵심이기 때문에 달러를 지원했다. 또한 그 체제가 어떻게 개혁 또는 대체되어야 하는지에 대한 컨센서스가 전혀 없었기 때문이기도 했다.

그러나 외국 정부들과 중앙은행들이 얼마나 오래 갈 수 있는가에는 한계가 있었다. 개혁의 불확실성이 지배적인 분위기에서 어느 누구도 브레튼우즈의 몰락을 환영하지 않았으나 그것을 지탱하기 위한 조치들이 더 이상 받아들여지지 않는 순간이 올 것이었다. 예를 들어, 독일연방은행에 의한 대량의 달러 매입은 독일인들에게 인플레이션 우려를 심었다. 독일이 외환 개입을 통해 달러를 지원하는 것은 중기적으로 독일 물가와 미국 물가의 동반 상승을 요구했다. 독일 입장에서 보면 미국의 인플레이션이 아직 과도하지 않았으나 그렇게 될 위험이 있었다. 특히 베트남전이 고조되면서 미국이 물가와 환율 안정의 목표를 다른 정책 목표에 부속시킨다면 인플레이션이 발생할 위험이 있었다. 그리고 해외 지원이 더 강력할수록 미국에게는 자신의 정책이 인플레이션과 국제 수지에 미치는 결과를 무시하려는 유혹이 더 강력해질 것이었다. 그것은 인플레이션에 대한 공포를 가지고 있던 독일에게, 그리고 자신의 군사적 모험에 대한 금융 지원을 다른 나라들이 거절한 기억을 갖고 있던 프랑스에게 더더욱 수용할 수 없는 결과였다. 협력이 IMF를 통하기보다 임시방편으로 이루어졌기에 효과적 여건을 마련하기가 더욱 어려웠다. 이 점 때문에 외국 정부들은 미국이 자신의 정책을 수정할 것이라고 확신할 수 없었다.

사실, 미국의 과도한 인플레이션, 통화 증가, 재정 적자는 그다지 심한 것은 아니었다.[72] 브레튼우즈 태환의 시기였던 1959년에서 1970년까지 미국 인플레이션은 평균 2.6%였으며 이는 그 어떤 G7 국가보다도 낮았다. M1으로 측정되는 통화 증가율은 1959년에서 1971년까지 G7의 어떤 나라보다도 낮았다.[73] 그리고 미국의 방만한 재정 정책에 대한 비판에도 불구하고 미국의 재정 적자는 이례적으로 많지 않았다.[74]

그러면 어떻게 미국의 부적절한 통화 정책과 재정 정책이 달러 인출 사태를 야기할 수 있었을까? 대답은 미국의 물가 상승률이 다른 나라들의 물가 상승률에 필적하는 것으로는 충분치 않았다는 것이다. 일단 전후 재건이 해결된 다음에는 유럽과 일본 같은 빈곤국들이 기술적 리더인 미국을 단순히 추종함으로써 미국보다 빨리 성장할 수 있었다. 그리고 낮은 소득에서 출발했던 고성장 국가들은 상대적으로 급격한 인플레이션을 감당할 수 있었다(GNP 디플레이터와 같은 지표로 파악할 수 있다). 소득이 오르면 생산성 증가 영역의 가장 작은 부분인 서비스의 상대 물가도 오른다(발라사-새뮤얼슨 효과Balassa-Samuelson effect로 알려져 있는 현상). 서비스 부문의 생산물은 국제적으로 교역되지 않았기 때문에 GNP 디플레이터에 나타난 서비스 부문의 상대적 가격 상승은 경쟁력을 약화시키지 않았다. 즉 미국보다 빠르게 성장했던 유럽과 독일은 물가 상승률이 높았던 것이다.[75] 예를 들어 일본의 인플

그림 4.3 실질 및 명목 일본 엔 환율(1950~1970년)

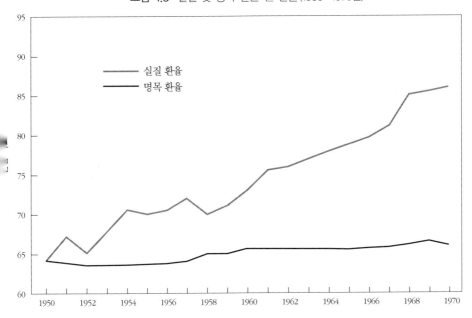

출처: Penn World Tables(Mark V), described in Summers and Heston 1991.
주: 실질 환율 지표는 11개 OECD 국가의 달러 물가 수준의 기하 평균geometric average에 의해 나눈 일본의 물가 수준이다.

레이션은 국제 기준에서 보면 브레튼우즈 시기 동안 높았었다(그림 4.3 참고).

　외국 중앙은행들은 미국으로 하여금 달러의 평가 절하를 강요하기보다 달러를 흡수함으로써 자신들의 물가 상승률이 계속 오르는 것을 허용했다.[76] 그러나 그 과정에는 한계가 있었다. 예를 들어 독일은 3% 이상의 인플레이션을 묵인하려 하지 않았다.[77] 따라서 달러 환율의 변화가 없는 상황에서 미국의 인플레이션은 3% 미만에 머물러야 했다. 독일은 마르크를 1961년과 1969년에 약간 평가 절상했으나 앞서 말한 이유 때문에 환율 변경은 꺼렸다. 환율 조정은 미국의 물가 상승률이

G7보다 낮도록 압박할 때만 일어났다.[78] 그리고 유동성 시장의 세계에서는 지속 가능한 정책에서 아주 조금만 이탈해도 위기를 촉발할 수 있다.[79]

1971년 봄, 달러에서 독일 마르크로 대량의 자금 이동이 일어났다. 독일은 인플레이션을 우려하여 개입을 중단하고 마르크가 절상되도록 방치했다. 네덜란드도 동참했다. 기타 유럽 국가들의 통화가 평가 절상되었다. 그러나 달러로부터의 이탈은 일단 시작되자 쉽게 가라앉지 않았다. 8월 둘째 주, 언론은 프랑스와 영국이 달러를 금으로 바꿀 계획이라고 보도했다. 8월 13일 주말에 닉슨 행정부는 금 창구를 폐쇄하고 공식적인 해외 달러 보유자들에게 35달러 가격 또는 그 어떤 가격으로도 금을 제공하는 정책을 중단했다. 미국은 다른 나라 통화의 평가 절상을 압박하기 위해 10% 관세를 부과함으로써 평가 절하의 곤혹을 면하려 했다. 미국은 IMF와 협의하기보다는 미국의 정책을 IMF의 국장들에게 기정사실로 통보했다.

이후 4개월에 걸쳐 산업 국가들은 국제 통화 체제의 개혁을 놓고 긴 협상을 벌여 워싱턴 스미스소니언 회담Smithsonian Conference에서 합의를 도출했다. 달러의 평가 절하는 유럽의 주장에 따라 완만하게 8%로 제한되었다. 상대 가격 변화의 나머지는 엔, 스위스 프랑, 독일 마르크, 베네룩스 통화의 평가 절상을 통해 이루어졌다. 변동폭은 1%에서 1.5%로 확대되었다. 미국의 수입 관세는 철폐되었다. 그러나 미국은 금 창구를 다시 열지 않았다. 환율 고정은 순전히 관련 정부들과 중앙은행들의 개입을 통해서만 유지 가능했다. 조정은 1971년 여름 유럽 통화들의 평가 절상이 얼마나 효과적이었나에 달려 있었다.

스미스소니언 합의가 "세계사에서 가장 중대한 통화 협정"이라는 닉슨의 선언에도 불구하고 본질적 변화는 분명히 일어나지 않았다. 닉슨의 선언은 돌이켜보면 아이러니였다. 트리핀 딜레마는 사라지지 않았다. 세계의 금 준비금에 대한 달러 가격은 오직 한계적으로만 marginally 상승했다. 유럽 통화들의 평가 절상은 미국의 수출 경쟁력을 개선했으나 다른 정책의 조율이 없는 조건에서 그 효과는 일시적이었다. 미국의 정책은 여전히 너무 팽창적이어서 달러를 외국 통화에 고정시키는 것과는 부합할 수 없었다. 총 통화량은 1972년 미국 선거가 임박하면서 6% 이상으로 증가했다. 한번 평가 절하된 달러였기 때문에 또다시 절하될 수 있다는 것을 의심할 이유가 없었다.

영국 수상 에드워드 히스Edward Heath의 인플레이션 정책으로 촉발된 스털링에 대한 또 다른 공격으로 인해 영국은 파운드를 1972년의 스미스소니언 변동폭으로부터 이탈시켜야 했다. 이는 마지막으로 향하는 수순이었다. 1973년 초 달러로부터의 이탈은 스위스 등의 국가들로 하여금 변동 환율을 취하게 했다. 주요 유럽 통화에 대해서는 10% 그리고 엔에 대해서는 더욱 큰 폭으로 이루어진 달러의 제2차 평가 절하가 협의되었으나 근본적 불균형이 해소되었다고 시장에 확신을 주지는 못했다. 달러 매각이 다시 시작되었고 이번에는 독일 및 독일과 거래하는 유럽경제공동체의 국가들이 합세하여 자신들의 통화를 절상했다. 브레튼우즈 국제 통화 체제는 종식되었다.

브레튼우즈의 교훈

1941년에 케인즈는 이 장의 도입부에서 인용된 글에서 자동적 국제 수지 조정 기제가 존재한다는 주장을 "교조적 망상"이라고 일축했다.

처음은 아니었지만 대단한 선견지명이었다. 그러한 기제가 한때 존재했던 것은 분명하다. 전전의 금본위제하에서는 한 나라가 국제 수지 적자를 겪으면 가격-정화 플로우 메커니즘, 즉 적자는 통화와 신용 총량을 축소하고 수입 수요를 억제하여 대외 계정의 균형을 되찾는다는 기제가 자동적으로 작동했다. 수입 수요의 감소는 물론 대량의 금 유출이 아니라 높은 할인율과 기타 긴축 정책에 의한 것이었다. 이것을 자유방임laissez-faire이라고 할 수 없다고 한 케인즈의 말은 맞다. 조정 기제는 중앙은행의 관리에 의존했고 정치적 조건에 달려 있었다.

경상 계정 태환이 1958년 말 회복될 당시 그러한 기제가 아직 존재한다는 것은 망상이었다. 변화된 정치적 조건은 중앙은행들과 정부들이 긴축 재정으로 국제 수지 적자를 해소하는 것을 어렵게 만들었다. 1950년대에 대체 수단으로 발전한 자본 통제는 자본 이동 속도를 조절했지만, 이는 언제나 일시적인 것으로 여겨졌다. 속도 조절은 경상 계정 태환의 회복, 자본 통제를 점점 더 어렵게 만들었던 유럽 시장의 발전 및 기타 금융 혁신의 발전에 의해 무효화되었다.

이로써 이제 불균형 해소로 남은 것은 기준 환율의 조정뿐이었다. 그리고 이러한 것은 브레튼우즈 협정이 막아보려 했던 것이었다. 협정문 조항은 예측적 조정을 억제했다. 그것은 정부로 하여금 환율 변화가 고려되었다는 것을 부정하도록 강요했으며 평가 절하된다면 고통을 경험하게 했다. 1960년대 국제 자본 이동이 증가하자 갈등은 첨예해졌다. 정부가 평가 절하를 고려한다는 것은 투기꾼의 공격에 자신의 통화를 노출시키는 것이었다. 한번 절하하려는 의지가 드러나면 디플레이션 정책을 쓰기는 어렵다는 점이 감안되어 또다시 평가 절하할 것이란 예측을 낳았다. 이는 아예 평가 절하를 거부하게 만들었다.

사용 가능한 조정 기제가 부적절하고 고도의 자본 이동이 가능한 상황에서 고정 환율 체제의 운용이 대단히 어렵다는 점은 브레튼우즈의 첫째 교훈이다.

이 체제가 작동했다는 점은 그 체제를 지탱하는 국제 협력이 있었다는 것을 증명한다. 이는 브레튼우즈의 두 번째 교훈이다. 외국의 지원이 체제의 안정성이 위협받을 때로 한정되었던 19세기 말과는 달리, 정부들과 중앙은행들 간의 협력은 계속되었다. 국제 협력은 미국, 서유럽, 일본이 냉전 시대 동맹이었던 조건에서 발생했다. 다른 나라들은 미국이 방위 부담의 많은 몫을 짊어지는 대신 달러와 브레튼우즈 체제를 지원했다. 브레튼우즈의 세 번째 교훈은 그러므로 고정 환율 체제의 지지를 위한 협력은 정치적·경제적 협상이 서로 거미줄처럼 얽힐 때 가장 확대되었다는 것이다.

그러나 유럽과 일본이 갈 수 있는 데에는 한계가 있었다. 동남아시아에서의 미국의 군사 지출은 나토 관련 지출에 비해 선호도가 낮았다. 독일과 기타 산업국들은 달러의 지지가 자국의 물가 안정과 기타 경제적 목표를 위협하게 되자 강한 의구심을 표명했다. 19세기 국제 협력은 정부들이 자신들이 금 평가를 방어하려는 데 일차적 목표를 두었다는 것을 의심할 이유가 없었기 때문에 가능했고 그 필요성은 제한적이었다. 궁극적으로 정부들과 중앙은행들은 조정을 위한 조치를 취하려 했으며 이는 외국 지원의 필요를 제한했다. 반대로 브레튼우즈 체제하에서는 조정이 일어날 것이라는 것에 대해 의심할 이유가 있었다. 협력은 확대되었지만 억지적 한계에 도달했다. 정치화된 환경에서 그러한 한계의 불가피성은 브레튼우즈의 네 번째 교훈이다.

GLOBALIZING CAPITAL

5장

브레튼우즈 이후

그것은 우리의 통화이나 너의 문제이다.

미국 재무부 장관 존 코널리John Connally

1973년 브레튼우즈 국제 통화 체제의 붕괴는 심지어 1925년의 금본위
제 복원이나 1958년의 태환 회복보다도 국제 통화 문제를 더 많이 변
화시켰다. 중앙은행들과 정부들이 통화 정책으로 알려진 도구를 인식
한 이래 환율의 안정은 통화 정책 최대의 목표였다. 통화 정책은 전
쟁, 재건, 공황 등의 예외적이고 제한적 시기를 제외하면 환율을 고정
시키는 데 사용되었다. 그러나 1973년 통화 정책은 이러한 고삐로부
터 떨어져나갔고 환율은 자유로이 변동하게 되었다.

이러한 전환은 국제 자본 이동의 결과였다. 브레튼우즈 시기 동안
자본 통제는 통화 정책을 다른 목표에 써야 할 필요성을 느낀 정부로
하여금 국제 수지의 압박으로부터 절연해주었다. 자본 통제는 조정
가능한 고정 환율을 질서 정연하게 조직할 여지를 제공했다. 정책 결
정자들은 국제 자본 이동의 불안정한 파고를 일으키지 않고 기준 한
율의 변화를 고려할 수 있었다. 그러나 시간이 지나면서 통제의 효과
는 침식되었다. 국제 금융 시장과 무역이 공황과 전쟁의 혼란에서 회

복되는 것이 일시적으로 지연되긴 했으나, 1960년대에 들어서는 잘 진행되고 있었다. 경상 계정 태환이 재개되자 외환의 매입과 매도가 경상 거래와 관련된 것인지 자본 거래와 관련된 것인지를 구분하는 것이 점점 어려워졌다. 시장 참여자들은 국제 자본 이동의 장애물을 우회하는 새롭고 영민한 방법을 찾아냈다.

이러한 보호막이 벗겨진 정부들과 중앙은행들은 조정 가능한 고정 환율의 작동에 문제가 많다는 것을 점점 알게 되었다. 기준 환율을 바꾸려 한다는 단순한 힌트만 돌아도 그 나라는 대대적인 자본 유출을 겪었기 때문에 관리들은 그러한 변화를 감히 고려하지 못했다. 환율을 방어하는 것은 국제 수지 문제가 고정 환율에 압력을 가하는 것을 막지 못했다. 혹은 지속 불가능하다고 판단한 고정 환율에 시장이 도전하는 것도 막지 못했다. 고도의 자본 이동의 세계에서 환율의 방어는 전례가 없는 외환 시장 개입과 국제적 지원을 필요로 했다. 이 같은 규모의 해외 지원은 다른 나라들이 국제 수지 불균형을 제거하려는 정부의 의지나 능력을 의심하면 연장해주길 꺼리는 것이었다.

조정 가능한 고정 환율에 대한 대안은 양 극단, 즉 완전 변동 환율과 영구 고정 환율이었다. 미국이나 일본과 같은 큰 나라들은 국제 거래의 중요성이 아직 제한적이었기 때문에 변동 환율제를 선택했다. 그들에게 변동 환율제의 불확실성은 유쾌하지는 않지만 견딜 만했다. 작고 개방된 나라, 특히 금융 시장이 취약한 개발도상국의 경우 완전 변동 환율제는 더 변덕스럽고 혼란스러웠다. 그들은 다른 대안, 즉 고정 환율을 선택했다. 개발도상국들은 주요 교역 상대국들에 환율을 고정시키기 위해 자본 통제를 강화했다.[1] 이례적으로 역내 무역이 중요하고 **공동 농업 정책**Common Agricultural Policy(CAP)이 변동 환율에 의해 붕괴될 수 있었던 서유럽 국가들은 자본 통제를 하는 한편 통화를 서로 고정시키는 방식을 취했다. 그들은 집단적 고정 환율을 지탱하는 데 필요한 국제 협력을 구조화하는 새로운 제도를 창출했다.

그러나 시계를 거꾸로 돌릴 수는 없다. 통신과 정보 처리 기술의 발전으로 인한 금융 시장의 지속적 발전은 국제 금융 이동을 제어하려는 시도를 무력화했다. 그렇게 하는 것은 어려울 뿐 아니라 비용도 점점 많이 들었다. 경쟁적 금융 중심지의 발전과 더불어, 강력한 자본 통제 정책을 썼던 국가들은 금융 비지니스를 해외 시장에 빼앗길 위험에 직면했다. 자유화하지 못한 개발도상국들은 해외 투자로부터 외면당할 위험에 처했다. 자유화는 불가피했고, 고정 환율제를 고수하는 것은 더욱 난망해졌기 때문에, 점점 많은 개발도상국들은 변동 환율제를 실시하게 되었다.

형태는 변형되었으나 동일한 현상이 유럽에서도 분명히 나타났다. 서유럽의 상호 의존 경제들은 반복적으로 집단적 고정 환율제의 운용을 모색했다. 1970년대 유럽 스네이크 제도European Snake로 알려진 방식에서 그들은 스미스소니언 협정의 2.25% 변동폭을 유지하려 했다. 1980년대에 그들은 유럽 통화 제도European Monetary System(EMS)를 만들어 환율 변동폭을 제한하고자 했다. 그러나 1980년대 말 자본 통제가 없어지면서 EMS는 점점 작동하기 힘들어졌다. 기준 환율의 질서 정연한 변화는 거의 불가능했다. 유동성 시장과 높은 자본 이동의 세계에서 효과적 지원은 사실상 무제한 지원을 의미했기 때문에 강세 통화 국가들은 약세 통화 국가들을 지원하려 하지 않았다. 유럽에서 주권 통화 당국들의 국제 협력에 대한 한계는 분명했다. 그때 일련의 위기는 유럽공동체European Community(EC) 회원국들로 하여금 1993년

EMS의 변동폭을 2.25%에서 15%로 넓히도록 했다.

다른 선택지는 고정 환율제를 한층 강화하는 것이었다. 홍콩, 버뮤다, 케이먼 제도가 그리고 더 최근에는 아르헨티나, 에스토니아, 리투아니아, 불가리아가 실질적으로 **통화위원회**currency boards를 설치하여 페그를 강화했다. 그들은 의회 입법 혹은 헌법 수정을 통해 정부나 중앙은행이 자국의 통화를 교역 상대국의 통화에 고정시키도록 만들었다. 헌법에 의해 환율을 고정시켜야 하는 통화 당국은 다른 조치를 취하도록 하는 정치적 압력으로부터 절연되었고 시장의 신뢰를 향유했다. 통화위원회의 문제는 통화 당국이 최종 대부자로서의 역할을 심지어 19세기 금본위제하에서보다 더 제한받는다는 점에 있었다. 통화위원회는 특별한 상황의 나라들에게만 매력적이었다. 그들은 전형적으로 아주 작은 나라들이었고 은행들은 해외 기관과 밀접히 연결되었으며 따라서 해외 지원을 기대할 수 있었다. 그들은 특히 저발전된 금융 시장을 갖고 있거나 아니면 특히 심각한 인플레이션의 역사를 가지고 있었다.

고정 환율제를 강화하는 또 다른 방법은 통화 동맹을 결성하는 것이었다. 비록 우회로이긴 했지만 유럽공동체 회원국들이 추구했던 길이었다. 1991년 그들은 통화 정책을 책임질 **유럽중앙은행**European Central Bank(ECB)을 만들어 불가역적인 환율 고정을 추진하고 각국 통화를 하나의 단일한 유럽 통화로 대체한다는 안을 채택했다. 다른 지역들이 유럽의 예를 따라 할 수 있을 것인가는 기다려봐야 한다. 분명한 것은 비공식적 고정 환율 또는 조정 가능한 고정 환율은 더 이상 실현가능한 정책이 아니라는 점이다. 대부분의 경우 통화 동맹에 대한 유일한 대안은 더욱 자유로운 변동 환율제였다.

1970년대의 변동 환율제

브레튼우즈 체제의 붕괴 이후 변동 환율제로의 이행은 암흑 속에서의 도약이었다. 관료들, 특히 구체제에 깊이 관련된 IMF와 같은 조직의 관료들은 도약하고 싶지 않았다. 그들은 떠밀려갔다. 1972년 7월 IMF의 이사국 정위원들은 IMF 상임이사에 의해 대표되는 20개국 그룹으로 구성된 20개국 위원회Committee of Twenty(C20)를 설치하여 기준 환율 체제를 개혁하는 제안서를 준비토록 했다.[2] 그들의 "그랜드 디자인Grand Design"은 현실과는 괴리되었고 조정 가능한 고정 환율의 유지를 가정하고 국제 준비금의 제공과 조정을 장려하는 수단에 집중했다. 이 제안서 작업은 1973년 각국 통화가 스미스소니언 변동폭에서 벗어나고 조정 가능한 고정 환율제가 폐지된 후에도 계속되었다.

유럽인들과 일본인들은 기준 환율의 회복을 희망한 반면, 미국은 달러에 대한 반복적 공격을 겪은 후(특히 조지 슐츠George Shultz가 존 코널리 후임으로 재무부 장관에 취임한 후) 변동 환율제의 유지로 기울었다. 미국인들은 흑자를 달성하려는 유럽 국가들이 문제라고 보았고, 해결책은 일련의 "준비금 지표"를 통해 정부들이 교정 조치를 취하도록 만드는 것(케인즈 안의 영향)이라고 보았다. 흑자 국가들, 특히 독일은 인플레이션 정책을 취하라는 압력에 굴복하지 않으려 했다. 그들은 대량의 달러 대기 물량을 매입하는 데 IMF 재원을 사용하는 것에 반대했다. 이 같은 장애물을 극복하지 못한 C20 국가들은 1974년 자신들의 "그랜드 디자인"을 포기해야 했다.

이에 IMF 회원국들은 변동 환율을 합법화하는 협정문의 2차 수정을 모색했다. 30년 전 브레튼우즈에서 일군의 국가들은 통화 체제의 운명을 자신들의 손아귀에 쥐고 있었다. 그리고 동일한 현상이 재현되었다. C20 과정이 실패한 후, 불운한 스미스소니언 협정을 주도했던 G10이 과업을 이어받았다. IMF는 과도위원회Interim Committee라는 아이러니한 이름의 위원회를 설치했다(그 위원회는 30년 넘게 존립했다는 점에서 아이러니하다). 가장 중요한 포럼은 미국, 일본, 프랑스, 독일, 영국의 재무부 장관과 일부 초대 손님으로 구성된 G5 회의였다.

프랑스인들은 고정 환율제와 준비 통화 국가들이 자신들의 수입 이상으로 생활하는 것을 방지하는 체제를 옹호했다. 그들은 달러를 가지고 대외 채무를 결제하는 미국의 과도한 특권을 제한하려 했다. 미 재무부 장관 슐츠와 재무부 차관 폴 볼커Paul Volcker는 미국 정책이 중대하게 제약받지 않도록 환율의 변동폭이 충분할 때만 그리고 위반 시 평가 절상이나 조정 부담을 흑자국들이 공유하도록 하는 지표에 참여국들이 합의할 때만 달러 안정을 고려할 것이라고 말했다. 브레튼우즈에서 취했던 입장이 이렇듯 뒤바뀐 것은 각국의 변화하는 국제 수지 문제를 반영한 것으로, 세간의 주목받았다.

프랑스는 미국의 강력한 저항을 깨달은 후 1975년 랑부예Ramboui-llet 정상 회의에서 미국의 체면을 고려하여 '안정 환율' 체제system of stable rates라기보다는 환율의 '안정 체제'stable system of exchange rates에 합의했다. 이 양보는 협정문의 2차 수정의 물꼬를 텄고 이는 1978년에 효력을 발휘했다. 2차 수정은 변동 환율제를 법제화했고 금의 특별 지위를 폐지했다. 그것은 안정적 경제 여건을 조성하고 IMF로 하여금 회원국 정책을 감독하게 함으로써 회원국들이 안정적 환율을 조성하도록 했다.

새로운 체제의 운용에 대한 예측하는 것은 아주 다양했다. 브레튼우즈를 비판했던 프랑스의 자크 뤼에프Jacques Rueff는 기준 환율의 붕괴가 외환 준비금의 청산과 대공황을 악화시켰던 것과 같은 금에 대한 디플레이션을 촉발할 것이라고 예측했다.[3] 이러한 시각은 전환기에 있었던 학습을 무시했다. 정부들과 중앙은행들은 1930년대의 경험에서 환율 제약이 완화되면 시장이 아니라 정책 결정자들이 통화 공급을 통제할 수 있다는 점을 배웠다. 사실 그들은 이 교훈을 너무 잘 배웠다. 그들은 재정 적자와 석유 수입 대금을 지불하기 위해 조폐 기계를 가동했다. 1970년대의 문제는 뤼에프가 걱정하던 디플레이션이 아니라 인플레이션이었다.

그리고 변동 환율의 행태에 관한 예측은 합의를 이루지 못했다. 일부는 기준 환율의 붕괴가 일방적 투기 및 지속적 불균형을 제거했다고 믿었다. 변동 환율은 균형 수준에 안착하여 거기서 벗어나지 않을 것이다. 반대 입장은 세계가 금융 혼란과 불안정의 위험한 시대에 돌입할 것이라고 보았다.

오늘날 우리는 두 시각 모두 지나친 것임을 안다. 변동 환율제하에서 명목 환율과 실질 환율은 통화가 고정될 때보다 그리고 변동 환율제를 옹호하던 학자들이 예측한 것보다 더 많이 변동했다. 명목 환율은 종종 한 달에 2~3% 차이로 변했다. 환율의 가변성은 상대적 통화 공급과 기타 경제적 펀더멘털의 변화보다 심했다.[4] 실질 환율은 거의 비슷하게 변동했다(그림 5.1과 5.2 참고). 그러나 변동 환율에 반대하던 사람들이 예측했던 혼돈은 아니었다.

처음에는 회의론자들이 옳은 것 같았다. 변동 환율제가 시작된 지 6개월 만에 달러는 독일 마르크에 비해 30% 하락했다. 그러나 그 후로는 안정되었다. 달러 하락의 많은 부분은 과거의 과대 평가를 제거

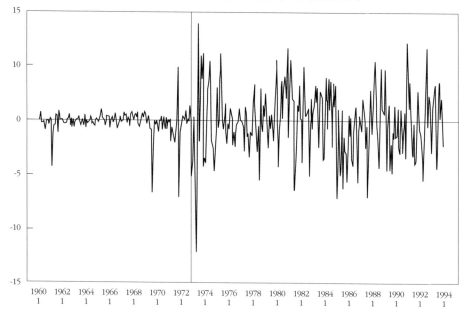

그림 5.1 독일 마르크-미국 달러 실질 환율에서 월별 변화
(1960년 2월~1994년 3월, 상대 도매 물가에서 월별 % 변화)

출처: International Monetary Fund, *International Financial Statistics*, 각 연도.

하는데 필요했다. 환율의 장기 이탈misalignment은 불평의 대상이었
으나 변동 환율제 비판론이 두려워한 만큼 심각하지 않았다(용어 해설
의 이탈 통화misaligned currency 참고). 스털링은 1976년에 과소 평가되어 있
었고 달러는 1978년에 과대 평가되어 있었다. 과소 평가되었던 엔은
1977~1979년에 과도하게 절상되었다. 그러나 이 통화들 중 어느 것
도 1980년대 중반의 달러만큼 심각하게 경제적 펀더멘털로부터 이탈
하지는 않았다. 이 현상은 이 나라들의 경제가 1970년대 두 차례의
석유 위기와 기타 상품 가격 불균형에 의해 타격을 입었던 상황을 고
려하면 선방한 것이었다.

그림 5.2 일본 엔-미국 달러 실질 환율에서 월별 변화
(1960년 2월~1994년 3월, 상대 도매 물가에서 월별 % 변화)

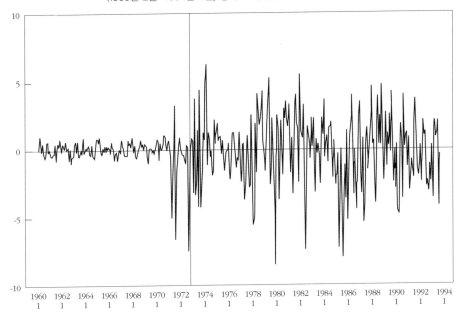

출처: International Monetary Fund, *International Financial Statistics*, 각 연도.

1970년대 동안에 1980년대식의 이탈이 없었던 것은 두 가지 요인을 반영했다. 첫째, 정부가 외환 시장에 개입했다는 것, 그리고 둘째, 1980년대 초 미국 정책과는 대조적으로 통화 정책과 재정 정책을 미리 염두에 둔 환율에 따라 조정하려 했다는 사실이다. 캐나다 달러, 프랑스 프랑, 스위스 프랑, 리라, 엔, 스털링 등은 적극적으로 관리되었다. 개입은 시장의 양쪽에서 일어났다. 개입은 약세 통화를 지원하고 강세 통화의 상승을 제한했다. 예를 들어, 일본중앙은행Bank of Japan은 1973~1974년에는 엔을 방어하기 위해 그리고 1975~1977년에는 엔화 상승을 막기 위해 개입했다.

달러/마르크 환율에 대한 개입은 경미했다. 1977년 동안 개입은 소폭이었다. 변동 환율제의 처음 2년 동안 연방준비제도는 추세에 영향을 주지 않고 일일의 변화를 완만히 하는 데 그 역할을 한정했다. 그러나 달러가 1975년 3월을 끝으로 6개월 동안 마르크 대비 11% 넘게 하락했을 때 연방준비제도는 독일연방은행과 스위스중앙은행의 마지못한 지원을 받으면서 공동으로 개입했다. 한동안 중앙은행들의 개입은 달러의 하락을 막았다. 그러나 1977년 카터 행정부의 수요 촉진 정책으로 인해 미국에서 인플레이션이 가속화하리라 예상되면서 달러는 다시 하락했다.

이번에는 독일연방은행이 미국 재무부의 외환 안정화 기금Exchange Stabilization Fund에 특별 신용을 제공하는 데 동의했다. 독일연방은행과 연방준비제도 간의 외환 스왑 라인은 두 배가 되었다. 1977년 처음 3분기 동안 제공된 20억 마르크는 이후 2분기 동안 170억 마르크 이상으로 늘었다.[5] 달러는 한동안 회복되었다. 1978년 후반에 달러가 다시 약화되었을 때 두 중앙은행은 170억 마르크의 개입에 착수했다.[6]

이러한 개입 작전의 성공에 결정적이었던 것은 비록 제한적이지만 국내 정책 조정이었다. 확실히 국내 정책은 계속해서 목표 환율의 방향으로 향하지 않았다. 1977년 초에 취임한 카터Carter 행정부의 거시경제적 촉진 정책은 인플레이션 효과가 달러를 약화시킬 것이라는 점을 충분히 인지한 상황에서 취해졌다. 미국은 다른 국가들도 더욱 팽창적인 정책을 취해 통화 불안정이 제한적이길 바랐다. 일본과 유럽 국가들은 통화 문제가 복잡해지는 것을 알았으나 인플레이션을 우려하여 동참하길 거부했다.

그러나 통화 변동이 통제 불가능하게 되자 타협이 이루어졌다. 자세한 것은 1978년 7월의 본 정상 회의Bonn Summit에서 다루어졌다. 지미 카터 행정부는 임금과 공공 지출을 억제하는 인플레이션 억지 정책을 발표했다. 미국은 국내 유가를 국제 수준으로 인상하는 데 합의하고 유럽과 일본의 관점에서 볼 때 달러 하락에 책임이 있는 대외 적자를 악화시켰던 불균형을 제거했다. 이에 대해 유럽과 일본은 통화 팽창정책에 동의했다. 일본 수상 후쿠다 다케오는 1978년 GNP의 1.5%만큼 정부 지출을 늘리는 추가 예산을 제출했다. 일본 당국은 1978년 3월 할인율을 전에 없던 3.5%로 인하했다. 독일은 1979년 국내 수요를 약 1% 늘리는 데 충분할 만큼 연방 정부 지출을 늘리고 세금을 인하하는 데 동의했다. 프랑스 정부 역시 비슷한 정책에 동의했다. 퍼트넘Putnam과 헤닝Henning의 표현에 의하면 "주목하건대, 본 정상 회의의 공약은 실질적으로 실현되었다."[7] 이와 같은 협조적 정책 조정은 환율을 안정시키기에는 너무 완만했으나 주요 통화들이 더 이상 서로 어긋나지 않도록 했다.[8]

정부들은 어떻게 국내 정책 목표와 환율 안정의 필요성을 조화시켰는가? 사실 두 가지 목표가 언제나 상충하는 것은 아니었다. 본 정상 회의에 참가한 모든 나라에는 국내 목표상 환율을 통제하는 데 필요한 정책 변화를 선호한 강력한 세력이 존재했었다. 그리고 갈등이 발생하면 정부들은 국내 정책 자율성과 통화 안정 간의 상충 관계를 완화하기 위해 자본 통제에 의존했다. 1977~1978년 독일 정부는 인플레이션 정책에 대한 대안으로서 자본 유입과 마르크화 상승을 막기 위해 비거주민이 특정 등급의 독일 채권을 매입하지 못하게 하고, 비거주민이 독일의 은행에 맡긴 예금에 대한 준비율을 인상했다. 일본 정부는 1973~1974년 자본 유입을 장려하고 유출을 억제하기 위해 자본 통제를 수정함으로써 엔을 방어했다.[9] 1977년 일본 정부는 대부분의 비거주민 예금에 대해 50%의 준비율을 부과했고 1978년에는 이를 100%로 상향하고 외국인이 장외 거래에서 국내 증권을 매입하는 것을 금지했다.

독자들은 1970년대가 만족스런 시기였다는 생각으로 끝나서는 안 된다. 변동 환율제로의 이행으로 명목 및 실질 환율은 과거보다 더욱 변동이 심했다. 이 같은 대조는 엔/달러와 마르크/달러 환율에서 분명했다(다시 그림 5.1과 그림 5.2 참고). **실질 환율**real exchange rate의 월간 동향은 전에 비해 높았을 뿐만 아니라 일방향의 움직임이 지속되었다. 그러나 이 같은 문제들이 아무리 심각하더라도 1980년대에 일어났던 달러의 극적인 이탈만큼 심각하지는 않았다. 1970년대에서 다른 점은 보다 협조적인 개입, 보다 적극적인 자본 통제의 사용, 그리고 외환 시장의 목표에 정책을 조율하려는 보다 강력한 의지에 있었다.

1980년대의 변동 환율제

세 가지 사건이 1970년대 말의 국제 통화 체제를 변환시켰다. 하나는 유럽 통화 제도의 등장이며 이는 나중에 논의할 것이다. 다른 둘은 미국 정책과 일본 정책의 입장 변화이다.

어느 나라도 일본만큼 외환 시장 개입에 적극적이지 않았다. 일본은 독일처럼 2차 세계 대전 후 급격한 인플레이션을 겪었고 물가 안정을 위해 명목 기준 지표nominal anchor를 중요하게 생각했다. 일본은 수출 의존도가 높은 나라였기 때문에 평가 절상에 강력하게 저항했

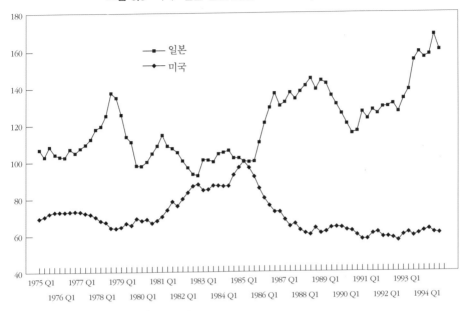

그림 5.3 미국 - 일본 실질 환율(1975~1994년, 1985년=100)

출처: International Monetary Fund, *International Financial Statistics*, 각 연도.

다. 그 징후는 닉슨Nixon이 1971년 4월 금 창구를 폐쇄한 후에도 일
본중앙은행이 엔을 계속해서 1946년에 설정된 달러당 360엔에 고정
하려는 정책에서 나타난다.[10] 그러나 2주 후 일본중앙은행은 엔이 달
러당 308엔으로까지 상승하는 것을 허용해야 했으며 이는 스미스소니
언 협정 이후의 환율로 되었다. 1973년 2월 스미스소니언 합의가 깨
졌을 때 엔은 다시 또 변동되어야 했다. 처음에 개입은 엔을 협애한
교환 범위 안에 묶고자 했다. 그러나 제1차 석유 위기가 발생하자 환
율은 더욱 큰 폭으로 변동하도록 용인되었다(그림 5.3 참고).

　더 유연한 정책으로의 전환은 국제 통화 체제에 중대한 함의를 주
었다. 1970년대에 들어 일본 경제의 괄목할 성장이 있은 후 엔의 수준

은 다른 나라들에게 쟁점거리가 되었다. 일본 정부가 외환 시장에서 계속해서 선택적으로 개입하는 동안 달러/엔 환율의 행태는 달러/마르크 환율을 닮아갔다. 그것은 시간이 갈수록 점점 시장의 힘에 의해 결정되었고 큰 폭으로 변동하도록 허용되었다.

미국도 더 큰 환율 유연성을 향해 나아갔다. 미국의 우선순위에 대한 일말의 의심이라도 존재했다면, 그것은 1979년 연방준비제도이사회 의장으로 선출된 폴 볼커의 등장과 1980년 로널드 레이건Ronald Reagan 대통령의 당선으로 사라졌다. 볼커는 금리 상승을 허용했고 통화 공급의 증가를 두 자리 수의 인플레이션을 하락시키는 데 필요한 수준으로까지 떨어뜨리려 했다. 1970년대에 유명해진 돈부쉬Dornbush의 환율 결정 모델은 환율이 인플레이션과 통화 증가에 따라 장기적 균형 수준을 넘어설 수 있다는 것을 제시했다.[11] 실제로 이것이 발생했다. 독일과 일본이 환율 타게팅 정책을 포기하자 1980~1982년 동안 달러는 명목가치가 29% 그리고 실질가치는 28% 상승했다.

레이건 정부는 이어서 개인 소득세 감면을 실시했다. 물가 상승에 따른 세율 조정을 실시하고 군비를 늘렸다. 재정 적자가 증가하자 미국 금리가 인상되어 1983~1984년의 외국과의 금리차는 1981~1982년에 비해 1% 포인트 많았다. 제프리 프랭켈Jeffrey Frankel이 말한 것처럼 "교과서는 이러한 미국 금리 인상을 설명하는 데 별 어려움이 없었다."[12] 달러 가치의 상승 역시 동일하게 설명된다. 외국 자본이 높은 금리를 노리고 미국으로 들어와 달러의 가치는 더욱 높아졌다.

처음에 이러한 극적인 달러의 상승은 별 다른 정책 변화를 유발하지 않았다. 미국에서 증세, 정부 지출 삭감, 또는 금리를 인하하여 달러를 해외 투자자에게 덜 매력적으로 만들기 위한 연방준비제도의 정책 변화 등은 나타나지 않았다. 볼커 의장은 아직 인플레이션을 잡는 데 정책 우선순위를 두고 있었다. 재무부 장관인 도널드 리건Donald Regan은 환율은 시장에 맡기는 것이라고 믿었다.

1983~1985년 달러의 상승은 환율의 장기 이탈을 바로잡기 위한 거시 경제 정책 공조의 필요성을 높였다. 그러나 1980년대에도 이전 시기와 마찬가지로 지적 논쟁은 협력을 불가능하게 만들었다. 미국의 재무부 차관 베릴 스프링켈Beryl Sprinkel 같은 정책 결정자들은 통화 공급의 안정적 증가는 물가와 환율을 안정시킨다는 통화주의적 입장을 견지했다.[13] 그들은 달러의 강세가 재정 적자와 고금리가 만든 구축 효과*를 반영한다는 것을 부정하고 행정부가 인플레이션을 잡는 데 성공했기 때문이라고 주장했다.[14] 이 같은 입장에서 외환 개입은 부적절했을 뿐 아니라 이론상 환율은 시장에 의해 효율성 극대화 수준으로 이동하기 때문에 불필요했다.

유럽인들과 일본인들은 여전히 환율 안정을 보다 중요하게 생각했다. 그들은 역사적 이유로 인해 개입과 협력에 신뢰를 두었고 재정 적자와 고금리가 환율 이탈의 근원이라는 경제 모델을 신봉했다. 그러나 그들이 정책의 조화를 아무리 바람직하게 보더라도 협력을 하려면 역시 미국 측의 정책 교정이 필요했다.[15] 유럽인들은 자신들 외에는 믿을 것이 없게 되자 유럽 통화 제도를 만들었고 일본인들은 가장 확실한 수출 경쟁력을 확보했다.

그림 5.4는 미국 금리와 해외 금리의 차가 1984년 상반기 달러의 상승과 밀접하게 같이한다는 것을 보여준다. 그러나 6월 이후 달러는

---

* 정부의 재정 지출 확대가 금리를 상승시켜 민간 투자를 위축시키는 효과.

그림 5.4 미국 달러 실질 환율과 장기 금리차(1973~1994년)

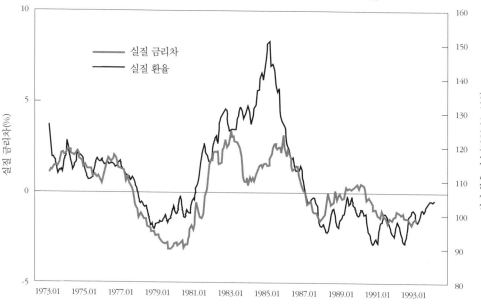

출처: International Monetary Fund, *International Financial Statistics*, 각 연도.

주: 실질 환율은 기타 G7 국가들의 소비자 물가의 교역량 가중 평균 대비 미국 소비자 물가 지수이다. 실질 금리는 장기 국채 수익률에서 인플레이션의 24개월 이동 평균을 뺀 값이다. 금리차는 실질 미국 금리에서 기타 G7 국가 실질 이자율의 가중 평균을 뺀 값이다.

금리와 거시 경제적 펀더멘털로 설명할 수 없는 지경으로까지 상승했다. 미국 금리 프리미엄은 하락하기 시작했지만 달러는 계속 상승하여 1985년 2월 추가로 20%까지 상승했다.

넓게 투기 버블로 해석되는 이 같은 움직임은 외환 시장에 개입하지 않으려는 레이건 행정부의 저항을 무너뜨렸다.[16] 1985년 9월 뉴욕시 플라자 호텔에서 있었던 비밀 회의에 모인 G5 재무부 장관들과 중앙은행 총재들은 달러의 하락에 합의했다. 그들은 강한 달러로 인해 미국 교역재 생산업자들이 입은 피해 때문에 미국 의회가 보호주의적 법안을 통과시키는 것을 막자는 데 의견을 같이했다. 레이건 행정부로서는 의회의 보호주의가 자신들이 구상하는 탈규제와 자유화 아젠다를 위협한다고 보았다. 일본과 유럽은 보호주의가 미국 시장에의 접근을 봉쇄하는 것으로 보았다. 5개국 정부는 공동 성명을 통해 "달러를 제외한 통화들의 질서 정연한 평가 절상"(달러의 하락을 의미하는 정치인들의 전형적으로 무미 건조한 표현 방식)과 이를 위해 협력할 준비가 돼 있음을 밝혔다.

플라자 합의Plaza communiqué가 발표되던 날, 달러는 엔과 마르크 대비 4% 하락했고 이후에도 계속 하락했다. 그러나 통화 정책과 재정 정책의 변화에 대해서는 아무 논의가 없었고 아무 조치도 취해지지 않았다. 일부에서는, 6개월 전 이미 하락을 시작했다는 사실과 함께 플라자 합의는 별 의미 없었고, 달러의 하락은 지속 불가능한 수준에서 단순히 풀려버린 것일 뿐이라고 결론 내렸다. 이와 반대되는 입장은 플라자 합의와 그 후 취해진 개입이 정책 전환의 임박을 알렸으며 환율을 안정시키는 방향으로 정책을 조정하겠다는 새로운 의지라고 보았다.[17] 이러한 주장은 사실 달러가 플라자 합의 이전에 하락을 시작했다는 사실과 타협 가능하다. 몇 달 전(1984년 대통령 선거 이전), 좀 더 실용적이고 개입주의적인 제임스 베이커James Baker와 리처드 다먼Richard Darmen이 도널드 리건과 베릴 스프링켈을 대신해 신임 재무부 장관 및 차관으로 입각했는데 이는 새로운 정책의 임박을 시사했다. 1985년 1월 G5 회의에서 개입이 합의되었으며 독일연방은행은 적극적으로 개입했다(그림 5.5 참고). 이 모든 것은 개입과 협력이 실제로 달러 상승을 막는 데 역할을 했다는 것을 보여준다.

달러는 일단 하락하자 급속히 그 가치를 상실했다. 미국은 1980년

그림 5.5 독일 마르크-미국 달러 시장에서의 독일연방은행의 개입
(1983~1994년, 10억 독일 마르크)

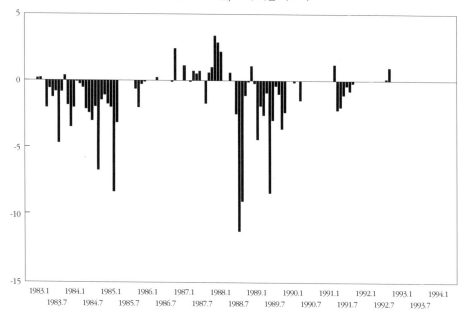

출처: Deutsche Bundesbank, *Annual Reports*, 각 연도.
주: 양의 증가분은 미국 달러를 대신하여 독일연방은행 개입을 나타낸다.

대 초 대외 적자로 인해 해외 순자산을 잃었다. 더욱 약해진 무역외 계정을 보전하기 위해 더 낮은 환율이 필요했다.[18] 그렇다 해도 1986년 하반기에 유럽과 일본은 상황이 너무 심각하게 전개되었다고 불평하기 시작했다. 그해 전 고점에서 달러는 엔 대비 40% 하락하여 일본 생산업자들의 비용 경쟁력 문제를 야기했다. 일본 정부는 달러를 지탱하기 위해 대대적으로 개입했다. 9월 미국과 일본은 쌍무 협의에서 미국이 달러의 추가 하락을 막는 대신 일본은 재정 팽창을 하기로 합의함으로써 환율 안정을 모색했다. 그러나 미국과 유럽에서 거시 경제

218

정책을 조정하려는 의지가 없는 상태에서 그 효과는 제한적이었다.

이러한 현실 인식은 1987년 2월 G7 대표들이 루브르Louvre에 모여 좀 더 근본적인 정책 조정을 논의하게 했다. 참가한 장관들은 달러를 현 수준에서 안정화하는데 합의했다. 일부 사람들은 장관들이 환율 변동폭을 5%로 설정했다고 말할 정도로 앞서갔다.[19] 관련 중앙은행들은 개입을 실시했다. 일본중앙은행은 추가적 부양책에 그리고 독일연방은행은 제한된 조세 감면에, 또 미국은 국내 정책에서의 모호한 조정을 하는 데 동의했다. 연방준비제도는 사실 미국 금리의 상승을 허용했다(1984년에 시작된 하향 추세의 반전). 그러나 그 결정이 달러의 하락 때문인지 아니면 임박한 인플레이션 때문인지는 명확하지 않았다.

IMF는 이러한 변화에서 놀라운 정도로 아무 역할을 하지 않았다. IMF 역할을 회원국 간의 정책 협력을 권장하는 것으로 제시했던 협정문의 2차 수정안은 기준 환율 체제를 감독하는 IMF 책임을 없앴지만 국가정책들에 대한 "확고한 감독"의 필요성을 언급했다. 그러나 주요 산업국들은 자신들이 내린 결정에 작은 나라들의 영향력이 발휘될 수 있는 그러한 공간에 관심이 없었다. 그 결과, IMF가 애초 희망했던 것과는 달리, 정부들은 통화 정책과 재정 정책보다는 외환 시장 개입에 더 의존했다. 학계에서는 IMF를 국가들이 국제 공조를 따르도록 권장하기 위해 상벌을 내리는 기구로 평가했다.[20] 실제로 IMF가 협상을 수행할 매력적 장치가 아니라는 점 그리고 관련 국가들이 외환 시장 개입을 위해 IMF 재원을 인출하지 않았다는 사실은 IMF가 이 같은 역할을 효과적으로 수행하는 것을 막았다.

달러는 1988년 중반에 상승했고 1989년 중반에 또 크게 상승했다. 그러나 플라자 합의와 1986년 미일 합의에서처럼 미국은 국내 (특히 재정) 정책을 바꾸려 하지 않았다. 국내 정책에 대한 조정 약속의 지지가 없는 환율 개입은 단지 일시적 효과가 있을 뿐이었다.[21] 그리고 미국, 독일, 일본은 조정된 정책이 변경되지 않도록 하기 위해 필요한 상호 결속적인 합의망을 가지고 있지 않았다.

1989년 후반에 달러는 다시 하락했고 미국은 카터 행정부가 처음 시도한 소극적 환율 방임 정책을 지속했다. 조지 부시George Bush 행정부와 빌 클린턴Bill Clinton 행정부는 달러의 하락을 막기 위해 정책을 조정할 의도가 전혀 없었다. 달러 하락에 대한 조지 부시 행정부의 전형적 대응은 부시의 다음과 같은 발언에서 나타난다. "나는 이따금 이 문제들에 생각하지만 그리 많이 생각하지는 않는다."[22] 이렇게 반응함으로써 부시 대통령은 단지 정치적 파도를 넘어가고 있을 뿐이었다. 1980년대 중반의 달러처럼 과대 평가된 통화는 응집된 이해관계자들(국제 경쟁력이 약화된 교역재 생산업자들)에게 큰 희생을 부과했다. 이 세력들은 달러 강세에 대해 강력하게 반대했었다. 이와는 대조적으로 1990년대 중반의 달러처럼 과소 평가된 통화는 강력히 반대할 인센티브가 없는 분산된 이해관계자들(높은 물가와 수입 가격을 경험하는 소비자들)에게 약간의 비용만을 부과한다. 이처럼 달러의 하락을 반대하는 국내 세력은 거의 없었다. 달러 가치의 하락은 1991년 경기 하강에 따른 연방준비제도의 금리 인하 결정, 그리고 1994년 경기 침체를 막기 위해 취해진 두 번째 금리 인하 등과 같은 국내적 고려에 의해 추진되었다.

과소 평가된 달러로 인해 자국의 통화가 과대 평가되는 것을 경험하는 다른 나라에서 상황은 반대였다. 1992년 달러 약세는 교역재 생산업자의 이윤이 위협받는 일본에게 거대한 문제였다. 그리고 그것은 고정 환율을 유지하기 위해 필요한 공약의 상호 결속망이 존재하는 유일한 곳이던 유럽에게도 커다란 부담이었다.

스네이크 제도

유럽 국가들은 환율의 상호 안정을 위해 제도적 장치를 창출함으로써 다른 방향으로 나아갔다. 유럽 국가들은 미국에 비해 무역에 더 개방적이었기 때문에 환율 변동에 더 민감했다.[23] 미국이나 일본과는 달리 유럽에서 변동 환율은 1920년대의 초인플레이션과 관련이 있었다. 유럽은 1930년대의 평가 절하 때문에 좋았던 경제가 가장 악화되었던 곳이다.

그러나 석유 가격이 네 배나 오르고 브레튼우즈가 붕괴되고 전후 경기 변동이 가장 극심했던 시기에 고정 환율에 대한 유럽의 확고한 추종은 이 시기의 가장 두드러진 특징이다. 고정 환율을 지키려는 동기는 유럽경제공동체EEC의 발전을 통해서 이해되어야 한다. 유럽의 창설자들과 미국의 동맹자들에게 EEC는 독일과 프랑스를 한데 묶는 장치이자 경제적 상호 의존성을 높임으로써 전쟁으로 가는 것을 막는 장치로 이해되었다. EEC는 이 두 국가와 기타 유럽 국가들이 서로 약속한 경제적 협력을 배신하지 않도록 도왔다. EEC는 합의와 지원으로 서로 결속되어 있었는데 이는 어느 한 나라가 협조하지 않으면 위험해졌다. 1970년대 역내 자유화를 많이 진척시켰던 EEC의 성공은 회원국 간의 상호 무역 지분을 증가시켰다. 무역의 확대를 촉진하는 데 환율 안정이 바람직하다면(이에 대한 증거는 제한적이다.), 유럽 내 무역 자유화에 대한 강조는 유럽 내 환율을 안정시킴으로써 그러한 목표를 달성 가능하도록 만들었다. 이처럼 유럽의 경험은 무역 관계의 안정적인 확대가 국제 통화 체제의 안정적 운용을 위한 전제 조건이라고 보는 입장을 지지한다.

EEC는 1960년대 말에 예정보다 일찍 관세 동맹을 완결했다. EEC를 초창기의 정치적 단위로 생각했던 이들에게 통화 통합은 그다음의 논리적 수순이었다. 1969년 유럽이사회European Council*는 완전한 경제통화동맹Economic and Monetary Union(EMU)으로 나아갈 것을 재확인했다. 그것은 달러의 초기 불안정 그리고 유럽 통화들의 혼란스런 평가 절상이 EEC를 위협한다는 우려에서 비롯되었다.[24] 1970년 이는 룩셈부르크 수상 피에르 베르너Pierre Werner를 위원장으로 하는 고위 관리들의 연구 그룹의 형성으로 이어졌다.[25]

베르너 보고서Werner Report는 통화 동맹이 1980년까지 달성되는 과정을 기술했다. 보고서는 국가별 경제 정책을 이끌고 조화시키는 중앙 당국을 만들어 재정 기능을 공동체 차원에 집중하고 요소 시장과 상품 시장의 통합을 가속화할 것을 추천했다. 그러나 보고서는 유럽 통화들 간의 교환에 대한 책임은 "국가 중앙은행들의 체제system of national central banks"에 있다고 가정하고서 단일 유럽 통화 혹은 유럽 중앙은행의 창출을 추천하지 않았다. 통화 동맹으로의 이행은 환율 공약의 강화(변동폭의 축소)와 거시 경제 정책의 긴밀한 조화를 통해 달성될 것이었다. 갈 길을 정한 정치인들은 베르너 연구 그룹의 추천을 받아들였다.

돌이켜보면 유럽이 1980년에 통화 동맹을 할 준비가 되어 있었다

---

* 유럽의 정상 회의.

222

고 보는 것, 나아가 그러한 조정을 위한 제도를 만들지 않고도 통화 동맹의 목표를 달성할 수 있었다고 믿는 것은 소박하다. 주지하다시피 유럽은 관세 동맹을 창설하고 유럽공동체의 가장 가시적 기능인 공동 농업 정책CAP을 만들었다. 공동 농업 정책은 빈번하고 규모가 커진 환율 변동으로 인해 관리가 어려워졌다. 배르너 보고서를 지지한 이유 중 하나는 공동 농업 정책이 붕괴하는 것을 막고 싶다는 생각이었다. 그러나 어떤 정치적 기능도 유럽의회European Parliament나 유럽위원회에 이관되지 않았다. 각국 정책을 통화 동맹에 결합시키는 데 필요한 상호 결속망, 즉 각국 정부들이 공동체가 제시한 거시 경제 정책 지침을 준수하지 않는 것을 방지할 장치는 여전히 미발전 상태에 있었다. 그리고 1973년 덴마크, 아일랜드, 영국의 참여로 확대된 EEC의 통합 노력은 더욱 복잡해졌다.

다른 무엇보다도 배르너 보고서를 둘러싼 논의는 브레튼우즈 체제의 붕괴에 대처하는 기반을 제공했다. 1971년 12월의 스미스소니언 협정은 달러에 대한 변동폭의 범위를 세 배나 증가시켜 유럽 역내 환율이 9%까지 변동하는 것을 허용했다. EEC 회원국들에게 이런 규모의 환율 변동은 경고 신호였다. 회원국들은 그러므로 양국 간 환율의 변동을 4.5%로 한정하는 스네이크 제도를 만들었다. EEC 회원국들은 1973년 스미스소니언 체제가 붕괴된 후에도 스네이크 제도를 유지했다.[26] 아직 EEC 회원국이 아니었던 덴마크, 아일랜드, 영국은 스네이크가 만들어진 후 몇 주안에 스네이크 제도에 참여하는 데 동의했다. 그리고 한 달 후 노르웨이가 참여했다. 스네이크 제도 회원국들은 약세 통화 국가에게 신용을 제공해주는 단기 및 초단기 신용 공여 제도 Short-Term and Very-Short-Term Financing Facilities를 창출했다. IMF를 모방하여 회원국 중앙은행 총재가 이사회 이사로 구성되는 **유럽통화협력기금**European Monetary Cooperation Fund이 만들어져 유럽 통화 정책을 모니터하고 신용 제도의 운용을 감독하고 환율 조정을 관장했다. 회원국들은 유럽 내 자본 이동에 대해서는 통제권을 보유할 수 있었지만 경상 거래에 관해서는 IMF 협정문하에서처럼 제한권이 없었다. 이는 조정 가능한 고정 환율의 브레튼우즈 체제에서 영감을 얻은 것이 분명했다.

스네이크 제도는 곧 어려움에 봉착했다(표 5.1 참고). 유럽 전체가 1973년 이후의 달러 하락과 제1차 석유 위기에 따른 경쟁력 손실을 경험하는 동안 약세 통화 국가들은 특히 피해를 많이 입었다.[27] 그러나 해외 지원과 국내 정책 조정은 여전히 제한적이었으며 외환 시장의 압력을 막지 못했다. 1974년 1월 프랑스는 변동 환율로 돌아섰다가 1975년 7월 스네이크에 복귀했다. 독일연방은행은 총통화 규제 정책을 취했는데, 이는 고유가로 인한 물가 상승 압력이 증가하는 것을 예방하기 위한 것이었다. 이와 대조적으로 자크 시라크Jacques Chirac의 프랑스 정부는 재정 확대 정책을 취해 1976년 다시 스네이크에서 이탈해야 했다.

한편 독일은 북부의 작은 이웃 국가들의 통화를 위해 개입했다. 그러나 독일연방은행과 연정 파트너였던 독일자민당은 지원이 가져올 인플레이션 결과에 점점 주목했다. 마르크를 매각하여 외국 통화를 매입하는 것은 중화되지 않을 경우 독일의 인플레이션을 독일이 지원하려는 나라들의 인플레 수준으로 끌어올릴 위험이 있었다.[28] 이 긴장은 1976년 10월 베네룩스와 스칸디나비아 국가들의 통화가 마르크 대비 평가 절하되도록 마련된 프랑크푸르트 재조정Frankfurt realignment

표 5.1 스네이크 제도의 연대기적 역사

1972년	
4월 24일	바젤 협정이 발효되었음. 참가국은 벨기에, 프랑스, 독일, 이탈리아, 룩셈부르크, 네덜란드임.
5월 1일	영국과 덴마크가 가입함.
5월 23일	노르웨이가 제휴함.
6월 23일	영국이 탈퇴함.
6월 27일	덴마크가 탈퇴함.
10월 10일	덴마크가 복귀함.
1973년	
2월 13일	이탈리아가 탈퇴함.
3월 19일	공동 변동 환율제로 이행: 달러에 대해 고정 마진을 유지하기 위한 개입이 중단됨. 스웨덴이 제휴함. 독일 마르크가 3% 평가 절상됨.
4월 3일	유럽통화협력기금 설립이 승인됨.
6월 29일	독일 마르크가 5.5% 평가 절상됨.
9월 17일	네덜란드 길더가 5% 평가 절상됨.
11월 16일	노르웨이 크로네가 5% 평가 절상됨.
1974년	
1월 19일	프랑스가 탈퇴함.
1975년	
7월 10일	프랑스가 복귀함.
1976년	
3월 15일	프랑스가 다시 탈퇴함.
10월 17일	환율 변화에 관한 협정("프랑크푸르트 재조정"): 덴마크 크로네가 6% 평가 절하됨, 네덜란드 길더와 벨기에 프랑이 2%, 노르웨이 및 스웨덴 크로네가 3% 평가 절하됨.
1977년	
4월 1일	스웨덴 크로나가 6% 평가 절하됨, 덴마크 및 노르웨이 크로네가 3% 평가 절하됨.
8월 28일	스웨덴이 탈퇴함. 덴마크 및 노르웨이 크로네가 5% 평가 절하됨.
1978년	
2월 13일	노르웨이 크로네가 8% 평가 절하됨.
10월 17일	독일 마르크가 4% 평가 절상됨, 네덜란드 길더와 벨기에 프랑이 2% 평가 절상됨.
12월 12일	노르웨이가 탈퇴할 계획을 발표함.

출처: Gros and Thygesen 1991, 17쪽.

에 의해 해소되었다. 프랑크푸르트 재조정의 구체적 스토리는 아직 밝혀지지 않았으나 독일 관리들은 지속적인 협력을 위해 더 큰 환율 변동을 요구했던 것 같다. 따라서 고정된 변동폭 내에서 환율을 고정시키는 것으로 통화 동맹을 이룩할 수 있다는 생각은 치명타를 입었다.

마지막으로 스네이크 제도는 지역 수준에서 환율 안정성을 제공하지 못했다. 유럽의 역내 환율은 제한된 시기 동안 안정적이었으나 좁은 변동폭 안에서 유지하려는 시도는 좌절되었다. 참여 국가들은 수차례 환율 조정을 시도했을 뿐만 아니라 몇몇 국가는 스네이크에서 완전히 이탈해야 했다. 그림 5.6~5.8은 네 시기를 구분한다. 첫째는 금 창구 폐쇄 전이며, 두 번째는 스미스소니언 체제 붕괴까지, 세 번째는 유럽의 스네이크 제도 시기, 네 번째는 유럽 통화 제도 시기이다. 결정적으로 중요해진 프랑스 프랑/독일 마르크 환율은 브레튼우즈 체제에서보다 스네이크 제도하에서 더 불안정했다는 것이 분명하다.[29]

스네이크 제도는 왜 그렇게 문제가 많았을까? 첫째, 석유 위기와 상품 시장 교란으로 특징되는 경제 환경은 환율을 고정하려던 노력에 우호적이지 않았다. 스미스소니언 협정에서 스네이크로의 이행은 1973년 발생한 제1차 석유 위기 그리고 1974년의 상품 가격 상승과 일치한다. 유럽 국가들마다 석유와 원자재 수입에 의존하는 정도가 달랐기 때문에 그 충격 역시 비대칭적이었다. 일부 국가들은 다른 나라들보다 심각한 실업을 겪었다. 일부 국가는 보다 심각한 충격에 보다 팽창적 방식으로 대응했다. 이러한 혼란은 프랑스와 독일의 역내 무역 증가 추세를 중단시켜 양국 내에 있던 통합에 대한 열정을 축소시켰다. 20세기 말까지 통화 동맹을 결성한다는 목표가 1990년대 초

유럽 역내 환율을 안정시켰던 것처럼(또한 유럽 통합을 위한 마스트리히트 조약Maastricht Treaty이 비준될 것인지에 대한 의구심이 환율의 안정성을 해쳤던 것처럼), 스네이크 제도가 1980년까지 통화 동맹의 초석이 될 것이라는 기대는 1970년대의 충격이 베르너 보고서를 한물간 것으로 만들어 버리기 전까지만 해도 역내 환율이 작은 변동폭에서만 움직이도록 했다.[30]

나아가, 각국 관리들은 혼란에 대한 적절한 대응책을 마련하는 데에서도 서로 다른 입장을 보였다. 통화 정책이 물가 안정에 초점을 맞추어야 한다는 입장은 아직 학계에서 합의되지 않았다. 유럽의 일부 정책 결정자들은 브레튼우즈 체제하에서는 팽창적 통화 정책을 자유롭게 시험할 수 없었기 때문에 특히 재정 불균형 상태에서 적극적 통화 정책의 사용은 생산과 고용이 아니라 인플레이션을 야기할 수 있다는 것을 알지 못했다. 인플레이션에 대한 독일의 혐오를 고려하면, 그 결과는 정책 일관성의 결여를 야기했다.[31]

통화 정책과 재정 정책의 조화에 필요한 정치적 제도적 조건들이 발달하지 못한 상태였기 때문에 결국 1970년대 중반의 위기는 스네이크 제도를 무너뜨렸다. 베르너 보고서 저자들이 예견했던 재정의 연방화와 중앙화는 약세 통화 국가들이 스네이크에 남아 있도록 도와줄 수 있었으나 전반적으로 비현실적이었다. 브뤼셀에는 국가 수준에서 벌어지는 재정 문제를 책임지는 기구가 없었다. 결과적으로 정부들은 재정 책임을 유럽공동체에 넘기길 거부했다. 스네이크 제도 안에서 환율을 유지하기 위해 국가의 재정 정책을 조정하는 일은 일어나지 않았다.

유사한 문제들이 통화 정책을 괴롭혔다. 유럽통화협력기금은 아무

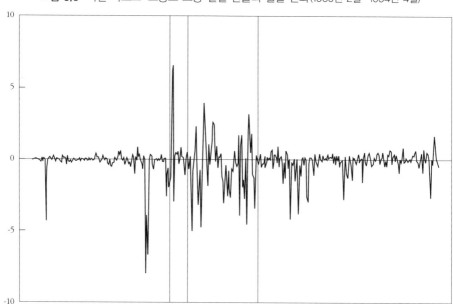

그림 5.6 독일 마르크-프랑스 프랑 실질 환율의 월별 변화(1960년 2월~1994년 4월)

출처: International Monetary Fund, *International Financial Statistics*, 각 연도.

런 권위도 없었으며 중앙은행 총재들은 자신들의 권리를 양도하지 않
으려 했다. 중앙은행위원회에서 별도로 모인 총재들은 국가별 통화
정책에 대한 가이드라인을 정했지만, 그것은 외환 시장에 협력해서
개입하는 것 정도에 지나지 않았다.[32] 결국 정책을 감독하고 조정을
압박하는 IMF 같은 지역 차원의 유사 기구는 없었다. 그러한 기구의
부재로 인해 강세 통화 국가들은 약세 통화 국가들이 정책 조정을 취
할 것이라고 확신할 수 없었다. 그러므로 그들이 제공하려던 해외 지
원은 불가피하게 제한적이었다.

　스네이크 제도는 브레튼우즈 체제에서 달러가 누렸던 비대칭적 역

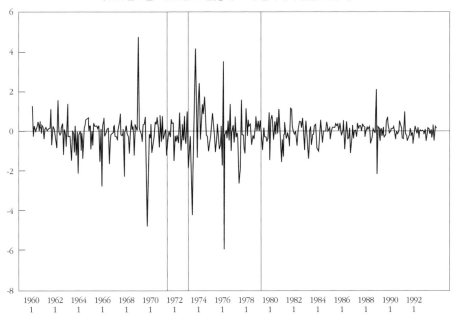

그림 5.7 독일 마르크 - 네덜란드 길더 실질 환율의 월별 변화
(1960년 2월~1992년 12월(상대 도매 물가에서 월별 %변화)

출처: International Monetary Fund, *International Financial Statistics*, 각 연도.

할에 대한 프랑스의 반대로 인해 대칭적 체제로서 수립되었다. 그러
나 일단 스네이크 제도가 스미스소니언 터널에서 이탈하게 되자 독일
의 마르크는 유럽의 중심 통화로 그리고 반인플레이션의 중심으로 부
상했다. 독일연방은행은 유럽 대륙의 통화 정책 기조를 정했다. 그러
나 다른 나라들은 독일연방은행의 정책에 영향을 줄 수 있는 장치가
없었다. 그들은 자신들의 통화 운명을 통제하기 위해서는 이탈하는
것 외에 다른 대안은 없었다. 이런 "신뢰성 결여accountability deficit"
는 스네이크 제도의 성공을 가로막은 궁극적 장애물이었다.

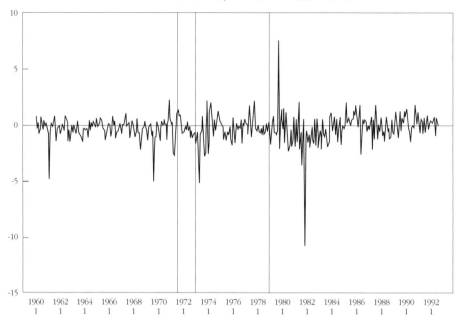

그림 5.8 독일 마르크-벨기에 프랑 실질 환율의 월별 변화
(1960년 2월~1992년 12월, 도매 물가에서 월별 % 변화).

출처: International Monetary Fund, *International Financial Statistics,* 각 연도.

유럽 통화 제도

프랑스인들은 1979년 유럽 통화 제도EMS를 창설하여 위와 같은 문제
들을 교정하고자 했다. 프랑스는 유럽공동체 내의 통화위원회의 감독
권을 강화하여 각국의 통화 정책 결정자들이 책임을 지는 기구를 창
설하였다. 그리고 프랑스는 EMS 창설문에 정부가 초단기 신용 공여
제도를 통해 무한정의 신용을 획득할 수 있도록 하는 조항을 삽입하
여 강세 통화 국가들이 약세 통화 국가들에게 무한정한 지원을 제공
토록 했다. 그러나 실제로는 새로운 제도의 어느 조항도 프랑스 및 독

일 정책에 의존하던 EC 소국들이 의도한 대로 작동하지 않았다.

프랑스인들은 고정 환율을 끝까지 지지했다. 프랑스가 랑부예Ram-bouillet에서 그와 같은 체제를 세계적으로 구축하려는 시도를 포기해야만 했을 때 발레리 지스카르 데스탱Valéry Giscard d'Estaing 대통령은 결정적으로 중요한 프랑/마르크 환율을 안정시키는 데 노력을 경주했다. 프랑스가 스네이크 제도에 머무를 수 없었던 것은 이것이 말하는 것처럼 쉽지 않음을 보여주었다. 이 경험이 있은 후 프랑스 관료들은 유럽의 역내 환율이 고정되는 더욱 강건한 구조를 구축하고자 했다. 그들의 노력이 성공하려면 독일 정부의 협력이 결정적이었다. 지스카르 데스탱 대통령의 독일 파트너인 헬무트 슈미트Helmut Sch-midt 총리는 EMS의 창출을 유럽연방을 향하는 데, 즉 베르너 보고서의 비전을 담고 "프랑스인들을 다시 끌어들이는bring the French back in" 데 필요한 논리적 수순이라고 보았다.[33] 프랑과 기타 다른 유럽 통화를 마르크에 연동하는 것은 또한 달러의 평가 절하로부터 독일 경제를 절연하도록 해주었다. 영국과 미국 대표단의 지배로 브레튼우즈 협상이 간단해졌던 것과 마찬가지로, EMS가 유럽공동체의 양대 회원국 지도자들의 마음에서 도출되었다는 사실은 무임 승차와 협조 문제가 수월하게 처리되도록 했다. 슈미트와 지스카르의 양국 합의는 1978년 7월 유럽이사회의 승인을 받아 1979년 EMS의 창설로 이어졌다.[34]

유럽 통화 제도 창설문에 대한 협의는 여전히 스네이크 제도의 실패에 대한 프랑스와 독일의 입장을 조화시키는 것을 필요로 했다. 독일 관료들은 스네이크 제도가 물가와 통화의 안정을 위해 다른 정책 목표를 복속시킨 나라들에서는 만족스럽게 작동했다고 주장했다. 프랑스 관료들은 스네이크 제도를 독일이 주도하면서 다른 나라들의 정책을 제대로 반영하지 않았다고 불만스러워했다. 슈미트-지스카르 이니셔티브Schmidt-Giscard initiative는 원칙에 대한 독일의 강조와 균형에 대한 프랑스의 바람이 함께하는 새로운 제도를 만드는 것이었다. 수명을 다한 유럽통화협력기금을 대체한 유럽통화기금European Monetary Fund(EMF)은 참여 국가들의 외환 준비금을 관리하고 통화 시장에 개입하고 그리고 유럽판 특별 인출권에 해당하는 에쿠ecu(유럽 공동체의 화폐 단위) 준비금을 창출할 것이었다. EMS는 "촉발 기제 trigger mechanism"를 만들어 국내 정책이 고정된 환율을 위협하면 작동하도록 했다. 합의된 지표를 위반하게 되면 강세 통화 국가들은 통화를 팽창하도록 하고 약세 통화 국가들은 통화를 긴축토록 했다.

이처럼 브레튼우즈에서 케인즈를 사로잡았던 것, 즉 흑자 국가들은 평가 절상하거나 통화를 팽창하여 적자 국가들에게 조정의 부담을 모두 안기지 않도록 하는 것이 다시 핵심적 사안이 되었다. 그러나 브레튼우즈 시기 그리고 1970년대 초에 미국이 일단의 "준비금 지표"를 적용하여 흑자 국가들로 하여금 조정하도록 강제함으로써 조정 가능한 고정 환율 체제를 구출하려 했을 때와 마찬가지로, 강세 통화 국가들은 그들의 지지가 불가결했지만 합의하길 꺼렸다. 독일연방은행은 촉발 기제가 실패해서 자신이 마르크를 매각하여 약세 통화를 매입하게 되면 물가 안정이라는 자신에게 위임된 목표가 약화될 수 있음을 인식했다. 유럽통화기금EMF이 적자 국가들의 금융 요구를 들어주기 위하여 에쿠 준비금을 창출하면 인플레이션 위협은 고조될 것이었다.[35] 따라서 독일연방은행위원회Bundesbank Council는 합의에 반대했다.[36]

강도 높은 협상이 뒤따랐다.[37] 프랑스 정부와 독일 정부는 독일연방은행의 정책 변화를 필요로 하는 촉발 기제 및 외환 준비금의 EMF로의 이전 제안을 포기했다. EMS의 합의서는 여전히 "무한정한" 외국 지원을 말하고 초단기 신용 공여 제도에서 인출에 대한 규제를 두지 않았지만, 독일 재무부 장관과 독일연방은행 총재 간의 서신에 따르면 독일 정부는 정부가 다른 유럽 국가들과의 환율 재조정에 관한 합의에 실패하면, 독일연방은행이 개입 의무에서 빠져나오는 것에 대해 인정했다.[38] 독일연방은행은 적절한 중심 환율을 재설정하는 것이 불가능하다는 것이 밝혀지게 되면 물가 안정에 대한 중앙은행의 의지가 의심받게 될 것을 우려하여 개입을 중단할 수 있었다.

이처럼, 외국 지원에 대한 독일의 의무는 효과적으로 차단되었을 뿐만 아니라 그 의무는 또한 다른 나라들이 환율 조정을 얼마나 지지할 것인가에 달려 있었다. 독일은 브레튼우즈에서 미국이 맡도록 되었던 강세 통화 국가의 역할을 떠맡았다. 독일연방은행위원회는 브레튼우즈에서의 미국 대표단처럼 흑자 국가의 개입 의무와 약세 통화 국가들에 대한 국제 수지 지원을 제한하려 했다.

그러나 1944년의 미국과는 달리 독일은 적자 국가들이 조정하길 꺼린다는 것을 30년 넘게 경험했다. 따라서 독일은 적자 국가의 평가절하(EMS 회원국들에게 덜 난처한 방식으로 말하자면 환율 조정)를 허용하는 것이 필요함을 인정했다. 스네이크 경험은 두 시기로 분류된다. 첫째는 프랑크푸르트 재조정 이전 환율 조정이 실패했던 시기이며 두 번째는 환율 변동성이 더 큰 좀 더 만족스러웠던 시기이다. 독일과 EMS의 회원국들은 분명한 결론을 내렸다.[39]

EMS는 관리 변동 환율제를 추구한 점에서도 브레튼우즈 체제와 비교된다. 환율 메커니즘Exchange Rate Mechanism(ERM)*을 준수하는 데 동의한 국가들의 통화는 브레튼우즈 체제의 마지막 무렵에서처럼 그 변동이 2.25% 이내로 한정되었다.[40] 자본 통제는 정부의 제한된 정책 자율성을 보전하고 정부에게 질서 정연한 환율 조정을 협의할 여유를 주기 위해 인정되었다. 분명히 전후 국제 통화 협정은 긴 그림자를 남겼다.

EC에 참여한 9개국 중 영국을 제외한 8개국이 ERM에 참가했다. 끈질긴 인플레이션에 시달리던 이탈리아는 전환기 동안 6%의 폭넓은 변동이 허락되었다.[41] 프랑스는 처음에 탈퇴 직전까지 갔으나 ERM의 초기 회원국 누구도 스네이크 제도와는 대조적으로 1980년에 도중 탈퇴하지 않았다.

EMS의 첫 4년 동안 중심 환율은 평균 매 8개월마다 수정되었다(표 5.2 참고). 그다음 4년 동안 1987년 1월까지 환율 조정의 빈도는 12개월에 한 번으로 줄었다. 이러한 변화는 자본 통제의 점진적 완화를 반영하는 것이었고, 이는 질서 정연한 환율 조정을 더 어렵게 만들었다. 또한 그것은 세계 경제 조건의 변화를 반영했다. EMS의 첫 4년은 불황으로 끝났는데 불황은 스네이크 제도의 탄생 때 있었던 1973년 이후의 불황처럼 유럽의 정책 다양성을 확대시켰다. 일부 회원국에서 있었던 실업의 압력은 새로운 체제에 어려움을 가중시켰다.

이는 1981년 프랑수아 미테랑François Mitterrand이 이끄는 프랑스

---

* 회원국 간 중심 환율을 설정하고 환율 변동폭은 상하 2.25% 이내로 허용한 환율 체제. 변동폭을 넘을 위험이 있으면 중앙은행이 즉각적으로 개입하고 그래도 안정이 안 되면 중심 환율을 바꾸는 전면 조정이 이루어졌다. 유럽 환율 제도라고도 한다.

표 5.2 다른 EMS 통화에 대한 독일 마르크의 평가 절상(양자 간 중심 환율에 대한 %로 측정)

	벨기에/룩셈부르크 프랑	덴마크 크로네	프랑스 프랑	네덜란드 길더	아일랜드 파운드	이탈리아 리라	전체 EMS[a]
비중[b](%)	16.6	4.0	32.0	17.4	1.8	27.5	100
환율 조정일							
1979년 9월 24일	+2.0	+5.0	+2.0	+2.0	+2.0	+2.0	+2.1
1979년 11월 30일	—	—	—	—	—	—	+0.2
1981년 3월 23일	—	—	—	—	—	+6.4	+1.7
1981년 10월 5일	+5.5	+5.5	+8.8	—	+5.5	+8.8	+6.5
1982년 2월 22일	+9.3	+3.1	—	—	—	—	+1.6
1982년 6월 14일	+4.3	+4.3	+10.6	—	+4.3	+7.2	+6.3
1983년 3월 21일	+3.9	+2.9	+8.2	+1.9	+9.3	+8.2	+6.7
1983년 6월 22일	—	—	—	—	—	+8.5	+2.3
1986년 4월 7일	+2.0	+2.0	+6.2	—	+3.0	+3.0	+3.8
1986년 8월 4일	—	—	—	—	—	—	—
1987년 1월 12일	+1.0	+3.0	+3.0	—	+3.0	+3.0	+2.6
1990년 1월 8일	—	—	—	—	—	+3.7	+1.0
1979년 3월 13일 EMS 시행일 이래 누적 합계	+31.2	+35.2	+45.2	+4.0	+41.4	+63.5	+41.8

출처: Gros and Thygesen 1991, 68쪽.

[a] 다른 EMS 통화에 대한 독일 마르크의 평균 평가 절상(기하급수적 가중치[geometrically weighted]). 스페인은 제외.

[b] 세 번째 시장 효과를 고려한 후, 그리고 독일 마르크의 가중치의 조건에서 표현된 1984년부터 1986년까지 대외 무역 비중으로부터 도출된 EMS 통화의 비중.

— 적용할 수 없음.

의 새로운 사회당 정부가 팽창 정책을 시작했을 때 명백하게 나타났다. 재정 적자는 GDP의 1% 이상 수준으로 상승하는 것이 허용되었고 연 M2 증가율은 정부의 10% 목표를 초과했다. 시장에서 프랑스 유권자들이 재정 및 통화 가속 페달을 밟을 준비가 된 정부를 선출할 것이라고 예견하기 시작하자마자 프랑은 약화되었다. 경제부 장관 자크 들로르Jacques Delors가 이끄는 신임 관료들은 새로운 정부가 백지 상태에서 출범할 수 있도록 하기 위해 즉각 환율 조정을 추천했다. 이는 사회당을 언제나 평가 절하를 하는 정당으로 낙인찍는 것이라는 점에서 거부되었다.

신임 미테랑 정부의 첫 4개월 동안 프랑스와 독일의 중앙은행은 프랑을 지지하기 위해 대대적으로 개입해야 했다. 9월이 되자 평가 절하는 더 이상 거부되지 않았다. 프랑스 정부는 이러한 변화를 EMS의 일반적 환율 조정이라는 맥락에서 시행해 겨우 체면치레했다.[42]

그러나 프랑스의 국제 수지는 재정 긴축과 통화 긴축이 없는 상황에서 더 악화되었다. 시장은 예측한 대로 프랑을 매각하고 프랑스 중앙은행의 개입을 강제하여 중앙은행의 준비금을 고갈시켰다. 자본 통제를 강화함으로써 시간을 벌 수는 있었지만 무한정 그럴 수는 없었다.[43] 프랑은 1982년 6월 마르크에 대해 평가 절하되었고 1983년 3월에는 3차 평가 절하가 있었다.[44] 프랑스 정부는 EMS 탈퇴와 심지어 유럽공동체 탈퇴도 고민했다.[45]

결국 이러한 선택은 유럽 통합에 대한 프랑스의 투자를 생각하면 너무 극단적이었다. 들로르와 재무국장 미셸 캉드쉬Michel Camdessus가 이끌던 미테랑 정부의 온건파가 탈퇴 반대를 주도했으며 정부는 수요 진작 정책을 축소했다. 팽창적 재정 및 통화 정책이 경기를 진작하지 않았던 것은 아니었다. 역으로 그것들은 아주 효과가 있어서 프랑스 성장률은 다른 나라들과는 달리 유럽의 전반적 불황에서도 마이너스를 기록하지 않았다. 프랑스 정책 결정자들이 예견하지 못한 것은 얼마나 빨리 외적 제약의 영향을 받을 것인가였다.

사회당의 수요 진작 정책은 프랑스와 독일 간의 정책 공조가 결여되었기 때문에 급속한 준비금 손실을 야기했다. 프랑스가 팽창 정책을 주도할 때 독일연방은행은 인플레이션 압력을 억제하는 조치를 취했다. 독일연방은행이 금리를 인하하도록 압력을 받을 것이라는 희망은 1982년 10월 독일 사민당과 자민당 연립 정부가 헬무트 콜Helmut Kohl의 좀 더 보수적인 정부로 교체되었을 때 여지없이 깨졌다. 콜과 그의 내각은 독일연방은행으로 하여금 금리를 인하하도록 압력을 가하려 하지 않았다.[46] 프랑스가 전망했던 환율에서는 유럽 경제가 불황을 벗어날 수 없다는 것이 분명해졌다. 프랑스와 독일 간의 인플레이션 격차가 더욱 벌어지는 상황에서 유럽의 낮은 수요는 프랑스 경쟁력의 심각한 손실을 의미했다.[47] EMS로서는 다행이겠지만, 프랑스 사회당은 결국 이러한 현실에 굴복했다.

EMS의 두 번째 4년은 처음 4년보다 덜 흔들렸다. 유럽 경제가 회복함에 따라 긴축 정책은 어려움없이 받아들여졌다. 정책 공조에 대한 위협은 약화되었다. 1980년대 초반의 달러 상승으로 유럽 국가들은 마르크에 대한 강한 환율을 유지하는 것이 쉬워졌다. 미테랑의 참패는 EMS에서 독일의 가장 중요한 파트너인 프랑스가 통화 안정 정책으로 선회하도록 경고를 보낸 격이었다.

인플레이션의 표준 편차를 통해 측정 가능한 국가 간 인플레이션 확산은 1979~1983년 기간과 1983~1987년 기간 사이에 절반으로 떨어졌다. 자본 통제는 부분적으로 완화되었으나 중요한 제한은 여전히 남아 정부에게 환율 조정을 논의할 시간을 벌어주었다. 1983~1987년에 있었던 네 차례의 환율 조정 중의 어느 것도 누적적인 인플레이션 격차를 초과하지 않았다. 따라서 평가 절하 국가들에게 심각한 경쟁력 손실의 고통 없이 독일보다 높은 수준의 인플레이션 정책을 계속 실행할 수 있도록 하는 그 어떤 추가적인 경쟁력 증대도 제공되지 않았다. 이처럼 환율 조정 정책은 EMS 국가들의 명목적 수렴에 대한 강고한 의지를 시사했다. 유럽의 "작은 브레튼우즈"는 복원력을 가진 것처럼 보였다.

통합을 위한 재도약

유럽공동체는 환율 문제를 해결하는 듯 했으나 다른 보다 근본적 어려움은 여전했다. 실업은 종종 두 자리 수에 달할 만큼 고통스러웠으며 정책 결정자들은 고정 환율에 대한 집착으로 고민했다.[48] 그들은 유럽 생산업이 미국과 일본의 생산업과 경쟁할 수 있는가에 대해 우려했다. 이 모든 것은 그들로 하여금 유럽 통합 과정의 급진적 가속화를 고민하도록 했다. 그들이 보기에 유럽 통합은 경제에 신선한 기운을 불어넣고, 생산자들이 규모의 경제를 더 잘 활용할 수 있도록 도와주는 길이었다. 이러한 발상은 EMS의 발전에 전혀 예측하지 못한 심대한 결과를 낳았다.

이후 전개된 역학 관계는 복잡했다. 통화와 그 통합의 과정은 그들 대부분의 계획에서 다음과 같이 전개되었다.

• 유럽공동체 회원국들의 고정 환율에 대한 재천명과 EMS의 저인 플레 축으로서의 독일의 등장은 유럽 국가들이 국내 목표를 위해 독자적 거시 경제 정책을 자유로이 사용하는 것을 제한했다.

• 그러므로 정부들은 분배와 사회적 목표를 추구함에 있어 임금 억제의 미시 경제적 정책으로 전환했고, 고용 안정을 강화하고 실업 수당과 사회적 수당을 점점 후하게 지급했다.[49]

• "유럽병Eurosclerosis"이라는 이 문제는 통합 과정을 더 부추겼다. 1986년 단일 유럽 의정서Single European Act에 들어 있는 단일 시장 계획Single Market Program은 규제 구조를 단순화하고 회원국 간의 경쟁을 강화하며 유럽 생산업이 규모의 경제를 이용하는 것을 촉진함으로써 실업을 줄이고 유럽의 불황을 종식하려 했다.

• 상품과 생산 요소의 단일 유럽 시장을 만들려는 시도는 통화 통합의 계기를 가속화했다. 환전 비용을 없애는 것은 내부의 경제적 흐름을 막는 장애물을 제거하고 진정으로 통합된 시장을 만드는 유일한 길이었다. 무역 자유화에 대한 보호주의적 반대를 약화시키기 위해서는 환율 조작의 기회를 폐쇄하는 것이 필요했다. 두 주장은 단일 시장의 부속물로서 단일 통화의 필요성을 지적했다. 이러한 비전은 1989년 들로르 보고서와 1991년 12월 유럽이사회가 채택한 마스트리히트 조약에 담겨졌다.

• 단일 시장으로의 통합은 자본 통제를 없애는 것이었다. 그러나

자본 통제의 철폐는 EMS에 대한 압력을 줄이고 균형을 회복시켜주는 주기적 환율 조정을 실행하기 힘들게 했다. 1987년 초 이후 ERM 통화는 더 이상 환율 조정되지 않았다. 명백한 이유로, 이 시기는 "하드EMShard EMS"의 시기로 알려졌다.[50]

• 통화 안정에 대한 욕구를 높였던 바로 그 동학이 ERM 회원국들이 상대적으로 안정된 환율 체제를 운용하도록 해주었던 안전 장치를 제거했다. 1990년 안전판이 제거되자마자 일련의 충격이 밀려들었다. 세계적 불황이 유럽의 실업을 높였고 달러의 추락은 유럽의 경쟁력을 약화시켰다. 그리고 독일 통일은 유럽공동체 전체에 금리 인상을 발생시켰다.

• 이 시점에서 각국 정치 지도자들은 통화 동맹을 위한 마스트리히트 청사진에 대해 의심하기 시작했다. 그리고 시장에서는 EMS 페그에 대한 정치 지도자들의 확신을 의심하기 시작했다. 결국 EMS 안에서 높아졌던 압력은 막을 수가 없었으며 전체 구조가 허물어졌다.

이러한 행로의 두 기념비가 1989년의 들로르 보고서와 1991년의 마스트리히트 조약이었다. 스네이크 제도 이후 프랑스 정부는 유럽의 공동 통화 정책에 프랑스의 입김이 작용하지 않는 데 대해 짜증을 냈다. 1980년대 후반 EMS는 이 문제를 해결하지 않았다는 것이 분명했다. 프랑스 재무부 장관 에두아르 발라뒤르Edouard Balladur는 1987년 ECOFIN 이사회(EC 경제 및 재무 장관 회의) 메모에서 새로운 체제를 주장했다. 그는 "환율 메커니즘이 부과하는 규율 자체는 엄격하지 않은 경제 정책과 통화 정책을 제약하는 데 좋은 효과를 발휘한다. 그러나 그것이 너무 엄격한 정책을 취하는 나라들에 필수적인 조정을 면제해줄 때는 비정상적 상황을 낳는다."고 썼다.[51] 모든 회원국이 정책 발언권을 갖는 단일한 중앙은행이 관리하는 통화 동맹은 이 문제에 대한 해결책 중 하나였다.

프랑스의 전임 경제부 장관 자크 들로르가 유럽위원회 의장을 맡게 된 후 발라뒤르가 브뤼셀에서 한 호소는 무리 없이 수용되었다. 더욱 놀라운 것은 독일 정부가 전반적으로 공감하는 반응을 보였다는 것이다. 밝혀진 것과 같이 결정적 반응은 독일 재무부 장관이 아니라 외무부 장관 한스-디트리히 겐셔Hans-Dietrich Genscher에게서 나왔다. 겐셔는 유럽 통합 과정을 가속화하는 대신 EMS를 통화 동맹으로 대체하려는 의지를 표출했다. 독일은 규모의 경제가 효율적으로 이용될 수 있는 단순히 통합된 유럽 시장뿐 아니라 참여국들이 외교적 기능을 갖는 조건에서 더 깊은 정치적 통합을 원했다. 통화 동맹은 그에 대한 응분의 보상이었다.

유럽공동체 회원국 중앙은행 총재들, 유럽공동체 집행위원회, 그리고 3인의 독립적 전문가로 구성된 들로르 위원회는 1988년과 1989년 사이에 8차례 만났다. 그 보고서는 그 이전의 베르너 보고서와 같이 절차의 결과에 대해 명확한 최종 시점을 정하지는 않았지만 10년 안에 통화 동맹을 달성할 것을 지지했다. 베르너 보고서와 마찬가지로 들로르 보고서는 점진적 이행을 구상했다. 그러나 베르너 보고서는 과정의 마지막 단계에서 자본 통제를 철폐할 것을 제안했으나, 들로르 보고서Delors Report는 통화 동맹과 단일 시장의 연계를 반영하여 처음 단계에서 철폐할 것을 옹호했다. 그리고 들로르 보고서는 정치적 현실을 감안하여 유럽공동체에 재정 기능을 양보하는 것을 제안하지 않았다. 그 대신 재정 적자의 폭에 대해 일정하게 제한하고 정부가 중앙은행의 신용과 기타 신용 창출에 직접 접근하지 못하도록 할 것을 제안했다.[52]

가장 놀라운 것은 들로르 위원회가 통화 당국의 완전한 중앙 집권을 추천했다는 것이었다. 베르너 보고서가 중앙은행들이 모인 통화 연방 체제를 기술한 것이라면, 들로르 보고서는 공동의 통화 정책을 집행하고 단일 통화를 발행하는 새로운 기구인 유럽중앙은행ECB을 만들 것을 제안한 것이었다. 각국 중앙은행은 미국의 지역 준비은행처럼 중앙은행의 운용 기관이 된다.

1989년 6월 유럽이사회는 들로르 보고서를 채택하고 그 실행에 필요한 로마 조약 수정을 협상할 정부 간 회의를 소집하는 데 합의했다. 1990년 12월에 시작하여 그로부터 1년 후 마스트리히트에서 끝난 정부 간 회의는 유럽통화동맹EMU과 정치적 통합 모두를 의제로 삼았다.

들로르 보고서를 따라 마스트리히트 조약은 단계별 이행을 기술했다. 1990년 시작할 제1단계는 자본 통제의 철폐였다.[53] 회원국들은 중앙은행의 독립성을 강화하고 국내법을 조약에 맞추어야 했다. 1994년에 시작한 제2단계에서는 각국 정책의 수렴이 더욱 진전되었으며 거시 경제 정책을 조율하고 통화 동맹으로의 이행을 계획하는 유럽통화기구European Monetary Institute(EMI)를 한시적 기구로서 설치했다.[54] 제2단계 동안 각료이사회가 다수 국가들이 전제 조건을 충족했다고 결정하면 제3단계, 즉 통화 동맹의 출범을 추천할 수 있었다. 그러나 제2

단계가 무한정 지속되는 것을 방지하기 위해, 마스트리히트 조약은 EU 회원국 정상들이 1996년 말 이전에 만나 회원국 다수가 통화 동맹의 조건을 충족했는지 그리고 출범 날짜를 확정할 것인지 결정하도록 요구했다. 1997년까지 통화 동맹의 출범 일자가 정해지지 않으면 제3단계는 회원국 소수만이 조건을 충족하더라도 1999년 1월 1일에 출범할 것이었다. 제3단계가 시작하면 참여국의 환율은 고정되어 더 이상 변경되지 않을 것이다. EMI는 공동의 통화 정책을 집행할 유럽중앙은행으로 교체될 것이다.

독일은 이러한 마감 시한에 동의하기를 주저하다가 통화 동맹이 통화 안정의 기록을 보유한 국가들로 한정된다는 보장을 받은 후에야 동의했다.[55] 이를 위해 조약은 네 가지 "수렴 기준convergence criteria"을 확정했다. 이 기준에 의하면 가입 자격을 얻으려는 국가는 가입 직후 최소 2년간 심각한 문제 없이 정상적인 ERM 변동폭 내에서 환율을 안정시켜야 했다. 또한 이전 12개월간의 물가 상승률이, 인플레이션이 가장 낮은 3개 회원국을 기준으로 1.5% 이상 초과해서는 안되었다. 회원국의 공공 부채와 재정 적자는 각각 GDP의 60% 및 3% 기준에 수렴해야 했다.[56] 그리고 과거 1년 동안의 명목 금리는 물가 안정 차원에서 가장 성과가 좋은 3개국 금리를 2% 초과하지 않도록 유지되어야 했다.

1991년 12월 조약 협의가 마무리되었을 때 이러한 조건을 충족시키는 것은 다수 회원국에게 가능한 것 같았다. 사람들은 상황이 얼마나 빠르게 변화하는지를 알지 못했다.

유럽의 위기

EMS는 1991년 12월 정부 간 회의가 성공리에 끝난 후 낙관적인 분위기에서 1992년을 맞이했다. ERM 통화의 마지막 환율 조정이 있은 후 5년이 되던 해였다. 그리스와 포르투갈을 제외한 모든 유럽공동체 회원국들이 참가했으며 포르투갈은 곧 동참할 예정이었다.

EMS의 실무자들이 품었던 낙관은 그 체제가 일련의 충격을 극복하는데 성공했던 것에서 비롯되었다. 소련의 붕괴는 (핀란드처럼) 동유럽에 대한 수출에 의존하던 유럽 경제에 일대 타격을 주었다. 냉전의 종식은 동유럽의 이행 경제에 대한 원조 투입을 필요로 했다. 이는 구조적 기금과 유럽공동체의 다른 일체 프로그램을 위한 자원을 고갈시켰다. 1990년 독일의 경제 및 통화 통일은 재정 적자, 자본 수입, 그리고 유럽 전역에 금리 상승 압력을 가한 재정 지출 급상승을 유발했다. 마르크와 기타 ERM 통화에 대한 달러의 하락은 유럽의 경쟁력을 더욱 약화시켰다. 그때 유럽 대륙은 전후 최악의 불황 중 하나로 진입했다. 그리고 마스트리히트에서 협의가 끝나자 통화 동맹에 대한 논쟁이 격화되었다. 그러나 이러한 곡절에도 불구하고 ERM 참가국들은 환율 변경에 대한 압력을 거부할 수 있었다. EMS를 그늘지게 했던 유럽공동체 비회원국들, 즉 오스트리아, 노르웨이, 스웨덴은 성공적으로 환율을 방어했다.[57]

마스트리히트 조약에 대한 덴마크의 6월 2일 국민 투표가 전환점이었다. 덴마크 사람들은 마스트리히트 조약 비준을 거부했다. 조약이 거부되면, 회원국들로 하여금 통화 동맹에 가입하기 위한 자격 기준을 맞추기 위해 ERM 폭 안에서 환율을 유지하게 만들었던 인센티브

244

그림 5.9 EMS에서의 독일연방은행의 개입(1983~1994년, 10억 독일 마르크)

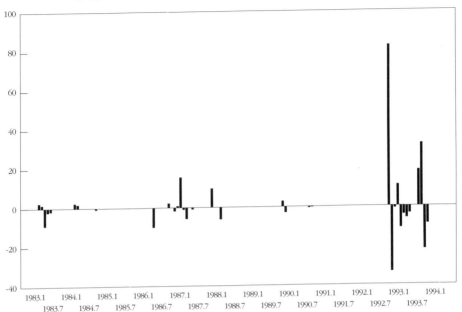

출처: Deutsche Bundesbank, *Annual Reports*, 각 연도.
주: 양의 증가분은 다른 EMS 통화를 대신한 독일연방은행의 개입을 나타낸다.

는 약해질 것이며 이탈리아같이 부채가 많은 나라들은 적자를 줄일 이유가 없게 될 것이었다. 1990년 이후 소폭 변동하던 리라는 하한선으로 곤두박질쳤다. 넓은 변동폭에 있었던 세 통화(스털링, 페세타pese-ta, 에스쿠두escudo)*는 약해졌다. 조약에 대한 프랑스의 9월 20일 국민투표가 다가오면서 압력은 더욱 높아졌다. 8월 26일 파운드는 ERM 변동폭의 바닥으로 하락했다. 이틀 후 리라는 바닥을 뚫고 내려갔다. 다른 ERM 회원국들은 자신들이 통화를 방어하기 위해 개입해야 했다.

---

* 페세타는 스페인, 에스쿠두는 포르투갈의 화폐 단위이다.

독일연방은행은 회원국들을 위해 광범하게 개입했다(그림 5.9 참고).

9월 8일 핀란드는 일방적으로 마르카markka를 에쿠에 고정시키기를 포기했다. 통화 거래자들 가운데 핀란드와 스웨덴을 구분할 수 없었던 이들은 크로나krona*로 관심을 바꾸었다. 그 후 한 주 동안 스웨덴중앙은행Swedish Riksbank은 한계 대출 금리를 세 자리 수로 인상해야 했다. 한편 리라는 ERM 변동폭 바닥 아래에 있었다. 9월 13일의 위기 대책 회의는 리라를 3.5% 평가 절하했고 다른 ERM 통화는 3.5% 평가 절상했다.

유럽 통화 당국의 관료들은 위기가 끝나기를 희망했으나 위기는 시작일 뿐이었다. 5년 만에 처음이었던 최초의 불연속적 환율 조정은 사람들에게 EMS의 환율 변화가 여전히 가능하다는 점을 일깨워주었다. 압력은 영국, 스페인, 포르투갈, 이탈리아에 가중되었다(사람들은 이들의 환율 조정이 너무 소폭이었다고 믿었다.). 추가 금리 인상과 EMS 변동폭에서의 개입에도 불구하고, 이 국가들은 대량의 준비금을 잃었다. 영국의 ERM 회원 자격은 9월 16일 중지되었고 그날 일찍 취해졌던 두 차례의 금리 인상은 취소되었다. 그날 저녁 이탈리아는 통화위원회Monetary Committee에 리라에 대한 투기 공격으로 준비금이 부족하여 변동 환율제로 간다고 발표했다.[58]

이탈리아와 영국이 ERM에서 탈퇴한 뒤 프랑스 프랑, 덴마크 크로네, 아일랜드 파운드도 압력을 받았다. 근소한 차로 통과된 프랑스 국민 투표 결과는 압력을 물리치지 못했다. 프랑은 변동폭의 바닥 근처에 머물러서 프랑스중앙은행과 독일연방은행의 개입 확대가 필요했

---

* 스웨덴 화폐 단위.

다.[59] 스페인, 포르투갈, 아일랜드의 정부들은 자본 통제를 강화했다.

스웨덴 정부가 긴축 정책에 대한 초당적 지지를 받는 데 실패한 후 11월에 에쿠에 대한 일방적인 환율 고정을 포기한다고 결정하자, 다시 6개월의 불안정이 시작되었다. 스웨덴중앙은행은 크로나를 방어하는 과정에서 대량의 준비금을 잃었다. 스웨덴중앙은행은 다 합쳐 국민 1인당 3500달러의 거액을 지출했다![60] 스페인은 이웃의 교역 상대국 포르투갈처럼 다시 또 6% 평가 절하를 해야 했다. 노르웨이는 12월 10일 에쿠에 대한 환율 고정을 포기했으며 압력은 아일랜드와 프랑스로 퍼졌다. 프랑은 성공적으로 방어되었으나 아일랜드 펀트punt는 아니었다. 1993년 1월 1일 아일랜드가 자본 통제를 폐지하는 와중에서 취한 시장 금리의 세 자리 수 인상도 충분치 않았다.[61] 펀트는 1월 30일 10% 평가 절하되었다. 5월 스페인의 봄 선거를 둘러싼 불확실성은 또 한 차례 페세타와 에스쿠두의 평가 절하를 일으켰다.

다시 한 번 불확실한 상황이 지나갈 것으로 희망하는 데는 이유가 있었다. 5월 덴마크 투표자들은 1차 국민 투표에서 마스트리히트 조약을 부결시킨 후유증이 있은 이후 실시된 2차 투표에서 마스트리히트 조약에 찬성했다. 독일연방은행은 할인율과 롬바드 금리Lombard rate를 인하하여 ERM 회원국들에 대한 압력을 완화했다. 프랑스 프랑과 기타 약세 ERM 통화들은 강해졌다.

프랑스의 인플레이션이 독일보다 낮아지자 프랑스 관리들은 프랑이 ERM의 기축 통화 역할을 맡았음을 조심스럽게 시사했다. 그들은 프랑의 취약성을 망각한 채 실업률을 끌어내리기 위해 프랑스중앙은행으로 하여금 금리를 인하하도록 독려했다. 프랑스중앙은행은 독일연방은행이 따라올 것으로 예상하고 할인율을 낮추었다. 그러나 7월

1일 독일의 할인율 인하는 실망스러울 정도로 작았다. 그러자 프랑스 경제부 장관은 추가 금리 인하를 협의할 목적으로 프랑스-독일 회의를 요청했다. 그러나 독일인들은 프랑스의 잠재적 인플레이션 조치에 동의하지 않았다. 프랑은 ERM 변동폭의 바닥으로 떨어졌고 프랑스중앙은행은 독일연방은행의 개입을 요구했다. 벨기에 프랑과 덴마크 크로네도 바닥으로 추락했다. 총체적 위기가 코앞에 와 있었다.

1993년 7월의 마지막 주말에 협조적 대응의 마지막 기회가 있었다. 프랑의 평가 절하(프랑스가 거부), ERM 통화의 일반적 환율 조정(다른 국가들이 거부), 독일 마르크를 ERM에서 분리하는 것(독일의 반대), 은행의 외환 계좌에 대한 예치금제(벨기에가 제안했으나 다른 나라들이 거부) 등등 일련의 대안이 논의되었던 것으로 알려졌다. 이러한 다양한 제안들은 문제에 대한 공동의 진단이 없었다는 점을 뜻한다. 일요일 저녁, 함께 모인 장관들과 중앙은행 관료들은 임박한 도쿄 금융 시장의 개장에 직면했다. 이들은 합의할 수 있는 방침이 없어 ERM 변동폭을 2.25%에서 15%로 확대했다. 유럽 통화들은 과거 환 평가, 스네이크 제도, 그리고 중심 환율 시대에서 허용되었던 것보다 더 자유롭게 변동하게 되었다.

위기의 이해

위기에 대한 설명은 세 가지로 구분된다. 과거 정책의 부적절한 조화, 미래 정책의 부적절한 조화, 그리고 투기 압력이 그것이다.

첫 번째 설명에 따르면 일부 국가 특히 이탈리아, 스페인, 영국은 아직 인플레이션을 ERM 회원국 수준으로 낮추지 못했다. 과도한 인

표 5.3 누적 경쟁력 변화 지표(1987~1992년 8월, %)

국가	다른 EC 국가들 대비 상대적 지표[a]		산업 국가들 대비 상대적 지표	
	생산자 물가	단위 노동 비용[b]	생산자 물가	단위 노동 비용[b]
벨기에	4.0	5.6	1.3	2.7
덴마크	3.6	6.4	-0.5	3.8
독일(서독)	1.7	0.5	-3.8	-5.5
그리스	n.a.	n.a.	-10.2	-15.6
프랑스	7.9	13.3	3.3	7.2
아일랜드	6.4	35.7	1.3	27.9
이탈리아	-3.0	-7.0	-6.4	-9.8
스페인	1.5	5.2	-1.4	1.9
ERM 가입 이후[c] ~ 1992년 8월				
포르투갈	-2.1	-7.5	-8.1	-13.8
네덜란드	n.a.	-4.6	n.a.	-6.9
영국	-1.7	-0.4	-4.0	8.3

출처: Eichengreen 1994b.

[a] 그리스는 제외.

[b] 제조업 영역.

[c] 스페인: 1989년 6월, 포르투갈: 1992년 4월, 영국: 1990년 10월.

n.a. 자료가 유용하지 않음.

플레이션이 누적되면서 통화의 과대 평가로 이어졌고 경상 수지 적자를 악화시켰다. 이 같은 문제들은 달러와 엔의 약세로 인해 더 악화되었다. 통화 거래자들은 경상 수지 적자가 많아지면 무한정 차입에 의해 해결될 수 없다는 것을 알았다. 이러한 시각에서 1987년 하드 EMS로의 이행은 성급한 것이었다. 각 나라들은 경쟁력 불균형을 해소해야 했던 것처럼 자신들의 중심 환율을 계속 조정했어야 했다.[62]

그러나 자료는 이러한 해석을 명확하게 지지하지 않는다.[63] 표 5.3

은 유럽공동체 중앙은행 총재 회의가 1992년 위기 직전 누적 경쟁력 변화를 자체 조사한 것이다.[64] 1987년부터 ERM에 참여한 국가들에서 오직 이탈리아만이 경쟁력의 명백한 악화를 보여준다. 이탈리아의 단위 노동 비용은 다른 유럽공동체 국가에 비해 7%, 산업 국가에 비해서는 10% 올랐다.[65] 이 그룹에서 노동 비용이 비슷한 정도로 상승한 유일한 나라는 독일이다. 독일은 특별한 공격을 받지 않았다. 다시 말해, 표 5.3의 어느 것도 프랑스 프랑, 벨기에 프랑, 덴마크 크로네, 아일랜드 펀트에 대한 공격을 분명히 정당화하지 않는다.[66]

또한 표 5.3에 있는 단위 노동 비용과 생산자 물가에서 스털링이 과대 평가되었다는 것은 명확하지 않다. 혹자는 문제가 영국이 1990년 10월 ERM에 참가하기 전의 시기에 있다고 반박할지 모른다.[67] 그러나 이것이 시장의 인식이었는지는 분명하지 않다. 스털링의 1년 후 선물 시세 또한 9월 위기가 발생하기 1주 전까지 ERM 변동폭 안에 있었다. 사실 이는 위기를 과잉 인플레이션과 환율의 과대 평가 때문이라고 보는 설명의 본질적 약점이다. 투기 공격이 과잉 인플레이션과 경상 수지 적자의 누적적 결과에 의해 촉발되었다면, 시장의 의심은 선물 환율과 금리차에 반영되었을 것이다. 인플레이션과 적자는 서행하는 변수이기 때문에 그 영향은 선물 환율이 ERM 변동폭으로 점진적으로 이동하고 금리차가 점진적으로 확대되는 것으로 나타났을 것이다. 그러나 이 변수들은 위기 직전 갑자기 폭등하기 전까지 아무런 움직임을 보이지 않았다.[68] 그때까지 변수들은 선물 환율이 당시의 지배적인 ERM 변동폭 안에 있을 것으로 예측했다. 이러한 변수들 중 어느 것도 평가 절하가 있기 직전까지 시장이 그 가능성에 대해 조금이라도 예측했다는 것을 보여주지 못한다.[69]

250

과거 정책 불균형에 대한 이러한 강조를 확실히 보완하는 것은 미래의 정책 전환이다. 대외 균형을 유지하기 위해 긴축 정책을 추구했던 국가들은 실업률 증가를 경험했다(표 5.4는 위기에 이르는 동안의 실업률을 보여준다.). 독일 통일의 충격은 유럽의 다른 나라들에 비한 독일 물가의 상승을 요구했다. 환율이 고정된 조건에서 이 같은 상대 물가의 변화는 물가가 독일에서 더 빨리 오르거나 해외에서 더 느리게 오를 때만 달성 가능했다. 독일연방은행은 두 번째 대안을 선호했는데, 이는 예측할 만했다. 조정이 독일의 인플레이션을 통해 이루어지지 않도록 하기 위해 독일연방은행은 금리를 인상했다. 따라서 조정은 해외에서의 디스인플레이션disinflation*을 통해서만 일어날 수 있었다. 유럽의 노동 시장이 서서히 조정되는 상황에서 디스인플레이션은 실업을 뜻했다.

　　실업률이 상승하면 ERM 고정 환율을 방어하는 데 필요한 긴축 정책에 대한 지지가 약해진다. 그럴 경우 그러한 정책을 추진한 정부는 불만을 품은 유권자들에 의해 쫓겨나거나 아니면 이러한 가능성을 차단하기 위해 정부가 긴축 정책을 포기할 수도 있다. 시장은 이러한 상황을 예측하고는, 가장 실업률이 높고 취약한 나라의 통화를 공격한다.[70] 예측한 대로, 위기 발생과 심각한 실업 문제가 있는 나라 사이에는 상관 관계가 있다.

　　또한 이 설명은 시장 행태와 마스트리히트 조약을 둘러싼 논쟁 사이의 연관성을 제공한다. 조약이 비준되지 않는다면(이는 덴마크 국민 투표와 프랑스 국민 투표 사이의 시기에 가능했었다.) 통화 동맹 참가에 대

---

* 물가 상승 완화. 인플레이션의 완화책을 의미한다.

표 5.4 실업률(1987~1992년[a])

국가	민간 노동 인력의 비율			
	1987~1989년 평균	1990년	1991년	1992년[b]
벨기에	10.0	7.6	7.5	8.2
덴마크	6.6	8.1	8.9	9.5
독일(서독)[c]	6.1	4.8	4.2	4.5
그리스	7.5	7.0	7.7	7.7
스페인	19.1	16.3	16.3	18.4
프랑스	9.9	9.0	9.5	10.0
아일랜드	17.0	14.5	16.2	17.8
이탈리아	10.9	10.0	10.0	10.1
룩셈부르크	2.1	1.7	1.6	1.9
네덜란드	9.2	7.5	7.0	6.7
포르투갈	5.9	4.6	4.1	4.8
영국	8.7	7.0	9.1	10.8
EEC				
평균	9.7	8.3	8.7	9.5
분산[d]	2.7	2.6	3.3	3.7
ERM 원래의 협애한 변동폭				
평균	8.1	7.2	7.1	7.4
분산[d]	2.2	2.2	2.8	2.9
미국[e]	5.7	5.5	6.7	7.3
일본	2.5	2.1	2.1	2.2

출처: Eurostat.

[a] 표준화된 정의

[b] 예상치.

[c] 1992년 동안 실업률(나라별로는 다음과 같다): 동독은 14.3 %, 독일 전체는 7.7%.

[d] 가중 표준 편차

[e] 총 노동력의 비율

한 정책 의지를 증명하는 방법으로서 실업을 놔두는 것은 득이 아니었다. 덴마크가 6월 조약을 거부했을 때 환율 긴장이 일어난 것 또는 프랑스의 9월 20일 국민 투표 직전에 환율 긴장이 최고에 달했던 것은 우연이 아니다.

그러나 이 설명은 또한 선물환 시장의 움직임과 잘 맞지 않는다. 사람들이 팽창 정책으로의 전환에 중대한 가능성을 부여했다면, 9월 둘째 주에 공격받은 ERM 통화들의 1년 만기 선물 환율이 왜 7월이나 8월에 ERM 변동폭을 이탈하지 않았는가? 이탈리아 리라를 제외하고 9월 이전에 선물 환율이 ERM 폭을 벗어난 유일한 ERM 통화는 덴마크 크로네였다. 이는 덴마크의 조약 거부를 감안할 때 그리 놀라운 일이 아니다.[71]

이는 우리를 1992~1993년에 작동한 제3의 요인, 즉 자기 충족적 공격self-fulfilling attacks으로 향하게 한다.[72] 이것의 작동은 예시를 통해 보면 가장 잘 이해할 수 있다. 재정과 대외 수지가 균형이어서 국제 수지 위기가 없는 상태를 가정하자. 정부는 현 정책을 그대로 밀고 가는 것이 좋고, 이 정책은 공격이 없을 때 환율을 지탱해줄 것이다. 이제 투기꾼들이 통화를 공격한다고 가정하자. 투기꾼들은 국내 통화 표시 자산(수익률=국내 이자율)과 해외 통화 표시 자산(수익률=해외 이자율+기대 평가 절하율) 간에 차별성을 두지 않기 때문에, 정부 당국은 환율 방어를 위해 국내 금리를 올려야 한다. 그러나 필요한 금리 인상은 그 자체로 환율 방어의 손익 평가를 바꾸어놓을 수 있다. 환율 방어에 요구되는 고금리는 소비를 억제하고 실업을 악화시켜 기존 정책의 고통을 심화할 것이다. 고금리는 특히 영국처럼 모기지 금리 mortgage rates가 시장 금리에 연동되어 있는 나라에서 모기지 부담을 가중시킬 것이다. 그것은 상환 중지를 유발하여 취약한 금융 체제의 안정을 무너뜨릴 것이다. 그것은 부채 상환 비용을 늘리고 추가적인 왜곡적 조세의 부과를 요구한다. 투기 공격이 일단 정책을 실시하는 데 드는 비용을 증가시킨다면, 환율 방어에 대한 평판을 제고하기 위해 긴축을 지속하는 것은 별로 매력적이지 않을 것이다. 공격이 없는 상황에서 이러한 상충 관계를 받아들인 정부라도 공격이 압박하면 그렇게 하지 않을 것이다.

그러한 상황에서는, 심지어 공격이 없는 상황에서 고정 환율이 무한정 지속될 수 있다 하더라도, 투기 공격은 성공할 수 있다. 이러한 예는 투기꾼이 비일관적이고 지속 가능하지 않은 정책 때문에 일어날 수밖에 없는 평가 절하를 예측하고 이에 앞서 투기할 뿐이라고 설명하는 국제 수지 위기의 표준 모델과는 대조적이다.[73] 이 예에서는 평가 절하가 반드시 일어나지는 않는다. 공격은 공격이 없었다면 발생하지 않았을 결과를 촉발한다. 공격이 자기 충족적 예언의 역할을 한다.

자기 충족적 위기의 모델이 1990년대 ERM에 적용 가능하다고 보는 이유가 있다.[74] 유럽의 통화 동맹 회원국 자격에 도달하기 위해 노력했던 유럽연합EU 국가들이 직면한 선택을 생각해보자. 마스트리히트 조약은 가입의 조건으로 과거 2년의 환율 안정을 요구했다. 한 나라의 국내 금융 질서가 잡히고 정부가 통화 동맹 가입을 위해 지금 긴축을 할 자세를 갖추더라도, 평가 절하를 강요하고 ERM 페그를 포기토록 만드는 외환 위기는 여전히 그 나라의 가입 자격을 상실하게 한다. 그리고 그 나라가 더 이상 통화 동맹에 가입할 수 없다면 그 정부는 가입에 필요한 정책을 계속 추진할 인센티브를 갖지 않는다. 그러므로 그 나라는 더욱 팽창적인 금융 및 통화 정책으로 전환할 것이다. 투기 공격이 없는 상황에서 현재든 미래든 펀더멘털에 아무런 문제가 없을지라도, 일단 공격이 일어나면 정부는 더욱 팽창적인 방향으로 정책을 수정할 인센티브를 갖는데, 이는 투기꾼이 예상했던 것이다. 다시 말해 마스트리히트 조약은 자기 충족적 공격에게 비옥한 토양이었다.

개발도상국의 경험

브레튼우즈 붕괴 이후 20년 동안 많은 선진국들은 변동 환율제로 이동했다. 달러/엔 그리고 달러/마르크 환율이 그러하고 1992년 EMS의 위기 이후 유럽의 역내 환율도 그러했다. 이 추세는 국제 자본 이동이 낳은 압력에 대한 대응이었다.

개발도상국에서도 늦게 시작했으나 동일한 추세가 발견된다. 변동 환율제는 금융 시장이 저발전된 나라에서는 극심한 환율 유동성으로 발전하기 때문에 위험했다. 환율 변동은 자원 배분에 심각한 혼란을 줄 수 있기 때문에, 아주 작고 개방된 개발도상국에게 변동 환율제는 매력적이지 않았다. 따라서 대부분의 개발도상국은 자본 통제의 보호막을 치고 환율을 고정했다.

동시에 고정 환율제는 금융 시장의 자유화 시도와 점점 부합하기 어려운 것으로 판명났다. 개발도상국들은 2차 세계 대전 이후 수입 대체산업 육성과 금융 억제 정책에 의존했다. 예를 들어 1930년대의 공황으로 커다란 타격을 입은 남미 국가들은 국제 시장의 변덕으로부터 국내 경제를 절연할 필요가 있다는 교훈을 얻었다. 관세와 자본 통제는 대내 거래와 대외 거래를 분리했다. 물가 통제, 시장위원회, 금융 규제 등이 국내 발전을 통제했다.[75] 이 모델은 종전 직후 국제 무역이나 국제 금융 거래가 아직 회복되지 않고 기술 축적이 외연적 성장 extensive growth을 가능하게 하던 시기에는 잘 작동했다. 그러나 시간이 경과하면서 개입주의 정책은 점점 이익 집단에 의해 포획되었다. 무역과 대출이 크게 늘고, 손쉬운 성장의 기회가 고갈되자, 가격 체제가 주는 유연성이 더욱 중요해졌다. 1960년대 초 개발도상국들은 수입 대체 정책과 금융 억제에서 수출 진흥과 시장 자유화로 이행했다.

결과는 산업 국가들의 경험과 다르지 않았다. 국내 시장이 자유화되고 국제 금융 흐름은 더욱 통제하기 힘들어졌다. 자본 통제의 유지는 더욱 부담스럽고 혼란스러워졌다. 그리고 개발도상국을 상대로 대출을 해주는 상업은행의 수가 늘어나면서 국제 자본 이동은 규모가 커졌고 그 관리를 더욱 복잡하게 만들었다. 자본이 대거 유입되면 통화 가치 상승에 대한 압력을 거부하거나 자본이 유출될 때 조정을 위해 평가 절하를 하도록 허용하는 것이 점점 더 힘들어졌다.

큰 개발도상국들은 변동 환율제로 가려고 했다. 1982년 말 큰 개발도상국의 73%가 고정 환율을 유지한 반면, 1991년이 되면 그 비율은 50%로 하락했다.[76] 작은 개발도상국들에 대한 통계는 각각 97%와 84%였다. 심지어 이곳에서도 심대한 변화가 일었다. 예를 들어 과거 60년 동안 미국 달러에 고정했던 과테말라와 70년 이상 달러에 고정했던 온두라스는 1986년과 1990년에 각각 달러 페그에서 이탈했다. 완전 변동 환율제는 드물었고 정부는 얇은 시장으로 인한 변동성을 우려하여 환율을 철저히 관리했다.

개발도상국들의 다양한 경험은 어느 정책이 효과적인 것인가에 관

256

한 논쟁을 낳았다. 그 시기에 고정 환율을 유지한 나라들은 변동 환율을 유지한 나라들 혹은 고정 환율에서 변동 환율로 바꾼 나라들과는 달리 상대적으로 낮은 인플레이션을 경험했다.[77] 이는 결과적으로 다음과 같이 주장되었는데, 고정 환율이 정책 결정자들을 규율하여 인플레이션 경향을 통제하도록 만들었다는 것이다. 이 주장의 명백한 문제점은 정반대의 인과 관계가 가능하다는 것이다. 고정 환율이 인플레이션 억제 규율을 부과한 것이 아니라 독자적인 이유 때문에 물가 안정 정책을 추구할 수 있던 정부들에게는 고정 환율이 최선이었다는 것이다.

세바스챤 에드워즈Sebastian Edwards는 개발도상국을 대상으로 인플레이션 결정 요인을 분석하고 환율 외에도 다양한 요인들을 통제하면서 이 문제를 상세히 다루었다.[78] 그의 결론은 인플레이션의 다른 잠재적 결정 요인들을 계산에 넣더라도 고정 환율은 추가적 인플레이션 억제 효과를 제공한다는 점을 제시했다.

이 증거는 고정 환율이 특히 높은 인플레이션을 통제하려고 하는 정부에게 매력적임을 시사한다. 고정 환율은 수입 물가로 인한 인플레이션을 중단시켜 물가 상승률을 크게 줄일 수 있다. 이는 세제税制를 안정시키고 정부의 재정 정책과 통화 정책이 적절한가를 평가할 수 있도록 해준다. 고정 환율이 남미, 동유럽, 그리고 다른 개발 도상 지역에서 취해진 "비정통heterodox" 안정화 정책의 필수적 요소였다는 것은 놀랍지 않다.

그러나 고정 환율을 안정화 정책의 명목 축으로 삼는 것이 문제가 없는 것은 아니다. 국내 물가 상승률이 하락하는 데는 여전히 시간이 소요되고 통화의 실질적 과대 평가로 진행할 수 있다. 경상 수지 적자가 커지면 고정 환율은 안정화 정책 자체와 함께 무너질 수 있다. 고정 환율은 정부가 그것을 유지하려는 강력한 의지를 갖고 있어야만 인플레이션 억제 효과가 제대로 나타난다. 따라서 물가 안정만을 의도하다가는 고정 환율에 갇혀버려서 금융 취약성을 높이고 나라를 투기 위기로 몰고갈 수 있다. 반대로 일시적 환율 고정을 이탈할 것을 선언하는 국가들은 일시적 환율 고정이 인플레이션 억제 신뢰성을 제공해주지 않음을 알게 된다.

이러한 딜레마에 대한 극단적 대응은 통화위원회의 창설이다. 의회 입법이나 헌법 개정을 통해 중앙은행이나 정부가 환율을 교역 상대국의 환율에 고정하도록 요구하는 것이다. 이는 통화 당국이 동일한 가치의 외환을 보유할 때에 한해서 통화를 발행하도록 하는 것이다. 입법이나 헌법 개정은 힘겨운 정치적 과제이기 때문에 환율 고정이 포기될 전망은 별로 없다. 이런 사실에 대한 인식은 물가 상승을 중단시키고, 새로 환율을 고정시킨 나라들을 전형적으로 괴롭히던 과대 평가 문제를 최소화하여, 생산자와 소비자가 새로운 물가 안정 체제에 빨리 적응하도록 했다.

통화위원회는 홍콩, 버뮤다, 케이먼 제도 등의 개방 소국과 나이지리아와 영국령 동아프리카같이 무역에 덜 개방적인 개발도상국에서 잘 운용되었다. 통화위원회는 1928~1943년에 아일랜드에서, 1927~1964년에 요르단에서 운용되었다.[79] 통화위원회와 비슷한 장치가 1991년 높은 인플레이션을 중단시킬 목적으로 아르헨티나에서 설치되었고, 1992년 에스토니아와 1994년 리투아니아에서 유사한 문제의 발생을 막기 위해 설치되었다.

통화위원회와 금본위제의 유사성은 놀라울 정도이다. 금본위제에서 중앙은행은 금이나 때때로 태환 가능한 외환을 획득하기만 하면 추가적인 발권이 가능했다. 통화위원회 제도하의 규칙도 금에 대한 규정을 제외하면 비슷하다. 금본위제에서는 고정된 국내 금 가격의 유지가 고정 환율을 낳았고, 통화위원회에서는 국내 통화가 외국 통화에 바로 고정되었다.

통화위원회 제도의 약점 또한 금본위제와 마찬가지로 최종 대부자의 개입 범위가 제한적이라는 점이다. 통화 당국은 은행이 망하는 것을 지켜봐야 한다. 최악의 경우 은행 체제 전체의 붕괴를 지켜봐야 한다. 중앙은행이 잉여 준비금을 보유하지 않는 한, 국내 금융 체제에 유동성을 투입하는 것은 금지되어 있다. 그리고 심지어 중앙은행이 최종 대부자로서의 개입을 허용할 만큼 충분한 준비금을 갖고 있더라도 개입하는 것은 비생산적일 수 있다. 투자자들은 통화위원회가 외환 획득 없이 신용을 창출하는 것을 보고 정부가 고정 환율보다 은행 체제의 안정을 더 중시한다고 추측할 수 있다. 그들은 평가 절하가 시작되고 통화위원회가 무력화되기 전에 자금을 해외로 빼내어 당국이 보충하는 것보다 유동성을 신속하게 고갈시킴으로써 대응할 것이다. 통화위원회 제도에서는 금본위제에서처럼 금융 위기에 대한 효과적 대응책이 없다.[80]

물론 어떤 점에서는 바로 이런 이유 때문에 신뢰를 얻기 위해 유연성을 희생하는 통화위원회를 채택하는 것이다. 그러나 통화위원회의 장점인 경직성은 또한 약점이기도 하다. 은행 체제를 붕괴시키는 금융 위기는 통화위원회 자체에 대한 반대를 불러올 수 있다. 정부는 이를 예상하면서 은행 체제와 경제 활동이 위협받는 것을 우려하여 통화위원회를 포기할지도 모른다.

이 문제는 일부 나라에서 더 심각하다. 금융 기관의 수가 한정되고 집중적인 은행 체제를 갖는 작은 나라의 경우, 강한 은행이 약한 은행을 구해주는 구조선 활동을 운영하는 것이 가능하다. 국내 은행들이 해외 은행 기관과 연결되어 있는 나라에서 국내 은행들은 외국 지원을 요청할 수 있다. 이 때문에 통화위원회는 버뮤다, 케이먼 제도, 홍콩에서 비교적 오랫동안 성공적이었다. 그러나 아르헨티나에서는 이러한 제도가 전혀 없다. 1995년 멕시코의 금융 위기가 남미의 다른 나라로 가는 자본 이동을 끊어놓았을 때 아르헨티나 금융 체제는 붕괴될 위험에 처했다. IMF가 주도한 80억 달러의 국제 차관이 제공되어, 예금 보험과 은행 체제에 대한 자본 확충을 제공했을 때에야 비로소 아르헨티나는 위기를 넘길 수 있었다.

문제에 대한 다른 해법은 집단적으로 고정시키는 길이다. 이 방식에서 주목할 만한 예는 CFA 프랑권이다.[81] 13개 회원국은 두 개의 중앙은행을 공유한다. 7개국은 서아프리카중앙은행을 그리고 6개국은 중앙아프리카중앙은행을 공동 사용한다. 이 두 개의 중앙은행은 프랑스 프랑에 고정된 등가等價 통화, 즉 CFA 프랑을 발행한다. 페그는 CFA 프랑권의 통화들이 1994년 프랑스 프랑에 대해 평가 절하되기 전까지 46년 동안 그대로였다. 이처럼, 통화 동맹 회원국들은 상호 간 통화 안정을 누렸을 뿐 아니라 과거 식민 모국이었던 프랑스에 대해서도 안정된 환율을 오랫동안 유지했다.

프랑권 국가들은 1980년대 후반 코코아와 면화 가격이 떨어졌을 때 교역 조건의 심각한 악화를 겪었다. 그러나 CFA 프랑권은 경제 발전은 크게 뒤지지 않으면서도 독립적인 변동 환율제를 사용하던 주변 국가들(잠비아, 가나, 나이지리아, 시에라리온, 자이레)과 관리 변동 환율제를 사용한 국가들(기니비사우, 모리타니)보다 낮은 인플레이션을 지속적으로 누렸다.

CFA 프랑권의 환율 안정에 기여했던 두 가지 특수한 정황이 있다. 첫째, 모든 회원국은 자본 거래 지불을 규제했으며 몇몇 국가들은 경상 거래 지불에 대해서도 제한을 두었다. 다른 지역에서처럼 여기서도 자본 통제는 고정 환율의 존속 가능성과 연계되었다. 둘째, CFA 프랑권 국가들은 프랑스 정부의 막대한 지원을 받았다. 해외 원조(프랑스는 과거 식민지에 대한 최대 원조국) 외에 그들은 기본적으로 무제한적인 국제 수지 금융 지원을 받았다. 프랑스는 지역의 두 중앙은행에 대해 프랑스 재무부로부터 무제한 신용을 허용함으로써 CFA 프랑이 고정 환율에서 태환되는 것을 보장했다.

EMS와의 대조는 특기할 만하다. 유럽 내 통화 페그는 1~2년마다 갱신되어야 했다면, 프랑스 프랑과 CFA 프랑 간의 연계는 거의 반세기 동안 변하지 않았다. EMS 합의문에 있던 무제한의 지원은 꼭 그대로 제공되지 않았던 반면, 프랑스 재무부는 CFA 프랑권 회원국에게 무제한 지원을 계속 제공했다. 차이는 프랑권 지역 국가들이 약속한 조정에 대한 신뢰성에 있다. 이 조정은 프랑스로 하여금 프랑스의 금융 의무가 궁극적으로는 제한적임을 확신시켜주었다. 두 중앙은행은 프랑스로부터 초과 인출을 받을 때 긴축 통화 정책을 강화토록 요구되었다. 프랑스는 자신이 제공하는 쌍무적 원조의 규모를 이 국가들이 무시할 수 없었기 때문에 조정이 이루어질 것을 확신할 수 있었다.

1990년대에 다른 지역에서 고정 환율제를 교란시켰던 요인들 때문에, 즉 국제 자본 이동을 봉쇄하기가 점점 어려워지고 정부 정책이 점차 논쟁거리가 되면서 CFA 프랑은 평가 절하되어야 했다. 두 아프리카 중앙은행은 지속적 적자에도 불구하고 그에 필요한 만큼 긴축 정책을 펼치길 주저했다. 엄격한 신용 조건은 상품 가격의 붕괴로 이미 약화된 은행 체제를 불안정하게 만들고 위협했다. 이는 정치적으로 너무 값비싼 것이어서 정부는 긴축 정책을 강화하길 꺼렸다. 그리고 가혹한 임금 삭감은 카메룬 및 기타 프랑권 나라들에서 총파업을 야기하여 관련 당국을 한발 물러서게 했다. 프랑스 정부는 조정이 없다면 제공할 수 있는 금융 지원에는 한계가 있음을 분명히 했다. 지원을 계속하는 데 대한 대가로 프랑스 정부는 평가 절하를 통한 조정을 요구했다. 이에 따라 1994년 초 CFA 프랑은 프랑스 프랑에 대해 50% 평가 절하되었다.

결론

브레튼우즈 체제가 붕괴된 후 사반세기는 좌절된 야망과 불편한 타협의 시기였다. 조정 가능한 고정 환율 체제를 재구축하려는 노력은 잇달아 실패했다. 실패의 근본 원인은 국제 자본 이동의 불가피한 상승이었다. 이는 고정 환율제를 더 취약하게 만들었고 주기적 조정을 더 어렵게 만들었다. 자본 이동은 고정 환율을 방어하려 했던 약세 통화 국가들을 압박했다. 개입이 전에 없이 큰 규모를 필요로 하는 상황에서 자본 이동은 강세 통화 국가들이 약세 통화 국가들을 지원하는 것을 꺼리게 했다. 점점 많은 정부들이 변동 환율제를 채택하지 않을 수 없었다.

많은 사람들이 이 같은 상황을 전혀 좋아하지 않았다. 금융 시장이 취약한 개발도상국들은 요동치는 환율의 결과를 감내하기 힘들었다.

통화 변동은 유럽공동체 국가들의 유럽 시장 통합 노력을 와해시켰다. 심지어 미국, 독일, 일본도 외환 개입이 없는 상태에서 적정 환율을 찾아가는 시장의 능력에 대한 믿음을 잃었다.

자유 변동 환율제에 대한 이 같은 불만은 통화 변동을 제한하려는 갖가지 부분적 조치들을 만들어냈다. 그러나 브레튼우즈를 준비금 표시제로 보완하려 했던 슐츠-볼커 제안Shultz-Volcker proposals, 1970년대의 유럽 스네이크 제도, 유럽 통화 제도EMS, 그리고 협조적 개입을 제시했던 플라자-루브르 체제Plaza-Louvre regime 등을 관통하는 공통의 교훈이 있다면, 그것은 제한된 조치로는 무제한의 자본 이동의 세계에서 성공할 수 없다는 것이었다.

GLOBALIZING CAPITAL

| 6장 |

새로운 통화 세계

역사적 진실에 너무 가까이 접근하는 자는 이〔齒〕를 진실의 발뒤꿈치에 걸어차일 것이다.

월터 롤리Walter Raleigh 경

누구에게나 자기가 살았던 시대는 특별히 변덕스럽고 유난하게 느껴진다. 그렇다 해도 1997년 이후의 국제 통화 체제의 작동에 영향을 받은 이들은 정당하게 이 같은 주장을 할 수 있다. 이 시기는 아시아 위기로 시작했다. 아시아 위기는 이 지역의 안정성을 붕괴시켰는데 환율은 거기서 핵심 역할을 했다. 브라질, 터키, 아르헨티나의 위기가 연달아 발생했다. 위기는 신흥 시장이 자본 이동과 정치적 민주주의의 폭발적 결합을 관리할 수 없다는 메시지로 보였다.

그러나 사람들이 이 불행한 결론을 내리자마자 평화는 찾아왔다. 2002년 후반과 2008년 사이에 더 이상 신흥 시장의 위기는 발생하지 않았다. 부분적으로 이는 외부 조건의 호조를 반영했다. 연방준비제도가 디플레이션을 막기 위해 금리를 인하하자 저금리와 풍부한 유동성은 부채 상환을 용이하게 만들었다. 세계 경제는 신용 조건의 완화뿐만 아니라 중국과 인도가 성장 축으로 부상한 데 힘입어 강력하게 팽창했다. 밀물이 모든 배를 띄우듯이 글로벌 경제의 팽창에서 비롯된 높은 상품commodity 가격은 전 세계의 원자재 수출 국가들의 국제 수지를 상승시켰다.

그러나 전 세계적인 호황은 영원히 계속될 수 없을 것이기에, 글로벌 성장이 둔화되면 불안정이 다시 찾아올 것이라는 걱정은 여전히 있었다. 신흥 시장은 고소득 국가들의 제도적 강점을 하루아침에 얻을 수는 없다.[1] 신흥국의 은행은 통제력이 취약하며, 금융 체제는 유동성이 부족하고 불투명하며, 기업 지배 구조는 종종 초보적 수준이다. 아시아 위기 이후 신흥 시장의 표준standard이 고소득 국가들의 표준에 근접했다고 해도 선진국 자체가 이 부분에서 취약성을 계속 노출하고 있는 한 별로 위안이 되지 않았다.[2] 이와 같이 불완전한 정보와 불완전한 계약 이행의 환경에서 금융 불안은 뻔한 일이다. 그리고 불안이 고조될 때 환율 안정은 희생물의 하나이다.

그러나 미국이 2003년 이라크를 침공했을 때 신흥 시장에서 중대한 문제들이 발생하지 않았다는 사실, 또는 2007년 미국과 유럽의 모기지 담보 증권mortgage-backed securities 시장에서 유동성 문제가 발생했다는 사실은 정책이 개혁된 정도를 말해준다. 무엇보다도 환율의 유연성이 크게 확대되었다. 1990년대 후반부터 점점 많은 신흥 시장들, 가장 중요하게는 남미뿐만 아니라 아시아와 신흥 유럽 또한 통화 변동폭을 늘렸다. 자본 이동의 증대로 인해 독자적 통화 정책과 안정적 환율의 유지를 동시에 추진하는 것을 불가능하게 하는 곳에서 그리고 정치적 압력이 통화 정책을 통화 안정 목표에 맞추게 하는 것이 불가능해진 상황에서 정부들은 더욱 폭넓은 환율 유연성을 수용함으로써 묘책을 쓰려 했다. 물론 이러한 묘책은 종종 망설여졌다. 그러나 브라질과 멕시코에서 인도와 한국에 이르까지 중요한 국가들은 외환 시장에 대한 개입을 축소했다.

그러나 통화 당국이 더 이상 환율 목표를 설정하지 않게 되자 예측의 기준이 될만한 다른 기제가 필요했다. 이를 위해 중앙은행들은 인플레이션 목표를 설정했다. 중앙은행들은 인플레 목표를 밝히고 인플레 예측을 발표했으며, 중앙은행들의 통화 정책이 인플레 목표와 어떻게 부합하는지를 설명했고 "인플레이션 보고서"를 발행하여 실패에 대해 해명했다.[3] 이는 투자자들에게 예측을 형성하고 투자 배분을 결정하도록 해주는 등대 역할을 했다.

변동 환율은 공짜가 아니었다. 국제 수지에서 대규모 적자를 보는 큰 나라들은 통화 가치의 하락을 막기 위해 개입했다. 그들은 통화의 하락이 부채 상환 비용을 위험스럽게 높이는 것을 우려했다. 이는 아시아 금융 위기의 교훈이었다.[4] 수출 주도 성장 정책을 채택한 국가들은 통화 가치의 상승을 늦추기 위해 개입했다. 그 국가들은 통화의 상승이 검증된 성장 모델의 작동을 교란시켜 수출을 둔화시킬 것을 걱정했다.[5] 표 6.1은 아시아 위기 직전인 1996년 이후 환율 제도의 변화를 보여준다.[6] 소프트 페그soft peg는 크게 감소하였고(57%에서 46%) 하드 페그hard peg(통화 동맹 포함)와 변동 환율제의 비중은 늘어났다. 물론 하드 페그로 이행한 나라들은 대부분 유럽의 선진국들이었고 변동 환율제를 채택한 나라들은 신흥 시장이었다(신흥 시장 가운데 소프트 페그를 운용한 비중은 78%에서 41%로 감소하고 변동 환율제는 13%에서 47%로 증가). 이처럼 변동 환율제는 모든 국가는 아니지만 특히 중간 소득 국가들에서 두드러졌다.

이와 같은 변동 환율제의 확대는 아시아에서 가장 두드러졌다. 아

표 6.1 환율 체제의 진화(각 범주에서 회원국의 비율)

	비중		
	1990년	1996년	2006년
모든 국가들			
하드 페그[a]	16.88	18.23	26.92
소프트 페그[b]	67.53	56.91	45.60
변동 환율[c]	15.58	24.86	27.47
전체	100	100	100
회원국 수	154	181	182
선진국			
하드 페그[a]	4.35	8.33	54.17
소프트 페그[b]	69.57	58.33	4.17
변동 환율[c]	26.09	33.33	41.67
전체	100	100	100
회원국 수	23	24	24
신흥 시장			
하드 페그[a]	6.67	9.38	12.50
소프트 페그[b]	76.67	78.13	40.63
변동 환율[c]	16.67	12.50	46.88
전체	100	100	100
회원국 수	30	32	32
기타 개발도상국			
하드 페그[a]	22.77	22.40	25.40
소프트 페그[b]	64.36	51.20	54.76
변동 환율[c]	12.87	26.40	19.84
전체	100	100	100
회원국 수	101	125	126

출처: Reinhart-Rogoff 2004. 그리고 Eichengreen-Razo Garcia 2006 databases.

[a] 법정 화폐legal tender, 통화 동맹currency union, 통화위원회currency board, 그리고 화폐 동맹monetary union/화폐 연합monetary association으로서 또 다른 통화와의 조정을 포함.

[b] 단일 통화에 대해 전통적 고정 페그, 통화 바스킷에 대해 전통적 고정페그, 사전적 크롤링 페그, 사전적 크롤링 밴드, 사후적 크롤링 페그, 사후적 크롤링 밴드, 그리고 기타 엄격한 관리 변동 환율을 포함('사전적'은 미래의 물가 상승을 고려하여 환율 변동을 미리 공시하는 형태이고 '사후적'은 사후적으로 조정하는 것을 의미한다 — 옮긴이).

[c] 환율에 대해 미리 결정된 경로 없는 관리 변동 환율과 독립적 변동 환율을 포함.

시아 국가들은 오랫동안 수출 중심의 성장을 추구했다. IMF와 세계은행은 보다 균형 잡힌 경제(특히 수출과 내수 간의 보다 균형 있는 경제), 그리고 균형 기제로서의 변동 환율제를 옹호했다. 그들은 1997~1998년의 금융 위기를 가리키면서 이러한 정책이 시급하다고 강조했다. 그러나 아시아 정부들은 위기로 자신들의 통화가 붕괴되는 것을 막본 터라 통화를 시장에 맡기길 주저했다. 그들은 검증된 성장 모델을 포기할 경우 초래될 결과에 대해 걱정했다.

아시아 정부들은 또한 자국 통화 가치가 중국의 위안화보다 높아지는 것에 대해 우려했다. 이 기간 중 가장 주목할 세계적 발전은 중국 경제의 부상이었으며, 이는 어느 누구보다도 아시아 인근 국가들에 영향을 주었다. 다른 아시아 국가들은 중국의 수요에 의존했으며 제3의 시장에서 중국과 경쟁했다. 그러나 중국은 다른 나라들처럼 환율 유연화에 대한 압력을 느끼지 않았다. 중국은 여전히 자본 통제를 하기 때문에 독자적 통화 정책을 사용할 수 있었다.[7] 중국은 민주주의 체제가 아니기 때문에 통화 정책을 환율 이외의 목표에 조준해야 할 압력 또한 덜했다.[8]

확실히 중국의 정책 결정자들은 여전히 열기를 느꼈다. 생산성은 연 6%에 달했지만 환율은 거의 고정되어 있어, 중국의 대외 흑자는 폭발적이었다. 금융 시장이 발전하고 자본 계정 제약을 회피하는 방법들이 개발되면서, 이 흑자가 국내 통화 환경에 영향을 주는 것을 막기는 더욱 힘들어졌다. 또한 대對중국 적자가 더욱 커지고 있던 미국의 무역 보복 같은 위협이 있었다. 2005년 7월 베이징 당국은 이러한 압력에 대응하기 위해 위안화의 변동폭을 늘려 달러에 대해 약간 더 신속하게 절상하도록 했다. 그러나 적응은 미미했다. 중국의 경쟁력에 대한 충격은 무시할 정도였다. 그리고 더 극적인 반전이 없는 상태에서 다른 아시아 국가들은 변동 환율제로 가길 주저했다.

이런 상황의 본질적 수혜자는 미국이었다. 중국인민은행은 중국의 거대한 수출 소득이 인플레이션을 유발하는 것을 막기 위해 수출업의 해외 소득을 흡수해야만 했다.[9] 그렇게 번 외환을 투자하는 논리적 장소는 심도와 유동성을 갖춘 시장, 즉 미국 재무부 채권이었다. 이는 양국이 합의할 수 있는 거래였다. 미국이 사실상 금융 자산을 생산하고 수출하는 데 비교 우위를 갖는다면, 중국은 제조업 생산과 수출에 비교 우위가 있었다.[10] 미국은 스스로 생산하는 것보다 많이 소비할 수 있어 행복했다. 중국의 풍부한 저축에다가 패니 매Fannie Mae와 프레디 맥Freddie Mac 연방 기관의 채권은 물론이고 미 재무부 채권에 대한 중국 정부의 취향이 합쳐져 부시 정부의 2001년 감세에 따른 재정 적자를 보전해주었다. 그것들은 미국 주택 소유자들이 주택 모기지를 재융자하고 이자 절약분을 소비에 사용할 수 있게 해주었다.[11] 이 상황은 종종 금융적 상호 의존으로 적절하게 지칭되었다.

중국이 환율을 낮게 유지하면서 두 자리 수 성장을 할 수 있다면 다른 나라들은 그 같은 전략을 해볼 만한 것으로 생각할 것이다. 마찬가지로 중국이 달러 준비금을 축적함으로써 자국 경제를 보호할 수 있다면 다른 나라들 역시 그렇게 할 것이다. 과거 10여 년 동안 신흥 시장 거의 전체가 경상 수지 흑자를 기록하고 미국이 그들의 과잉 저축을 흡수하던 때가 몇 년 있었다(그림 6.1 참고). 결과는 빈국들의 저축이 최부국 한 나라의 소비에 돈을 융자해주는 특이한 상황이었다.

문제는 이러한 특수한 상황이 얼마나 지속 가능한가였다. 결국 그것은 "글로벌 불균형global imbalances"이라는 자신의 이름을 획득할

그림 6.1 경상 수지(1990~2006년, 10억 달러)

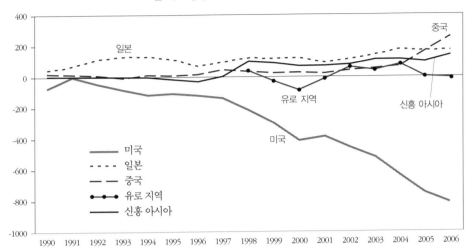

출처: IFS and Asian Development Bank.
주: 신흥 아시아 국가는 네 아세안 국가들(인도네시아, 말레이시아, 필리핀, 태국)과 네 신흥 공업국(한국, 싱가포르, 홍콩, 대만)을 포함한다.

정도로 오래 지속했다. 그러나 얼마 지나지 않아 중국과 다른 신흥 경제는 달러 준비금에 대한 취향을 실컷 충족시키게 될 것이다. 조만간 그들은 소비와 저축 간 그리고 교역재 생산과 비교역재 생산 간의 더 나은 균형을 원할 것이다. 이는 자국 통화 가치가 상승하고 국내 소비가 붐을 이루는 것을 말한다. 미국 가정들은 소비 잔치를 무한정 즐길 수 없다. 그들은 조만간 주택 가격 하락이나 금리 상승으로 인해 다시 저축을 시작할 것이다. 이 같은 조정이 점진적이라면 달러는 외국 통화에 대해 완만하게 하락할 것이고 미국의 수요 감소는 다른 나라들의 수요 증가에 의해 상쇄될 것이다. 그러나 해외에서의 수요 증가가 없는데 미국 수요가 급격히 감소한다면, 글로벌 경제 성장은 위험해질 것이다. 그리고 이 같은 일들이 달러의 급격한 하락을 낳는다면 투자자들은 큰 곤혹을 치를 것이고 금융 안정성은 위험해질 것이다.

달러의 대폭 하락은 과거 몇 년 동안 미국 재무부 채권에 대량 투자했던 바로 그 신흥 시장들에 손해를 끼치는 것이다. 불가피하게 이는 가치가 없는 통화에 대량 투자하는 지혜에 의문을 제기할 것이다. 이러한 자각은 외환 준비금으로 보관할 다른 통화를 모색하도록 할 것이다.[12]

그리고 거의 한 세기 만에 처음으로 유로라는 달러를 대신할 수 있는 경쟁 통화가 등장했다. 1999년 11개 유럽 국가들이 환율을 영구히 고정하고, 공동의 통화 정책을 새로 창설된 유럽중앙은행ECB에 위임하기로 결정한 것은 이 시기에 이루어진 또 다른 획기적 사건이었다.[13] 그것은 국제 자본 이동, 고정 환율, 그리고 정치적 민주주의 사이에서 발생하는 긴장에 대한 또 다른 방식의 실현 가능한 대응책이 있음을 보여주었다. 이는 환율 자체를 없앰으로써 환율 운용의 딜레마를 제거하는 것이었다. 아직 해답을 찾지 못했지만, 문제는 그 대응이 지속 가능한가, 즉 유럽의 통화 동맹이 지속될 수 있는가이다. 또 다른 문제는 그 대응이 폭넓게 적용 가능한가, 다시 말해서 세계의 다른 지역들이 비슷하게 통화 동맹을 결성할 수 있는가 아니면 그것은 유럽에서만 가능한 조건인가 하는 것이다.

10개 이상의 분리된 국내 시장과 통화를 하나의 통합 시장과 단일 통화로 대체하는 것은 유럽 채권 시장의 발전에 중대한 촉진제가 될 것이었다. 채권 시장은 시장이 클수록 거래 비용이 하락하고 채권 발행의 매력이 커지는 규모의 경제를 보이기 때문에, 자극은 즉각적으로 나타났다. 몇 년 안에 유로는 국제 채권 거래의 주도적 통화로서 달러를 따라잡았다. 늘어난 규모와 유동성은 유로 채권 시장을 중앙은행의 준비금을 위한 매력적 보고로 만들었다. 이제 준비금 관리자들은 처음으로 달러에 대한 불평 이상의 것을 할 수 있었다. 그들은 무언가를 할 수 있었다.

아시아 위기

아시아는 오랫동안 극단적 환율 변동으로부터 절연되어 있는 것 같았다. 강한 정부들은 다른 지역에서 인플레이션을 가열시켰던 이전 지출transfer payments*에 대한 압박을 견뎌낼 수 있었다. 자본 통제는 여전히 지배적이었다. 무엇보다도 수출과 안정된 환율 유지에 기반을 둔 고속 성장은 투자자들의 신뢰를 얻었다.

아시아 위기는 정확하게 이러한 우호적인 경제적·금융적 배경에서 발생했기 때문에 충격이었다. 중국 경제는 1992~1995년 동안 두 자리 수로 성장했다. 인도네시아, 말레이시아, 싱가폴, 한국, 태국은 모두 7% 이상으로 성장했다. 1994~1995년 말레이시아, 필리핀, 싱가폴, 태국의 수출 성장률은 30% 이상이었다.

마찬가지로 멕시코 위기 이후의 자본 유입의 회복 역시 놀랍다. 1996년 민간 자본의 순유입은 GDP 대비 한국 5%, 인도네시아 6%, 태국 9%, 필리핀 10%에 달했다. 이 나라들은 외국인의 인수 합병으로부터 국내 산업을 보호하기 위해 계속 노력했기 때문에, 자본 유입의 주된 형태는 외국 은행으로부터의 단기 차입이었다.

아시아의 경이적인 경제 성과는 해외 투자를 매력적이게 만들었던

---

* 정부가 일방적으로 지급하는 지출. 복지, 사회 보장, 산업 보조금 등을 포함한다.

이유 중 일부였다. 그러나 대량의 자본 유입이 필리핀 같은 나라들까지도 이르렀다는 사실은 다른 요인이 작용했음을 뜻한다. 이 가운데 두드러진 것은 수익처를 찾던 메이저 금융 시장의 저금리였다. 엔 차입 비용은 일본 불황으로 인해 낮은 수준으로 하락했고 미국 내 투자 수익은 치솟는 주식 시장으로 하향세였다. 국제 투자자들은 구원군으로 신흥 시장에 눈을 돌렸다. 그들은 엔과 달러를 차입하여 캐리 트레이드carry trade라 불리는 전략으로 아시아 국가들의 고수익 증권에 투자했다. 아시아 국가들이 달러에 고정되어 있다는 점은 심지어 이윤이 외환 변동으로 없어질 수 있는 위험을 사실상 최소화했다. 그리고 아시아 국가들은 오랫동안 은행을 경제 발전의 도구로서 이용해왔다. 산업 자금을 제공하도록 은행에 압력을 넣은 것은 당국자들로 하여금 어려움에 처한 은행을 지원하도록 만들었다. 해외 투자자들은 이처럼 아시아 은행들은 망하도록 버려지지 않는다는 신념에서 아시아 은행에 집중 투자했다.

세계적 조건이 신흥 경제에 문제를 야기한 것은 처음이 아니다. 그러나 세계적 요인은 공모자인 반면, 근본적 문제는 신흥 시장 자체의 자본 계정 정책, 환율 정책, 그리고 정치 상황의 비일관성이었다. 환율 안정 정책은 해외 투자자들로 하여금 환 위험이 없다고 가정하게 만들었다. 결과는 궁극적으로 통제 불가능한 대규모의 자본 유입이었다. 이 문제는 자본 계정을 자유화했던 나라들에서 특히 심각했다. 예를 들어 1996년 OECD에 가입한 한국은 자본 계정 제한을 완화해야 했었다. 더욱 심각한 것은 해외 직접 투자에 대한 규제 완화가 아니라 해외 은행 차입에 대한 규제 완화였다는 것이다. 이는 가장 극렬하고 자유로운 형태의 해외 자본에 경제를 고도로 노출시킨 것이었다. 이는 순서가 잘못된 전략이었다. 정부는 변동 환율제로 이행하기 전에 자본 계정을 개방했는데 이는 경제 이론 및 상식이 말하는 것과는 정반대이다. 그러나 아시아 정부들의 정통성은 고속 성장 능력에서 오기 때문에 그들은 외국인의 투자를 저지하지 않으려 했다. 아시아의 발전 모델이 수출에 달려있고 수출은 환율 안정에 의존하는 한 그들은 마찬가지로 환율 조정을 꺼렸다.

이러한 환경에서 아시아는 일련의 쇼크를 경험했다. 중국의 경쟁력 강화와 글로벌 전자 산업의 재고 조정을 반영하여 수출 성장은 둔화되었다. 엔에 대해 달러는 상승하여, 달러에 연동되었던 아시아 국가들의 경쟁력은 약화되었다. 그런 다음 일본의 장기 금리가 상승하였고, 이는 일본 금융 기관으로 하여금 과거처럼 아시아 다른 나라에 투자하지 않고 국내에 투자하도록 고무했다.

1996년 중반 방콕 상업은행의 붕괴는 위기를 알리는 최초의 사건이었다. 아시아 통화 중에서 태국 바트baht는 분명히 가장 과대 평가되어 있었다. 자본 유입은 투자 붐을 일으켜 국내 물가를 자극했다. 나아가 이 투자의 많은 부분은 의심스러운 성격이었다. 입주 전망이 거의 없는 곳에 건설되는 고층 건물과 크레인은 방콕의 스카이라인을 수놓았다. 투자자들은 이러한 프로젝트를 실행하는 기업들의 경영에 대해 의문을 제기했고, 외부인이 자신의 권리를 집행할 수 있는지에 대해 의심하기 시작했다. 이러한 문제에 대한 인식이 깊어지자 외국 은행들과 거주자들은 태국 시장에서 발을 뺐다. 방콕 증권가는 1996년 중반 꾸준히 하락했다. 바트가 공격받았다.

IMF는 태국 정부에게 바트가 과대 평가되었고 그 상태는 유지될 수 없음을 한 차례 이상 경고했다. 그러나 태국 정부는 좋은 소식이 있으리란 희망하에서 버텼다. 태국 정부는 성장이 약화될 것을 우려하여 투자를 억제하길 주저했으며 신뢰 손상을 우려하여 평가 절하를 거부했다. 결전의 날을 미루기 위해 태국 정부는 은행들의 해외 차입을 장려하고 세제 혜택과 규제 완화를 제공했다. 그러나 그날은 무한정 연기될 수는 없었다. 1997년 여름 태국의 외환 보유고는 고갈 상태에 도달하고 있었다. 7월 2일 정부는 평가 절하와 변동 환율제를 실시해야 했다.

태국의 위기는 널리 예견되었으나 이것이 다른 나라들로 확산되는 것은 예견치 못했다. 압력은 필리핀으로 즉각 전달되었다. 필리핀은 자본 유입에 많이 의존하고 있었으며 페소를 달러에 페그하고 있었다. 필리핀 정부가 바트에 이어 페소를 변동 환율로 바꾼 지 10일 만에 압력은 인도네시아와 말레이시아로 번졌고 이곳의 투자자들은 비슷한 취약성을 느꼈다. 자카르타와 쿠알라룸푸르는 처음에는 저항했으나 이내 바트를 따라 변동 환율제로 바꿔야 했다. 홍콩 달러에 대한 공격은 방어했으나, 대만 정부가 취한 대만 달러의 평가 절하 결정은 투자자들에게 고정 환율이 안전하지 않다는 것을 일깨워주었다. 한국 원화와 인도네시아 루피rupiah에 대한 투기는 더욱 강해졌다(그림 6.2 참고).

한국에서 선거 운동과 신정부의 성격에 대한 불확실성은 투자자들을 더욱 불안하게 했다. 11월에 이미 한국 정부는 원화의 변동폭을 4.5%에서 20%로 늘림으로써 투기 공격에 맞서야 했다. 원화의 하락은 다른 통화들에 대한 우려를 더 고조시켰다. 세계에서 11번째 경제 규모인 한국이 금융 방어에 실패한다면 아시아 어느 나라도 자신을 지킬 수 없는 것이었다. 이처럼 한국 시장에 대한 압력은 아시아 전체

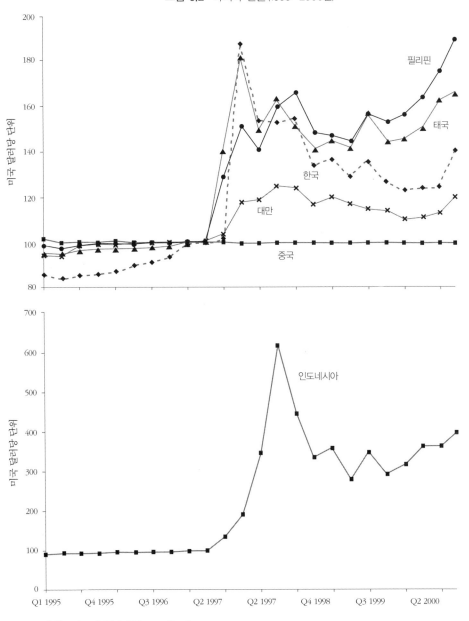

그림 6.2   아시아 환율(1995~2000년)

필리핀

태국

한국

대만

중국

인도네시아

Q1 1995   Q4 1995   Q3 1996   Q2 1997   Q2 1997   Q4 1998   Q3 1999   Q2 2000

출처: IFS and Global Finance Database.
주: Q1 1997=100.

의 불안을 고조시켰다. 위기는 12월 말 G7 국가들이 한국에 단기성 대출을 해준 국제 은행들에게 신용을 연장해줄 것을 설득하고 아시아 정부들이 개혁을 실시할 시간을 벌어주었을 때야 진정되었다. 위기는 12월 초의 선거에서 부채 상환을 계속할 것이며 IMF의 권고 사항을 실행하겠다고 약속한 정부가 당선되는 것을 도왔다.

이와는 대조적으로 한국과 비슷한 결정을 내리지 않았던 인도네시아의 경우 자본은 빠져나갔다. 이 문제들은 결국 은행 체제에 대한 대량 인출 사태로 절정에 이르렀다. 인도네시아 정부가 현금 수요를 충당하기 위해 조폐창을 24시간 가동했지만 예금 인출 속도를 따르지 못해 결국 1998년 1월 27일 지불 유예가 선언되었다. 전체 은행권과 금융권은 폐쇄되어 생산은 중단되고 고통스러운 불황을 예고했다.

금융 위기로 아시아 전역의 생산이 급감했다. 중국이 유일하게 면역력을 가지고 있었다. 그러나 1년 안에 아시아 지역의 기초 체력은 다시 회복했다. 평가 절하는 경쟁력을 다시 높여주었다. 기업 지배 구조가 강화되었고 면밀한 감시가 심화되었다. 해외 직접 투자에 대한 규제가 완화되었다. 더욱 유연한 환율 제도가 공식적으로 제도화되었다.

문제는 실제로 얼마나 바뀌었는가 하는 점이었다. 일부에서는 성장의 신속한 회복이 근본적 변화가 불필요했음을 말해주는 증거라고 보았다.[14] 이러한 입장은 전면적 개혁보다 부분적 개혁을 장려했다. 은행과 기업은 자신들의 금융 상황을 조금 더 공개하도록 요구되었다. 국제 회계 기준의 채택이 장려되었다. 그러나 투자 및 수출 주도형 성장의 기조는 변함없었다. 정부들은 오랜 관행대로 통화가 너무 자유자재로 변동하고 과도하게 상승하는 것을 꺼려 했다.

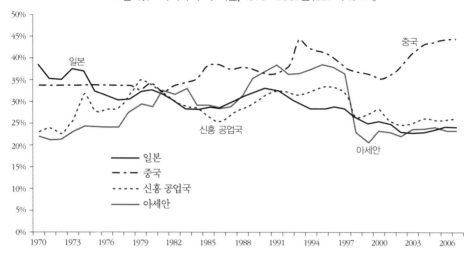

그림 6.3 아시아 투자 비율, 1970~2007년(GDP의 %로서)

출처: IMF World Economic Outlook Database.
주: 신흥 공업국(NIEs)은 홍콩, 싱가포르, 한국, 대만이다. 아세안의 4개 국가(ASEAn-4)는 인도네시아, 말레이시아, 필리핀, 태국이다.

　　그러나 고정 환율제를 회복하는 것은 가능하지 않았다. 위기는 고정 환율이 너무 위험하다는 것을 보여주었다. 금융 시장의 유동성이 상대적으로 깊고 풍부한 한국 같은 일부 국가들은 좀 더 큰 변동폭을 허용했다. 때때로 이는 통화가 너무 강세였음을 의미했다. 그러나 1997년 이후 한국의 성장이 느려진 것이 원화의 실질적 상승 때문인지 아니면 더욱 원숙한 경제에서 오는 자연스런 현상인지 불명확하다. 좀 더 일반적으로 아시아 성장은 1997년 이후 둔화되었다.[15] 중국을 제외하면 투자율은 위기 이전보다 낮았다(그림 6.3 참고). 정부들은 투자의 질이 아니라 투자의 양을 최대화하려는 조세 정책과 규제 정책이 가져온 불리한 면을 좋게 평가했다. 양질의 투자를 장려하는 데 드는 비용은 자본 형성과 성장을 약간 느리게 했지만 그 반대 급부로

리스크가 줄어들었다.

저축에 비해 상대적으로 투자가 떨어지면서 아시아 지역의 경상 수지는 흑자가 되었다.[16] 아시아 중앙은행들은 외환 보유고를 비축하여 신뢰를 구축하고 금융 반전에 대비한 방호벽을 쌓았다. 이 같은 외환 보유고 비축은 관료들에게 그리고 어느 정도는 투자자들에게 통화 안정성이 유지될 수 있다는 신뢰를 주었다.

통화 안정성을 높이기 위한 다른 조치는 치앙마이 이니셔티브Chiang Mai Initiative(2000년 여름 발표 장소인 태국 지명을 땄다.) 또는 CMI로 알려진 통화 스왑과 신용의 역내 네트워크였다. 아시아 중앙은행들은 유럽 통화 제도EMS의 단기 및 초단기 신용 공여 제도 방식으로 인근 국가에 금융 지원을 제공하는 데 합의했다. 그리하여 다음에 한 나라가 자본 유출을 겪고 통화가 투기 공격을 받으면 민간 금융을 대신하여 공적 자금이 제공될 수 있게 됐다.

CMI는 EMS에 고무되었을 뿐 아니라 금융 위기 동안 아시아통화기금Asian Monetary Fund을 창설하자는 일본 측 제안에 의해 촉발됐다. 금융 지원을 위해 IMF에 구걸하는 것은 아시아 국가들의 자존심을 상하게 했다. 아시아 정부들은 IMF가 지원 시 요구하는 침략적 조건과 조기 수습의 실패에 분개했다. 1998년 아시아에서는 아시아 안정화 기금의 창설의 신속한 전개를 가로막는 역내외적 정치적 장애물이 있었다.[17] 그러나 2000년에 축소된 형태의 기구 창설이 가능해졌다.

CMI는 IMF 스타일의 침략적 조건 없는 상호 지원의 견인차 역할을 할 것으로 기대되었다. 그것은 아시아 통화들이 분리된 채 변동하기보다는 집단적으로 변동하도록 했다. 문제는 민간 대부자들처럼 정부 역시 확신 없이 신용을 제공하지 않는다는 점이었다. 따라서 다른 나라의 주권 문제에 개입하지 않는 "아시아적 방식Asian way"이 최소한의 조건부minimal conditionality를 뜻한다면, 그것은 동시에 최소 신용minimal lending을 의미했다. 2005년 여름 고유가와 에너지 가격 보조금과의 상호 작용으로 인해 인도네시아 루피 가격이 하락했을 때, 또는 2006년 말 정치적 불안과 자본 계정 규제의 어설픈 부과로 인해 태국 바트가 곤두박질했을 때 CMI는 작동하지 않았다. 이를 보면 CMI는 빈 조개 껍데기라고 결론 내리기 쉽다.

그러나 긍정적 발전도 있었다. 아시아 중앙은행들과 정부들은 정책에 대해 좀 더 정규적으로 자문했다. 2005년 많은 나라들, 그중에서도 중국, 인도, 싱가포르, 말레이시아는 통화 운용의 기반으로서 유사한 교역 가중치 통화 바스킷trade-weighted basket을 채택했다. 한국, 필리핀, 태국 등은 유사한 인플레이션 타게팅 체제*를 채택했다. 통화 정책의 과정이 수렴함에 따라 통화 운동의 상관성이 증가했다. 일본엔과 대만 달러를 제외하면 아시아 통화들은 2000~2004년에 비해 2005년과 2007년 사이 달러와 유로에 대해 같은 방향으로 움직였다.

심지어 1999년 유럽이 만든 통화 동맹과 같은 아시아 통화 동맹에 대한 논의도 있다. 그러나 아시아 정부들은 회의감 속에서 신중하게 움직였다. 유럽의 경우 지역통화 안정을 위한 노력은 오랜 역사를 갖는다. 그 노력은 지역 통합에 대한 정치적 과정의 일부였다. 반대로 아시아의 경우 지역 통합은 정치가 아니라 경제에 의해 추동되었다(지역 생산망과 금융망의 성장). 아시아 국가들의 서로 다른 정치와 전통을 감안할 때, 통합의 심화를 위한 정치적 조건과 통화 거버넌스를 위

---

* 물가 안정을 최우선 순위로 하는 통화 정책.

한 과도기적 제도를 만드려는 정치적 의지가 곧 발전할 수 있을 것인지에 대해서는 당연히 의문을 품을 수 있을 것이다.

불안정성의 대두

환율 체제는 아시아 위기에서 분명히 중대한 역할을 했다. 환율 체제는 잘못된 자본 통제의 완화와 더불어 환 위험이 없다는 오해하에서 고수익의 아시아 증권에 매료된 해외 투자자들로 하여금 대부하도록 부추겼다. 도산 위험을 제거하는 것으로 인식된 정부 보증과 함께 환율 체제는 아시아 은행들의 해외 차입을 부추겼다. 문제가 터져 자본흐름이 반전되었을 때 이러한 해외 투자자들과 은행들, 그리고 과도한 자본 유입으로 혜택을 보던 대부분의 시민들은 고통을 겪었다.

나라마다 상황은 각각 다르지만 환율의 역할은 다양한 신흥 시장 위기에서 대체로 비슷하다. 아르헨티나, 브라질, 터키는 모두 큰 재정 적자에서 비롯되고 구조적 문제로 더 심화된 높은 인플레이션을 경험했다. 1980년대의 외채 위기는 자본 유입을 차단함으로써 분배적 갈등을 고조시켰다. 조세 회피는 만연했고 정부는 이전 지출을 확대하라는 압력을 받았다. 높은 공공 고용과 가정 소비재에 대한 가격 통제를 포함하여 성장을 저해하는 구조적 문제들은 정부에게 과대한 특혜를 베풀라는 압력을 반영했다.

1990년대 초반 브래디 플랜Brady Plan으로 악성 대출이 증권화를 통해 매각됨으로써 그 악성 대출은 머니센터뱅크money center banks*로부터 정리되고 국제 대출이 회복된 1990년대는 안정화의 최적기였다. 아르헨티나, 브라질, 터키는 인플레이션을 잡기 위해서 환율을 고정시켰다. 아르헨티나는 달러에 대해 1:1로 고정시켰고 다른 나라들은 완만한 평가 절하를 허용하는 환율을 설정했다.

환율 기반 안정화exchange-rate-based stabilization로 알려진 이러한 접근 방식은 인플레이션을 낮추기 위한 검증된 방식으로 1923년 독일이 사용한 이후에 많은 나라들이 이 방식에 의존해왔었다. 환율 고정은 새로운 제도가 도입되었음을 알리고 정부가 이제 통화의 하락과 인플레이션을 막기 위해 필요한 긴축 정책을 시행할 것임을 알리는 신호였다. 투자자들은 단순히 외환 시세를 점검함으로써 관료들이 약속을 지키고 있는지를 검증할 수 있었다. 이는 정부로 하여금 돛대에 스스로를 묶도록 했다. 그것은 정부가 규칙을 따르지 못하면 신뢰와 정치적 자산에서 큰 대가를 지불하는 것을 의미했다. 그것은 또 인플레이션을 예측하는 것을 도왔다. 자신들의 공급처가 그러지 않는 한, 가격 인상을 중지하지 않으려는 생산 기업들도 최소한 수입 물가는 안정적일 것임을 알았다. 그들은 모두 한번에 움직이도록 장려되었다.

환율에 기초한 안정화의 한계는 그것이 인플레이션의 근본 원인이 아니라 징후만을 처리한다는 것이었다. 근본 원인이 만성적 재정 적자인데 환율에 기초한 안정화는 재정 건전화를 보장하지 않는다. 더 큰 문제는 그 전략이 취약하다는 것이었다. 그 전략이 성공하기 위해서는 모든 것이 올바른 방향으로 가야만 했다. 그렇지 않으면 고정 환율은 붕괴하고 전체 안정화 시도는 실패하게 된다. 고정 환율은 취약한 것으로 악명 높다. 마지막으로 그 계획에는 출구 전략이 따라오지

---

* (앞쪽) 뉴욕, 런던 등 금융 중심지에 본거지를 두고 국제 금융에 큰 영향을 끼치는 대형 은행들을 말한다.

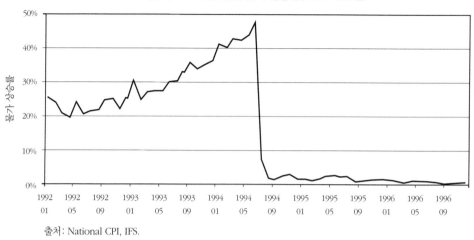

그림 6.4 브라질: 월별 물가 상승률(1992~1996년)

출처: National CPI, IFS.

않았다. 인플레이션을 성공적으로 처리할 수 있다 하더라도, 예전 문제가 다시 돌아올 수 있다는 공포감 없이 정부가 고정 환율은 완화할 수 있는지는 명확하지 않았다. 그리고 역사는 무슨 특별한 내적 가치 때문이 아니라 대안이 없었기 때문에 고정 환율 정책에 필사적으로 매달렸던 정부들이 끔찍한 붕괴에 자신을 옭아매었던 일을 보여주었다.

아르헨티나, 브라질, 터키의 위기는 이런 점들을 각각 다른 방식으로 보여주었다. 브라질의 1994년 7월 헤알 플랜Real Plan은 새로운 통화 "헤알"을 미국의 달러에 1:1로 묶음으로써 정부의 의지를 과시했다. 이런 전략으로 브라질은 높은 인플레이션을 성공적으로 가라앉혔다 (그림 6.4 참고). 탈출했던 자본이 복귀하자, 짧은 기간의 통화 가치 상승이 있은 후 변동폭은 주기적으로 조정되었으나 환율은 달러에 대해 제한적으로만 반응토록 허용되었다. 달러에 대한 환율은 1994년 7월 에서 1998년 12월까지 총 20% 하락하도록 허용되었던 반면 교역재

286

가격은 크게 다르지 않은 27% 상승했다.[18]

문제는 비교역재 가격이 하락하지 않았다는 것이었다. 1994년 중반부터 1998년 말까지 비교역재 가격은 27%가 아니라 120% 상승했다. 수출입재의 가격이 세계 시장과 환율에 의해 결정되는 반면, 가계 및 정부 서비스의 가격은 임금이 추가되어 매겨졌다. 그리고 임금은 크게 상승했다. 결과는 대대적인 과대 평가와 경쟁력의 심각한 손실이었다.

그리고 수출 증가가 둔화되자 브라질 경제는 침체했다. 성장 둔화는 안정화 프로그램에 대한 반대를 불러일으켰다. 이는 다시 정부가 기존 정책을 지속하는 것에 대한 의문을 낳았다.

이러한 도전은 환율 기반 안정화 정책에 내재해 있다. 이 전략은 교역재 인플레이션을 신속하게 감축했다. 이는 거의 환율 고정에 의해 보장되었다. 그러나 비교역재 인플레이션은 천천히 적응했다. 비교역재 인플레이션은 임금과 가격 결정자들이 새로운 저인플레이션 환경의 안정성을 신뢰할 때만 낮아졌다. 이는 중기적으로 불가피하게 경쟁력 상실과 실업률 상승으로 나타났다.[19] 당국은 이러한 전술을 사용함으로써 임금과 물가가 충분히 조정되고 경쟁력이 회복될 때까지 버틸 수 있다는 사실상의 도박을 했다.

정부는 세 가지 장애물을 만났다. 첫째, 임금과 물가의 상승은 누적적이었다. 환율을 바꾸지 않고 경쟁력 저하를 되돌리기 위해서는 임금과 물가는 세계 수준으로 하락해야 할 뿐 아니라 나아가 과거의 과도한 상승을 상쇄할 수 있을 만큼 더 떨어져야 했다. 그리고 임금과 물가가 현저하게 세계 수준 이하에서 상승하는 것은 노조와 산업협회에 의해 강력하게 반대될 것이다. 둘째, 재정 규율은 엄격해야 했다.

그렇지 못한 것은 투자자들을 부추겨 자본을 철수시키고 그에 따라 금리가 상승하고 재정 상황이 급속하게 지속 불가능한 상태가 되게 할 것이다. 마지막으로 외부 환경이 우호적이어야 했다. 그렇지 않으면 성장이 더욱 둔화되어 정부 정책에 대한 정치적 반대는 더욱 끓어오를 것이다.

위 세 가지 장애물은 브라질에서 모두 발생했다. 브라질의 강력하게 규제되는 시장을 감안할 때 임금과 물가의 실현 가능한 유연성에는 한계가 있었다. 1997년 아시아 위기가 도래했을 때 글로벌 성장세는 둔화되었고, 1998년 러시아의 기회주의적 채무 불이행이 선언되자 투자 분위기는 신흥 시장에 불리하게 변했다.

무엇보다도 재정 정책이 방만했다. 안정화 프로그램 초창기에 의회는 연방 정부의 주州에 대한 이전금transfers 삭감에 동의했다. 의회는 재정 수입을 위해 소득세를 인상했다. 그러나 공공 지출에 대한 압박은 여전히 강했다. 1995년에서 1998년 동안 실질 GDP가 10% 못 미치게 상승하는 가운데 실질 연방 정부 지출은 31% 상승했다. 정책 결정자들은 비우호적인 금융 환경 탓을 했다. 아시아 위기부터 러시아의 채무 불이행까지의 기간 동안 공공 부채에 대한 이자 비용은 108% 상승했다. 그러나 투자자들은 여전히 정책 결정자들이 다른 지출을 삭감하지 않기 때문이라고 비난했다. 신뢰를 특히 훼손한 것은 1998년 대선에 이르는 기간 동안 정치적으로 이루어진 공공 지출의 팽창이었다. 투자자들이 대량 투매해버리자 브라질중앙은행Banco Central은 통화를 방어하기 위해 금리를 인상했으며 재정 문제는 더욱 악화되었다.

페르난두 엔리케 카르도수Fernando Henrique Cardoso 대통령은 가

을에 재선된 후 230억 달러의 재정 경제 계획으로 대응하고 IMF와 415억 달러의 추가 신용을 협상했다. 그러나 민주주의 체제에서 환율 안정을 위해 다른 사회 목표를 희생하면서 재정 정책을 추진하는 것은 문제를 유발했다. 1998년 12월 카르도수 대통령의 적자 감축안이 대통령 자신의 정당이 반대함에 따라 의회에서 거부되었다. 다음 달 미나스 제라이스Minas Gerais 주의 이타마르 프랑쿠Itamar Franco 주지사는 연방 정부에 대한 부채 상환을 중지하고 이를 대신 빈민과 실업자 지원을 위한 자금으로 사용하겠다고 선언했다. 투자자들은 대량 탈출했다. 한 주 만에 중앙은행은 거의 모든 준비금을 탕진했다. 중앙은행 총재 구스타부 프랑쿠Gustavo Franco는 사임했다. 환율은 10% 평가 절하되었으나 너무 늦었고 너무 적은 폭이었다. 자본 탈출이 재개되었고 2일 만에 새로이 평가 절하된 환율이 포기되었다. 헤알은 정책 결정자들의 의사와 관계 없이 변동 환율이 되었다.

그러나 이제 놀라운 일이 벌어졌다. 환율은 61일 간의 거래일 후에 멕시코, 인도네시아, 한국, 태국 등 위기하의 다른 국가들과는 달리 아주 신속하게 안정되었다. 인플레이션은 신속히 한 자리 수로 떨어졌다. 산업 생산은 단지 한 달 동안만 하락했고 그 이후 꾸준히 상승했다. 이는 멕시코, 인도네시아, 한국, 태국에서 1년 이상 산업 생산이 하락했던 것과 대조적이다.

이 같은 성공을 신임 중앙은행 총재 아르미니오 프라가Arminio Fraga의 마술적 힘에 의한 것이라고 하고 싶을지도 모른다. 프라가는 프린스턴대학교에서 경제학 박사를 취득한 후 한때 조지 소로스 헤지 펀드에서 근무했다. 프라가의 조용한 능력과 금융계 연줄이라는 매력이 도움을 주었을지 모르나, 더 중요한 것은 고정 환율에 대해 그가 소위 인플레이션 타게팅이라는 실현 가능한 대안을 제시한 데 있었다. 그는 자신과 중앙은행의 인플레이션 목표에 대한 의지를 명확히 천명했다. 그는 이 신념을 자신의 행동이 모니터되도록 허용하는 방식으로 작동시켰다. 그러나 그는 브라질 경제를 탈출구가 없는 구속복에 가두지 않았다.

이 같은 긍정적 결과에 기여한 다른 요인은 은행 체제의 조건이었다. 멕시코, 인도네시아, 한국, 태국과는 대조적으로 브라질의 은행 체제는 평가 절하에 의해 완전 혼돈 상태로 들어가지 않았다. 이는 행운과 좋은 정책의 합작품이었다. 정부는 1994년 은행에게 자기 자본 의무 규정capital adequacy requirements을 부과했고 1997년에는 이를 국제 표준 이상으로 강화했다.[20] 중앙은행은 금융 기관들로 하여금 적절한 내적 규제를 실행할 것을 명령했다. 공적 은행들은 민영화되었고 외국 은행들의 진입이 허용되었다. 이 모든 것이 은행들로 하여금 대차 대조표를 강화하도록 장려했다. 또한 브라질의 금융 불안정의 오랜 역사는 은행들의 여신 포트폴리오를 축소시켜 자본 대비 여신 비중은 이상할 정도로 낮았다. 마찬가지로 브라질의 환율 불안정의 오랜 역사는 은행과 은행 여신을 제공받은 기업으로 하여금 환 노출에 대비해 헤지하도록 장려했다. 그것은 헤지 마켓의 발전을 강화했다. 이처럼 1998년 만기 도래한 민간 해외 차입액 950억 달러 가운데 710억 달러는 물가 연동 증권과 환 파생 계약의 매입을 통해 헤지 되었다.

그 결과, 중앙은행은 멕시코에서 4년 전에 그랬던 것처럼 은행 체제의 붕괴를 걱정하지 않고 통화 하락과 인플레이션을 저지하기 위해 금리를 인상할 수 있었다. 은행 체제는 안정화 정책을 견디어낼 수 있었기 때문에 안정화 조치의 포기를 예상할 이유가 없었다. 정부 정책에 대한 신뢰는 따라서 강화되었다. 한편 은행은 계속해서 신용을 제공하여 성장이 신속하게 회복되도록 했다. 그리고 성장은 다시 중앙은행의 안정화 노력에 대한 일반의 지지를 굳건히 했다.

터키는 브라질과 마찬가지로 20년 동안 인플레이션으로 고통을 겪었다. 여기서 역시 분배적 갈등이 조세 회피를 조장했으며 정부로 하여금 재분배 지출을 하도록 압력을 가했고 구조적 모순을 낳았다. 그러나 1999년 일반 대중은 충분히 고통을 겪은 후 안정화를 공약한 정부를 선출했다. 관료들은 신속하게 IMF에서 40억 달러의 신용을 지원받았다.[21] 터키의 전략은 재정 긴축, 구조 조정, 환율 경로 예고 등을 강조했다. 정부는 증세와 지출 삭감으로 흑자를 이룩하여 이자 지불에 사용하기로 했다. 국영 기업으로서 실질적 독점을 누렸던 투르크 텔레콤과 에너지, 여행, 금속 부문 공기업의 민영화는 일회성 재정 확충을 가능케했다. 농업 가격 지원, 사회 보장 제도, 조세 행정, 그리고 마지막으로 앞에서 언급한 것들에 못지않게 중요한 은행 체제의 개혁이 뒤따를 예정이었다. 이러한 개혁안은 대단히 야심적이었다.

터키 계획의 주요 혁신은 과거의 경험에서 배운 것으로, 환율과 연관되었다. 단기적으로 통화는 브라질의 초기 전략을 본따 변동폭이 좁게 한정되었고 연 20% 이하에서 평가 절하가 허용되었다. 그러나 18개월 후 변동폭은 확대되어 통화에 더 많은 자유를 허용하였다. 그러면 사실상 변동 환율로 될 때까지 변동폭은 연 15% 증가하는 것이다. 이는 탈출 문제를 분명하게 인지하고 있었다는 뜻이며, 그 문제를 해결하기 위한 노력이었다.

그러나 이는 처음 18개월 동안에는 환율에 아주 제한적인 변동이 아직 있을 것을 의미했고, 이는 다시 환율에 기초한 안정화 정책의 잘 알려진 모순이 전개되도록 했다. 과대 평가는 심각한 문제를 안고 있었다. 수출 경쟁력의 악화로 경상 수지 적자가 증가했으며, 이는 다시 자본 유입을 필요로 했다. 지지부진한 성장으로 실업률이 상승하고 긴축에 대한 반대가 커졌다. 공기업이 고용의 주요 근거가 되는 국가에서 민영화는 정치적으로 문제가 되었다. 다시 말해 전략이 작동하려면 모든 것이 맞아 떨어져야 했다. 불행히도 어느 나라에게도, 특히 터키에게는 그러한 행운이 없었다.

위기는 은행 부문에서 촉발되었다.[22] 터키는 브라질만큼 은행 규제를 성공적으로 처리하지 못했다. 은행 민영화나 해외 경쟁의 도입은 충분히 진척되지 않았다. 무엇보다도 터키 은행들은 포트폴리오의 많은 부분을 위험하게도 정부 채권에 할당토록 허용되거나 심지어 장려되기까지 하였다. 이제 성장 둔화가 정부의 경제 정책 전략에 대한 신뢰를 약화시키자 채권 가격은 하락했다. 2000년 11월 정부 채권 시장의 큰 손인 데미르은행Demir Bank은 심각한 금융 문제를 인지했다. 데미르 은행이 자신의 보유 채권을 매각하자 국채 전문 금융 기관들은 과잉 매도세로 돌아서 채권 거래는 사라졌고 패닉이 발생했다. 중앙은행의 딜레마는 은행 간 시장에서 유동성 공급을 중단하여 은행들의 도산을 허용하면서 탈출한 자본을 다시 유인하기 위해 금리를 인상할 것인가 아니면 환율 목표를 포기할 것인가였다. IMF가 신속한 자금 지원을 동의할 때에만 정부는 환율 목표를 포기하는 것이 아니라 수정할 수 있었다.

그러나 IMF가 지원을 하자마자 2001년 2월 금융 체제는 다시 한 번 타격을 입었는데, 이번에는 정치인들 간의 불화 때문이었다. 하룻

밤 사이에 금리는 최고 6200%로 치솟았고 정부는 변동 환율로 가지 않을 수 없었다. 중앙은행은 이제 IMF의 권고를 받고 환율 폭등이 가라앉으면 인플레이션 타게팅 체제로 갈 것임을 선언했다.

고정 환율의 붕괴는 브라질에서보다 터키에서 더욱 심각한 불황으로 이어졌다. 산업 생산은 단 한달이 아니라 연속 13개월 하락했다. 터키 은행 체제의 문제가 이 차이를 대부분 설명한다. 그러나 2002년 3월 성장은 회복되었다. 산업 생산은 활력 있게 회복되었다. 소비자 물가는 2002년 2월 70% 이상 상승한 후 2003년 45%, 2004년 25%, 그리고 이후에는 한 자리 수로 하락했다. 여기에 우호적인 외적 조건들이 도와주었다.[23] 터키의 유권자들은 금융 불안을 안겨준 정부에 대해 인내심을 잃었고, 이제는 안정화 정책을 고통스럽게 추진한 자들에게 보답할 준비가 되어 있었다. 또한 EU 가입의 유혹도 있었다. 아직은 먼 희망이었지만, 경제적·금융적 안정화가 터키의 EU 가입을 도와줄 것이라는 기대가 있었다. 마지막으로 인플레이션 타게팅 전략은 확실한 예측이 가능했다.

아르헨티나의 경험은 (많은 아르헨티나적인 것이 그렇듯이) 더욱 극단적인 형태이긴 하지만 유사점도 많다. 라울 알폰신Raúl Alfonsin 대통령 재임 시절에 아르헨티나는 초인플레이션으로 곤두박질하여 물가는 매월 3배 상승했다. 1989년 카를로스 메넴Carlos Menem 신임 대통령이 선출되었다. 18개월 후 메넴 대통령과 자신감에 찬 하버드대학교 출신의 경제부 장관 도밍고 카바요Domingo Cavallo는 급진적 전략을 선택했다. 구화폐 오스트랄austral은 신화폐 페소peso로 교체되어 달러에 1:1로 고정되었다.[24] 이 같은 통화위원회 스타일의 기제하에서 중앙은행은 달러 준비금 1달러가 추가로 확보되어야만 1페소를 추가로 발권할 수 있었다.[25] 이러한 제한은 법으로 명문화되었고 중앙은행이 재정 적자에 신용을 제공할 수 있는 여지를 없앴다. 정부는 해외 통화로 계약하는 것을 법제화하고 달러가 지불 수단으로 사용되도록 함으로써 확고한 의지를 과시했다.

이러한 기초 위에서 인플레이션은 미국 수준으로 떨어졌다. 재정 개혁이 실시되었다. 1992년 중앙 정부의 예산은 민영화 수입을 제외하더라도 거의 균형에 도달했으며 1993년 연방 정부는 이자 지불 비용을 포함하여 사실상 GDP의 1% 흑자를 기록했다. 1980년대에 절대액 기준으로 경제가 10% 수축되었던 상황에서 이제 아르헨티나 경제는 긴축하에서도 확장할 수 있는 여유가 생겼다. 1993년 이후에는 점진적으로 둔화되긴 했지만, 1991년에서 1997년 사이 실질 GDP는 연 6.5% 이상 성장했다.

문제는 이 회복이 지속 가능한 것인가였다. 정부는 투자를 장려하기 위해 자신들이 멕시코 위기를 재빨리 극복했던 성공 사례를 가리켰다. IMF조차 처음에는 유연성이 부족하다는 이유로 우려의 목소리를 내었던 통화위원회 체제는 칭송의 대상이 되었다. 성장과 물가 안정은 민영화, 규제 완화, 관세 인하, 은행 개혁 등에 필요한 시간을 주었다. 특히 은행 체제의 강점은 널리 칭송되었는데, 이는 외국 은행들에 대한 진입 장벽 철폐뿐만 아니라 질 높은 감독을 반영하는 것이었다.[26] 메넴 정부는 이러한 성취를 바탕으로, 프로그램이 성공할 수 있었던 것은 페소와 달러의 1:1 교환을 뜻하는 "태환성"의 가느다란 연계 때문만은 아니었다고 주장할 수 있었다.[27]

그러나 또한 해결되지 못한 것도 있었다. 수입 물가 인플레이션은 즉각 미국 수준으로 떨어졌지만 임금 인플레이션은 느리게 내렸다.

294

물가 상승률은 1991~1994년 동안 계속해서 거의 10% 수준이었고 1990년 이래로 극적인 개선이 있었지만 여전히 미국을 상회했다. 환율에 기초한 안정화 정책을 취했던 다른 나라들과 마찬가지로 아르헨티나는 실질적 과대 평가의 문제에 직면했고 경상 수지 적자를 기록하여 해외 차입에 의존했다. 연방 정부의 적자는 적었으나 지방 정부 적자는 대규모였다. 지방 정부들은 적자를 중앙 정부가 암묵적으로 보증하는 채권을 발행하여 해결했다. 공공 부채는 1993년 GDP 대비 28%에서 1998년에는 37%로 상승했다. 그 수준은 아직 경고까지는 아니었으나 신속한 성장의 와중에서 발생했다는 점을 고려할 때 추세는 경고적이었다.[28] 매주 임금 및 특권 삭감에 반대하는 노조의 파업이 일어났다. 생산성 증가는 실망스러웠으나 노동 시장 개혁의 지체와 지방 정부가 기업보다 자금 조성에 훨씬 뛰어난 능력을 보였다는 점을 생각하면 놀랄 일은 아니었다. 생산이 급속하게 증가한 것은 실의에 찬 많은 노동자들이 다시 노동력으로 편입되었기 때문이다.

돌이켜보면 1997년 초가 정점이었다. 여기서부터 아르헨티나는 일련의 부정적 쇼크를 연달아 맞았다. 1997년 후반의 아시아 위기는 금융 시장을 뒤흔들었고 1998년 러시아의 지불 중지 이후 국제 투자자들은 신흥 시장에서 철수했다. 그리고 브라질의 1999년 평가 절하는 아르헨티나의 경쟁력을 약화시켰다. 취약한 펀더멘털하에서 충격은 심대했고 성장은 1998년 4%에서 1999년 -3%로 하락했다.

외환 유연성이 없는 상황에서 유일한 대안은 비용 삭감이었다. 이 힘든 디플레이션은 전의를 상실케 했다. 아르헨티나 분배 갈등의 오랜 역사에서 낮은 물가는 버거운 부채를 뜻했다. 그리고 1999년 말 대통령 선거 준비 기간에 나타난 것처럼, 물가와 성장 모두가 하락하자 정부 수입도 곤두박질쳤고, 지출을 줄이든지 적자를 계속 확대하든지 선택해야 했다.

지금 와서 생각해보면 1997년 정부는 고정 환율제를 포기하고 변동 환율을 채택하지 못하여 기회를 잃었다. 일단 성장이 둔화되고 신뢰가 사그라지자 정부는 태환성을 포기하면 신뢰를 회복하는 것이 아니라 더욱 훼손하게 될 것이라고 걱정했다. 초기에 진화하지 못한 것은 안타까우나 이해할 만하다. 1997년 상반기 동안 태환성은 잘 작동했다. 이제 경제가 더욱 큰 유연성을 필요로 한다면, 이는 노동 시장의 유연성을 대폭 개선하거나 아니면 다음 정부로 하여금 이 문제를 해결하도록 함으로써 가능할 수 있었다.

IMF가 이처럼 경직된 통화 체제를 수정하라고 거세게 압박하지 않은 것은 정당화하기 힘들다. IMF는 경직된 고정 환율이 다른 나라들에서 고통으로 끝난 것을 보았다. 브라질, 터키와는 달리 이 기간 동안 IMF는 아르헨티나에 대한 프로그램을 갖고 있었다. IMF는 아르헨티나 정부와 계속 접촉해왔으며 문제를 자세히 파악하고 있었다. 무엇보다도 IMF는 계획에 적시된 GDP 대비 부채 비율의 권고선을 아르헨티나 정부가 잇달아 초월하는 것을 보았다. 그러나 IMF는 아직 시간이 남아 있을 때 변화를 압박하지 않았다.[29] 반대로 IMF는 2000년 12월 그리고 더 괴이하게도 2001년 8월 프로그램을 강화함으로써 상충하는 신호를 보냈다.

아르헨티나는 점점 더 고정 환율에 집착했다. 1999년 당선된 페르난도 데 라 루아Fernando de la Rua 대통령은 투자를 유치하기 위해 세금을 인상했고 금리를 인하했다. 그러나 이는 경제를 더욱 어렵게 만들 뿐이었다.[30] 과대 평가를 반영하듯 성장이 멈추고 정치적 소요가

296

고조되자 무언가 하나는 희생해야 한다는 각성이 높아졌다. 문제는 무엇을 희생할 것인가였다. 대외 부채에 대한 이자 지불 유예는 정부 예산과 경상 수지의 공백을 채울 수 있을지는 모르지만 다른 한편으로는 자본 도피를 부추길 뿐이었다. 페소의 평가 절하는 경쟁력 회복에 도움이 될 수 있겠지만, 대부분 달러로 부채를 떠안고 있던 은행 체제에 심대한 타격을 줄 수 있었다.[31] 페소의 완전 달러화는 일시적으로 신뢰를 높여주겠지만 경쟁력이 부족한 상황에서 고통스런 디플레이션에 대한 필요를 제거하지는 않을 것이었다. 이제 너무 늦어서 선명한 탈출구는 없었다.

데 라 루아 대통령은 위기를 처리하기 위해 1996년 관직을 떠난 카바요를 경제부 장관으로 기용했다. 카바요는 금융 거래에 세금을 부과하고 수출 지원금을 제공하였으며 경쟁력 약화가 달러 가치의 상승 때문이라고 비판한 뒤 달러 페그를 다중 통화 바스킷 페그로 바꾸었다.[32] 그러나 재앙은 임박해오고 있다. 돈 빌릴 데가 없던 지방 정부들은 급료와 서비스 비용을 지불하기 위해 의사 통화擬似通貨를 발행하기 시작하여 아르헨티나가 경화硬貨*의 땅이라는 것에 종말을 고했다. 연방 정부는 은행권에 더욱 많은 채권을 공급하여 유동성은 고갈되었다. 10년물 달러 표시 채권에 대한 금리는 11월 천문학적인 35%로 상승했다. 저축자들은 페소 예금을 달러 예금으로 전환했다. 사람들은 할 수 있다면 예금을 해외로 빼돌렸다. 11월 아르헨티나는 완전한 대량 예금 인출 사태를 경험하고 있었다.

무엇인가를 해야 했던 정부는 12월 3일 계좌당 인출 한도를 일주일

---

* 금 또는 외환과 항상 태환할 수 있는 통화.

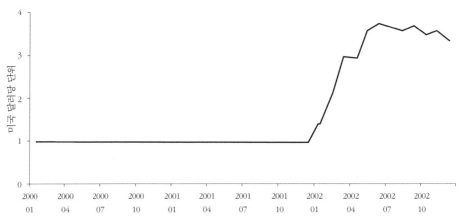

그림 6.5 아르헨티나 페소-미국 달러 환율(2000~2002년)

출처: End of Period Exchange Rate, IFS.

에 250페소로 제한했다. 정부는 투자자들이 자금을 해외로 이전시키는 것을 금지했다. 이것이 그 악명 높은 "코랄리토Corralito"(예금 인출 제한 조치. "작은 축사" 또는 "놀이터"라는 뜻.)였다. 이처럼 태환성은 단지 경화를 의미할 뿐만 아니라 거래의 자유와 계약의 신성함을 의미했다. 이러한 조치들은 불가피했을지도 모르지만 IMF 프로그램과는 부합하지 않아서 IMF는 나중에 지원을 철회했다. 12월 20일 대통령은 사임했으며, 이후 한 달 안에 두 명의 임시 대통령이 취임했으나 누구도 위기 대책에 필요한 의회의 지지를 모으지 못했다. 12월 21일 외환 거래는 중지되었다. 12월 23일에는 공공 부채에 대한 지불유예가 선언되었다. 최종적으로 페소는 평가 절하되었고 은행 예금은 달러 당 1.4 페소의 비율로 교환되었다. 대출자들에게는 유리하게도, 달러로 받은 대출은 1:1로 페소로 전환되어 전체 은행 체제는 붕괴되었다.[33]

이는 모든 금융 위기의 어머니였다. 은행 체제와 채권 시장은 작동을 멈추었다. 2002년 GDP는 거의 12% 하락했는데, 이는 어떤 기준에서도 대공황이었다. 실업률은 18%로 상승했고 소비자 물가는 20% 이상 뛰었다. 2002년 중반 페소는 1달러당 3페소 이상으로 하락했다(그림 6.5 참고). 생계비 상승에 대한 불만이 폭발하는 가운데 규제가 다시 강화되었다.

2002년 말 예금 인출과 해외 투자에 대한 제한은 법정에서 수년간 계속 공방을 벌였으나 결국 해제되었다. 경제는 안정을 되찾고 회복되었다. 페소 가치의 급격한 하락은 경쟁력을 회복시켰고 중앙은행은 통화 가치의 상승을 막기 위해 개입했다. 나아가, 부채의 평가 절하는 금융 부담을 경감했다. 성장은 한 자리 수 중후반대로 일어났다. 물론 1997년 이전의 생활 수준을 회복하는 데는 몇 년이 더 걸릴 것이다. 그리고 정부의 통제 경제 정책으로 인해 성장이 지속될 것인지에 대해 의구심이 커져갔다.

통화위원회 옹호론자들은 이 같은 재앙이 환율 제도의 잘못이 아니라 정부가 재정 규율을 유지하지 않고 정치적 반대를 무릅쓰면서 구조 개혁을 단행하지 않았기 때문이라고 주장했다. 좀 더 현실적으로 평가하자면, 통화위원회의 원활한 작동을 위해 필요한 이러한 부차적인 요구들은 민주 사회가 감당하기에는 지나친 것이다. 아르헨티나는 스스로를 출구가 없는 경직된 고정 환율에 몰입함으로써 사실상 자신의 운명을 결정지었던 것이다.

그러한 위기는 재발할 것인가? 마오쩌둥이 프랑스 혁명의 영향에 대해 한 말과 같이 평가하기에는 여전히 너무 이르다.* 아르헨티나 같

---

* 중국 총리였던 저우언라이가 "프랑스 혁명의 영향에 대해 어떻게 생각하는가"라는

은 나라에서 경제 정책의 취약성은 글로벌 경제의 강한 성장세와 에너지 및 원자재 가격의 상승세(이것들은 무한히 계속되지 않을 것이다.)에 가려졌다. 동시에 더 많은 나라들이 변동 환율제를 채택함으로써 중대한 금융적 취약성을 제거했다. 페소가 달러에 대해 과대 평가되는 것을 막기 위해 개입했던 아르헨티나조차 과거보다 더 큰 유연성을 보였다.

나아가 1980년대에 비해 고도의 인플레이션은 거의 없어졌으며 따라서 환율에 기초한 안정화 정책에 의지하고자 하는 나라도 거의 없다. 환율에 기초한 안정화는 물가를 안정시키는 대신 나중에 금융적 취약성이라는 대가를 지불해야 한다. 물가 안정의 새로운 문화가 영원하다면(마오의 프랑스 혁명 언급이 다시 적용되는 또 다른 질문) 환율에 기초한 안정화와 그로 인한 위기도 더 드물어지게 될 것이다. 이는 통화 위기가 과거지사라는 것이 아니라 서로 다른 기원에서 출발하고 서로 다른 형태를 갖는다는 것을 의미한다.

글로벌 불균형

1990년대 이후의 이 같은 변화들이 합쳐져 근대 금융사에서 일찍이 보지 못했던 글로벌 불균형을 만들었다. 아시아 금융 위기에서 비켜나 있던 중국은 GDP의 40%가 넘는 투자를 기반으로 무서운 속도로 성장했다. 가계 저축 하나만으로 GDP의 25%에 달했다. 이는 경제학

질문을 받고 "평가하기엔 아직 너무 이르다."라고 대답한 일화로, 저자는 저우언라이를 마오쩌둥으로 잘못 알고 있다.

자들이 저축 행위를 설명하는 데 쓰는 기본 틀인 생애 주기 모델life-cycle model과 완전히 부합했다. 이 모델은 노동 연령 인구가 은퇴를 대비해 저축하려는 동기를 강조한다. 가계의 순 저축은 젊은이의 저축과 노인의 부負의 저축의 차액이다. 연 10% 성장을 지속하는 중국 같은 경제에서 현재 노동 참가자의 소득은 노인이 과거에 벌었던 소득의 몇 배일 것이다. 따라서 젊은이들의 저축은 노인의 부負의 저축보다 훨씬 크다.[34]

그러나 이 외에도 GDP의 또 다른 25%는 막대한 수익을 누리면서 배당 압력을 받지 않는 중국 기업에 의해 저축된다. 국가 저축이 GDP의 50%에 달해 중국의 높디 높은 투자율을 상회할 정도인 상황에서 중국은 계속 경상 수지 흑자를 냈다.

그리고 아세안ASEAN 경제가 비용과 관계 없이 추진하던 투자를 더이상 장려하지 않자, 이들의 저축 역시 투자를 초과했다. 남미에서는 좀 더 안정적인 정책이 마찬가지로 저축을 장려했다. 중국과 인도의 강력한 성장으로 에너지 가격이 상승함에 따라, 중동 산유국들은 국내에 투자할 수 있는 것보다 더 많이 벌어들여 그들 역시 경상 수지 흑자를 기록했다.

이 모든 초과 저축은 다른 곳으로 향해야 했다. 다시 말해서, 이 모든 나라가 경상 수지 흑자를 낸다면 누군가가 적자여야 했다.[35] 그것은 바로 미국이었다. 미국은 그림 6.6이 보여주는 것처럼 오랫동안 경상 수지 적자를 냈다.[36] 그 결과 다른 나라들은 미국에서 금융 상품을 구매했고 미국은 다른 나라들로부터 상품을 구입했다. 외국 중앙은행들과 정부들은 기꺼이 미국 금융 상품을 쌓아갔다. 미국 채권은 심도가 깊고 유동성이 풍부한 시장에서 거래되었기 때문이다. 미국은 다

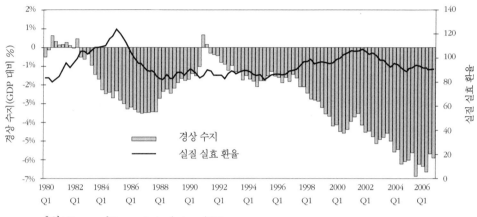

그림 6.6 미국 경상 수지 적자와 달러의 실질 실효 환율(1980~2006년)

출처: Bureau of Economic Analysis and IFS.

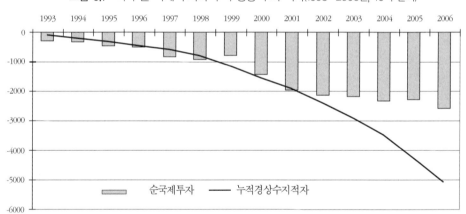

그림 6.7 미국 순 국제 투자와 누적 경상 수지 적자(1993~2006년, 10억 달러)

출처: Bureau of Economic Analysis.

른 채무자에 비해 낮은 금리를 지불하면서 외국 중앙은행과 정부에 채권을 매각했다. 이는 프랑스가 1960년대에 불평했던 "과분한 특권"이었다.[37] 더구나 다른 나라들은 미국 채권을 쌓는 동안 미국 투자자들은 외국 주식을 매입했다. 미국 투자자들은 외국 회사의 주식을 사거나 심지어 아예 회사를 통째 매입했다. 이는 미국 투자자들이 리스크를 부담하는 것을 의미하는 한편 그 결과로 그들은 해외 자산으로부터 높은 수익을 얻었다. 미국은 이처럼 자신이 순 대외 채무가 폭발하는 것을 보지 않고서도 지속적인 적자를 영위할 수 있었다(그림 6.7 참고).

그러나 1990년대 후반에 소규모의 경상 수지 적자는 절대적 수치와 미국 GDP에서 차지하는 비중 면에서 대규모 적자로 바뀌었다. 이는 "신경제New Economy"의 시기였다. 생산성 증가는 정보 통신 기술에 대한 선행 투자가 무르익음에 따라 가속화되었다. 빠른 생산성 증가는 자본에 대한 고수익을 약속했고 투자를 장려했다. 결과는 나스닥NASDAQ 호황에서 분명히 나타났다. 높은 주식 가격은 미래의 고수익에 대한 낙관적인 기대를 반영했고 추가 투자를 권장했다. 저축 대비 투자가 늘면서 추가 투자는 외국인들에 의해 이루어져야 했다.

그러나 아직 미국 적자에 대한 논란은 일지 않았다. 경상 계정은 저축과 투자의 차액이므로 미국 내 투자가 더 매력적이기 때문에 적자가 늘어난다고 했다. 미국은 마이크로 프로세서에 기반한 신기술을 대부분 개발했다. 모든 선진국 가운데 미국은 가장 유연한 시장을 가졌다. 미국 기업들은 고속 컴퓨팅, 고속 데이터 통신망, 인터넷이 제공하는 기회를 이용하기 위해 자신들의 운영 방식을 재조직할 수 있었다. 따라서 투자 붐이 발생하고 외국인들이 자금을 제공했던 것은 놀랄 일이 아니었다. 또한 급속히 성장하는 경제는 채무를 변제할 좀 더 큰 능력을 갖기 때문에 외국인들에 대한 채무를 변제하는 것도 문제가 아니었다.

이러한 행복한 시나리오는, 대중이나 심지어 전문가가 실제 현실을 이해하는 데는 시간이 걸리긴 했지만, 21세기가 되면서 설득력이 약해졌다. 일단 투자자들이 신경제가 과장된 것임을 깨닫고 나스닥 거품이 터지는 것을 보게 되자, 미국의 경상 수지 적자가 투자에서 비롯된 자비로운 것이라고 주장하기 어려워졌다. 그러나 적자는 경제학자들이 안전하다고 보는 상한선인 GDP의 4%보다 약간 높은 수준에서 2006년 5%, 2005년 6%, 2007년 7%로 계속 늘어났다.

문제의 근원 또는 점점 더 희생양으로 간주된 것은 미국의 낮은 저축이었다. 부시 행정부는 2001년에 들어서면서 세금을 감면했다. 1990년대 동안 흑자였던 연방 예산은 이제 적자로 반전했다. 그러나 정부 저축의 감소에 대한 설명(즉 지출은 고정적인데 조세 수입은 줄었기 때문)은 빤했으나 가계 저축의 감소를 설명하는 것은 간단치 않았다. 개인 저축률은 낮은 한 자리 수로 하락했고 2000년대 중반에 오면 마이너스가 되었다. 신경제의 맹신론자들은 미국 경제의 펀더멘털이 강력하기 때문에 미국 가정이 소비를 한다고 주장했다. 가계들이 미래의 고소득을 기대할 수 있다는 점이 현재 높은 지출을 정당화했다. 그러나 이 같은 낙천적 시각은 나스닥이 무너진 후, 특히 생산성 증가가 둔화되는 조짐을 보인 후 지속하기 어려웠다.

위와 다른 대안적인 설명은 연방준비제도가 2001년 불황 가운데 실시한 일련의 극적인 금리 인하에 주목했다. 경기 회복의 기운을 죽이지 않고 금리를 반전시켜 인하하려면 점진적으로 했어야 했다. 그

동안 저금리는 전에 없던 주택 건설 붐을 일으켰다. 높은 부동산 가격으로 가계들은 더 부유하다고 느꼈다. 기분뿐만이 아니었다. 저금리는 가계들이 더 낮은 이율의 모기지로 갈아타고, 이자 절약분만큼 소비에 사용할 수 있게 해주었다. 그러나 이러한 의견은 적자의 지속 여부에 대해 덜 낙관적이었다. 대단히 낮은 금리는 영원히 계속될 수 없고, 주택 가격은 상승할 뿐만 아니라 결국에는 하락할 수 있기 때문이다. 그러나 당분간 이것은 미래의 문제일 뿐이다.

언제나처럼 탱고는 둘이 추는 것이다. 다시 말해서 미국은 다른 국가들이 막대한 흑자를 내기 때문에 대규모 적자를 기록할 수 있었다. 미국은 다른 나라들이 더 많이 저축하기 때문에 투자에 비해 덜 저축할 수 있었다. 연방준비제도의 벤 버냉키Ben Bernanke 총재는 글로벌 불균형을 글로벌 저축 과잉을 반영하는 것으로 설명했는데 일리 있는 말이다.[38] 그러나 글로벌 저축 과잉은 미국의 저축 가뭄 위에 포개어졌다.

어떤 시각은 이 같은 상황이 얼마간 지속될 것으로 보았다. 중국의 성장은 제조업에 기반을 두었는데, 제조업은 생산품을 만들어 해외에 수출했다. 중국이 조립한 소비자 가전은 중국 가정을 대상으로 할 수 없었다. 필연적으로 일부는 미국의 대형마트를 통해 팔려나갔다. 달러에 대해 환율을 낮게 유지하는 것은 이러한 제품을 더 많이 해외시장에 판매하는 방법의 하나이다. 그리고 중국이 성장함에 따라 중국 인민은행中國人民銀行은 국제 거래를 원활하게 하고 금융 불안으로부터 자국 경제를 보호하기 위해 더 많은 외환 보유고를 필요로 했다. 중국 인민은행은 중국의 수출이 수입보다 빠르게 성장했기 때문에 외환 보유고를 비축할 수 있었다. 한편 이 준비금의 근원인 미국은 수출보다 수입을 많이 하고 생산보다 소비를 많이 할 수 있어 행복했다. 이러한 현상이 지속되는 것은 공동의 이익이었다. 그것은 20년간 지속되었는데 이 동안 2억 명의 중국 농민이 제조업으로 흡수되었다.

이 상황은 또한 1950~1960년대와 흡사하기 때문에 이 시기를 제2의 브레튼우즈라고 부른다.[39] 당시에도 오늘날처럼 적자를 내는 체제의 중심에는 기축 통화 국가가 존재하여 세계에 대해 국제 유동성을 제공했다. 주변부에는 일단의 신흥 경제가 있었고 이들이 고소득 국가들에 수출하여 흑자를 보고 자신들의 성장하는 경제에 적합한 준비금을 비축했다. 당시 준비금을 공급하여 과분한 특혜를 누린 국가는 마찬가지로 미국이었다. 유일한 차이는 만성적 흑자를 보고 준비금을 축적하는 후발 경제가 바뀌었을 뿐이다. 당시 후발 주자는 유럽과 일본이었다. 지금의 후발 주자는 중국과 기타 아시아 국가들이다. 그러나 함의는 동일하다. 본래의 브레튼우즈 체제가 20년의 좋은 기간 동안 존재했다면 제2의 브레튼우즈도 마찬가지였다.

시장에 맡겨두면 후발 경제의 통화 가치는 오른다.[40] 생산성이 상대적으로 신속하게 오르기 때문에 수출입의 증가가 불균형으로 발전하는 것을 막기 위해서는 통화 절상이 필요하다. 통화 절상은 교역재에 대한 소비자들의 구매력을 증가시킴으로써 불균형을 막는다. 이는 고도의 생산성이 고도의 생활 수준으로 전환되는 방식이다. 그러나 브레튼우즈 체제에서 이 기제는 억제되었었다. 유럽과 일본의 통화는 달러에 고정되었으며 예외 없이 변동은 금지되었다.[41] 현재는 달러에 대해 환율을 안정화하는 공식적 합의가 존재하지 않지만 후발 경제는 여전히 시장에 개입하여 자국 통화의 상승을 막았다.

시장의 압력은 영원히 병 속에 머물러 있지 않는다. 본래의 브레튼우즈 체제에서 시장의 압력은 1970년대 초에 폭발했다. 오늘날의 우려는 제2의 브레튼우즈가 더 빠르게 종착지에 도달하는가이다.

이 같은 상황은 표면적으로 미국의 이해관계와 중국의 이해관계의 상호 공존에 달려 있었던 점을 기억하라. 미국은 생산하는 것에 비해 더 많이 소비하기 때문에 행복했다. 중국은 저축을 통해 번영하고 국제 거래를 원활히 하는 데 필요한 준비금을 대량 비축하는 데 관심을 가졌다. 그러나 2005년 관료들과 투자자들은 다시 생각하게 되었다. 미국 정치인들은 개발도상국에서 들어온 홍수 같은 수입품이 미국의 제조업을 불공정하게 억압하는 것으로 인식했다. 그들은 중국 및 그 주변국이 통화 가치 상승을 억제한다고 비난하고 이 같은 환율 조작에 대해 무역 보복을 하겠다고 위협했다.

중국의 입장에서 볼 때 GDP의 50%를 저축하고 비슷한 액수를 투자하는 것이 경제적으로나 정치적으로나 지속 가능하지 않았다. 매년 자본을 형성하는 것, 즉 비효율 상승을 수반하지 않고 새로운 공장과 댐을 건설하는 것은 가능하지 않다. 그리고 가계들이 언제까지나 소비를 미루도록 하는 것은 사회적으로 수용될 수 없다. 인구가 고령화되어 중국의 저축이 급속하게 하락하면 대외 흑자는 축소될 것이다.[42] 그리고 이 같은 인구 노령화 현상은 중국에만 한정되지 않는다. 일본이나 한국 같은 다른 동아시아 국가들에서도 인구 고령화는 일어났다.

한편 외환 보유고는 원만한 국제 거래에 필요한 수준을 넘어 상승했다. 준비금의 적정 규모에 대한 표준 규칙은 3개월 수입 분량 또는 1년의 외채에 대한 이자와 원금 상환 비용에 상당했다. 2005년에 중국뿐 아니라 신흥 시장의 준비금은 이러한 규모를 크게 초과했다. 이는 대외 흑자를 줄이고 준비금 축적을 완화하기 위해서는 인플레이션을 증폭시키는 추가적인 수요를 억제하기 위해 통화 가치가 오르는 것을 허용하는 한편, 국내 수요를 진작하는 것이 바람직하다는 것을 뜻했다. 중국은 이러한 목표를 갖고 미국의 무역 보복에 대처하기 위해 2005년 7월 위안화 가치를 2.1% 올리고 달러에 대한 위안화의 평가 절상을 허용할 것임을 선언했다.

그러나 2.1%는 글로벌 불균형의 체계적 교정에 기여하는 데 필요한 환율 변화에 비하면 너무 적었다. 사람들은 평가 절상의 규모를 20%, 30% 심지어 40%까지 보았다.[43] 달러에 대해 위안화를 지금 중국 당국이 제시한 속도, 즉 연 5%씩 평가 절상하는 것은 문제의 악화를 막는 정도일 뿐이었다.[44] 그리고 중국이 더 신속하게 움직이지 않는 상황에서 다른 나라들은 평가 절상하지 않으려 했다.

중국이 주저하는 데에는 몇 가지 이유가 있다. 관료들은 성공을 망치길 꺼렸다. 고정 환율은 중국에 이로웠다. 인프라, 교육, 사회 서비스에 대한 지출이 빠르게 증가할 수 있는 정도에는 한계가 있었다. 부실 은행들이 더욱 변덕스러운 환율의 대차 대조표상 효과를 처리할 수 있는가에 대한 의문이 있었다. 관료들은 은행과 기업이 예측 불가능한 환율 변동으로부터 스스로를 방어할 수 있는 헤지 마켓을 중국은 아직 갖고 있지 않다고 경고했다.

또한 외환 시장에 대한 개입을 축소하면 아시아 통화들이 달러에 대해 완만하게 오르는 정도로 그치지 않을 것이라는 우려가 있었다. 그것은 달러 폭락을 유발할지도 모른다. 1990년대 후반 경상 수지 적자인 미국에 돈을 대준 것은 신경제라는 세이렌의 노래에 매혹되었던 해외 투자자들이었다. 이제 미국 자산의 주요 해외 구매자들은 중앙은행들과 정부들이며 구매 형태는 주로 준비금의 선호 형태인 채권이었다. 이러한 외국 중앙은행들과 정부들이 이제 매입을 중단한다면 달러는 폭락할 것이다. 이는 투자자들을 망하게 하는 것으로 금융 혼란을 야기하고 글로벌 경제 성장을 위협할 것이다. 그리고 바로 그 중앙은행과 정부들도 대부분 달러로 보유한 기존의 준비금에서 자본 손실을 당하게 될 것이다.

이상적 시나리오는 중앙은행들과 정부들이 달러 축적을 점진적으로 축소하는 것이다. 현재 보유한 준비금을 다양화하면 달러 가치의 하락으로부터 포트폴리오를 보호하는 것 또한 점진적으로 진행될 것이다. 미국으로 유입되는 자본이 축소되면 미국의 수요 증가의 둔화를 의미하기 때문에 이는 다른 나라들에서 수요 진작 정책이 실시되어 상쇄되어야 한다.

그러나 이러한 결과를 만들어내려면 국제 협력이 전제되어야 한다. 중앙은행들이 준비금 포트폴리오를 점진적으로 다양화하는 것이 집합적으로 이익이지만 각각의 중앙은행은 할 수만 있다면 시장을 자극하지 않고 은밀하게 일거에 신속히 바꾸는 것이 개별적으로 이익이다. 그러나 많은 중앙은행들이 이러한 유혹에 빠진다면 투자자들은 눈치를 챌 것이고 달러는 폭락할 것이다. 다시 말해서 집합적 이익인 것이 분명히 개별적 이익은 아니라는 것이다. 마찬가지로 중국 정부는 세계적 이익을 위해 평가 절상을 실시하고 지출 조정을 취하면서 미국으로부터 그에 상응하는 보상을 원할 것이다.

IMF는 1944년 국제 통화 문제에 대한 국제 공조를 주선하기 위해 설립되었으며 이제는 이러한 문제들에 대한 해결책을 주선하려고 노력한다. IMF는 **특별 자료 공표 기준**Special Data Dissemination Standard을 통해 중앙은행들을 압박하여 외환 보유고 구성에 대해 더 많은 정보를 제공토록 했다. 투명성이 커진다는 것은 포트폴리오를 은밀하게 조정할 수 있는 여지가 축소된다는 것을 뜻했다. IMF는 미국, 일본, 중국, 유로 지역Euro Area, 그리고 사우디아라비아(석유 수출 국가의 대표로서)가 모여 상호 이익이 되는 거시 정책 조정을 논의하도록 했다.

그러나 준비금 투명성에 대한 진전은 느렸다. 단지 24개국만이 참여했으며 심지어 그들조차 준비금 구성 공개를 늦추어 기회주의적 포트폴리오 조정이 가능하도록 만들었다. IMF의 다자적 협의는 말은 많았지만 행동은 빈약했다. IMF는 IMF에서 돈을 빌리지 않는 큰 국가들을 강제할 힘이 없었다. IMF는 흑자 국가들, 즉 현재는 중국을 다루는 데 특히 취약했다.[45] IMF 회원국은 이제 환율 감독권, 그리고 특히 현저히 과소 평가된 통화에 대한 경고권을 강화하는 데 합의했다. 환율 감독에 대한 새로운 결정은 IMF 이사회에서 오직 중국만이 반대하는 가운데(전혀 놀라운 일이 아니다.) 합의되었다. 그러나 IMF가 마침내 자신에게 부여된 권한을 사용할 준비가 되어 있는지 그리고 IMF에 정부들이 귀를 기울일 것인지에 대해서는 시간이 말해줄 뿐이다.

2007년 하반기에 이 쟁점들은 점점 긴급해졌다. 미국의 주택 가격은 2006년 최고조에 달했고 2007년 주택 건설은 하향세였다. 미국 소비가 뒤따라 하락할 것이라는 우려가 나왔다. 미국 국내 수요가 감소한다면 더 많은 미국 상품들이 해외로 팔려나가야 되며, 달러는 이러한 미국 상품들이 해외 시장에서 잘 팔릴 수 있도록 하락해야 한다. 달러는 이미 이런 상황을 예견하고 하락하기 시작했다. 그때 미국에서 특히 많이 생겨난 주택 모기지 증권과 파생 상품으로 인한 서브프라임 위기가 2007년 하반기에 일어났다. 투자자들은 이러한 증권은 복잡하고 불투명하며 위험하다는 사실을 깨달았다. 갑자기 미국 시장은 해외 자금의 종착역으로서 덜 매력적인 곳이 되었다. 자본 유입이 둔화되었으며 시장 참가자들은 달러 폭락을 말하기 시작했다.

매력적 대안 즉 유로가 있는 한, 손실을 피하기 위해 달러를 투매하려는 동기는 더욱 컸다. 유로 지역은 또한 심도와 유동성을 갖춘 금융 시장을 가졌는데, 이 때문에 유럽은 중앙은행들이 국제 준비금을 예치하기에 점점 더 매력적인 장소가 되었다. 그러나 투자자들이 유로로 대량 전환한다면 결과는 또한 유로 환율의 불편한 강세일 것이다. 강한 유로는 특히 유럽의 수출 기업에게 불리하다. 확실히 유로는 유로 지역 국가들에게 혼란스러운 축복이었다. 일부 논평가들은 그 비용이 혜택보다 크다고 말할 정도였다.

결국 그들의 주장은 틀린 것으로 판명되었다. 왜 그런지를 이해하기 위해서는 다시 1990년대 초로 돌아가야 한다.

유로

1990년대 초, 유럽 단일 통화를 만들려는 오랜 숙원이 과연 실현될 수 있을 것인가에 대한 의문이 합당하게 제기될 수 있었다. 유럽의 수렴 과정은 EMS 위기로 인해 어긋났다. 영국과 이탈리아는 투기 공격을 견뎌냈고 특히 영국은 환율 메커니즘ERM을 영원히 포기해야 했다. 다른 나라들도 비슷한 압력을 받았고 ERM의 협애한 변동폭 2.25%를 15%로 확대했다. 제한된 환율 유연성과 함께 사는 법을 배움으로써 통화 동맹에 대비하려던 생각은 점점 더 맞지 않은 듯했다. 유럽은 영원히 고정된 환율에서 전진하기보다 후퇴하는 것 같았다.

1992~1993년 위기에 대한 기본 설명은 정책 결정자들이 다른 정

책 목표를 환율 안정성의 유지에 복속시키는 데 충실하지 않았다는 것이었다. 미국의 1990~1991년 불황으로 인해 성장이 둔화되고 실업이 높아졌을 때 정책 결정자들은 환율 방어를 위해 금리를 인상하지 않으려 했다. 그들은 대신 대외 경쟁력 회복을 위해 환율의 평가 절하를 허용하려 했다. 시장 참가자들은 이러한 인센티브가 존재한다는 것을 인식했다. 그리고 자본 통제가 없는 상황에서 그들은 빠른 결정을 강요했다.

그러나 1993년을 기점으로 상황은 변하기 시작했다. 미국 경제의 팽창과 함께 유럽에서도 팽창이 이어졌다. 통화 동맹을 준비하기 위해 추가적인 긴축이 필요하다면, 견실하게 성장하고 있는 바로 지금이 이행하기 더 쉬운 때였다. 유럽의 정책 결정자들은 대부분 통화 동맹으로의 이행을 완수하고자 하는 의지를 재확인했다. 한편 통화 동맹에 대한 결의가 의심스러웠던 두 나라, 영국과 덴마크가 과정에서 이탈하자 다른 나라들은 지체할 것이 없었다.[46]

독일의 주장에 따라 마스트리히트 조약은 통화 동맹의 가입 자격으로 인플레이션, 금리, 환율 안정, 재정 안정의 목표를 설정했다. 핵심은 재정 적자 규모를 GDP의 3% 이하로, 공공 부채를 GDP의 60% 이하로 설정한 점이었다. 그 발상은 적자 목표를 세우려면, 견고한 사회적 합의가 구축되어야 한다는 것이었다. 그것은 누구의 재정적 황소를 잡을 것인가와 같은 힘든 선택을 요구한다. 재정 기준은 안정화 문화가 없고 수입 범위 내에서 살 수 없는 나라들을 효과적으로 가려낼 것이다. 그것은 방만한 통화 정책을 선호하는 회원국이 재정 적자를 쉽게 메우는 것을 막을 것이었다.[47]

막상 닥쳐보니 이 기준은 독일의 구상자들이 기대했던 것보다 덜 효과적인 방지책이라는 것이 밝혀졌다. 빠른 성장은 재정 수입을 증대시켜 정책적 이니셔티브가 없는 상황에서도 재정 적자가 줄어든다는 것을 의미했다. 정부는 재정 적자 3% 제한(나중에 포기하게 되지만) 하에서 일시적으로 재정을 짜내기 위하여 일회성 정책을 (전형적으로는 추가 징세 형태로) 실시할 수 있었다. 일부는 회계 마술을 썼다. 이같은 여러 요인들로 인해 1999년 통화 동맹이 출범했을 당시 가입을 희망했던 모든 EU 회원국은 적자 기준을 충족했다고 주장할 수 있었다. 그러나 사정이 너무 혼탁했던 그리스는 제외되었다.

그러나 어느 경우에도 중대한 결정은 합의에 의한다는 점은 의심스러운 상황에 처한 회원국을 제지하기 어렵게 만들었다. 중대한 결정은 EU 회원국의 만장일치의 찬성을 필요로 하기 때문에 통화 동맹에 참여하지 않은 나라들은 다른 분야에서의 진전을 방해함으로써 보복하겠다고 위협할 수 있었다. 마스트리히트 조약이 서명되었을 때 프랑스와 독일을 중심으로 하고 오스트리아, 벨기에, 룩셈부르크, 네덜란드가 참여하는 소규모 통화 동맹이 예상되었다.[48] 그러나 1998년 5월 브뤼셀의 경제이사회Economic Council에서 취해진 결정은 아일랜드, 이탈리아, 스페인, 포르투갈, 핀란드도 포함하는 더 큰 통화 동맹을 위한 것이었다.

통화 동맹으로의 전환은 많은 노고를 들여 계획되었다. 유럽통화기구EMI는 공동 통화 정책을 준비하기 위한 훈련 장치이면서 일종의 유럽중앙은행으로서 설립되었다. 통화 동맹이 결성된 후에도 재정 규율이 포기되지 않을 것이라는 점을 독일에게 재확인시켜주기 위해 1997년 6월 암스테르담 이사회Amsterdam Council에서 예산에 대한 지속적 감시(그리고 과잉 적자 국가에 대해서는 벌금 부과)를 위한 **안정성 협약**

Stability Pact이 체결되었다. 유로화와 아직 통화 동맹에 참여하지 않고 있던 회원국 통화 사이의 환율을 안정시키기 위해 제2의 ERM이 만들어졌다. 유로 지역의 예비 회원국들은 1999년 7월 자신들의 환율을 1998년 중반과 동일한 수준으로 묶는 것에 동의했다.[49] 이 같은 준비는 1999년 초 전환 과정을 순탄하게 했다. 이제 유럽중앙은행이 공동 통화 정책을 책임졌고 유로 지역의 회원국은 다음 수순, 즉 각국 통화를 유로 지폐와 동전으로 교체하는 것을 준비했다.[50] 이러한 전환은 2002년 초에 잘 마무리되었다.

세계 총생산의 20% 그리고 무역의 30%를 점유하는 국가들 사이에 형성된 통화 동맹은 전례가 없었다. 그리고 그 조타수인 유럽중앙은행ECB은 아직 검증되지 않은 상태였다. 유로 지역과 ECB의 작동이 현미경으로 보듯이 철저히 관찰되었다는 것은 놀랍지 않다. 일부 비판론자는 물가 안정에 대한 신뢰를 확립하는 데 몰두한 ECB가 너무 경직되고 실업에 충분히 대처하지 못한다고 지적했다. 다른 이들은 반대로, 즉 ECB가 반복적으로 인플레이션을 2% 목표 이상으로 방치한다고 불평했다. 그러나 비판은 당연한 일이었다. 그리고 비판론이 반반으로 나뉘어 있다는 사실은 ECB의 정책이 그리 나쁘지 않았음을 뜻했다.

마찬가지로 일각에서는 유로가 달러에 대해 처음 2년 동안 너무 약세를 보였는데, 이는 새로운 통화에 대한 신뢰가 부족하다는 것을 뜻한다고 불평했다. 그러나 곧 유로가 달러에 대해 가치를 회복하자 그들은 유로의 과도한 강세는 유럽의 성장을 약화시킨다고 불평했다. 그러나 시간이 흐르면서 이같은 불평은 시대착오적으로 판명되었다. 달러-유로 환율의 변동은 전적으로 미국-유럽의 상대적 성장과 금리 변화를 정상적으로 반영하는 것이었다. 유로 지역은 대규모 경제이기 때문에 과거의 작은 개방 경제보다 그러한 변동의 경제적 영향을 그리 걱정할 이유가 덜했다.

또한 일각에서는 부적합한 재정 규율이 ECB가 인플레이션 정책을 취하도록 압박한다고 우려했다. 2002년 포르투갈이 처음으로 그리고 2003년에는 프랑스와 독일이 안정화 협약의 재정 적자 3% 상한선을 위반했다. 큰 나라들은 증세 이외에는 대안이 없었던 포르투갈 같은 작은 나라에 벌금을 부과하겠다며 위협해 결국 불황을 유발했다. 그러나 프랑스와 독일은 스스로에게 벌금을 부과하려 하지 않았다. 안정화 협약을 만든 이들은 개별 국가가 규정을 위반하는 것을 예상했으나 몇몇 나라가 동시에 위반하는 것은 예측하지 못했다. 독일에 제재와 벌금을 부과할 것인지에 대한 결정에서 독일의 투표권은 인정되지 않았지만 프랑스는 인정되었고, 그 역도 마찬가지였다. 이처럼 이 두 나라는 결탁하여 제재를 회피했다. 안정화 협약은 반복적으로 왜곡되고 붕괴되었다. EU의 미사여구에 따르면, 협약은 예산 유연성을 더욱 허용하기 위해 "개혁"되었다.[51]

이것을 문제라고 보아야 하는지는 명확하지 않다. 대규모 재정 적자국들이 ECB로 하여금 인플레이션 정책을 취하도록 압박할 것이라는 우려는, ECB가 물가 안정을 중시한다는 명성을 획득하게 됨에 따라 점차로 설득력을 잃었다. 점차 정부들은 공동 통화 정책으로 인해 각국에서 고유한 충격을 처리하는 유일한 무기는 재정 정책뿐임을 인식했다. 이 도구를 효과적으로 사용하는 것은 경제가 좋을 때 균형 예산을 이루어 불황 시 대규모 적자가 신뢰를 손상시키지 않도록 하는 것이었다. 이런 점을 깨달은 정부들은 균형 예산으로 서서히 그러나 꾸준히 진행해갔다. ECB가 더 이상 예비 훈련을 필요로 하지 않는 것처럼 통화 동맹도 더 이상 안정화 협약을 필요로 하지 않는다고 해석하는 사람들도 있었다.

그러나 단일 통화 정책에 적응한다는 것은 쉽지 않았다. 전문품 생산에서 중국과 치열한 경쟁을 벌이던 이탈리아처럼 성장이 느린 국가는 느슨한 ECB 정책과 유로화 약세 정책을 선호했을 것이다. 영어 사용 인구와 해외 투자에 유리한 환경으로 하이테크 붐을 맞았던 아일랜드같이 고속 성장을 하는 나라는 재산과 기타 자산의 급속한 상승을 경험했다. 이 같은 국가들은 과열된 경제를 식히기 위해 좀 더 엄격한 ECB를 원할 것이었다. ECB 정책이 너무 방만하다거나 지나치게 엄격하다는 등의 불평은 각국의 예상되는 처지에 따라 달랐다.

더 일반적으로 "수렴 경제convergence economies"(EU의 생활 수준에 아직 도달하지 못한 채 경제 및 금융 문제와 싸우고 있던 상대적 빈국들을 지칭하는 EU 용어)는 유로에 가입한 후 호황을 누리게 되었다. 통화 동맹에 가입하는 것은 과거 빈한하던 금융에 기인한 고금리가 갑자기 프랑스, 독일 수준으로 떨어졌음을 뜻했다.[52] 차입 비용이 낮아지자 가계는 소비 잔치를, 기업은 투자 잔치를 벌였다. 이 같은 추가 수요는 임금 인상을 급격히 유발했다. 잔치가 파하자 과도한 임금, 경쟁력 지체, 실업률 상승만이 남았다. 조정은 힘겨운 디플레이션을 요구했다. 유로 지역 창립국 가운데 일인당 국민 소득이 가장 낮았던 포르투갈은 이 같은 처지에 놓인 첫 번째 국가였다. 해결책은 재정 긴축인데, 말은 쉽지만 실행하기에는 정치적으로 어려웠다.

걱정과 불만이 많았지만 유로를 포기하고 각국 통화를 재도입하는 문제는 진지하게 고려되지 않았다.[53] 온 길을 되돌아감으로써 얻을 수 있는 경제적 혜택이 비용을 능가할 것인지 명확하지 않았다. 유로를 포기하고 자국 통화를 다시 도입하는 국가는 통화 가치 하락이 임금 상승에 의해 중화되지 않는다고 가정할 때 수출 경쟁력을 향상할 수 있으나 금리가 상승하여 부채 상환 부담이 높아지는 비용을 치뤄야 한다. 마스트리히트 조약에는 유로 포기에 대한 규정이 없었으므로, 유로 포기는 분명히 정치적 반격을 낳을 수 있었다. 그것은 유로 지역의 안정성에 대한 의문을 낳을 것인데 이는 잔여 국가들이 좋아하지 않을 일이다. 이 조치를 취한 나라는 다른 EU 정책들이 결정되는 테이블에서 환영받지 못할 것이다.

특히 이탈의 과정적 어려움이 클 것이다. 자국 통화를 재도입하려는 결정은 지루한 의회 공방을 필요로 한다. 그러한 논쟁의 결론이 경쟁력 회복을 위해 유로 대비 평가 절하될 자국 통화를 재도입하는 것이라면, 그리하여 은행 예금, 임금 계약, 기타 금융 채권을 자국 통화 단위로 전환하는 쪽으로 결론 난다면, 투자자들은 그다음에 무슨 일이 벌어지게 될지 알 수 있을 것이다. 투자자들은 평가 절하로부터 자산을 보호하기 위해 국내 은행과 시장에서 예금을 인출함으로써 금융 위기를 촉발한다. 만약 유로화로부터의 이탈 결정이 순식간에 합의되고 이행될 수 있다면 이러한 위험은 피할 수 있을 것이다. 그러나 민주주의 체제에서 이는 가능하지 않다.

유로와 공존하려 하고 그것이 작동하는 데 필요한 일을 하려는 이 같은 의지는 또한 단일 통화가 중대한 혜택을 준다는 인식을 반영했다. 유로는 명백히 혼란스러운 유럽의 역내 환율 변화의 여지를 최소화했다. 2004년 마드리드 열차 폭탄 테러와 같은 사건은 더 이상 유로권 국가들 간의 환율을 뒤흔들지 못한다. 유로권 국가들 간에는 더 이상 환율이 존재하지 않기 때문이다. 단일 통화는 금융 위험으로부터 유로 지역을 완전히 안전하게 만들지는 않았다. 금융 시장과 은행에서는 여전히 충격이 발생할 수 있었다. 그러나 유럽 역내 환율 변동은 더 이상 그러한 위험의 근원지가 아니었다. 또한 그것은 더 이상 위험을 증폭시키지도 않았다.

유로의 다른 가시적 효과는 유럽 유가 증권 시장의 성장을 촉진하는 것이었다. 특히 채권 시장은 규모의 경제라는 특징을 갖는다. 시장이 크면 클수록 투자자들은 가격 변동 없이 채권을 쉽게 사고팔 수 있으므로 거래 장소로서 더 매력적이다. 큰 시장은 이처럼 더 많은 유동성과 더 저렴한 거래 비용을 제공한다. 큰 시장은 잘 정의된 수익률 곡선을 보여준다. 다시 말해 큰 시장에는 다양한 만기의 표준화된 저위험 자산이 존재하는데, 그것의 낮은 금리는 보다 위험한 신용을 평가할 수 있는 잣대 역할을 한다.

따라서 각국 통화로 표시되는 채권을 취급하는 10여 개의 분리된 국내 시장을 유로화 표시 채권이 거래되는 대륙 규모의 단일 채권 시장으로 전환하는 것은 즉각적인 이득을 가져다준다. 국내 채권 펀드는 유로 채권 펀드에 시장 점유율을 급속하게 상실했다.[54] 유로 지역에서 기업이 발행한 유가 증권 중 유통 주식은 1998년 말 GDP의 30%에서 2005년 중반에는 GDP의 거의 75%까지 증가했다. 이뿐만 아니라 더 많은 채권을 유통하는 것도 가능했다. 투자 적격 신용 등급을 보유하지 못한 기업도 채권을 발행할 수 있었다. 이는 다시 유럽의 경쟁력을 상승시켰다. 유럽 기업은 더 낮은 자본 비용을 향유했다. 기업들은 투자를 위해 싸게 자금을 차입할 수 있었으며 더 이상 자국 은행에 목매지 않아도 되었다. 은행, 기업, 가계는 다른 나라에서 발행된

318

자산을 포함시키는 등 포트폴리오를 더 쉽게 다변화하여 "자국 편중 home bias"을 줄이고 리스크를 국제적으로 분산시켰다.

유로의 또 다른 효과는 가격 투명성을 높이고 국제 무역을 장려하는 것이었다. 갑자기 네덜란드 소비자가 자국산 판매자가 제시한 가격과 벨기에 국경 너머에 있는 상점의 가격을 비교하는 것이 쉬워졌으며 그 역도 마찬가지였다. 이는 상품 시장의 경쟁을 더욱 강화시켰다. 소매상과 도매상은 가격 비교가 용이한 상황에서 경쟁으로 인해 가격을 낮추어야 하는 압력을 받게 되었다. OECD 등등에 의한 연구는 상품 시장 경쟁이 고소득 국가의 생산성 향상에 결정적으로 중요하다는 것을 시사했다.[55] 더욱 경쟁적인 상품 시장은 생산업자들과 공급업자들로 하여금 경쟁에 부응하거나 아니면 퇴출되도록 만들었다. 유로 출범 이후의 연구들은 이러한 경제적 효과의 규모에 대해서는 의견이 일치하지 않았으나 그 존재를 부정하지는 않았다.[56] 또한 조정에 따른 어려움을 안겨주지만, 더 치열한 경쟁적 시장 환경이야말로 정확하게 유럽이 필요로 하는 것임에는 논쟁의 여지가 없었다.

노동 시장 개혁에 대한 유로의 영향은 덜 분명했다.[57] 유럽의 노동 시장은 계속해서 고도의 규제와 경직성을 특징으로 했지만, 유로는 이를 거의 바꾸지 못했다. 국내 통화 정책이 없는 탓에 노동 이동성과 임금 유연성은 더 중요해졌고, 이 때문에 유로가 노동 시장을 바꾸지 못한 것은 불운이었지만 그리 놀랄 일은 아니었다. 유로가 상품 시장을 더 경쟁적으로 만들고 독점을 없애도록 하기 위해서 정책 결정자들이 해야 할 일은 아무것도 없었다. 아무것도 하지 않아도 상품 시장은 치열해질 것이기 때문이다. 그러나 기술 자격증과 연금을 이동 가능하게 함으로써 노동 이동성을 높이고 고용 및 해고 비용을 줄임으로써 고용 관계를 더 유연하게 만드는 것은 정책 결정자들의 행동을 필요로 했다. 유로의 채택은 그러한 행동의 동기를 제공했으나 결코 그것을 보장하지는 않았다.

국제 통화 경쟁

글로벌 불균형의 배경하에서 유로의 등장은 또한 국제 기축 통화로서의 달러의 미래에 대해 의문을 제기했다. 아이러니하게도 유로의 단기적 영향은 달러의 지배적 위상을 강화했다. 1999년 이전 프랑스중앙은행은 외환 보유고 일부를 독일 마르크로 보유한 반면 독일연방은행은 일부를 프랑으로 보유했다. 유로에 의해 교체될 때 두 통화는 더 이상 해외 통화 준비금이 아니었다. 이제 그것들은 통합된 은행 체제의 국내 통화 준비금이었다. 신경제 시대의 말 무렵 달러 환율의 강세는 다른 통화로 표시된 준비금에 비해 유통되는 달러 준비금의 가치를 높여주었다. 회계상 전 세계 준비금 가운데 달러의 비중은 실제로 1999~2000년 사이에 약간 상승했다.

그러나 그 후, 유럽에서 보유하고 있던 유로와 달러로 구성된 준비금의 비중 측면에서 보면 유로가 달러에 대해 강세를 띠기 시작했다. 유로 지역 금융 시장은 이전의 쪼개진 각국의 금융 시장보다 심도가 깊고 유동성이 풍부했다. 이 점이 유로를 유로가 대체했던 자국통화들에 비해 준비금으로서 더 매력적으로 만들었다. 유로는 특히 중동부 유럽의 이웃 국가들에서 그리고 세계의 다른 지역에서도 점점 더 교역에 사용되는 통화가 되었다. 유로는 그 안정성과 유럽에서 존재하던 채권에 대한 취향으로 인해 국제 채권의 금액을 표시하는 통화로 사용되었다. 단일 통화가 생긴 지 5년이 지난 2004년, 유로로 발행된 국제 채권이 달러로 발행된 채권을 능가했다. 유로 발행 채권은 EU 회원국들 중 유로 비사용국들과 다른 성숙한 경제권에서 지배적이었다. 그리고 교역에 관계하는 기업들과 보험사들, 국제 증권 발행자들에게 좋은 것은 준비금 관리자들에게도 좋았다.

그러나 2007년 국제 준비금의 외환 구성에서 가장 놀라운 면은 그 안정성이었다. 달러에서 유로로의 탈출은 없었다. 오히려 전체 준비금 구성에서 달러의 비중은 극히 점진적으로 하락할 뿐이었다.[58]

유로 지역은 단일 통화 채택 후 계속해서 확대되어 2007년에는 슬로베니아가, 2008년에는 키프로스와 몰타가 참여했으며 향후 중동부 유럽의 신규 EU 회원국이 가입할 전망이다(그리고 언젠가 영국, 덴마크, 스웨덴이 가입할 것이다.). 이는 유로권이 국제 무역에서 미국을 능가하고 세계 최대 금융 시장으로 부상할 가능성을 낳았다. 역사적으로 어느 시점에서든 국제 기축 통화를 위한 자리는 하나밖에 없었다. 이제 일각에서는 중앙은행들이 대대적으로 달러를 버리고 유로로 대체하는 전환점이 도래할 것이라고 상상했다.[59]

그러나 준비금이 오직 한 가지 형태로 보유된다는 생각은 점점 낡은 사고가 되었다. 달러는 심도와 유동성을 갖춘 금융 시장을 가진 나라가 미국 하나뿐이었기 때문에 2차 세계 대전 후 기축 통화가 될 수 있었다. 미국은 2차 세계 대전에서 금융의 자유와 발전의 측면에서 다른 나라들을 압도하여 떠올랐다. 독일과 일본은 외국인들이 자국의 금융 시장에 접근하는 것은 제한하고 자국 통화의 국제화를 거부했다. 독일은 인플레이션 압력을 통제하기 위해서, 일본은 산업 정책을 운용할 여지를 위해 국제화를 거부했다. 그러나 이제 선진국들은 자본 통제를 철폐했으며 다양한 금융 시장이 준비금 유치를 위해 경쟁한다. 그리고 이 시장들 가운데 하나인 유로 시장은 유로를 매력적으로 만드는 데 필요한 안정성과 유동성을 보유했다.

달러로부터의 전면적 이탈이 일어날 것 같지는 않지만 아주 생각할 수 없는 일은 아니다. 미국의 정책에 대한 신뢰가 훼손될 수 있다. 달러의 가치 하락은 이미 손을 떠난 문제일 수도 있다. 이런 점에서 달러의 전망은 글로벌 불균형 문제와 중국 및 나머지 개발도상국의 준비금 증대와 맞물려 있다. 달러에 발생하게 될 일은 국제 통화 체제가 어떻게 더 일반적으로 진화하는가에 달려 있을 것이다. 그것에 대한 전망은 오직 시간이 말해줄 뿐이다.

GLOBALIZING CAPITAL

| 7장 |

결론

1970년대 초 브레튼우즈 체제의 붕괴 이후, 조정 가능한 고정 환율이라는 이전의 체제로부터의 변화가 서서히 그러면서도 아주 가속적으로 진행되었다. 1970년 말까지 변동 환율이라는 아이디어는 비상 상황에서 일시적으로 취하는 조치가 아니면 거의 이야기되지 않았다. 그러나 1990년까지 약 15%의 국가들이 변동 환율제로 이행했다. 2006년 이 비중은 거의 30%로 상승했다. 조정 가능한 고정 환율로부터의 이탈은 특히 선진국에서 두드러졌다. 2006년에 그 같은 중간 형태의 제도는 본질적으로 사라지고 그 대신 유럽에서는 통화 통합이 이루어졌고, 다른 곳에서는 변동 환율제로 넘어갔다. 신흥 시장에서는 통화 통합의 선택이 가능하지 않았기 때문에 (최소한 아직은) 소프트 페그가 사라지지 않았으나 변동 환율이 마찬가지로 강력해졌다.[1]

이 같은 추세는 가장 즉각적으로는 자본 이동의 증대가 가져온 결과이다. 2차 세계 대전 직후에 1930년대 외채 위기의 기억과 부도난 외국 채권이 아직 청산되지 않았다는 현실은 해외 투자를 꺼리게 만들었다. 해외에 투자했던 이들은 국제 자본 이동에 대한 엄격한 규제에 의해 구속되었다. 자본 통제의 유지는 브레튼우즈 협정문에서 허용되었는데, 이는 환율 안정과 다른 목적을 조화시키기 위한 것이었다. 다른 목적이란 단기적으로 전후 재건의 협력 프로그램이었으며 장기적으로는 완전 고용의 추구였다.

이러한 자본 통제는 조정 가능한 고정 환율이라는 브레튼우즈 체제의 핵심 요소였다. 국내 금융과 해외 금융 간의 연계를 완화함으로써 자본 통제는 정부가 다른 목적을 달성하기 위해 환율을 불안하게 하지 않으면서도 국내 금융 조건을 바꾸는 것을 허용했다. 자본 통제는 국내외 상황이 크게 어긋날 때도 환율 조정의 필요를 배제할 정도로 물 샐 틈 없이 빡빡하지는 않았다. 대신 자본 통제는 환율을 질서 정연하게 조정할 수 있는 여지를 주었고, 체제의 존립을 보장했다.

자본 이동에 대한 통제는 또한 국제 무역의 재건을 위해서도 필요했다. 격심한 자본 이동이 통화를 불안정하게 만들면 정부는 전간기에 했던 것처럼 다시 관세를 인상하고 수입 쿼터를 강화함으로써 통화를 방어하려 한다. 일부 국가가 평가 절하를 실시하면 이웃 국가도 관세와 쿼터를 통해 보복한다. 1930년대로부터 얻은 교훈은 통화 불안정이 국제 자유 무역의 다자 체제와 부합하지 않는다는 것이었다. 무역의 재건이 글로벌 경제 성장에 필수적이라면 통화 안정도 그러하고 더 나아가 자본 이동에 대한 통제도 마찬가지이다.

그러나 자유 무역과 족쇄가 채워진 금융의 결합은 안정적이지 않았다. 일단 1950년대 말 경상 계정 태환이 회복되자, 특정한 외환 거래가 무역과 관련된 것인지 아니면 통화 투기를 목적으로 하는 것인지 알기 어려워졌다. 기업은 수출에 대해 과소 계상 혹은 수입품에 대한 과대 계상을 통해 자본을 빼돌릴 수 있었다. 더 일반적으로 일단 국제 거래가 자유화되면 국내 시장을 단단히 규제하는 것은 불가능했다. 금융 시장이 탈규제의 리스트에 오르자 자본이 이동하는 새로운 통로가 생겼고 금융을 가두어둘 수 있는 데에는 한계가 있었다.

그 결과, 조정 가능한 고정 환율의 브레튼우즈 체제에 압박이 가중되었다. 정부는 불안정한 자본 이동의 거대한 파도에 대한 고려없이는 평가 절하를 생각할 수 없었다. 따라서 경상 계정 태환 시기의 기준 환율 조정은 극히 드물었다. 적자국들이 환율 조정을 꺼린다는 것이 알려지면 흑자국들은 이제 비용을 걱정하며 적자국에 대한 지원을 주저하게 되었다. 그리고 자본 이동성이 증대됨에 따라 정부가 독자적인 거시 경제 정책을 추구할 자유는 제한되었다. 정부가 환율의 제단 위에서 다른 목표를 기꺼이 희생시킬 것이라는 확신이 없으면 통화의 방어는 대폭적인 금리 인상과 기타 정치적 지지를 얻을 수 없는 고통스러운 정책 조정을 필요로 한다. 통화 안정성에 대한 신뢰와 궁극적으로는 안정성 자체가 희생물이 되었다.

　똑같이 불안정한 동학이 브레튼우즈 붕괴 이후 유럽공동체 회원국들이 건설한 EMS의 진화 과정에서도 명백하게 드러난다. 환율 안정은 유럽 관세 동맹의 순탄한 작동을 위해서 그리고 유럽 시장의 통합을 위해서도 필요했다. EMS가 만들어질 때 유럽 역내 환율의 안정을 지탱하기 위해 자본 통제는 유지되었다. 자본 통제는 국내 정책의 자율성을 보장하고 환율 재조정을 위한 여지를 제공했다. 그러나 여기서도 자유 무역과 족쇄가 채워진 금융의 결합은 안정적이지 않았다. 최종적으로 유럽공동체의 존재 이유였던 기타 유럽 역내 거래의 자유화는 자본 통제의 효과를 무력화했다. 자본 통제 자체가 단일 유럽 시장이라는 목적과 양립할 수 없었다. 일단 자본 통제가 더 이상 가능하지 않게 되자 EMS는 경직되고 취약해졌다. 1992~1993년의 불황은 신속한 결정을 요구했다. 통화 거래자들은 정부가 높은 실업의 상황에서 금리를 인상하고 환율을 방어하기 위해 긴축 정책을 실시할 정치적 능력을 갖고 있지 않다는 것을 알았다. 공격이 시작되었을 때 정부는 협애한 변동폭의 EMS를 포기해야 했다.

　명백한 결론은, 환율 변동의 확대는 국제적 자본 이동의 증가가 낳은 불가피한 결과라는 것이다. 그러므로 1913년 이전에 높은 수준의 국제적 자본 이동에도 불구하고 환율이 안정적으로 유지되던 시대를 떠올리는 것이 중요하다. 1차 세계 대전 이전에는 금 본위제에 부여된 우선순위에 대해 문제를 제기하지 않았다. 중앙은행 정책이 실업과 같은 목표에 타게팅될 것이라는 인식은 매우 제한적이었다. 그리고 선거권의 제약, 노조의 약세, 의회 내 노동자 정당의 부재 등의 조건에서 그 같은 제한된 인식은 정책에 영향을 주지 않았다. 고정 환율을 방어하려는 정부의 의지와 능력에 대한 어떠한 문제 제기도 없었기 때문에, 충격이 발생하면 안정화하는 방향으로 자본이 유입되었다. 노동자와 기업은 환율이 불균형 비용의 결과를 없애기 위해 변화될 것이라고 거의 예상하지 않았기 때문에, 임금이 조정되는 것을 허용했다. 이 같은 요인들이 합쳐서 고정 환율에 대한 의지에 신뢰성을 부여하는 선순환으로 작동했다.

　이 같은 의지에 대한 신뢰는 위기를 낳는 시장 압력으로부터 정부를 절연해주는 자본 통제의 필요성을 완화했다. 정부 당국은 심각한 정치적 결과를 겪지 않고서도 통화를 방어하는 데 필요한 조치를 취할 수 있었다. 시장은 이 점을 알고 있기 때문에 먼저 통화를 공격하려 하지 않았다. 어떤 점에서 민주주의에 대한 제한이 절연의 근원으로서 자본 이동에 대한 제한을 대체했었다. 그러나 선거권 확대와 통제 효과의 하락으로 그러한 절연은 사라졌고, 고정 환율을 유지하는 것은 더 비용이 많이 들고 어려워졌다.

칼 폴라니는 50여 년 전에 쓴 글에서 정책 환경이 정치화됨에 따라 고정 환율의 작동이 어떻게 복잡해지는지를 기술했다.[2] 폴라니는 보통 선거권의 확산과 결사체주의associationalism를 금본위제가 허용한 시장의 힘이라는 폭군에 대한 반작용으로 해석했다. 그는 정책 환경의 정치화가 금본위제 자체의 생존력을 무너뜨렸다고 보았다.

폴라니는 2차 세계 대전 후 자본 통제에 의해 환율 안정성과 다른 목표가 공존하는 체제가 구축되는 것에 놀라지 않았을 것이다. 또한 정책 환경이 정치화되는 것에도 놀라지 않았을 것이다. 그를 놀라게 했을 것은 아마도 시장의 재기, 즉 시장의 힘이 얼마만큼 자본 통제의 효과를 무력화시키는지, 그리고 통화를 안정시키려는 정부의 정책들을 어떻게 압도하는지였을 것이다.[3]

예기치 못한 시장의 재기는 1971년 이후 진행된 변동 환율제로의 이동을 초래했다. 그러나 이 추세는 불균등했다. 관리 변동 환율제는 신흥 시장에서 가장 두드러졌다. 이는 중위 소득 국가들이 점차로 글로벌 금융으로 통합되는 것을 의미한다. 최빈국들과는 달리 이 중위 소득 국가들은 독자적 통화 정책을 결정하고 실시하는 제도적 능력이 있다. 그 국가들은 통화 정책의 기준으로서 경직된 고정 환율제를 인플레이션 타게팅으로 대체할 수 있었다. 중위 소득 국가들은 또한 금융 시장이 발달함에 따라 자본 통제의 집행이 더욱 힘들어지는 것을 알게 되고 더 큰 지지층이 글로벌 자본 시장과의 통합을 선호한다는 것을 깨닫게 된다. 이 모든 이유로 인해 점점 더 많은 나라들이 관리 변동 환율제를 환율 정책의 논리적 선택으로 보았다.

빈국들, 즉 "아직 신흥 시장이 아닌" 국가들은 독자적 통화 정책을 운영하는 능력이 결여되었다. 빈국들의 금융 시장의 저발전은 자본 이동에 대한 통제가 여전히 상대적으로 효과적임을 뜻한다. 빈국들은 외국 자본이 적합한 곳으로 유입되는지 또는 신중하게 관리되는지 분명하지 않기 때문에 자본 시장을 개방하길 꺼린다. 빈국들에게 자본 통제의 완화는 국내 금융 시장 및 제도의 발전과 함께가는 것으로, 이는 그것이 더디고 힘겨운 과정이 될 것을 의미한다. 그리고 자본 이동에 대한 규제가 작동하는 한, 고정 환율제는 여전히 가능한 선택이다. 그러나 칼 마르크스Karl Marx가 말한 바처럼 저발전 국가들이 선진국에서 자신들의 미래 이미지를 본다면 미래는 더 발전된 금융 시장과 제도, 금융 자유에 대한 법적 규제의 완화를 위한 정치적 압력, 그리고 더 유연한 환율로의 이행을 위한 압력을 가져올 것이다.

하여튼 이는 미래의 이미지 중 하나이다. 다른 하나는 유럽이 제시한다. 유럽에서는 자본 이동, 정치적 민주주의, 그리고 조정 가능한 고정 환율 사이의 긴장은 환율의 변동이 아니라 환율의 철폐에 의해 해소되었다. 비록 완전히는 아니지만, 분리된 각국 통화가 유로로 대체된 유로 지역에서 환율의 철폐가 실시되었다. 물론 유럽의 대실험이 성공하리란 보장은 없다. 특히 유로 회원국이 성공적으로 폴라니의 도전을 이겨낼지는 분명치 않다. 사회적 자유주의embedded libe-ralism 시대에, 자유 시장에 대한 의지는 완전 고용과 다른 사회적 목표 때문에 기세가 누그러졌다. 통화 정책은 그 자체가 목적이 아니라, 이러한 고결한 목표들의 시녀에 불과했다. 여전히 각기 다른 구조를 지닌 국민 경제의 결합체인 유로 지역이 이러한 요구에 가장 부합하는 단일 통화 정책에 합의할 수 있을지는 분명치 않다. 유럽은 정치 연합이 아니기 때문에 회원국들이 공동의 이익을 정의하는 데 성공할지는 분명치 않으며 ECB에 이를 수행할 능력을 부여할지는 더욱 확실하지 않다.

분명히 유럽은 그것을 달성하기 위해 필요한 많은 것을 가지고 있다. 유럽의 국민 경제는 계속 수렴하고 있다. 유럽은 일련의 실용적인 역내 정치 제도를 건설하는 데에서 세계의 어느 다른 지역보다도 앞서 있다. 유럽인들은 공동의 유산을 가지고 있으며 통화 정책과 환율 정책이 궁극적으로 복무해야 할 사회적 목표들에 대해서도 상당한 정도로 동일하게 이해하고 있다. 유럽인들은 거대한 통화 실험의 붕괴가 유럽 통합이라는 더 큰 프로젝트에 충격을 가할 수 있기 때문에, 자신들의 통화 실험을 성공시켜야 할 인센티브를 갖고 있다. 심지어 협소한 금융적 의미에서 보더라도 유로 지역에서의 이탈 비용은 아주 높을 것이다. 이 모든 것을 고려할 때 유럽은 통화 동맹을 성공시켜야 할 것이라고 생각할 수 있다.

그러나 유럽에서 가능하다고 해서 다른 곳에서도 가능하지는 않을 것이다. 아시아와 남미는 지역 통화 동맹에 대해 환상을 갖고 있지만 환상은 현실이 아니다. 이런 다른 지역에서 상이한 국가들은 과거의 갈등에서 다른 교훈을 끌어오며 지역 통화 동맹을 창출하기 위해 주권을 양보할 의지가 약하다. 통화 정책이 복무해야 할 사회적 목표에 대해 합의할 수 있는 능력은 따라서 아주 제한적이다. 그러나 경제적·사회적 체제가 발전하면 이 지역 국가들 역시 더욱 개방적인 정치 체제와 금융 시장으로 향하게 하는 압력을 느낄 것이다. 여기서도 역시 정치적 민주주의와 자본 이동의 결합은 고정 환율제를 포기하도록 강요할 것이다.

변동 환율제가 남은 대안일 것이다. 변동 환율이 최상의 세계는 아니다. 그러나 그것은 최소한 가능한 세계이다.

가격-정화 플로우 모델price-specie flow model 데이비드 흄에 의해 18세기에 제
    안된 금본위제하에서 국제 수지 조정의 모형.

경로 의존성path dependence 균형 내지 정지점resting point이 초기 조건에 독
    립적이지 않은 체제의 특징.

경상 수지current account 재화와 용역에서 거래를 반영하고 있는 국제 수지
    의 구성 요소. 경상 수지 적자는 외국인으로부터 재화와 용역의 구매가
    외국인에 대한 재화와 용역의 판매를 초과한다는 것을 의미한다.

골드풀Gold Pool 주요 산업 국가들이 1960년대에 금의 공식 가격을 35달러
    로 책정하는 것을 지지하고자 협력했던 협정.

공개 시장 조작open-market operations 중앙은행에 의한 정부 채권의 구매 또는
    판매.

공동 농업 정책Common Agricultural Policy 전통적으로 유럽공동체의 예산 절반
    이상을 차지해온 농산물 가격을 지지하는 체제. 그 원칙은 유럽경제공
    동체를 설립한 로마 조약 38조에 제정되어 있다.

과대 평가overvaluation 현재 환율에서 통화가 너무 많은 단위의 외환을 구매
    할 수 있는 상태. 과대 평가는 생산자의 경쟁력을 저하하고 국제 수지
    를 악화하는 경향이 있다.

관리 변동 환율제managed floating 환율 변동이 허용되지만, 외환 시장에 정부
    가 개입하는 체제. 이는 또한 더티 플로트로 알려져 있다.

교역 조건terms of trade 수입 가격에 대한 수출 가격의 비율.

국제 유동성international liquidity 중앙은행이 국내 통화 부채를 발행하거나 주

어진 양의 국제 무역을 융자하는데 요구되는 국제 준비금.

국제 준비금(외환 보유고)international reserves 한 통화 체제가 태환할 수 있는 금융 자산(가령, 금, 미국 달러와 같은 태환 가능 화폐, 특별 인출권). 이것을 가지고 지폐와 주화를 지탱하고 국제 결제를 실행한다.

그레샴의 법칙Gresham's Law 두 통화가 유통될 때, 개인은 더 빨리 가치를 잃고 있는 통화의 처분을 원한다는 관념. 따라서 악화惡貨는 양화良貨를 구축하여 지배적인 화폐가 된다.

근린 궁핍화 평가 절하beggar-thy-neighbor devaluation 한 국가가 수입에 대한 수요를 억제하면서 교역 상대국의 경제 사정을 악화시키는 환율 평가 절하.

금 수출점gold points 금의 시장 가격과 주조 가격 사이의 차이 때문에 금의 차익 거래에 개입하는 것이 유리해지는 지점.

금블록gold bloc 1931년 영국과 다른 24개 국가가 탈퇴한 후에도 금본위제에 남아있던 국가들로 구성된 통화 블록.

금 장치(금 수출입점 조작 정책)gold devices 금 재정 거래자에 대해 무이자 대출과 금 수출점을 넓히거나 좁히는 다른 장치. 그리하여 태환성 유지와 일치하는 환율 가변성의 정도를 증가시키거나 감소시킨다.

금환본위제gold-exchange standard 특정 국가의 외환 보유고가 금뿐만 아니라 태환 가능한 외환의 형태를 가질 수 있는 한에서 금본위제 같은 체제.

네트워크 외부성network externalities 한 행위자의 관행이 그가 상호 작용하는 다른 행위자에 의해 채택된 관행에 의존하는 외부 효과.

단기 및 초단기 신용 공여 제도Short-Term and Very-Short-Term Financing Facilities 유럽 통화 제도의 ERM 내에서 약세 통화 국가의 중앙은행에 이용 가능한 외환 융자 또는 신용.

단본위제도monometallic standard (통화가 고정 가격에서 두 금속으로 태환되는 복본위제도와 달리) 국내 통화가 고정 가격에서 하나의 귀금속으로 태환되는 통화 체제.

단일 유럽 의정서Single European Act   1986년 정부 간 회담에서 협의되어 유럽 공동체 회원국이 공동체 내에서 상품과 생산 요소의 움직임에 대한 장벽을 제거하기로 공약한 법안.

대기성 차관stand-by arrangement   한 국가가 인출의 시점에서의 상태에 제약 받지 않고 특정 한도까지 우선적으로 IMF 기금 자원 사용을 협의하는 것을 허용한 IMF 절차. 1952년에 채택됨.

들로르 보고서Delors Report   유럽위원회 의장인 자크 들로르가 운영했던 위원회의 1989년 보고서. 여기에서 들로르는 유럽통화동맹으로 3단계 이행을 추천하였다.

롬바드 금리Lombard rate   중앙은행이 최종 대부자로서 행동할 때, 중앙은행에 의해 부과된 이자율.

면책 조항escape clause   경제 정책을 지배하는 규칙을 일시적으로 폐기하는 것을 허락하는 규정.

목표 환율대target zone   당국이 외환 시장에 개입하거나 다른 정책 수단을 통해 벗어나지 못하게끔 하는 환율의 특정 변동폭.

무역 수지balance of trade   상품 수출과 수입 간의 차이. 양陽의 차이는 무역 흑자를, 음陰의 차이는 무역 적자를 나타낸다.

무역외 계정invisibles account   선행 대외 투자에 지불된 이자와 배당금 그리고 선적, 보험 및 금융 서비스의 국제 거래와 관련된 경상 계정의 구성 요소.

발라사-새뮤얼슨 효과Balassa-Samuelson effect   빠르게 성장하는 경제에서 물가가 급속히 상승하는 경향. 그러한 경제에서 교역재 영역에서 생산성의 급속한 상승은 서비스 영역에서 생산품에 대한 수요의 증가를 유인한다.

법정 불환 화폐fiat money 금, 태환 가능한 외환, 또는 심지어 어떤 경우에는 정부 채권으로도 교환될 수 없는 지폐.

변동 환율제floating exchange rate 변동하도록 허용되는 환율. "클린 플로트clean float"는 통화 당국이 환 시세 변동을 방임하는 것이고, "더티 플로트dirty float"는 변동 환율제의 기조를 유지하되 적정 수준에서 통화를 안정시키기 위해 통화 당국이 외환 시장에 개입하는 것이다.

복본위제bimetallic standard or bimetallism 정부가 두 금속(말하자면 금과 은)으로 주조된 주화에 법정 통화 지위를 부여하는 상품-화폐commodity-money 기준. 단본위제 또한 참고.

본원 통화monetary base 좁은 의미의 화폐 공급. 일반적으로 현금, 중앙은행에 예치한 은행들의 예금, 단기 통화 자산으로 구성되어 있다.

부분 지급준비금 은행업fractional reserve banking 예금과 주주의 투자 자본이 대출될 수 있는 은행업. 주주의 투자 자본만이 대출을 위한 기금의 유일한 원천인 "내로우 뱅킹Narrow Banking(지급 결제 기능)"에 대한 대안.

불태환inconvertibility 한 통화가 자유롭게 (금본위제하에서) 금으로 또는 (법정 불환 화폐 제도하에서) 외환으로 교환될 수 없는 상황.

브래디 플랜 Brady Plan 미국 재무부 장관 니콜라스 브래디Nicholas Brady의 이름을 따온 것으로, 1980년대 부채 위기 이후에 국제 금융 시장의 조건을 정상화하려 했던 계획. 상업은행들은 개발도상국에게 그 국가들의 대차 대조표를 청산하는 방법으로 무수익 여신의 도움을 받아 유가 증권을 발행하도록 독려되었다. "브래디 채권Brady bonds"에 대한 시장은 1990년대에 채권 시장을 통해 개발도상국들에게 대출을 재개하는 발판을 마련했다.

비례 제도proportional system 국내 통화 부채를 금으로 지원하는 체제. 이 체제에서 금 보유고의 가치는 부채 가치의 일정 최소량(보통 35~40%)과 같거나 초과해야 한다.

생애 주기 모델life-cycle model 가계 저축을 모형화하는 표준적 접근. 이 접근

법에서 가계의 순 저축은 젊은이에 의한 저축과 노인에 의한 부負의 저축 간의 차액이다.

수출입은행Export-Import Bank　미국 수출을 촉진하고자 대출과 신용 보증을 제공하는 연방 정부의 기구로서 1934년에 설립되어, 워싱턴 D.C.에 본부를 두고 있는 은행.

순도fineness　동전으로 주조되는 금 내지 은의 순도.

스왑 조정swap arrangements　강세 통화 국가가 약세 통화 상대국에게 대외 자산을 공급하는 중앙은행 간의 협정.

스털링 지역sterling area　1930년대부터 파운드 스털링에 자국 통화를 고정시키고 국제 준비금을 런던에 예치한 국가들로 이루어진 지역.

신탁 제도fiduciary system　고정된 양의 부채(신용 발행fiduciary issue)가 담보 물건으로 보증되지 않는 한에서, 금으로 국내 통화 부채를 지탱하는 제도.

실질 환율real exchange rate　국내 물가 대 해외 물가 비율로 조정된 명목 환율.

아세안ASEAN　동남아시아 국가 연합. 회원국은 브루나이, 캄보디아, 인도네시아, 라오스, 말레이시아, 미얀마, 필리핀, 싱가포르, 태국 및 베트남이다.

안정성 협약(예전 명칭은 안정 및 성장 협약) Stability Pact(Stability and Growth Pact)　1997년에 유럽연합 회원국 사이에 합의된 협약으로 유로 회원국의 재정 정책 수행에 강화된 감독과 가능한 제재를 가한다.

에쿠ecu 유럽 통화 단위European currency unit　유럽 통화의 통합 화폐. 에쿠는 유럽 통화 제도의 회계 단위로 사용되었다.

외연적 성장extensive growth　생산의 정해진 방식에 있어서 추가적 자원의 사용에 기초한 성장. 반면 내연적 성장intensive growth은 새로운 기술과 조직 형태를 사용하는 것을 필요로 한다.

외환 통제exchange control　자본 통제capital controls를 참고.

유럽 스네이크 제도European Snake 2.25% 변동폭 내에서 각 국가들의 환율을 고정하기 위해 만들어진 1970년대 유럽 국가들의 집단적 조정 체계.

유럽경제공동체European Economic Community 1958년에 로마 조약에 의해 창설되었으며, 처음에는 6개국(프랑스, 독일, 벨기에, 네덜란드, 룩셈부르크, 이탈리아)으로 구성됨. 그 후 여러 번의 잇따른 계기로 확장됨.

유럽연합에 관한 마스트리히트 조약Maastricht Treaty on European Union 조인 국가들이 통화 동맹으로의 3단계 이행을 약속하는 조약.

유럽위원회European Commission 유럽연합에서 법안 제출 권한을 가지고 있는 독립적인 집행부로서 회원국에 의해 임명된 4년 임기의 개별 각료로 구성되어 있다. 이 위원회는 유럽이사회에 의해 제정되어 집행되는 정책에 대해 책임이 있다.

유럽의회European Parliament 회원국 유권자들에 의해 직접 선출된 5년 임기의 의원들로 구성되어 있는 입법 기관. 유럽의회는 광범위한 입법안을 협의하며, 유럽연합의 예산 권한의 한 부분을 구성한다.

유럽이사회European Council 회원국의 장관으로 구성되어 있는 유럽연합의 의사 결정 기구. 각 장관은 EU의 이익을 대표한다기보다는 각 국가의 이익을 대표한다.

유럽중앙은행European Central Bank 유럽 통화 통합의 과정에서 3단계 출범 시에 창설된 중앙은행.

유럽통화기구European Monetary Institute 유럽연합 회원국의 정책을 조정하고 통화 동맹으로의 이행을 계획하기 위해, 마스트리히트 조약의 규정에 따라 1994년에 창설된 잠정적 기관.

유럽 통화 제도European Monetary System 1979년에 유럽공동체의 회원국에 의해 설립된, 조정 가능한 고정 환율 체제.

유럽통화협력기금European Monetary Cooperation Fund 참가국 간의 수지 불균형에 대해 융자하도록 계획된 유럽 스네이크 제도의 구성 요소.

유로euro 단일 유럽 통화. 1999년 초에 출범하였다.

유로 지역euro area 유로euro를 공식 통화로 채택한 국가군으로 구성된 지역.

은행율bank rate 중앙은행 할인율을 참고.

이자 평형세Interest Equalization Tax 1964년 이래 미국이 해외 증권의 이자 소득에 대해 징수한 세금.

이탈 통화misaligned currency 시장 가치가 경제 펀더멘털과 거의 관계를 가지지 않는 통화.

일반차입협정General Arrangements to Borrow IMF를 통해 통화를 다른 국가에 빌려주기 위해 산업 국가들에 의해 1962년에 설립된 신용 공여.

자본 계정capital account 대외 투자를 반영하는 국제 수지의 구성 요소. 자본 수지 적자는 대외 투자가 대내 투자를 초과한다는 것을 나타낸다.

자본 도피capital flight 곧 있을 평가 절하에 대한 예상에 의해 전형적으로 촉발되는 특정 통화 표시 자산으로부터의 자금 철수.

자본 통제capital controls 기업 또는 가계가 국내 통화를 외환으로 전환하는 능력을 제한하는 규정. 자본 계정 거래에 대한 통제는 거주자가 해외 투자의 목적으로 국내 통화를 외환으로 태환하는 것을 막는다. 경상 계정 거래에 대한 통제는 거주자가 상품을 수입하기 위해 국내 통화를 외환으로 태환하는 능력을 제한시킨다.

자본세capital levy 자본 또는 부에 대한 예외적 조세.

자유금free gold 1930년대 시행된 금본위제 법령 하에서, 연방준비제도는 금 또는 적격 증권eligible securities(본질적으로 기업 어음)을 부채에 대한 담보로서 보유하도록 요구되었다. 자유금은 이 의무가 해제된 이후에 남겨져 있는 양이다.

재건금융공사Reconstruction Finance Corporation 유동성을 필요로 하는 은행과 기업에 융자하기 위해 후버 행정부에 의해 1931년 12월에 창설된 기구.

제국 특혜 관세imperial preference 특별 대우를 (가령 양허 관세의 형태로) 제국의 회원국에게 확대하는 정책.

조정 기제adjustment mechanism 시장의 힘이 국제 수지의 적자와 흑자를 제거하는 가격과 수량에서의 변화

주요 선진 10개국(G10)Group of Ten 벨기에, 캐나다, 프랑스, 독일, 이탈리아, 일본, 네덜란드, 스웨덴, 영국 및 미국을 포함하여 개별 국가들이 2차 세계 대전 이후 설립한 비공식 집단.

주조료brassage 상품-화폐 기준 하에 귀금속을 화폐로 주조하는 데 지불되는 비용. 주조료는 조폐 장인의 비용을 포함하였으며, 그가 적절한 이윤을 남기는 것을 허용했다.

중앙은행 할인율central bank discount rate 중앙은행이 할인(지폐 또는 약속 어음을 액면 이하로 할인하여 구매)을 통해 자금을 빌려주는 비율.

중앙은행총재위원회Committee of Central Bank Governors 유럽 통화 제도에 참여하고 있는 중앙은행총재들로 구성되어 있는 위원회.

중앙은행central bank 정부에 대한 은행. 통화 제도의 운영에 대해 책임을 지는 은행.

중화sterilization 국내 신용 조건에서 외환 보유고의 충격을 제거하는 중앙은행 정책.

중화 개입sterilized intervention 국내 채권의 매입 또는 매도를 통해 국내 통화 공급에 대한 외환 시장의 충격을 제거하는 개입 정책.

지출 전환 정책expenditure-switching policies 국내외 재화 간의 상대 가격을 바꾸고, 지출을 전환함으로써 대외 수지를 교정하고자 고안된 정책. 환율 조정에만 국한되지 않는다.

초인플레이션hyperinflation 급속한 인플레이션. 일반적으로 한 달에 최소 50%가 넘는 인플레이션으로 규정된다.

치앙마이 이니셔티브Chiang Mai Initiative 유럽 통화 제도의 단기 및 초단기 신용 공여 제도를 모방한 것으로, 2000년 태국 치앙마이 시에서 협의된 단기 스왑과 신용 공여 한도에 대한 아시아의 체제.

캐리 트레이드carry trade 이자율이 낮은 국가 또는 시장에서 차입하여 이자율이 높은 국가 또는 시장에서 투자하는 관행. 금리차interest differential는 "캐리carry"로 알려져 있다. 차입과 투자가 서로 다른 통화일 때, 그 전략은 매도 통화의 가치가 매입 통화에 대해 상승하지 않을 것임을 전제한다.

콘솔 공채consols 만기가 없는 영국 재무부 채권이며, 이는 매년 주어진 이자를 지불한다.

태환성convertibility 외환으로 자유롭게 태환될 수 있는 통화의 능력. 금본위제 하에서, 태환성 통화는 고정 가격으로 금으로 자유롭게 교환될 수 있었다.

통화 개혁currency reform 일반적으로 기존 통화가 급속한 인플레이션으로 가치가 저하될 때 이를 대체하기 위해 새로운 통화를 발행하는 것.

통화위원회currency board 한 나라의 통화 정책을 법령이나 헌법에 의해 다른 나라의 통화 정책과 연계시켜 중앙은행 업무와 통화 조정을 대신하는 제도.

특별 인출권special drawing rights 1967년에 인가한 IMF 쿼터의 증가. 이는 IMF가 회원국에게 청약된 금과 통화를 초과해서 신용을 공급하는 것을 허락하였다.

특별 자료 공표 기준Special Data Dissemination Standard 정부 차원에서 금융 투명성을 독려하기 위해 아시아 위기 이후 채택한 IMF 발의.

할인 상사discount house 영국에 있었던 금융 중개 기관으로서 약속 어음을 할인하고 그 어음을 되팔거나 만기까지 보유한다.

헤알 플랜Real Plan (브라질의 새로운 통화인 헤알의 이름을 따서) 1994년 브라질에서 높은 인플레이션을 낮추기 위한 정부 프로그램.

환율exchange rate 외환의 1단위에 대한 국내 가격.

환율 기반 안정화exchange-rate-based stabilization 높은 인플레이션을 중지하도

록 계획된 프로그램의 일부로서 환율을 고정함.

환율 메커니즘Exchange Rate Mechanism 참가국들이 자국의 환율을 고정하는 유럽 통화 제도의 구성 요소.

환율 재조정realignment 중심 환율의 변화를 나타내기 위해 유럽 통화 제도의 ERM에서 참가국에 의해 사용된 용어.

환평형 계정Exchange Equalization Accounts 외환 시장 개입을 수행하는 정부 기관.

희소 통화 조항scarce-currency clause IMF 협정문 중에서 IMF 기금 내에서 자국 통화가 희소해지는 국가에 대해 예외적으로 환율과 교역에 대한 제한을 허용한 규정.

후주

1장

1 사회적 자유주의는 존 루기(John Ruggie, 1983)가 처음 사용한 용어로서 사회 복지와 완전 고용을 포괄하는 넓은 뜻의 자유주의를 뜻한다.

2 Polanyi(1944).

2장

1 여기에서 이 주제에 대한 좀 더 상세한 소개를 위해서는 Feavearyer(1931)를 참고.

2 그 밖에 이 금속들은 내구성이 부족하거나 당시 주조 기술로는 사용하기 너무 어려웠던 이유도 있다.

3 Heckscher(1954), 91쪽.

4 Spooner(1972), 제1장.

5 복본위제 용어의 기원에 대해서는 Cernuschi(1887) 참고. 복본위제는 단순히 금과 은뿐 아니라 모든 종류의 두 가지 금속 통화를 포함한다. 스웨덴은 1772년까지 은-구리의 복본위제를 시행했다.

6 형식적으로 은본위제 국가는 은화만을 법정 화폐로 인정하고 금이 아니라 은을 자유로이 주조하는 나라들이었다. 실제로, 이런 많은 나라들은 공식적으로는 복본위제였으나 주조 비율이 시장 가격과 다르기 때문에 은화만이 유통되었다.

7 은화의 주조료가 더 비쌌던 것은 은화가 같은 양의 금화에 비해 가치가 작기 때문에 같은 가치의 화폐를 주조하는 데 더 많은 노력과 시간이 소요되기 때문이었다.

8 Krugman(1991)은 변동폭 내에서 교환율을 안정시키는 기대 효과의 경향을 강조한다. Oppers(1992)와 Flandreau(1993a)는 이를 복본위제에 적용했다.

9 뉴턴의 총명성은 이러한 사건에 의해서도 흐려지지 않는다. 통화에 관한 보고서에서 그는 두 금속의 시장 가격을 관찰할 것을 그리고 필요하다면 금 가격을 더 낮출 것을 제안했다. 그러나 그는 그의 제안을 실행에 옮기기 전에 은퇴했다.

10 이 시기 프랑스 화폐사에 대해서는 Willis(1901) 1장 참고.

11 Redish(1992)에서 인용된 M. C. Coquelin(1851).

12 미국에 관한 연구 문헌은 프랑스에서처럼 금은 모두가 어느 중대 시기 동안 유통되었는가에 대해 논의한다. Laughlin(1885) 참고. Greenfield and Rockoff(1992)는 복본위제가 결국 단복위제로 대체되었다고 주장한다. 한편 Rolnick and Weber(1986)는 금은 모두가 동시에 유통되었다고 주장한다.

13 Redish(1990) 참고.

14 다른 하나의 대안은 동전의 무게가 대량 거래를 불편하게 하는 은 본위제였다. 나아가 영국의 정치경제학자 데이비드 리카도David Ricardo 같은 당대 사람들은 화학적·기술적 발전이 금화 주조보다 은화 주조에 더 잘 적용될 수 있어서 은 본위제를 채택한 국가들이 인플레이션을 겪을 것으로 믿었다.

15 Feavearyear(1931)은 대용 화폐를 도입하려다 실패했던 영국의 경험을 기술한다.

16 Thuillier(1983) 참고.

17 Ricardo(1810), 136~137쪽.

18 Flandreau(1993b) 참고.

19 Frieden(1994)은 통화 표준을 둘러싸고 일어난 여러 가지 부문 간 갈등을 포착하고 교역재와 비교역재 사이의 간극을 강조했다.

20 또한 은화를 퇴출시킴으로써 통화 표준을 변경했던 정부들은 다음 기회에 자신들의 법정 화폐를 지지할 것이라고 단호히 주장한다 해도 신뢰받지 못할 것이었다. 그러므로 주변의 평가 문제는 모든 통화 제도에서와 마찬가지로 복본위제를 지속시키는 역할을 했다.

21 Gallarotti(1993), 38쪽에서 인용.

22 이 역사에 대한 소개는 de Cecco(1974) 참고.

23 이 회의들에 대한 권위 있는 설명은 아직도 Russell(1898)이다.

24 그 밖에 다른 중요한 통화 협정은 1873년 탄생한 스칸디나비아통화동맹인데 이는 독일이 은본위제에서 금본위제로 전환하는 것에 대한 조치였다. 스웨덴, 덴마크, 노르웨이 등 스칸디나비아 국가들은 독일과의 교역에 의존했기 때문에 독일의 새로운 정책을 수용해야 했다. 이 3개국 통화는 서로 교환되어 사용되었기 때문에(각국은 상대 통화를 법정 통화로 인정했다.), 독일의 전환에 대해 공조할 강력한 동기를 갖고 있었다.

25 처음에 은화는 여전히 15.5 대 1의 비율로 거래되었었다. 그러나 오직 금화만이 수요가 있는 만큼 주조될 수 있었으며 1873년 제국 정부는 은화 주조를 제한했다.

26 독일은 청산 과정에서 은 가격이 급락하는 것을 피하기 위해 은 보유고를 금으

로 전환하는 속도를 완만하게 조절했다. Eichengreen and Flandreau(1996) 참고.

27 예를 들어 Gallarotti(1993)의 언급을 보라.

28 Oppers(1994), 3쪽. Flandreau(1993)도 비슷한 결론에 도달한다.

29 또한 Drake(1985), Flandreau(1993b), Oppers(1994) 참고.

30 Marshall(1925), 192쪽.

31 이 같은 입장은 이 시기 물가 변화에 대한 로버트 바스키Robert Barsky와 J. 브래드퍼드 드롱J. Bradford DeLong의 분석과 일치한다. 그들은 디플레이션을 적어도 부분적으로는 예측 가능했으나, 예측을 위해서는 1870년대와 1880년대 이후의 축적된 증거가 필요했다고 말한다. Barsky and DeLong(1991)을 보라.

32 더 자세한 사항을 알고 싶은 독자들을 위한 기본적인 참고 문헌은 Bloomfield(1959)이다.

33 이는 인플레이션을 억제하고자 했던 경화 세력이 19세기 오랜 기간 동안 취한 일련의 제스처 가운데 단 두 가지일 뿐이다. Gallarotti(1995), 156쪽 등등 참고.

34 그러한 은행들이 이러한 책임을 감당하는 정도는 나라별로 그리고 시기에 따라 달랐다. 이탈리아중앙은행Bank of Italy은 중앙은행의 역할을 비교적 늦게 인식한 제도의 예이다. 은행들의 발권 독점권은 반드시 완전하지 않았다. 영국, 핀란드, 독일, 이탈리아, 일본, 스웨덴에서는 비록 시간이 지나면서 감소되긴 했으나 다른 은행들이 낮은 수준의 발권력을 보유했다.

35 필 법안에 대한 상세한 것은 Clapham(1944) 참고.

36 이러한 문제에 대한 본격적 연구는 Lindert(1969) 참고.

37 단 금리가 없는 자산의 보유를 최소화하려한 것은 예외이다.

38 정확히 말하면, 한 나라가 충분히 커서 세계의 금리에 영향을 줄 수 있거나 국내 및 해외의 금리 제공 자산이 상호 불완전한 대체재일 때에만 은행의 운용은 통화 수요를 변화시킬 수 있다. 그렇지 않고, 중앙은행이 국내 신용 창출을 통해 통화 공급의 감소를 방지한다면, 이러한 노력은 단순히 그에 따른 준비금 손실을 유발할 뿐이며 통화량은 변하지 않을 것이다.

39 Hume(1752) 참고.

40 1919년 전쟁 이후 통화 및 외환 위원회를 참고하라. 자본 이동을 고려한 가격-정화 플로우 모델은 처음으로 Cairnes(1874)에서 암시된다.

41 또 다른 도구는 공개 시장 조작이다. 공개 시장 조작은 중앙은행이 자신의 자산에서 채권을 매각하는 것이다. 이렇게 얻은 현금만큼 통화 유통에서 사라져서 금 유출이 했던 것과 마찬가지 방식으로 그러나 국제적 금 이동 없이 통화 공급을 감소시켰다. 그러나 공개 시장 조작은 금본위제하에서 상대적으로 흔하지 않았다. 공개 시장 조작은 채권 시장이 충분히 발전되어서 중앙은행이 익명으로 개입

할 것을 요구했다. 19세기에는 전반적으로 오직 런던에서만 채권 시장이 잘 발달되었었다. 1840년대 처음으로 영란은행은 시장의 유동성을 줄이기 위해 콘솔공채consols를 매각했다. (영란은행은 "채권 차용-borrowing on consols"이라고 불리는 방식의 재구매 약정을 통해, 즉 다음 달 채권을 다시 사들일 것을 약속하고 개입했다.) 19세기 말 베를린 시장이 성장하면서 독일 중앙은행 또한 공개 시장 조작에 개입했다. 이와 대조적으로 1913년 전까지 다른 나라의 중앙은행들은 개입하지 않았다. 나아가 그 중앙은행들은 외환 시장에도 개입하여 런던이나 뉴욕에 협력 은행을 두고 환율이 약해지면 스털링이나 달러로 자국 통화를 매입했다. 이는 공개 시장 조작처럼 금의 현실적 이동 없이 통화 공급을 감축했다. 오스트리아-헝가리 은행은 이 기법에 많이 의존했다. 또한 벨기에, 독일, 네덜란드, 스웨덴, 스위스 등의 중앙은행들도 외환 시장 개입을 사용했다. 외환 보유가 많으나 금융 시장이 저발전된 국가들 즉 인도, 필리핀, 스리랑카, 태국 등은 다른 정책에 앞서 외환 시장 개입을 사용했다. Bloomfield(1959) 참고.

42 또한 중앙은행은 할인의 조건(여러 다른 어음의 적격성 여부)을 변경하거나 할인의 할당(영란은행은 1795~1796년에 실시)을 시행했다.

43 통화 공급이 외부에 의해 정해진다 해도(Dick and Floyd 1992 참고) 중앙은행 개입은 국제 준비금이 보증하는 통화액의 비중을 변화시킴으로써 여전히 수지 균형의 회복에 필요한 금 흐름의 양에 영향을 줄 수 있다.

44 이러한 메커니즘은 한편으로 금본위제하에서 중앙은행에 운영의 여지를 제공하고, 다른 한편으로 조정 과정에서 자본 유입의 역할을 하기도 한다. 금을 잃는 중앙은행이 할인율을 인상하면 그것은 국내 및 해외 자산이 불완전 대체재라고 가정할 때 국내외 금리차를 낳는다는 점에서 단기성 투자를 모색하는 투자자들에게 더욱 매력적이었다. 높은 금리는 단기성 투자를 꾀하는 투자자에게 국내 시장을 매력적으로 만들어 해외로부터 자금을 유입시킨다. 이처럼, 할인율 인상은 수입에 대한 수요를 억제할 뿐 아니라 자본을 끌어들임으로써 금 손실을 막는다.

45 그가 이 말을 처음 사용했던 것은 *The Economic Consequences of Mr. Chur-chill*, 1925, reprinted in Keynes(1932), 259쪽.

46 금 유출이 발생했다고 상상해보라. 그리고 중앙은행이 유동성을 감소시키고 금 유출을 막기 위해 자신의 포트폴리오에서 채권을 매각하여 현금화한다고 상상해 보라. 중앙은행의 국내외 자산은 감소한다. 따라서 이 같은 금 유출과 유동성 감소 사이의 양陽의 상관 관계는 금융 당국이 규칙에 따라 행위할 경우 예상할 수 있는 것이다.

47 이는 『이코노미스트Economist』 편집장을 오래 맡았던 월터 배젓Walter Bagehot의 표현이다. Walter Bagehot(1874), 152쪽.

48 동일한 목적을 달성하는 다른 수단은 중앙은행이 상업은행, 할인상사, 그리고

기타 거대 대부업자로부터 차입하는 것이었다.

49 프랑스와 독일의 통화 정책에 대해서는 Plessis(1985) 및 Holtfrerich(1988) 참고.

50 Whale(1939), 41쪽.

51 예를 들어 당대 영국의 주도적 금융 저널리스트였던 월터 배젓의 글 안에 중앙은행의 정책과 총 변동 사이의 관계에 대한 이론이 없다는 것은 놀라운 일이다. Fetter(1966), 7쪽 등등에서 19세기 후반에 은행 이론이 얼마나 낮은 수준이었는지를 지적한다.

52 Machlup(1964), 294쪽. 우리는 매츨럽Machlup이 관심을 가졌던 국제 체제의 핵심 국가들과 남유럽과 남미에 위치한 금본위제의 주변부 국가들을 구분하기를 바란다.

53 Bloomfield(1963), 42쪽

54 Jeanne(1995)은 이런 관련성에 관한 계량적 증거를 제공한다.

55 이에 대한 처음으로 언급한 이는 올린(Ohlin 1936, 34쪽)이며 두 번째는 블룸필드(Bloomfield 1959, 82쪽)이다.

56 이런 정책은 중화sterilization(프랑스에서는 중성화neutralisation)로 알려졌다. 물론 이런 조치는 완전한 국제 자본 이동과 자산 대체가 국내외 금리에 타이트하게 연계되는 극단적 경우에는 불가능했다.

57 이는 Pippinger(1984)에서 계량적 증거를 제시하여 이 기간 동안 있었던 영란은행의 할인 정책을 설명한 것이다.

58 여기서 다시 목표 환율대exchange rate target zone에 대한 최근의 문헌과 유사함이 보인다(Krugman 1991 참고). 준비금이 유출되어 환율이 약해지면 투자자들은 정부 당국이 통화 가치를 상승시킬 것을 예상하고 투자를 하기 때문에 자본이 유입되어 자본 이득이 생긴다. 다시 말해 단기적인 규칙의 위반은 정부가 장기적으로 규칙을 준수할 것이라는 시장의 신뢰 때문에 여전히 자본 흐름을 안정시켰다.

59 Hawtrey(1938), 44쪽.

60 Bloomfield(1959), 36쪽 등등. 그리고 Triffin(1964)도 참고.

61 영란은행은 1830년대와 1840년대 동안 금리를 이끌려고 시도했다. 그러나 1857년 금융 위기는 금융 기관 간의 자구 노력을 유도하기 위해 자본 시장에 대한 지원을 제한하는 '1858 규칙'을 낳았다. 이처럼, 1873년에 시장을 이끌려는 시도는 과거의 관행으로 회귀하는 것을 볼 수 있다. King(1936), 284~287쪽 참고. 그러나 이러한 관행의 범위는 과장되어서는 안 된다. 위에서 말한 것처럼 영란은행이 스스로 자본을 소진하거나 부채로 압도되지 않고 시장 금리로부터 이탈할 수 있는 범위에는 한계가 있다.

62 Keynes(1930), 2권, 306~307쪽.

63 영란은행의 할인율이 다른 중앙은행의 정책에 미친 영향 및 상호 간 영향이 어느 정도였는지에 대해서는 논란이 있다. Eichengreen(1987)과 Giovannini (1989) 참고.

64 Hawtrey(1938), 108쪽.

65 1907년 위기 시 캐나다 정부의 정책을 보려면 Rich(1989) 참고.

66 이러한 비판은 Grossman(1988)에서 서술한 바와 같이 『뱅커스 매거진Bankers' Magazine』에 게재된 글들에서 상세히 나와 있다.

67 금본위제의 이 같은 면책 조항은 Bordo and Kydland(1994)와 Eichengreen (1994)에서 강조되었다. Canoneri(1985)와 Maurice Obstfeld(1993a)는 실현 가능한 면책 조항은 적용 상황이 독립적으로 확인 가능하고 동시에 분명히 정부 정책의 의지가 아닌 것임을 요구한다는 점을 보여준다.

68 금 흐름의 반응을 이해하는 다른 길은 투자자들이 일단 일시적 태환 중지가 풀리면 수중의 1달러 가치의 금으로 1달러 이상의 가치를 은행에 요구할 수 있다는 것을 인식했다는 점이다. 투자자들이 이 같은 기회를 활용하려 하면 금은 유입된다. Miller(1995)는 이 기제가 1893년 위기 동안 미국에서 어떻게 작동했는지를 설명한다.

69 주변부의 금본위제 조정에 대한 분석은 Ford(1962), de Cecco(1974), Triffin (1947, 1964).

70 Cairncross(1953), 188쪽. 또한 Feis(1930)와 Fishlow(1985) 참고.

71 다른 국가들은 그들이 신용을 제공했던 시장과 상업적 관계가 약했다. 그 국가들의 해외 대출은 영국 정도의 자본재 수출을 유발하지 않았다. 이 점은 예를 들어 프랑스에 대한 Harry Dexter White(1933)의 기록에서 나타난다.

72 Taus(1943), 91쪽. 대통령 선거와 취임 사이의 권력 공백기는 11월 초에서 3월 초까지 오랜 기간임을 상기하라. 이러한 긴 유예 기간의 결과로 생기는 불확실성은 내가 3장에 서술하는 바처럼 1933년 초 달러 위기에서 중요한 역할을 했다.

73 Calomiris(1993).

74 각국의 경험은 서로 달라서 태환 중지가 모두 신속한 통화 하락과 인플레이션을 결과한 것은 아니었다. 특히, 태환 중지를 해야 했던 유럽 국가들은 계속해서 상대적 안정성의 정책을 추구했다.

3장

1 "노동 시장의 관료화"라는 용어는 샌퍼드 제이코비Sanford Jacoby의 1985년 저서 제목을 따온 것이다. 나는 대기업의 인사 부서와 기타 노무 관리의 형식적 구조의 등장이라는 의미로 사용한다.

2 태밈 베이유미Tamim Bayoumi와 나는 6개 산업 국가들의 자료를 이용하여 총공급 곡선의 평균 기울기가 평평해지는 것을 발견했는데 이는 전전 시기와 전간기 사이에 명목 탄력성이 하락했다는 입장과 일치한다. Robert Gordon(1982)은, 이 같은 명목 경직성의 증가는 영국이나 일본에서보다 미국에서 더 크다는 점을 보여주는데, 이는 인사 부서와 내부 노동 시장이 미국에서 처음으로 발전되고 확산되었다는 사실을 고려할 때 미국에서 일어난 노동 시장의 관료화와 부합한다.

3 프랑스의 경우 이는 사실상의 프랑 안정화를 뜻한다. 법리적 안정화는 1928년 6월에 이루어졌다.

4 Nurkse(1944). 이는 2장에서 언급한 영향력 높은 연구로서 전간기 중앙은행들이 게임의 규칙을 위반한 것을 계산했다.

5 Friedman(1953), 176쪽. Leland Yeager(1966), 284쪽에 따르면, 비슷하게 "역사의 세세한 부분들은 …… 넉시의 결론을 붕괴시킨다."

6 1920년대 프랑 행태에 대한 가장 완벽한 설명은 여전히 Dulles(1929)이다.

7 이 점은 그림 3.2에서 보이는 급격한 하향에서 명백히 나타난다. 이 같은 반전에는 두 가지 해석이 있다. 하나는 정부가 이 자원을 이용하여 외환 시장에 개입하고 프랑을 매입하여 프랑의 하락을 예상하고 단기로 매각했던 투기자들에게 뼈아픈 교훈을 가르쳐 주었다는 해석이다. 다른 해석은 펀더멘털은 바뀌었다고 본다: 예산균형, 배상문제해결, 그리고 환율을 방어하기에 충분한 양의 경화를 공급한 대출은 시장 분위기의 변화에 건전한 이유를 제공했다는 것이다.

8 이는 피에르 시크시크Pierre Sicsic(Sicsic 1992)가 이 사건에 대한 그의 연구에서 내린 결론이다.

9 이 점은 Prati(1991)와 Eichengreen(1992b)에서 주장하였다.

10 Eichengreen(1992c), 93쪽에서 인용. Thomas Sargent(1983) 역시 자본 도피의 동기로서 자본세 부과에 대한 계속된 우려를 강조한다.

11 Eichengreen(1992a), 182쪽에서 인용.

12 Wicker(1966), 19쪽.

13 Howson(1975), 3장 참고.

14 이는 Miller and Sutherland(1994)의 모델이 제시한다.

15 당시 사람들이 접근할 수 있었던 논쟁과 차별적 물가 지수에 대해서는 Moggridge(1969) 참고. 현대 저술가들은 영국 물가를 미국만이 아니라 영국 생산업이 경쟁했던 다른 나라들에서의 지배적인 물가 수준의 무역 가중치와 비교하여 케인즈 계산을 정교히 했다. Redmond(1984) 참고.

16 Grigg(1948), 182~184쪽.

17 Brown(1940), 1권, 395쪽 참고.

18 오스트리아, 덴마크, 그리스, 노르웨이, 포르투갈, 루마니아, 스페인, 스웨덴 등

은 중앙은행과 정부가 외환을 준비금으로 보유하는 것을 허용했으나 그 실제 이용은 제한했다.

19 제노바 회의의 역사에 대해서는 Fink(1984) 참고.

20 Federal Reserve Bulletin(June 1922), 678~680쪽.

21 특히 뉴욕연방준비은행의 총재이자 1920년대 미국 국제 통화 관계에 중대한 영향력을 행사했던 벤저민 스트롱은 점차 금환본위제에 대해 예리하게 비판적으로 되었다.

22 Nurkse(1944), 117쪽.

23 League of Nations(1930), 94쪽.

24 아래에서 설명하는 것처럼, 프랑스중앙은행의 외환을 금으로 바꾸려는 프랑스 관리들의 시도는 1931년 세계 금융 체제의 최악의 해에 재개되었다.

25 Lüke(1958).

26 Schacht(1927), 208쪽.

27 이 표현은 맥밀란 위원회에 대한 증언에서 한 것이다. Sayers(1976), 1권, 211쪽에서 인용.

28 정확한 법 규정은 더 복잡했다. 1932년까지 금이 방어하지 않는 연방준비 통화 부채는 재무부 채권이 아니라 연방준비제도가 보유한 "적격 채권eligible securities"을 담보로 해야 했다. 적격 담보는 재무부 채권이 아니라 상업 어음을 뜻한다. 이처럼, 중앙은행의 자유금은 40% 최저 기준을 초과하는 분량에 한정되었으며 이는 재무부 채권 등의 매입을 통해 생긴 부채를 보증하는 데 필요했다. 이 제약이 1932년 철폐되기 전에 강제력을 가졌는가에 대한 논쟁은 연방준비제도가 원할 경우 더 이상의 적격 채권을 보유할 수 있었는가에 달려 있다. Friedman and Schwartz(1963), Wicker(1966) 참고.

29 Wicker(1966)와 Wheelock(1991)는 이 시기 연방준비은행의 통화 정책 행위에서 금준비의 역할을 강조한다.

30 이에 대해서는 광범한 동의가 존재한다. Field(1984)와 Hamilton(1987) 참고.

31 이 변화에 대한 표준적 설명은 Lewis(1938)이다.

32 이 수치는 Stoddard(1932)와 Cleveland and Huertas(1985)에서 가져왔다.

33 이 과정을 의미하는 기술적 용어는 "부채 디플레이션"이며 Irving Fisher(1933)에서 처음 소개했다.

34 Committee on Finance and Industry(1931), 184쪽 부근.

35 Galenson and Zellner(1957) 참고.

36 Triffin(1947), 57쪽.

37 Nurkse(1944), 235쪽.

38 미국은 중앙은행이 금 태환을 위태롭게 하지 않고도 은행과 통화 문제를 처리할

정도의 금을 보유했던 나라이다. 이는 Friedman and Schwartz(1963)의 입장이다. 반대 의견에는 Wigmore(1984)와 Eichengreen(1992b)이 있다.

39 아래에서 보는 것처럼 대부분의 국가들은 영구히 금 태환을 정지했다. 후에 금본위제로 복귀한 국가는 거의 없었으며 미국의 경우와 같이 복귀하더라도 통화 가치 하락 이후에 복귀했다.

40 Schubert(1990), 14~15쪽. 크레디트 안슈탈트의 고충은 1929년 있었던 보덴크레디트안슈탈트Bodenkreditanstalt은행과의 흡수 합병으로 인수받은 악성부채로 인해 더욱 심해졌다. 이 합병은 보덴크레디트안슈탈트까지 뻗쳐 있던 재할인 손실로부터 국립 은행을 보호하고자 했던 정부에 의해 크레디트 안슈탈트에 울며 겨자 먹기로 부과된 것이었다. 이러한 맥락에서 1931년 크레디트 안슈탈트는 특별 지원 요청권을 부여받았다.

41 이 연관성은 해롤드 제임스(Harold James 1992, 600쪽 등등) 등이 강조한다.

42 Schubert(1991), 59~61쪽.

43 Ellis(1941), 30쪽.

44 James(1984)와 Temin(1994a)은 오스트리아와 독일 위기의 상호 의존성을 의문시하고 이와 같은 국제적 통로를 평가하지 않았다.

45 부지불식간에 핀란드 위기에 물려버린 외국인 투자자들이 서로 다른 노르만계 국가를 구별할 줄 모른다고 1992년 스웨덴 관리가 불평한 것처럼 독일 정치인들도 외국인 투자자들이 베를린과 빈, 부다페스트를 구별하지 못한다고 불평했다. 5장을 참고.

46 Hardy(1936), 101쪽.

47 또한 미국 기준에서 보면 영국의 은행업은 집중되어 있었고 이윤의 추가적 보호를 받았으며 전국적 지점망을 갖추어 지역적 수준의 충격으로부터 차단되었다. 이런 특성이 금융 안정성에 주는 함의에 대해서는 Grossman(1994) 참고.

48 Sayers(1976), 2권, 530~531쪽. James(1992), 602쪽.

49 Sayers(1976), 3권, 312~313쪽.

50 예를 들어 Moggridge(1970).

51 이는 Cairncross and Eichengree(1983), 81~82쪽에서 영국의 국제 수지에 작은 모델을 시뮬레이션하여 내린 결론이다.

52 Pollard(1969), 226쪽은 다음과 같이 기술한다. "경기 하강과 실업 수준의 깊이가 부분적으로 할인율을 더 높이 올리지 못하게 만들었다." Kunz(1987), 184쪽에 따르면 "경기가 이미 악화된 상황에서 경영이나 노동 또는 그들의 의회 대표자들 역시 그렇게 높은 할인율이 낳을 비싼 대가를 지불하려 하지 않았다."

53 조지 메이George May 경이 맡고 있었던 국가지출위원회는 7월 보고서에서 이 문제들에 주의를 환기했다.

54 Ozkan and Sutherland(1994)는 이러한 동학을 모델화했다.

55 Committee on Finance and Industry(1931), 92쪽.

56 사건의 타이밍이 이 같은 해석을 지지한다. 독일 최대 금융 기관에 속하는 다름슈테터 운트 나치오날방크Darmstaedter und Nationalbank가 창구를 폐쇄한 지 이틀 뒤인 7월 15일 스털링은 1.5센트 하락하여 다른 주요 통화 대비 가장 낮은 금 수출점을 지났다. 독일 배상금과 관련한 7개국 회담이 교착 상태에 빠져 독일 위기가 빨리 해결되지 않을 것이 확실해지자 스털링은 더 하락했다. 정부가 밝힌 5,600만 파운드의 지출 감축과 프랑스중앙은행 및 뉴욕연방준비은행의 영란은행 지원이 9월까지 위기를 연기해주었다. 그러나 어느 것도 실업을 줄이지 못했고 스털링 방어에 따라 발생한 문제를 없애지 못했다.

57 Buiter(1987)는 환율 방어를 위한 해외 차입은 단지 위기를 악화시킬 뿐이라는 모델을 분석한다.

58 자유금 제약의 운용에 대한 상세한 내용은 주 28 참고.

59 이러한 정치적 변화와 그 영향에 대한 것은 Epstein and Ferguson(1984).

60 자세한 내용은 Kennedy(1973)와 Wigmore(1989) 참고. 우리는 4장에서 이 현상이 1960년 케네디 대통령 당선 때 시장의 반응과 유사함을 논의할 것이다.

61 루즈벨트와 참모들은 국제 경제 정책에 대해 수미일관한 정책을 갖고 있지 않았다. 프레드 블록(Fred Block 1977, 26쪽)은 그들이 경제에 대해 "악명 높을 만큼 미숙notoriously inept"했다고 평가했다. 루즈벨트의 입장은 코넬대학교의 두 농업 경제학자 조지 워렌George Warren과 프랭크 피어슨Frank Pearson에 의해 크게 영향받았다. 워렌과 피어슨은 농산품의 가격(그들은 이것이 경제의 건강을 말해주는 표시라고 보았다.)과 금 가격의 상관성을 발견했다. 그들은 농산품 가격의 회복을 위해 루즈벨트 대통령에게 금의 달러 가격을 인상토록 강력 건의하여 간접적으로 달러의 평가 절하를 가져왔다. Warren and Pearson(1935).

62 프랑-스털링 비율의 변동이 그림에서의 두 번째 시기(1927년 1월~1931년 8월)보다 세 번째 시기(1931년 9월~1936년 8월)에서 차이가 없다는 가설을 거부할 수 없다. 그림 3.5~3.7에서 나타나는 나머지 세 환율의 움직임에서 차이는 더욱 명백하다. 그러나 크로나-스털링 환율에 동일한 변화가 없다고 부인할 수도 없다.

63 Viren(1994)은 **중앙은행 할인율**central bank discount rate이 금리의 다른 거시적 결정 요인의 결과를 분명히 지배하는 실질 및 명목 금리에 막대한 영향을 준다는 것을 보여준다.

64 환평형 계정은 처음에는 금 매입에 필요한 재무부 채권 1억 5천만 파운드를 발행하여 조성되었다. 나중에 그것은 이러한 준비금으로 외환 시장에 개입하여 환율의 과도한 변동을 억제하기 위해 사용되었다. 자세한 것은 Howson(1980) 참

고.

65 이 연관성에 대한 증거는 Eichengreen and Sachs(1985)에서 제시했다. Campa (1990)와 Eichengreen(1988)은 동일한 관계가 남미와 오세아니아에서도 유효하다는 것을 보여준다.

66 5장은 유럽 통화 통합과 유럽연합의 단일 시장 계획의 맥락에서 비슷한 주장을 전개한다. 거기서 나는 환율 변동이 1930년대 국제 무역을 붕괴시켰던 것처럼 시장 통합의 구축 노력을 좌절시킬 수 있음을 제시한다.

4장

1 Scammell(1975), 81~82쪽.

2 일부 국가는 온건한 통제를 유지했다. 예를 들어 영국은 IMF 협정문 8조가 요구하는 바에 따라 비거주민에 대한 외환 통제를 해제했으나 거주민의 국제 금융거래에 대한 통제는 계속했다. 어쨌든, 국제 수지 목적을 위해 그 같은 규제를 사용할 범위는 크게 줄었다.

3 1차 세계 대전이 끝난 지 3년 후에 열린 제노바 회의의 실패, 그리고 1920년대 국제 통화 체제의 불만족스러운 운용은 미국 정부와 영국 정부에게 계획을 소홀히 하지 말 것을 상기시켰다. 전시 협상에 대한 최고의 논의는 여전히 Gardner (1969)이다.

4 19세기 프랑스의 국제 수지에 대한 해리 덱스터 화이트의 연구는 2장에서 나온다.

5 Harrod(1952), 3쪽. 이는 1970년대 유럽의 상황과 유사하다. 1978년 유럽 통화 제도의 창설이 논의될 때 독일연방은행은 약한 통화 국가들을 무한정 지원하게 하는 체제에 동의하기를 주저했다. 5장 참조.

6 케인즈 안에서 이 260억 달러는 미국에게 허용되었던 30억 달러의 인출권과 다른 나라들에게 배당된 230억 달러를 합한 액수이다.

7 그러나 쿼터는 협정문이 정한 바(3조 2항)에 의해 5년마다 재심되었고 전체 투표권 가운데 80%를 소유한 국가들의 동의에 의해 증액 가능했다. 화이트는 케인즈에게 (1943년 7월 24일 서한에서) 고립주의적인 의회로부터 20~30억 달러 이상에 대한 지지를 얻는 것은 불가능하다고 주장했다. Keynes(1980), 336쪽 참고. 심지어 이 정도 액수도 의회의 비준을 얻을 것인지 확실하지 않았다. 브레튼우즈 회의의 시점은 1944년 11월에 실시되는 의회 선거 이전에 결말 지으려는 의도에서 정해졌다. 이 선거에서 고립주의적인 공화당이 크게 승리할 것으로 예상되었다. 뉴햄프셔 주 브레튼우즈의 마운트 워싱턴 호텔 회의장은 뉴햄프셔 주의 공화당 상원 의원인 찰스 토비Charles Tobey를 의식해서 정해졌다.

8 Mikesell(1994) 참고.

9 문제점에 익숙했던 유럽인들은 자신들의 국제 수지에 관한 어려움의 정도를 잘 알고 있었다. IMF는 환율 조정의 필요성에 관한 최초 두 차례의 보고서에서 이 문제를 언급했다.

10 Frieden(1988)은 미국 제조업의 수출 경쟁력을 향상시켰던 유럽 경제의 와해는 또한 미국 제조업을 자유 무역주의로 만들었음을 강조한다.

11 Scammell(1975), 115쪽.

12 나는 1993년 책에서 이러한 생각을 밝혔다. 이따금 주장은 다르게 표현된다. 즉 통제의 제거로 인해 요구되어진 상당 규모의 평가 절하는 높은 수입 가격이 임금 인플레이션을 촉발하기 때문에 작동하지 않았을 것이다(Scammell 1975, 142쪽 등등). 그러나 요점은 동일하다. 즉 노동자들은 실질적 평가 절하에 의한 생활수준의 저하에 순순히 응하지 않았을 것이다.

13 이는 당시에 주장되었다. 예를 들어 Metzler(1947).

14 그것은 그러나 1948~1949년에 평가 절하 압력을 가했다.

15 이는 Milward(1984)의 결론이다.

16 아바나 회담에 대한 상세한 분석은 Diebold(1952).

17 어떤 점에서 국제무역기구 협정은 또한 냉전의 희생물이었다. 소련과의 갈등이 폭발하자 마샬 플랜(그 두 번째 예산안이 의회 심의하에 있었다.)과 NATO가 우선적 고려 대상이었다.

18 상세한 것은 Irwin(1995).

19 다시 이 점은 Metzler(1947)의 결론이다.

20 영국의 대응은 영연방 및 영제국과 긴밀한 무역 관계를 만드는 것이었다(Schenk 1994에서 말한 것처럼). 그러나 이것이 달러 부족을 메우지는 못했다.

21 추가로 제공된 5억 4천만 달러는 이미 진행 중에 있던 임차대여 재화의 구입에 쓰였다.

22 사실 태환은 단계별로 이루어졌다. 그해 초 영국 정부는 다른 국가들과의 쌍무적 청산 협정에 이전 가능한 계좌를 보충했다. 참가국 주민들은 경상 거래를 위해서는 서로는 물론이고 영국으로도 스털링을 송금할 수 있었다. 2월에 달러 지역으로의 송금이 추가되었다. 이에 대해 참가국들은 다른 참가국들로부터 스털링을 무제한으로 받고 자본 이동은 계속 제한하는 것에 동의해야 했다. Mikesell(1954) 참고.

23 수혜국들이 더블딥에 빠지지 않고 워싱턴의 금융 통제를 느슨하게 하는 것을 방지하기 위해, 미국은 수혜국에 신용을 연장하지 않는 것이 아니라 IMF 협정문에 의거해서 연장했다.

24 트리핀(Triffin 1964, 23쪽)이 지적하듯, 통제로의 복귀는 "1920년대를 특징지었

던 환율 재조정을 서행시키거나 연기시키고 1949년 9월에 많은 환율 재조정을 하나로 몰고갔을" 뿐이었다.

25 Horsefield(1968), 1권, 238~239쪽.

26 한국 전쟁은 각 나라에 상이한 영향을 주었다. 원자재를 수출했던 스털링 지역은 전쟁으로 원자재의 상대적 가격이 상승하여 이익을 보았다. 한편 독일은 원자재의 수입국으로서 교역 조건의 악화를 경험했다. 이 점은 Temin(1995)에서 강조된다. 이는 독일이 한국 전쟁으로 혜택을 보았다는 독일 문헌의 주장과 상반된다.

27 유럽경제협력기구OEEC의 연례 보고서는 마샬 플랜이 끝나는 무렵에 무차별적 기반 위에서 통화 제약이 철폐된다고 해서 유럽의 달러 부족이 축소되지는 않을 것임을 인정했다. OEEC(1950), 247~251쪽.

28 세계은행은 덴마크, 프랑스, 룩셈부르크, 네덜란드 등이 달러 지역으로부터 원자재와 자본재를 수입하는 데 필요한 신용을 제공했다. 그러나 세계은행은 그 자신의 기금이 거의 없었고(미국이 자본을 제공하는 유일한 국가) 유동성 공급을 위해 미국의 자본 시장에 의존했다.

29 이와 관련하여 최고의 문헌은 Maier(1987)이다. Esposito(1994)는 미국 정책의 상대적 중요성과 유럽의 전후 정치에서의 내생적 변수에 집중한다.

30 다시 말하지만 이는 중앙은행이 국내 금리에 영향을 줄 수 있었던 국가들을 대상으로 한다. 국내 통화 표시 자산이 해외 자산과 완전 대체 가능했던 개방된 소국들은 국내 금리를 통제할 수 없었기 때문에 중앙은행의 정책을 사용할 수 없었다. 캐나다가 한 예이다(Dick and Floyd 1992 참고).

31 이는 전후 체제에 대한 전형적 설명이다. 그것은 전후 사회적 타협의 조건과 효과 면에서 나타나는 국가별 편차를 무시한다. 영국과 프랑스에서는 성장과 완전 고용이 중시되었으나 두 나라에서 노동 관계의 분절화는 노동-자본의 타협의 효과를 제한했다. 독일의 경우 노동의 협상력은 미군의 주둔과 동유럽으로부터의 노동력 유입으로 약화되었다. 그러나 독일은 1950년대 말까지 완전 고용을 달성하지는 못했지만 전쟁 직후의 낮은 생활 수준과 산업 생산 수준으로 인해 여전히 성장에 우선 순위를 두었다.

32 신뢰성은 미국이 비록 EPU 회원국은 아니었으나 그 이사회에 속했으며 3억 5천만 달러를 운용 자금으로 기여했다는 점에 의해 더욱 강화되었다.

33 쿼터는 1949년 수출입을 기초로 하여 계산되었다. 일단 1948년 통화 개혁의 영향이 충분하게 나타나자 이후의 무역은 크게 증대되어 1949년의 수출입은 왜소하게 보였다.

34 Kaplan and Schleiminger(1989), 102~104쪽.

35 1951년 10월 총선에서 정부의 패배, 이란의 영국 석유 회사에 대한 국유화 조

치, 미국 및 캐나다 차관의 상환 등의 요인이 합쳐져서 지불 문제를 악화시켰다.

36 노동자들은 자신들이 해외 정책의 비용을 짊어진다고 불평했다. Kaplan and Schleiminger(1989), 21쪽.

37 독자들은 재정 파국의 확대, 새로운 카리스마적 지도자의 등장, 전문가위원회 임명 등에서 1926년 푸앵카레 안정화와 유사함을 알 것이다.

38 Kaplan and Schleiminger(1989), 284쪽.

39 유럽의 전후 예측을 비관적으로 전망한 사람들은 밸로(Balogh 1946, 1949), 윌리엄스(Williams 1952), 맥도걸(MacDougall 1957)이다.

40 EPU 역내 결제는 1954년부터 이미 경화로 진행되었고 회원국 통화는 유럽 안에서 효과적으로 교환되었다. 무역에 대한 통화 제약은 OEEC 조례하에서 완화되었다. 그러나 브레튼우즈 체제가 정상 가동되려면 1959년 1월에 외환 시장이 열려 주요 통화의 경상 계정 태환이 완전히 이루어지기를 기다려야 했다.

41 이에 대해서는 Bordo, Simard, and White(1994) 참고.

42 1930~1934년 동안 런던의 프랑스 대사관에서 금융공사로서 금환본위제의 혹독한 비판자였던 자크 뤼에프Jacques Rueff는 1958년 드골의 재정 및 금융 개혁을 기초하는 데 참여한 전문가 위원회의 수장이었다. 1930년대와 1960년대에 뤼에프와 프랑스 정부 내 그의 팀은 금환본위제가 기축 통화 국가들이 그들의 능력 이상으로 살게 한다고 주장했다. 기축 통화 국가들이 처음에 너무 방만하다가 나중에 위축되면 이는 각각 호황과 불황을 낳았다. (전간기 현상에 대한 이러한 해석은 3장에서 논의된다.) 해법은 순수 금본위제를 회복하여 지속적 훈육을 부과하는 것을 약속하는 것이었다. 뤼에프는 몇 편의 논문을 특히 1961년 6월의 글에서 1926~1929년과 1958~1961년의 국제 통화 발전의 유사성을 지적했다. 이 두 시기는 유럽 국가들이 "영미권Anglo-Saxon 국가들"의 통화를 축적했던 시기이며 영국과 미국에서는 인플레이션이 가속되던 시기였다. 그는 브레튼우즈 체제의 외환 부분을 청산하고 금본위제를 더 닮은 체제로 돌아갈 것을 주장했다. Rueff(1972).

43 Triffin(1947). 트리핀은 초기에 브레튼우즈 태환성에 대해 반복해서 경고했으며 다른 경제학자들도 가세했다. Kenen(1960).

44 트리핀의 걱정은 미국이 금 1온스당 35달러의 가격 붕괴를 저지하기 위해 디플레이션 정책을 사용하여 유동성을 고갈시키는 것이었다. 다른 나라들이 통화를 지키기 위해 마찬가지로 대응할 것이고, 이는 1930년대와 같은 디플레이션 연쇄를 유발할 것이다. 사실 존슨 행정부와 닉슨 행정부는 계속해서 달러 유출을 허용했으며 미국의 인플레이션이 국내적 고려에 따라 이루어지도록 내버려둠에 따라 디플레이션이 아니라 달러의 과잉 공급과 인플레이션이 발생하도록 했다. 미국은 유럽 동맹국들과 함께 골드풀을 만들어 유럽 국가들이 달러로 교환하는 것

을 자제토록 함으로써 그러한 결과를 막았다. 그러나 결국 민간 시장에 의한 달러의 금 태환이 달러의 지위를 붕괴시켰다. Williamson(1977)와 De Grauwe(1989) 참고.

45 미국은 대외 부채는 물론 해외 자산도 보유했지만, 자산과 부채 간의 만기 불균형은 미국을 은행 예금의 대량 인출과 같은 종류의 국제적 현상의 위험에 노출시켰다. 대량 인출 사태의 문제는, 미국은 단기 차입과 장기 대출을 하는 세계의 은행이기 때문에 미국의 지불 적자는 관대한 것이라는 에밀 뒤프레Emile Duprés와 찰스 킨들버거Charles Kindleberger 주장의 허점을 드러낸다.

46 시장이 다른 나라들을 기축 통화 위치에 올려놓음으로써 이 문제를 스스로 해결할 수 있을 것으로 상상할 수 있다. 그러나 통제의 만연과 시장의 협소함은 독일 마르크, 프랑, 그리고 엔이 크게 확대된 준비금 역할을 할 수 없게 했다. 충분한 시장을 갖고 있는 유일한 통화인 스털링은 앞에서 말한 다른 이유들로 인해 준비금으로서의 매력을 점점 잃어갔다.

47 이 점은 Gardner(1969)와 Eichengreen and Kenen(1994) 등이 제기했다.

48 Edwards(1993), 411쪽은 50개 개발도상국에서 1954년과 1971년 동안 69번의 상당한 평가 절하가 있었음을 확인했다.

49 당시 강한 통화 국가였던 미국은 5년 주기의 평가 중에서 맨 처음 두 차례 평가에서 쿼터 증액을 반대했다.

50 Horsehfield(1969), 1권, 510~512쪽.

51 이는 1970년 다시 약 30% 증액되었다.

52 그러나 1950년대 전략의 여운이 남아 1961년 영국은 10%의 관세와 소비세를 부과했고 1964년에는 15%로 늘었으며 미국의 닉슨 대통령은 10%의 수입 관세를 부과했다.

53 Obstfeld(1993b). Aliber(1978)와 Dooley and Isard(1980)는 비슷한 분석을 통해 유사한 결론을 내렸다.

54 Marston(1993), 523쪽.

55 Kouri and Porter(1974).

56 아키요시 호리우치(Akiyoshi Horiuch 1993, 102쪽)는 1960년대 중반까지 국제 수지 문제를 겪었던 일본에 대해, 정부는 "평가 절하가 경제 정책에서 치명적 실수가 있었다는 것을 공식적으로 인정하는 것이 될 것을 우려하여 엔을 평가 절하함으로써 대외 수지 균형을 회복하려는 노력을 거부했었다." 존 윌리엄슨John Williamson이 말한 것처럼(1977, 6쪽), "환율 변화는 조정이 실패했다는 고백의 지위에 있다." 개발도상국의 평가 절하는 종종 재무장관의 경질로 이어졌다고 본 리처드 쿠퍼Richard Cooper의 증거(1971)는 이 혼란에 중대한 비용이 따랐음을 예시한다. 물론 강한 통화 국가에게 평가 절상은 덜 혼란스러웠다. 그러나 이는

응집된 이익집단인 교역재의 생산자들에게 불리했으며 따라서 정치적 비용을 수반했다. 그것은 브레튼우즈의 딜레마를 해소할 수 있는 자유를 가지고 추구할 수 없었다.

57 1968년 글에서 렐런드 이거Leland Yeager는, 정부는 신뢰를 무너뜨리고 "투기 문제를 악화시킬 수 있다."는 우려 때문에 환율을 조정하기를 주저했다는 점을 강조했다. Yeager(1968), 140쪽.

58 좀 더 많은 논의는 James(1995).

59 이 점은 이 책을 관통하는 주제이지만, 브레튼우즈 기간에 특히 적용한 글은 Block(1977).

60 이 부분에 대해서는 Roosa(1965)와 Schoorl(1995) 참고.

61 독일이 새로운 외국 예금에 대해서만 금지했다면, 스위스는 사실상 모든 외국 예금에 대해 1% 세금을 부과했다.

62 실제로 골드풀은 외국 통화와 달러를 제공했던 중앙은행들과 국제결제은행을 통해 작동했다.

63 골드풀을 통해 얻은 단기 신용의 만기가 도래하면 미국 재무부는 외국 중앙은행들에게 루사 채권(달러의 평가 절하에 따른 자본 손실을 보장해주는 미 정 부채권)을 제공하여 대출 만기를 연장했다. 이는 단기성 대출이 신속하게 상환되지 않던 상황의 예이다. Meltzer(1991).

64 영국은 1950년대에 미국의 3.2%와 서유럽 전체의 4.4%에 비해 2.7%의 성장을 기록했다. 1960년대의 성장률은 영국 2.8%, 미국 4.3%, 서유럽 4.8%였다. 통계는 van der Wee(1986).

65 스털링은 2.40~3.20달러의 넓은 폭에서 변동이 허용되었을 것이다. 그러나 변동 환율은 IMF 협정문을 위반하는 것이어서 변동 환율을 채택한 국가는 IMF 재원에 접근이 금지된다. 따라서 특히 캐나다 등 2개국은 1950년대에 변동 환율을 실시했으나 캐나다는 이 시기 동안 자본 유입을 향유했으며 결코 IMF 인출권 사용을 고려하지 않았다.

66 이는 추세 조정 방식 즉 선물 할인율에서 변동폭 내 환율 평가 절하의 예상율(환율의 실제 변화를 상수 항과 변동 영역 내의 환율에 회귀 분석하여 계산)을 뺌으로써 측정된다. 그림 4.2는 독립 변수로서 1967년 3/4분기 이전의 시기에 더미 변수를 추가한 회귀분석을 통해 만들어졌다(계수는 작고 통계적으로 유의미하지 않지만). 자본 통제는 스털링과 달러에 대한 국내 통화 표시 회수율 차이가 예상되는 환율 변화뿐만 아니라 통제를 회피하는 비용도 포함하기 때문에 이러한 접근법을 복잡하게 한다. 유로 통화 차이를 이용하는 것은 이 문제를 피할 수 있는 반면 이 시기의 초기 동안에서는 유로 시장이 상대적으로 비중이 작았기 때문에 그것은 다른 문제를 낳는다. 재차 확인하면, 선물 할인 대신 유로 시장의 금리 차

이를 사용하는 것은 아주 유사한 결론을 만든다.

67 Cairncross and Eichengree(1983), 164쪽. 좌파 정부가 이와 같이 평가 절하를 거부한 것은 흔한 일이다. 비교를 위해 5장에 서술된 프랑스 사회당 정부가 1981년에 취한 정책을 참고.

68 이후의 금융사를 잘 알고 있는 독자는 독일 중앙은행 총재인 헬무트 슐레징어 Helmut Schlesinger가 1992년에 언급한 말에서 공통점을 발견할 것이다. 평가 절하 이전 마지막 몇 주까지 위기 조건이 없었던 점은 1931년과 1992년 모두 같다(우리는 다음 장에서 이를 살펴볼 것이다.). 윌슨 수상의 회고록은 평가 절하 예측에 대한 우리의 판단에서 오는 인상을 확인시켜준다. 즉 시장은 위기 직전까지 평가 절하에 큰 가능성을 부여하지 않았었다. Wilson(1971), 460쪽.

69 실제로 케네디는 달러의 안정성을 특권 문제로 보았기 때문에 그럴 의도가 전혀 없었다. Sorenson(1965), 405~410쪽.

70 1961년 3월 5일 독일과 네덜란드가 5%의 평가 절상을 한 것은 달러보다 더 매력적인 통화가 있음을 보여주었다.

71 1962년 연방준비제도는 2차 세계 대전 이후 처음으로 자신의 계정으로 외환 시장에 개입을 개시했다.

72 이는 Cooper(1993)에서 강조했다.

73 미국 외의 생산(그리고 화폐 수요)의 빠른 증가율을 고려하면 수치는 약간 달라진다. 통화 성장률에서 생산 성장률을 제한 값에서 미국이 G7 국가들 수치보다 아주 약간 높았던 마지막 해는 1961년이었다. 그리고 이러한 변수들의 행태는 미래의 인플레이션 격화를 말해주는 조짐은 아니었다. 미국에 비해 상대적으로 높은 G7의 통화 증가율은 브레튼우즈의 마지막 시기에 일어났다.

74 통화 정책, 인플레이션 및 재정 적자에 대해서는 Darby, Gandolfi, Lothian, Schwartz, and Stockman(1983)과 Bordo(1993) 참고.

75 동일한 점이 1992년 유럽 통화 제도의 위기 원인에 대한 우리의 논의에서 지적된다. 이 위기에 대한 한 대중적 설명은 스페인과 포르투갈에서의 인플레이션에 집중한다. 그러나 이 두 국가는 유럽공동체에서 상대적으로 소득이 낮고 빠른 성장을 이룩한 나라들이기 때문에, 인플레이션 차이는 발라사–새뮤얼슨 효과가 말하는 경쟁력 상실을 과장한다.

76 이는 미국의 인플레이션이 외국보다 낮으면서도 미국이 어떻게 여전히 성장 과정의 견인차가 될 수 있었는지를 설명하는 하나의 방식이다.

77 브레튼우즈 태환기 동안 독일의 국내 총생산 디플레이터의 평균 증가율은 3.2%였다. G7의 평균 인플레이션은 3.9%였다. Bordo(1993).

78 1992년에 발생한 유럽 통화 제도 위기와 너무 유사하다. 1992년에는 다른 나라의 물가 상승을 독일보다 늦추는 것이 필요했다. 당시는 독일 통일로 인해 독일

산업의 생산물에 대한 수요가 증가했었다. 독일연방은행은 인플레이션의 중대한 가속을 묵인하지 않았으며 유럽공동체의 역내 환율을 바꾸고 싶지 않았기 때문에 조정은 해외에서의 디플레이션을 통해서만 일어났다. 그러나 유럽의 독일 교역 상대국들은 (1960년대 미국이 그랬던 것처럼) 디플레 정책을 추진하기가 힘들었다. 1991~1992년에 프랑스와 같은 유럽 통화 제도 회원국들의 인플레이션은 독일 수준을 밑돌았으나 국제 수지와 환율 안정이 요구하는 정도의 폭은 아니었다. 이런 모든 점에서 이 국가들의 당시 어려움은 1960년대에 미국이 처한 어려움과 유사했다.

79 Garber(1993)는 작은 정책 이탈이 축적되어 1971년에 어떻게 달러에 대한 공격으로 귀결했는지를 보여준다.

5장

1 이런 많은 나라들은 1970년대와 1980년대 동안 자본 이동에 대응하여 통제를 강화했다. Edwards and Losada(1994)는 오랫동안 달러에 페그했던 많은 중미 국가들의 예를 들었다.

2 미국은 G10의 나머지 국가들로부터 소외감을 느꼈고 새로운 체제가 필요로 하는 IMF 협정문 수정은 거기에 대표되지 않은 국가들의 동의를 요구한다는 것을 인식했다. 미국은 IMF 틀 안에서 좀 더 큰 집단 내 국가 대표들과 협의하는 개념을 지지했다.

3 Rueff(1972), 5장 여러 곳.

4 이제는 잘 알려진 이러한 규칙성은 Rose(1994)가 가장 잘 지적했다.

5 Tew(1988), 220쪽에서 인용된 독일연방은행 1977, 1978, 1979년 보고서.

6 또한 스위스 프랑과 일본 엔을 위해 미국 및 외국의 시장 개입이 있었다.

7 Putnam and Henning(1989), 97쪽. 그러나 석유 가격 통제를 해제한다는 미국의 약속은 1978년 선거가 끝날 때까지 그 실행이 지연되어 유럽의 빈축을 샀다.

8 Henning(1994), 129쪽. Gros and Thygesen(1991), 37쪽. Sachs and Wyplosz (1986), 270쪽.

9 Horiuchi(1992), 110~113쪽.

10 Volcker and Gyohten(1992), 93~94쪽.

11 Dornbusch(1976). 돈부쉬 모델Dornbusch model은, 달러의 상승은 미국 통화정책의 변화가 발생하는 시점에 한꺼번에 일어났어야 했다고 주장했으나, 사실달러는 1980~1982년 동안 강화되었다. Mussa(1994)는, 이는 일반 대중이 발생한 정책 변화를 신뢰할 만하고 영구적인 것으로 점차 인식했음을 뜻한다고 주장한다.

12 Frankel(1994), 296쪽.

13 이는 밀턴 프리드먼이 1953년 변동 환율제에 관한 그의 유명한 논문에서 밝힌 견해였다. Friedman(1953).

14 사실 디스인플레이션Disinflation은 1980~1981년 미국 통화 정책이 긴축으로 전환했을 때 미국이 경험했던 통화의 실질적 상승을 설명할 수 있으나(이는 돈부 쉬 모델의 주장) 이후에 계속된 실질적 상승을 설명하기는 어렵다. 이 점은 아래 에서 계속 논의된다.

15 이는 미 재무부와 연방준비제도 중 어느 쪽도 고려하려 하지 않았던 것이었다. 1983년 버지니아 주 윌리엄스버그에서 개최된 G7 회의에서 유럽인들은 달러의 상승을 막기 위한 미국 재정 적자의 감축을 주장했다. 미국은 강한 달러가 미국 의 재정 적자나 고금리 탓이 아니라고 반박했다. Putnam and Bayne(1987), 179 쪽 등등 참고. 1983년 말 미국의 교역재 생산자들은 달러의 상승으로 인한 피해 에 대해 불평하기 시작했다. 이에 레건 재무부 장관은 엔을 절상하도록 일본을 압박했다. 일본의 자본 시장 개방을 압박했던 레건 장관의 시도는 아이러니하게 일본으로부터 자본이 유출되게 했으며 엔을 더욱 약하게 만들었다. 미국은 정책 조정을 위해 어떤 노력도 하지 않았다. Frankel(1994), 299~300쪽.

16 Krugman(1985)과 Marris(1985)는 1984~1985년의 상승을 버블 해석으로 보는 분석적 기초를 제공했다.

17 양쪽의 반대 의견은 Feldstein(1985), Frankel(1994).

18 일부는 추가로 1980년대 달러 상승으로 미국 수출업자들은 국제 시장에서 발판 을 상실하고 외국 수출업자들이 미국 시장에서 영구한 교두보를 확보했다고 주 장했다. 따라서 이를 상쇄하기 위해서는 낮은 환율이 필요했다.

19 Funabashi(1988), 183~186쪽. 당시 독일연방은행 총재였던 칼 오토 푀일Karl Otto Pöhl은 G7 대표들이 자신들의 합의에 대해 혼동했었음을 회고한다. 그는 공식적 목표 환율대target zones는 설정되지 않았고 다만 이를 위한 첫 조치가 취해졌다고 이해했다. 그러나 다른 이들 특히 관련 소국의 재무장관들은 이 논의 가 공식 입장이었다고 해석했다. Pöhl(1995), 79쪽.

20 기술적 용어로 IMF는 "공약 전략commitment-strategy"으로 기술되었다. Dominguez(1993), 371~372쪽.

21 이는 환율 개입을 연구하도록 위촉된 정부간 연구 그룹인 유르겐젠위원회 Jurgensen Committee의 발견이었다. Working Group on Exchange Market Intervention(1983).

22 Henning(1994), 290쪽에서 인용.

23 이는 Giavazzi and Giovannini(1989)가 주장한다.

24 이는 Harry Johnson(1973)의 해석이다.

25 Werner et al.(1970). 베르너 보고서는 통화 통합에 대한 EEC 최초의 논의가 아니었다. 로마 조약은 이미 회원국 환율이 "공동의 관심사common interest"로 논의되어야 한다는 것을 인정했다. 1961년에 있었던 네덜란드 길더와 독일 마르크의 평가 절상은 관세 동맹이 어떻게 통화 영역으로 확대될 수 있는지에 대한 논의를 촉진했다. 1960년대 중반, 이는 **중앙은행총재위원회**Committee of Central Bank Governers 창설로 이어졌다.

26 스미스소니언 협정이 붕괴된 후 변동 스네이크는 완전히 심각한 것은 아니었지만 그 이전의 "터널 속의 스네이크the snake in the tunnel"와 구분하여 "호수 속의 스네이크snake in the lake"라고 지칭되었다.

27 독일연방은행은 약한 통화 국가들을 위해 개입해야 했다. 이것이 유럽 내에서 약한 달러와 강한 마르크가 연계되었던 잘 알려진 패턴의 최초 현상이었다. 다음에서 보는 바와 같이 동일한 문제는 1992년 유럽 통화 제도를 괴롭혔다.

28 반대로, 중앙은행의 지원이 방역된다면 그 효과가 중화될 것이라는 우려가 남는다. 주 21 참고.

29 이를 스네이크 시기 동안 상대적으로 안정적이었던 독일 마르크/벨기에 프랑 환율과 대조해보면 벨기에가 스네이크 잔류에 성공했다는 점을 알 수 있다.

30 마스트리히트 조약과 1992년 그 비준에 관해서는 뒤에서 상세히 다룰 것이다.

31 이는 각기 다른 나라에서 상호 공존하기 어려운 개념적 틀이 국제 협력을 가로막았던 1930년대에 각국이 리플레이션 정책으로 대응하지 못했던 것과 유사하다.

32 Gros and Thygesen(1991), 22~23쪽.

33 슈미트가 자신의 회고록에서 "나는 언제나 유럽 통화 제도를 EC 회원국들의 경제 정책을 조화시키는 단순한 수단일 뿐만 아니라 유럽의 정치적 자기결정을 위한 더욱 광범한 전략의 일부라고 보았다."고 기록한다. Fratianni and von Hagen (1992), 17~18쪽에서 재인용.

34 유럽 통화 제도의 규칙에 관한 연혁은 Ludlow(1992) 참고.

35 EMF가 추가적인 에큐를 어느 정도 창출할 수 있는 것인가는 불명확했다. 1978년 12월 5일 브뤼셀 결의Brussels Resolution는 순유동성net liquidity 창출을 의미하지 않는 에큐와 금 및 달러 준비금과의 교환만을 인정했다. 그러나 (1978년 초 유럽이사회의 브레멘 회의에서 내려진) 브레멘 결론Bremen conclusion의 부칙은 암묵적으로 자국 통화 출연 대비 "비교할 만한 정도의" 에큐 창출을 언급했다. Polak(1980) 참고.

36 독일 정부의 다른 부서 그리고 덴마크와 네덜란드도 개입과 정책 조정의 의무적 발동에 대해 반대했다.

37 슈미트 본인의 말에 의하면, 슈미트는 독일연방은행이 자신의 뜻을 거역하면 중

앙은행의 독립성을 약화시키기 위해 연방은행 법을 개정하겠다고 위협했다. 그러나 그의 발언은 확증적이지 않으며 일부는 그가 실제로 위협을 실행하리라고 보지 않았다. Kennedy(1991), 81쪽.

38 Emminger(1986) 참고. 서신은 Eichengree and Wyplosz(1993)에서 발췌. 이 서신은 비밀로 남아 있었고 1992년 유럽 통화 제도 위기가 발생할 때까지 그 중요성이 제대로 인식되지 않았다. 이 비밀은 다음과 같은 구절 중간에 나타난다. "그러나 유럽 통화 제도의 가장 중요한 특징은 아직 언급되지 않고 있다. 자기 충족적 투기 위기는 시장이 정부가 동원할 수 있는 양보다 많은 양의 자금을 사용하지 않는 한 발생할 수 없다. 시장은 반드시 정부들의 준비금을 소화해야 한다. 정부가 상호 신용 촉진reciprocal credit facilities을 통해 무한한 통화를 동원할 수 있는 유럽 통화 제도에서 이는 발생 불가능하다." Kenen(1988), 55쪽. 나는 아래에서 외국 지원이 무한하지 않기 때문에 자기 충족적 공격이 사실상 가능했다는 점을 말할 것이다.

39 게다가, 스네이크 제도의 초기와는 대조적으로, 1980년까지 통화 동맹을 완성하려는 베르너 보고서의 의지에 의해 환율 안정성이 제약되었을 때 유럽 통화 제도의 조약문은 그러한 정책 의지를 담고 있지 않았는데, 이는 더 큰 환율 유연성의 필요를 뜻했다.

40 금융 상태가 취약한 나라들은 가입 후 이행기 동안에는 6%의 변동이 허용되었다.

41 이행기는 1990년까지 연장되었다.

42 1936년 3국 동맹과의 비교는 환율 조정을 더욱 광범한 합의의 맥락 속에 위치시킴으로써 사회당 정부의 신인도를 구하려는 노력을 넘어섰다. 1936년 레옹 블룸의 신임 정부 또한 팽창 정책을 추진하고 노동 시간을 단축하고 수요를 진작했다. 새 정부는 취임 후 평가 절하를 고려했으나 하지 않았다. 그러나 4개월 후 프랑의 하락을 허용해야 했다.

43 프랑스의 자본 통제에 대해서 Neme(1986).

44 프랑/마르크 환율 조정은 또한 다른 환율을 조정하는 것으로 치장되었다.

45 프랑스 정부가 이 최후의 선택을 고려한 것은 믿기지 않는다. 그러나 위에서 말한 것처럼 프랑스의 유럽 통화 제도 탈퇴는 공동 농업 정책CAP을 위협할 것이다. 공동 농업 정책은 유럽공동체의 핵심 정책이기에 유럽 통화 제도 탈퇴는 유럽 연대를 심각하게 붕괴시킬 수 있음을 뜻했다.

46 Henning(1994), 194~195쪽.

47 나아가 프랑스 경제를 괴롭히는 공급 측면의 경직성은 수요 진작이 정부가 예상한 것보다 더 많은 인플레이션과 더 적은 생산을 낳는다는 것을 의미했다. 사회 보장세 증세, 최저 임금의 상승, 노동 시간의 축소 등은 사용자로 하여금 고용을

꺼리게 했다. 총 수요 곡선이 이동함과 동시에 총 공급 곡선이 이동함에 따라 성장이 아니라 인플레이션이 나타났다.

48 아래에서 나는 1980년대의 실업 문제가 사실 당시 정책 결정자들이 강조한, 그리고 대부분의 역사적 설명에서 반복한 이유 때문이 아니라 실은 유럽 통화 제도의 등장과 관련이 있다고 주장할 것이다.

49 다시 말해 나는 유럽의 고실업에 대한 두 가지 널리 알려진 설명 즉 강한 환율 정책과 노동 시장을 경직하게 만든 사회 정책이 양립하지 않는다거나 심지어 완전히 상호 분리되는 것이 아님을 제시하는 것이다. 임금 격차의 축소와 고용과 해고 비용의 증가를 유발한 정책들 자체는 유럽 통화 제도가 부과한 거시 경제 정책에 대한 자율성 제한에 대한 대응이었다.

50 1990년 이탈리아가 변동폭을 6%에서 2.25%로 바꿀 때 있었던 리라의 조정은 리라의 최저점의 변화를 포함하지 않았다.

51 Gros and Thygesen(1991), 312쪽 재인용.

52 Committee for the Study and Monetary Union(1989), 30쪽.

53 그리스, 아일랜드, 포르투갈, 스페인 등의 소수 국가들은 이 시한을 초과하는 자본 통제가 허용되었다. 또한 다른 나라들은 제1단계 동안 금융 비상 상태에 대하여 6개월 범위 내에서 자본 통제가 허용되었다. 다음 절에서 살펴볼 것처럼 이러한 조항들은 1992~1993년의 EMS 위기 때 이용되었다.

54 이행 단계인 제2단계 동안 이러한 기능을 수행할 예정인 한시적 기구인 유럽통화기구의 설치는 들로르 보고서에서 한 발 물러섰다. 들로르 보고서는 제3단계 초입이 아니라 제2단계에서 유럽중앙은행의 설립을 제안했었다. 이 타협은 통화 통합이 완전히 달성되기 전까지 중대한 국내적 통화 자율성의 위임을 포함한 어떠한 기제에 대해서도 반대했던 독일을 고려했던 것이다.

55 이 망설임은 특히 독일연방은행의 특징이었다. 독일연방은행은 강제적 마감 시한을 포함한, 이행을 위한 어떠한 청사진에도 강력히 반대했다. Bini-Smaghi, Padoa-Schioppa, and Papadia(1994), 14쪽.

56 이러한 마지막 조건은 수많은 자격 요건에 의해 약화되었다. 예를 들어 부채와 적자는 예외적이고 일시적인 이유로 판단되거나 수용 가능한 속도로 하락한다면 기준 값을 초과할 수 있다.

57 예외는 핀란드이다. 핀란드는 소련과의 무역이 단절되어 금융 위기를 겪었다. 유럽 통화 제도에 참가하지 않았고 마르카markka를 에큐에 페그했던 핀란드중앙은행은 ERM 가입 국가들에게는 가능했던 초단기 신용 촉진 제도를 이용할 수 없는 상황에서 1991년 11월 12% 평가 절하했다. 그럼에도 영국 파운드는 변동폭 안에 머물렀다. 포르투갈 에스쿠두escudo는 4월 넓은 변동폭에 참가했다. ERM 환율 간의 차이는 실제로 약해졌고 프랑스 프랑은 변동폭의 저점에서 상승하고

있었고 독일 마르크, 벨기에 프랑, 네덜란드 길더는 하락했다.

58 통화위원회는 또한 페세타의 5% 평가 절하를 승인했다.

59 9월 23일 주말에 프랑 방어를 위해 1,600억 프랑스 프랑(320억 달러)를 썼다고 보도되었다. BIS 1993, 188.

60 평가 절하 직전 6일 동안 발생한 준비금 손실은 스웨덴 GNP의 10%를 초과하는 260억 달러로 알려졌다. BIS(1993), 188쪽.

61 아일랜드의 어려움은 (영국 금리의 추가 인하가 유발한) 파운드 스털링의 하락으로 더 가중되었다. 9월 16일과 12월 31일 사이 스털링은 마르크에 비해 13% 하락했다.

62 이런 시각의 분명한 두 논지는 Branson(1994)과 von Hagen(1994)이다. 이런 설명은 공식적 설명이 되었다. BIS(1993), Commission of European Commitees(1993), Committee of Governors of the Central Banks of the Member States of the European Economic Community(1993a, 1993b).

63 이런 자료들이 덜 분명하게 말하는 하나의 이유는 유럽이 독일 통일이라는 대대적인 비대칭적 충격을 경험했다는 점이다. 통일과 관련된 소비와 투자의 증가는 독일 상품에 대한 수요를 증대시켰다. 단기적으로 이는 다른 ERM 회원국들의 일반적 물가에 비해 독일 물가를 인상시켰다. 이는 유럽의 다른 지역의 인플레이션이 독일만큼 낮은 상태를 유지해야 했음을 의미한다. 그것들은 뒤따라와야 했었다. 불행하게도 독일 이외의 나라들의 인플레이션이 정확하게 얼마나 많이 낮아져야 하는지를 아는 것은 불가능하다. 이것을 파악하는 한 가지 방법은 상대 물가를 투입하는 "경쟁력 산물"을 분석하는 것이다. Eichengreen and Wyplosz(1993)는 경상 수지와 제조업의 이윤율의 두 변수가 변화하는 경쟁적 조건에 대해 부적절하게 조정될 때 그 두 변수의 가치는 악화되리라고 보았다. 두 변수는 오직 이탈리아에서만 위기로 가는 과정에서 악화되었다. 스페인의 경우 경상 수지가 악화되었으나 이윤율은 그렇지 않았다. 영국에서는 정반대였다. 통화들이 공격받은 다른 나라들, 예를 들어 덴마크, 프랑스, 아일랜드 등에서 위기 이전 이 두 변수의 심각한 악화는 없었다.

64 그것은 두 지표 즉 생산자 물가와 단위 노동 비용을 구분하며 비교 그룹을 다른 EC 국가들과 모든 산업 국가로 분리했다. 후자는 달러와 엔의 약세가 만든 효과를 포착한다.

65 두 번째 수치는 그리스가 더 높은데, 그리스는 아직 ERM에 가입하지 않았다.

66 1989년 6월과 1992년 4월 사이에 ERM에 가입한 스페인, 포르투갈, 영국 세 나라에 대한 자료는 덜 분명하다. 스페인과 포르투갈은 그들보다 부유한 ERM 가입국에 비해 높은 인플레이션을 경험했는데, 이는 급속히 성장하는 나라들이 고부가가치 상품을 생산하게 되면서 예상되는 것이었다. 이에 대해서는 4장의 끝에

서 두 번째 절에 있는 발라사-새뮤얼슨 효과에 대한 논의를 보라. 스페인 같은 나라는 더 산업화된 ERM 국가들에 비해 인플레이션을 억제할 여유가 더 있었다고 해도, 우리는 여전히 스페인 정부가 그것을 과도하게 운용했다고 주장할 수 있다.

67 Williamson(1993).

68 이에 대한 주의 깊은 조사는 Rose and Svensson(1994).

69 이 같은 회의를 지나치게 강조할 필요는 없다. 자료가 분명히 말해주지는 못하지만, 그들의 억제된 소리는 여전히 ERM 통화들이 무작위적으로 공격받은 것이 아님을 말해준다. 이탈리아는 경쟁력 불균형이 명확했던 나라이며 리라는 ERM에서 이탈한 최초의 통화였다. 일부 지표들은 영국, 스페인, 포르투갈의 문제를 지적한다. 이 국가들의 통화는 다음으로 공격 대상이 된 통화들이며 이탈하거나 환율 조정되었다. 그러나 경쟁력 불균형의 증거가 결정적이지 않으며 다른 통화들도 공격을 받았다는 사실은 이것이 전체 이야기가 아님을 말해준다.

70 이 과정에 대해서는 Ozkan and Sutherland(1994)에서 정식화했다.

71 또다시 강조하건대, 이 같은 회의를 지나치게 확대해서는 안 된다. 유럽의 실업률을 높였던 불황은 분명히 정부를 불편하게 했다. 불황이 환율 페그의 유지에 요구되는 긴축 정책에 대한 대중의 반대를 격화시킨 것은 분명하다. 그러나 정책 결정자들이 과거의 정책을 포기할 정도로 불편했는지 또는 선물 시세로 파악되는 시장의 분위기가 이에 대해 높은 가능성을 부여했는지는 명확하지 않다.

72 이 문헌에 중대한 공헌은 Flood and Garber(1984)와 Obstfeld(1986)이다. 다음의 예는 Eichengreen(1994b)에서 가져왔다. 독자들은 3장에서 논의한 1931년 스털링 위기에 대한 해석과 유사함을 알 것이다.

73 Krugman(1979).

74 이는 Eichengreen and Wyplosz(1993), Rose and Svensson(1994), Obstfeld(1996)에서 주장했다.

75 이 전략은 UN의 라틴아메리카 경제위원회 출판물에 분명히 적혀 있다. 이에 대한 비판적 논의는 Fishlow(1971)와 Ground(1988).

76 페그를 지속했던 나라들 가운데 더 많은 국가들이 단일 통화가 아니라 통화 바스킷에 대해 페그했다. Kenen(1994), 528쪽.

77 자료와 그 이상의 논의는 케넨Kenen 참고.

78 Edwards(1993).

79 통화위원회 사례의 광범한 리스트는 Hanke, Jonung, and Schuler(1993)의 부록에 있다.

80 이 주장은 Zaragaza(1995).

81 CFA는 아프리카금융공동체Communauté Financière Africaine를 뜻한다. CFA

경제에 대한 기본 문헌은 Boughton(1993).

6장

1 이는 결국 왜 신흥 시장들이 "등장한emerged" 시장이 아니라 "등장 중인 emerging" 시장으로 기술되는지를 말해준다.

2 이는 미국의 엔론Enron과 월드콤Worldcome 회계 조작 사건이 말해준다. 엔론은 미국의 에너지 무역 대기업으로서 2001년 광범하고 제도화된 회계 조작으로 도산했다. 당시 월드콤은 미국의 통신 기술 기업으로서 2001년과 2002년 상반기 약 40억 달러의 지출이 부적절하게 처리되었던 것으로 밝혀져 이 기간 동안 주장되었던 모든 이윤이 무효화되었고 1만 7천 명을 해고해야 했다.

3 통화 정책에 대한 기대를 조정하는 대안으로 떠오른 이러한 방식은 뉴질랜드에서 1980년대에 처음 개발되었고 1992년 스웨덴과 영국이 ERM에서 이탈한 후 더욱 정교하게 발전되었다. (스웨덴은 사실상 ERM을 추종했으나 이를 계기로 축출되었다.) 일부 국가들에서 인플레이션 목표는 다른 나라들에서보다 덜 순수하고 덜 완전하게 발전되었다. 또한 환율의 움직임이 현재의 인플레이션과 미래의 기대 인플레이션에 영향을 주는 한, 인플레이션 목표를 정한 국가들에서 환율 변화의 수준과 그 정도는 일정한 역할을 했다. 차이는 환율이 더 이상 정책 목표 자체가 아니었다는 점이다. 신흥 시장의 인플레이션 목표에 관한 좋은 입문서는 Mishkin (2004).

4 이는 Calvo and Reinhart(2007)의 제목을 따라 "변동의 공포fear of floating"로 알려졌다.

5 이는 때때로 Sturzenegger and Levy-Yeyati(2007)를 따라 "통화 가치 상승의 공포fear of appreciation"로 명명되었다.

6 정부가 IMF에 보고한 공식 체제인 법정 환율 체제는 통화와 정책의 실제 행위로부터 추론한 사실상의 체제와 구별된다. 표 6.1은 상당한 수의 사실상의 체계가 연장되었음을 보여준다. Reinhart and Rogoff(2004).

7 이러한 통제가 중국으로 하여금 1997~1998년 위기를 환율 변화 없이 지나갈 수 있도록 해주었다(아래 참고).

8 인도 같은 다른 아시아 신흥 경제는 역동적 민주주의였다. 인도는 통화를 중국 위안화보다 더욱 변동하게 허용함으로써, 그리고 그러한 변동이 불편한 결과를 초래한다면 자본 통제를 사용하여 통화 가치 상승을 제한함으로써 이 점에 대해 보상했다.

9 그렇지 않다면 중국 수출 기업은 수출 소득을 위안화로 바꾸었을 것이고, 이는 정부가 허용했다면 통화 공급을 늘려 인플레이션을 유발했을 것이고 위안화는 상

승했을 것이었다. 해결책은 소위 불태화 채권을 매각함으로써 초기의 통화 공급을 흡수하는 것이었다.

10 이것은 미국의 대규모 적자와 중국의 흑자가 어떻게 결합되었는가에 대한 Caballero, Farhi, and Gourinchas(2006)의 설명이다.

11 Warnock and Warnock(2005)은 이 기간의 중국 정책이 미국의 금리에 뚜렷한 파급 효과를 낳았음을 보여준다.

12 국제 금융 거래, 무역 신용, 유가 등을 정하는 데 좀 더 안정적인 통화를 모색하는 것이다.

13 유로 지역에는 11개국이 있으나 통화는 10개이다. 벨기에와 룩셈부르크는 이미 통화 동맹을 운영했었다. 물리적인 유로화의 발행은 2002년이었다.

14 예를 들어 Radalet and Sachs(1998).

15 이 같은 성장 하향 추세는 Asian Development Bank(2007)에 나와 있다. 중국은 물론 예외이다.

16 반복하지만 예외는 중국이다. 중국에서는 확실히 투자 부족은 없었고 성장이 느려지지도 않았다. 그러나 중국에서 저축에 비해 투자가 하락하는 것이 아니라 투자에 비해 저축이 증가하였는데, 이는 마찬가지로 경상 수지 흑자를 낳았다.

17 내부적으로 아시아 정부들은 위기가 고조되었을 때 유일하게 신용을 제공할 수 있는 일본이 AMF를 지배할 것을 우려했다. 대외적으로 미국 재무부와 IMF는 경쟁 기관이 자신들의 영향력을 침해할 것을 우려했다.

18 27%는 20% 통화 하락과 브라질 수출입의 해외 가격의 누적분 7%의 합이다. Ferreira and Tullio(2002), 143쪽.

19 저금리가 전형적으로 소비 붐을 일으킴에 따라 안정화의 거시 경제적 효과는 초단기적으로는 긍정적이었다.

20 바젤 협약은 리스크 기반 자본 요구를 최소한 8% 요구한 반면, 브라질 정부는 아시아 금융 위기가 발생했을 때 최소 요구 수준을 10%로 올리고 한국의 위기가 발생하자 다시 11%로 인상했다.

21 과거 안정화 정책은 몇 차례 실패했다. 1994년에 실시된 가장 최근의 노력은 IMF 대출 계획의 지원을 받지 않았었다.

22 이 복잡한 상황은 Özatay and Sak(2003)에서 요약되어 기술되어 있다.

23 무엇보다도 미국의 2000년대 초반의 불황은 끝났고 강력한 글로벌 경제 성장이 진행 중이었다.

24 오스트랄은 1985년에 (성공하지 못한) 안정화 시책의 일환으로 페소를 대체했었다.

25 사실 본원 통화의 3분의 2만이 국제 준비금의 지원을 받았다. 나머지 3분의 1은 달러로 표시된 아르헨티나 중앙은행 채권(이는 연 10% 이상 증가할 수 없었지

만)의 지원을 받았다. 이 같은 예외적 상황은 왜 순수주의자들이 이 같은 기제를 통화위원회로 호칭하는 것을 반대했는지를 말해준다.

26 1990년대 말 외국 은행들은 은행 체계 자산의 70%를 차지했다. 나아가 1998년 세계은행 금융 검토 보고서는 신흥 경제 가운데 아르헨티나를 싱가포르 다음으로 은행 감독의 질이 높다고 평가했다(Perry and Servén 2003). 아르헨티나 정부가 하지 않았던 것은 달러-페소의 확고한 페그에 신뢰를 부여하기 위해서 금융 계약에서의 달러 사용을 억제하는 신중한 규범을 적용하는 것이었다. 이는 페그가 붕괴될 때 그들을 괴롭히게 될 것이었다.

27 이 용어의 기원은 요구 시 일정한 가격에서 국내 통화가 금으로 "태환"되었던 금본위제로 거슬러 올라간다.

28 다시 말해 분모의 성장이 둔화됐을 때 비율에 어떤 일이 생길지는 단지 상상할 수 있을 뿐이다. 마찬가지로 우려되는 것은 일부 공공 지출이 예산 항목에서 누락되어 잡히지 않는 점, 이 시기 재정 수입은 일회성의 민영화 수입이며 브래디 채권에 대한 막대한 이자 지불 시점이 곧 도래한다는 점 등이었다.

29 IMF의 전통적인 변명(Mussa 2002)은 IMF가 환율 제도를 강제할 위임장을 갖고 있지 않다는 것이었다. 회원국은 자유자재로 환율을 변경하고 IMF는 단지 그러한 선택이 다른 정책들과 부합하는지를 결정하는 데 책임을 질 뿐이다. 비판론자들은 IMF가 위임권을 해석하고 적용하는 데 상당한 자율성을 갖고 있으나 1990년 말에 유연성을 제대로 발휘하지 못했다고 반박한다.

30 IMF는 2000년 3월 3년 거치의 긴급 차관 72억 달러를 지원함으로써 데 라 루아 대통령의 모순된 정책을 지원했으며 다시 2001년 1월에 추가로 137억 달러를 지원했다.

31 정부가 신뢰 증진 방안으로서 특히 예금에 대해 외국 통화 사용을 인정했던 사실을 기억하라. 은행들은 또한 페소로 수입을 얻는 기업들에게 달러로 신용을 제공했다. 이처럼, 평가 절하는 이런 기업들의 상환 능력을 파괴하고 은행을 붕괴시켰다. 정부가 은행 체계를 강화하기 위해 취한 다른 조치들 즉 자본 및 유동성 증액 요구, 내적 통제의 강화, 투명성 증대 등은 이런 상황에서 도움이 되지 못했다.

32 아르헨티나는 미국과 주로 교역을 하지 않았기 때문에 달러 상승은 제3시장에서의 아르헨티나의 경쟁력을 약화시켰다. 물론 처음부터 이는 달러 페그의 단점이었으며 이제 강제적으로 그 정책을 수정하는 것은 신뢰 회복에 도움이 되지 않았다.

33 나아가 정부는 정부 채권을 발행함으로써 자신의 빚을 은행권에 떠넘겼다(이러한 고수익 자산을 은행의 유동성 요구를 충족하는 데 적절하게 만듦으로써). 따라서 정부가 지불 중지를 선언할 때 은행은 다시 한 번 위기를 맞았다.

34 이에 대해서는 Modigliani(1970)가 고전격이다. Modigliani and Cao(2004)는 이 모델을 중국에 적용했다. 중국의 가구 저축이 기존 모델과 달라지는 주된 이유는 노인의 예상 소비가 더 적다는 것이었다. 이는 노인층이 자신들을 고용했던 국영 기업에서 전통적으로 제공하던 사회적 서비스를 계속 받을 수 있을 것인가에 대해 품는 불확실성을 반영하는 것일 수 있다. Chamon and Prasad(2007).

35 글로벌 경상 수지의 합(모든 나라의 경상 수지의 합계)은 다른 행성과의 교역이 없다면 0이다. 실제로 모든 나라의 보고된 경상 수지의 합은 0이 아닌데, 이는 행성 간 교역을 의미하기보다는 통계적 오차를 반영하는 것일 것이다.

36 5장에서 논의한 것처럼 이는 특히 플라자 합의와 루브르 합의 이전인 1980년대에 그랬다.

37 4장을 참고.

38 Bernanke(2005).

39 이 같은 유추와 제2의 브레튼우즈라는 별칭을 만들고 대중화시킨 것은 Doodly, Folkerts-Landau, and Garber(2003)이다.

40 더 엄밀히 말하면 후발 경제의 환율은 실질적 평가 절상을 경험할 것이다. 그 나라에서 생산되는 재화의 가격은 인플레이션이나 통화 상승을 통해 수입품 가격에 비해 상승한다.

41 마찬가지로 발생하는 국제 수지 흑자는 자본 통제와 강력한 금융 규제로 인해 제한적 인플레이션으로만 나타났다. 자본 통제와 금융 규제는 흑자국의 유동성이 효과적으로 불태화하도록 만들었다.

42 노령 인구의 많은 부분은 1979년에 처음 실시된 한 자녀 정책의 결과였다. 이것의 저축에 대한 영향은 생애 주기 모델에서 나온다(앞의 논의 참조). 그리고 노령 인구에 대한 공적 지원의 불확실성이 견실한 사회 안전망이 만들어지면서 감소한다면, 노인층의 소비는 가속화될 것이다.

43 예를 들어 Goldstein and Lardy(2003).

44 더 정확하게 말하면 노동 생산성 증가의 차이를 반영할 뿐이었다(중국의 생산성 증가에서 미국의 생산성 증가를 뺀 값). 중국의 노동 생산성은 연 6% 상승하거나 미국보다 약 4% 빠르게 증가했다.

45 이는 케인즈가 강조한 문제와 동일하며 이 때문에 1940년대에 희소 통화 조항이 채택되었다. 4장 참고.

46 또한 1993년 이후 유럽 통화 제도의 변동폭의 ±15%로의 확대는 일방적 투기를 제거함으로써 도움을 주었다. 통화 투기꾼들은 더 이상 시장의 한쪽에 서지 않았다. 왜냐하면 이제 그들이 통화가 변동폭의 하한선 아래로 떨어진다고 잘못 판단하면 이후에 회복폭은 30%가 될 수 있으므로, 이는 단기 자금을 운용하는 쪽에 커다란 손실을 줄 것이기 때문이었다.

47 대조적으로 금리, 환율, 인플레이션의 기준은 회원 자격을 판단하는 데 덜 유용했다. 재정 조정이 이루어지고 통화 동맹 회원국이 될 것이라는 예측이 생겨나면 그 나라의 환율은 안정될 것이다. 그 결과 금리와 인플레이션은 마찬가지로 독일 수준으로 하향된다. 이 같은 기준들은 따라서 안정성 문화를 가진 국가들을 가려내는 데 덜 유용했다.

48 물론 오스트리아의 참가는 1995년 제3차 확대 과정의 일부(핀란드와 스웨덴 포함)로서 일어났다.

49 이는 경쟁력을 위해 마지막 순간에 인위적으로 환율을 평가 절하한 뒤 통화 동맹에 가입하려는 것을 금지했다. 경쟁력은 다른 나라의 피해를 의미하기 때문에 그 같은 평가 절하는 문제가 되었다. 그리고 마지막 순간의 평가 절하를 예상한 투기꾼들은 문제의 통화를 앞당겨 공격하여 이행 과정을 불안하게 만들었다. 더 이상의 환 평가 변화를 인정하지 않는 합의는 이러한 위험을 둘 다 제거했다.

50 그 과정에서 (2001년 초에) 그리스는 유로에 가입했다.

51 2005년.

52 (무위험 자산에 대한) 명목 금리는 다른 유로 지역 수준으로 하락한 반면, (차입 비용을 결정하는) 실질 금리는 빠르게 성장하는 경제에서 심지어 더 낮았다. 이는 비교역재 가격의 급격한 상승을 반영하는 높은 물가 상승률 때문이다. 따라서 성장 속도가 비정상적으로 빠른 곳에서 정책 결정자들은 수요를 억제하기 위해 높은 금리를 선호했지만, 통화 동맹은 이에 반대했다.

53 소수의 포퓰리스트 정치인들이 유로 반대 운동을 적극적으로 전개했다. 예를 들어 이탈리아의 복지부 장관 로베르토 마로니Roberto Maroni는 2005년 6월 "유로는 가라."고 선언하고 리라의 재도입을 요구했다. 그러나 그의 입장은 지식인이나 일반 대중마저도 대변하지 않았다.

54 이에 대한 연구는 Baile et al.(2004).

55 예를 들어 OECD(2001).

56 Micco, Stein, and Ordenez(2003)는 단일 통화의 처음 몇 년 동안 유로 지역의 국경 무역이 6% 증가했다고 보았는데, 이는 더 큰 효과를 제시한 다른 연구와 대조적이다. 유로 도입 후 가격 확산과 상품 시장 경쟁에 대해서는 Foad(2007) 참고. Parsley and Wei(2007)는 협소한 범위의 상품을 비교함으로써 유로가 가격 확산에 미친 영향을 하향 평가했다. 이들은 유로 지역과 외부 지역의 맥도널드 점포를 대상으로 빅맥에 들어가는 10개의 주 재료를 대상으로 비교했다.

57 증거를 기반으로 한 조사는 Duval and Elmeskof(2006).

58 이는 2007년 9월 29일 발표된 IMF COFER에 따른 것이며 2007년 2/4 분기 액수는 달러 준비금 2조 4천 억 달러와 (달러로 환산한) 유로 준비금 9천 억 달러이다. 파운드와 엔은 그다음이지만 훨씬 처진다.

59 이는 예를 들어 Chinn and Frankel(2007)의 입장이다.

7장

1 "아직은"의 표현은 세계의 다른 지역에서의 통화 동맹의 가능성을 말하는 것이 아니라 현재 신흥 경제로 분류되는 EU 회원국이 마침내 유로를 채택할 가능성을 가리킨다(슬로베니아는 2007년 이 과정을 시작했다.). 물론 이들이 유로를 채택할 무렵 그중 많은 나라들은 선진 경제가 되어 있을 것이다.

2 Polanyi(1944), 133~134, 227~229쪽.

3 그와 또한 대공황 직후 작업했던 존 메이너드 케인즈, 해리 덱스터 화이트, 그리고 전후 국제 통화 체제의 다른 설계자들 중 어느 누구도 시장의 재기를 완전히 파악하지 못했다. 또는 시장의 복원력이 경제 활동에 대한 엄격한 규제와 (환율의 경우에) 관리의 기초로서 자본 통제 노력을 좌절시킬 정도인지는 아무도 예상하지 못했다.

참고 문헌

Aliber, Robert Z. 1978. "The Integration of National Financial Markets: A Review of Theory and Findings." *Weltwirtschaftliches Archiv* 114: 448-79.

Arndt, H. W. 1944. *The Economic Lessons of the 1930s*. London: Oxford University Press.

Asian Development Bank. 2007. *Asian Development Outlook 2007*. Manila: Asian Development Bank.

Bagehot, Walter. 1874. *Lombard Street*. London: Kegan Paul, Trench (『롬바드 스트리트』, 유종권, 한동권 옮김, 아카넷, 2001년).

Baile, Lieven, Annalisa Ferrando, Peter Horndahl, Elizaveta Krylova, and Cyril Monnet. 2004. "Measuring Financial Integration in the Euro Area." ECB Occasional Paper no. 12. Frankfurt: European Central Bank.

Balogh, Thomas. 1946. "The United States and the World Economy." *Bulletin of the Oxford Institute of Statistics* 8: 309-23.

———. 1949. *The Dollar Crisis: Causes and Cure*. Oxford, Eng.: Blackwell.

Bank for International Settlements. 1993. *63rd Annual Report*. Basel: BIS.

Barsky, Robert, and J. Bradford DeLong. 1991. "Forecasting Pre-World War I Inflation: The Fisher Effect and the Gold Standard." *Quarterly Journal of Economics* 106: 815-36.

Bayoumi, Tamim, and Barry Eichengreen. 1996. "The Stability of the Gold Standard and the Evolution of the International Monetary System." In Tamim Bayoumi, Barry Eichengreen, and Mark Taylor, eds., *Modern Perspectives on the Classical Gold Standard*, 165-88. Cambridge, Eng.: Cambridge University Press.

Berger, Helge, and Albrecht Ritschl. 1995. "Germany and the Political Economy of the Marshall Plan: A Re-revisionist View." In Barry Eichengreen, ed., *Europe's Postwar Recovery*, 199-245. Cambridge, Eng.: Cambridge Univer-

373

sity Press.

Bergsten, C. Fred. 1993. "The Rationale for a Rosy View: What a Global Economy Will Look Like." *Economist* 328 (September), 57-59.

Bernanke, Ben. 2005. "The Global Savings Glut and the U.S. Current Account Deficit." Washington, D.C.: Board of Governors of the Federal Reserve System (10 March).

Bini-Smaghi, Lorenzo, Tommaso Padoa-Schioppa, and Francesco Papadia. 1994. "The Transition to EMU in the Maastricht Treaty." Princeton Essays in International Finance 194. International Finance Section, Department of Economics, Princeton University, Princeton, N.J.

Blanchard, Olivier, and Pierre-Alain Muet. 1993. "Competitiveness through Disinflation: An Assessment of the French Macroeconomic Strategy." *Economic Policy* 16: 11-56.

Block, Fred L. 1977. *The Origins of International Economic Disorder.* Berkeley: University of California Press.

Bloomfield, Arthur. 1959. *Monetary Policy under the International Gold Standard, 1880-1914.* New York: Federal Reserve Bank of New York.

———. 1963. "Short-Term Capital Movements under the Pre-1914 Gold Standard." Princeton Studies in International Finance 11. International Finance Section, Department of Economics, Princeton University, Princeton, N.J.

Borchardt, Knut. 1991. *Perspectives on Modern German History and Policy.* Cambridge, Eng.: Cambridge University Press.

Bordo, Michael D. 1993. "The Bretton Woods International Monetary System: An Historical Overview." In Michael D. Bordo and Barry Eichengreen, eds., *A Retrospective on the Bretton Woods System,* 3-98. Chicago: University of Chicago Press.

Bordo Michael D., and Finn E. Kydland. 1995. "The Gold Standard as a Rule: An Essay in Exploration." *Explorations in Economic History* 32: 423-65.

Bordo Michael D., Dominique Simard, and Eugene White. 1994. "France and the Bretton Woods International Monetary System." NBER Working Paper no. 4642. National Bureau of Economic Research, Cambridge, Mass.

Boughton, James M. 1993. "The Economics of the CFA Franc Zone." In Paul R. Masson and Mark P. Taylor, eds., *Policy Issues in the Operation of Currency Unions,* 95-129. Cambridge, Eng.: Cambridge University Press.

Branson, William. 1994. "German Reunification, the Breakdown of the EMS, and the Path to Stage Three." In David Cobham, ed., *European Monetary Upheavals*, 16-29. Manchester, Eng.: Manchester University Press.

Bretton Woods Commission. 1994. *Bretton Woods: Looking to the Future.* Washington, D.C.: Bretton Woods Commission.

Broadberry, S. N. 1986. *The British Economy between the Wars: A Macroeconomic Survey.* Oxford, Eng.: Blackwell.

Brown, William Adams, Jr. 1929. *England and the New Gold Standard, 1919-1926.* New Haven, Conn.: Yale University Press.

———. 1940. *The International Gold Standard Reinterpreted, 1914-1934.* New York: National Bureau of Economic Research.

Buiter, Willem H. 1987. "Borrowing to Defend the Exchange Rate and the Timing and Magnitude of Speculative Attacks." *Journal of International Economics* 23: 221-40.

Caballero, Ricardo, Emmanuel Farhi, and Pierre-Olivier Gourinchas. 2006. "An Equilibrium Model of 'Global Imbalances' and Low Interest Rates." NBER Working Paper no. 11996. National Bureau of Economic Research, Cambridge, Mass.

Carincross, A.K. 1953. *Home and Foreign Investment, 1870-1913.* Cambridge, Eng.: Cambridge University Press.

Cairncross, Alec, and Barry Eichengreen. 1983. *Sterling in Decline: The Devaluations of 1931, 1949, and 1967.* Oxford, Eng.: Blackwell.

Cariness, John Elliot. 1874. *Some Leading Principles of Political Economy Newly Expounded.* New York: Harper and Brothers.

Calomiris, Charles. 1993. "Greenback Resumption and Silver Risk: The Economics and Politics of Monetary Regime Change in the United States, 1862-1900". In Michael D. Bordo and Forrest Capie, eds., *Monetary Regimes in Transition*, 86-134. Cambridge, Eng.: Cambridge University Press.

Calvo, Guillermo, and Carmen Reinhart. 2002. "Fear of Floating." *Quarterly Journal of Economics* 107: 379-408.

Campa, José, M. 1990. "Exchange Rates and Economic Recovery in the 1930s: An Extension to Latin America." *Journal of Economic History* 50: 677-82.

Canzoneri, Matthew. 1985. "Monetary Policy Games and the Role of Private Information." *American Economic Review* 75: 1056-70.

Capie, Forrest, Terence Mills, and Geoffrey Wood. 1986. "What Happened in

1931?" In Forrest Capie and Geoffrey Wood, eds., *Financial Crisis and the World Banking System*, 120-48. London: Macmillan.

Cernuschi, Henri. 1887. *Le pair bimétallique*. Paris: Guillaumin.

Chamon, Marcos, and Eswar Prasad. 2007. "Determinants of Household Saving in China." Unpublished manuscript. International Monetary Fund (June).

Chinn, Menzie, and Jeffrey Frankel. 2007. "Will the Euro Eventually Surpass the Dollar as Leading International Reserve Currency?" NBER Working Paper no. 11510. National Bureau of Economic Research, Cambridge, Mass.

Clapham, John. 1945. *The Bank of England: A History*. Cambridge, Eng.: Cambridge University Press.

Clarke, Stephen V. O. 1967. *Central Bank Cooperation, 1924-1931*. New York: Federal Reserve Bank of New York.

Cleveland, Harold van Buren, and Thomas F. Huertas. 1985. *Citibank, 1812-1970*. Cambridge, Mass.: Harvard University Press.

Commission of the European Communities, Directorate-General for Economic and Financial Affairs. 1993. "The ERM in 1992." *European Economy* 54: 141-57.

Committee for the Study of Economic and Monetary Union (Delors Committee). 1989. *Report on Economic and Monetary Union in the European Community*. Luxembourg: Office for Official Publications of the European Communities.

Committee of Governors of the Central Banks of the Member States of the European Economic Community. 1993a. *Annual Report 1992*. Basel: Committee of Governors.

————. 1993b. "The Implications and Lessons to be Drawn from the Recent Exchange Rate Crisis-Report of the Committee of Governors." Basel. Committee of Governors. (April 21).

Committee on Currency and Foreign Exchanges after the War (Cunliffe Committee). 1919. *First Interim Report*. Cmd. 9182. London: HMSO.

Committee on Finance and Industry (Macmillan Committee).1931. *Report*. Cmd. 3897. London: HMSO.

Condliffe, J.B.1950. *The Commerce of Nations*. New York: Norton.

Cooper, Richard N. 1971. "Currency Devaluation in Developing Countries." Princeton Essays in International Finance 86. International Finance Section, Department of Economics, Princeton University, Princeton, N.J.

———. 1990. "What Future for the International Monetary System?" In Yoshio Suzuki, Junichi Miyake, and Mitsuake Okabe eds., *The Evolution of the International Monetary System*, 277-300. Tokyo: University of Tokyo Press.

———. 1992. "Whither Europe?" *Yale Review* 80: 10-17.

———. 1993. "Comment." In Michael D. Bordo and Barry Eichengreen, eds., *A Retrospective on the Bretton Woods System*, 104-7. Chicago: University of Chicago Press.

Coquelin, Charles. 1851. "De la dépréciation de l'or et du système monétaire français". *Journal des économistes* 28 (January): 55-67.

Cottrell, P. L. 1992. "Silver, Gold, and the International Monetary Order." In S. N. Broadberry and N.F.R. Crafts, eds., *Britain in the International Economy*, 221-43. Cambridge, Eng.: Cambridge University Press.

Cunliffe Committee (Committee on Currency and Foreign Exchange after the War). 1919. *First Interim Report.* Cmd. 9182, London: HMSO.

Darby, Michael R., Arthur E. Gandolfi, James R. Lothian, Anna J. Schwartz, and Alan C. Stockman. 1983. *The International Transmission of Inflation.* Chicago: University of Chicago Press.

David, Paul. 1994. "Why Are Institutions the Carriers of History? Path Dependence and the Evolution of Conventions, Organizations, and Institutions." *Structural Change and Economic Dynamics* 5: 205-20.

de Cecco, Marcello. 1974. *Money and Empire: The International Gold Standard.* London: Blackwell.

de Grauwe, Paul. 1989. *International Money: Post-war Trends and Theories.* Oxford, Eng.: Clarendon Press.

Del Mar, Alexander. 1895. *History of Monetary Systems.* London: Effingham Wilson.

Deprés, Emile. 1973. *International Economic Reform: Collected Papers of Emile Deprés*, ed. Gerald M. Meier. New York: Oxford University Press.

Dick, Trevor J. O., and John Floyd. 1992. *Canada and the Gold Standard: Balance of Payments Adjustment, 1871-1913.* Cambridge, Eng.: Cambridge University Press.

Diebold, William, Jr. 1952. "The End of the ITO." Princeton Essays in International Finance 16. International Finance Section, Depatment of Economics, Princeton University, Princeton, N.J.

———. 1972. *The United States and the Industrial World: American Foreign Economic Policy in the 1970s.* New York: Praeger.

Dominguez, Kathryn. 1993. "The Role of International Organizations in the Bretton Woods System." In Michael D. Bordo and Barry Eichengreen, eds., *A Retrospective on the Bretton Woods System*, 357-97. Chicago: University of Chicago Press.

Dooley, Michael, David Folkerts-Landau, and Peter Garber. 2003. "An Essay on the Revived Bretton Woods System." NBER Working Paper no. 9971. National Bureau of Economic Research, Cambridge, Mass.

Dooley, Michael, and Peter Isard. 1980. "Capital Controls, Political Risk, and Deviations from Interest-Rate Parity." *Journal of Political Economy* 88: 370-84.

Dornbusch, Rudiger. 1976. "Expectations and Exchange Rate Dynamics." *Journal of Political Economy* 84: 1161-76.

Drake Louis S. 1985. "Reconstruction of a Bimetallic Price Level" *Explorations in Economic History* 22: 194-219.

Dulles, Eleanor Lansing. 1929. *The French Franc.* New York: Macmillan.

Duval, Romain, and Jorgen Elmeskov. 2006. "The Effects of EMU on Structural Reforms in Labor and Product Markets." *Working Paper* 596. Frankfurt: European Central Bank. (May).

Edwards, Sebastian. 1993. "Exchange Rates as Nominal Anchors." *Weltwirtschaftliches Archiv* 129: 1-32.

Edwards, Sebastian, and Fernando Losada. 1994. "Fixed Exchange Rates, Inflation, and Macroeconomic Discipline." NBER Working Paper no. 4661. National Bureau of Economic Research, Cambridge, Mass.

Edwards, Sebastian, and Julio Santaella. 1993. "Devaluation Controversies in the Developing Countries: Lessons from the Bretton Woods Era." In Michael Bordo and Barry Eichengreen, eds., *A Retrospective on the Bretton Woods System*, 405-55. Chicago: University of Chicago Press.

Eichengreen, Barry. 1986. "The Bank of France and the Sterilization of Gold, 1926-1932." *Explorations in Economic History* 23: 56-84.

———. 1987. "Conducting the International Orchestra: Bank of England Leadership under the Classical Gold Standard, 1880-1913." *Journal of Interna-*

tional Money and Finance 6: 5-29.

———. 1988. "The Australian Recovery of the 1930s in International Comparative Perspective." In R. G. Gregory and N. G. Butlin, eds., *Recovery From the Depression: Australia and the World Economy in the 1930s*, 33-60. Sydney: Cambridge University Press.

———. 1992a. "The Gold Standard since Alec Ford." In S. N. Broadberry and N. F. R. Crafts, eds., *Britain in the International Economy 1870-1939*, 49-79. Cambridge, Eng.: Cambridge University Press.

———. 1992b. *Golden Fetters: The Gold Standard and the Great Depression, 1919- 1939.* New York: Oxford University Press.

———. 1992c. "More Speculation on Destabilizing Speculation." *Explorations in Economic History* 29: 93-98.

———. 1993. *Reconstructing Europe's Trade and Payments.* Manchester and Ann Arbor: Manchester and University of Michigan Presses.

———. 1994a. *International Monetary Arrangements for the 21st Century.* Washington, D.C.: Brookings Institution.

———. 1994b. "The Crisis in the EMS and the Prospects for EMU: An Interim Assessment." In Seppo Honkapohja, ed., *Economic Policy Issues in Financial Integration*, 15-72. Helsinki: Institute of International Economic Law, University of Helsinki.

Eichengreen, Barry and Marc Flandreau. 1996. "The Geography of the Gold standard." In Jorge Braga de Macedo, Barry Eichengreen, and Jaime Reis, eds., *Currency Convertibility: The Gold Standard and Beyond*, 113-43. London: Routledge.

Eichengreen, Barry, and Peter B. Kenen. 1994. "Managing the World Economy under the Bretton Woods System: An Overview." In Peter B. Kenen, ed., *Managing the World Economy Fifty Years after Bretton Woods*, 3-57. Washington, D.C.: Institute for International Economics.

Eichengreen, Barry, and Ian McLean. 1994. "The Supply of Gold under the Pre-1914 Gold Standard." *Economic History Review* n.s., 47: 288-309.

Eichengreen, Barry, and Raul Razo-Garcia. 2006. "The International Monetary System in the Last and Next 20 Years." *Economic Policy* 47: 393-442.

Eichengreen, Barry, Andrew Rose, and Charles Wyplosz. 1994. "Speculative Attacks on Pegged Exchange Rates: An Empirical Exploration with Special Reference to the European Monetary System." University of California,

Berkeley. Unpublished manuscript.

Eichengreen, Barry, and Jeffrey Sachs. 1985. "Exchange Rates and Economic Recovery in the 1930s." *Journal of Economic History* 45: 925-46.

Eichengreen, Barry, and Charles Wyplosz. 1993. "The Unstable EMS." *Brookings Papers on Economic Activity* 1: 51-124.

Einzig, Paul. 1937. *The Theory of Forward Exchange*. London: Macmillan.

Ellis, Howard S. 1941. *Exchange Control in Central Europe*. Cambridge, Mass.: Harvard University Press.

Emminger, Otmar. 1986. *D-Mark, Dollar, Wahrungskrisen*. Stuttgart: Deutsche Verlags-Anstalt.

Epstein, Gerald, and Thomas Ferguson. 1984. "Monetary Policy, Loan Liquidation, and Industrial Conflict: The Federal Reserve and the Open Market Operations of 1932." *Journal of Economic History* 44: 957-84.

Esposito, Chiarella. 1994. *America's Feeble Weapon: Funding the Marshall Plan in France and Italy 1948-1950*. Westport, Conn.: Greenwood Press.

Feavearyear, A. E. 1931. *The Pound Sterling*. Oxford, Eng.: Clarendon Press.

Federal Reserve Board. 1943. *Banking and Monetary Statistics, 1914-1941*. Washington, D.C.: Board of Governors of the Federal Reserve System.

Feis, Herbert. 1930. *Europe: The World's Banker*. New Haven, Conn.: Yale University Press.

Feldstein, Martin. 1986. "New Evidence on the Effects of Exchange Rate Intervention." NBER Working Paper no. 2052. National Bureau of Economic Research, Cambridge, Mass.

Ferreira, Afonso, and Giusepe Tullio. 2002. "The Brazilian Exchange Rate Crisis of January 1999." *Journal of Latin American Studies* 34: 143-64.

Fetter, Frank. 1965. *The Development of British Monetary Orthodoxy*. Cambridge, Mass.: Harvard University Press.

Field, Alexander J. 1984. "A New Interpretation of the Onset of the Great Depression." *Journal of Economic History* 44: 489-98.

Fink, Carole. 1984. *The Genoa Conference: European Diplomacy, 1921-1922*. Chapel Hill: University of North Carolina Press.

Fisher, Irving. 1933. "The Debt-Deflation Theory of Great Depressions." *Econometrica* 1: 337-57.

Fishlow, Albert. 1971. "Origins and Consequences of Import Substitution in

Brazil." In Luis Di Marco, ed., *International Economics and Development*, 311-62. New York: Academic Press.

———. 1985. "Lessons from the Past: Capital Markets during the 19th Century and the Interwar Period." *International Organization* 39: 383-439.

Flandreau, Marc. 1993a. "As Good As Gold: Bimetallism in Equilibrium, 1848-1870." University of California, Berkeley. Unpublished manuscript.

———. 1993b. "An Essay on the Emergence of the International Gold Standard." Stanford University, Stanford, Calif. Unpublished manuscript.

———. 1995. *La France et la stabilité du système monétaire international, 1848-1873*. Paris: l' Harmattan.

Flood, Robert P., and Peter Garber. 1984. "Gold Monetization and Gold Discipline." *Journal of Political Economy* 92: 90-107.

Foad, Hisham. 2007. "Europe without Borders? The Effect of the Euro on Price Convergence." San Diego State University (January). Unpublished manuscript.

Ford, A. G. 1962. *The Gold Standard, 1880-1913: Britain and Argentina*. London: Oxford University Press.

Frankel, Jeffrey A. 1994. "Exchange Rate Policy." In Martin Feldstein, ed., *American Economic Policy in the 1980s*, 293-341. Chicago: University of Chicago Press.

Fratianni, Michele, and Jürgen von Hagen. 1992. *The European Monetary System and European Monetary Union*. Boulder, Colo.: Westview.

Frieden, Jeffry. 1988. "Sectoral Conflict and U.S. Foreign Economic Policy, 1914-1940." *International Organization* 42: 59-90.

———. 1994. "Greenback, Gold, and Silver: The Politics of American Exchange Rate Policy, 1870-1913." CIBER Working Paper 91-04. Anderson School of Management, UCLA.

Friedman, Milton. 1953. *Essays in Positive Economics*. Chicago: University of Chicago Press.

———. 1968. "The Role of Monetary Policy." *American Economic Review* 58: 1-17.

———. 1990. "Bimetallism Revisited." *Journal of Economic Perspectives* 4: 85-104.

Friedman, Milton, and Anna J. Schwartz. 1963. *A Monetary History of the United States, 1867-1960*. Princeton, N.J.: Princeton University Press.

Funabashi, Yoichi. 1988. *Managing the Dollar: From the Plaza to the Louvre.* Washington, D.C.: Institute for International Economics.

Galenson, Walter, and Arnold Zellner. 1957. "International Comparisons of Unemployment Rates." In National Bureau of Economic Research, *The Measurement and Behavior of Unemployment*, 439-500. Princeton, N.J.: Princeton University Press.

Gallarotti, Giulio. 1993. "The Scramble for Gold: Monetary Regime Transformation in the 1870s." In Michael D. Bordo and Forrest Capie, eds., *Monetary Regimes in Transition*, 15-67. New York: Cambridge University Press.

———. 1995. *The Anatomy of an International Monetary Regime: The Classical Gold Standard, 1880-1914.* New York: Oxford University Press.

Garber, Peter. 1993. "The Collapse of the Bretton Woods Fixed Exchange Rate System." In Michael D. Bordo and Barry Eichengreen, eds., *A Retrospective on the Bretton Woods System*, 461-95. Chicago: University of Chicago Press.

Gardner, Richard. 1969. *Sterling-Dollar Diplomacy.* 2d ed. New York: McGraw-Hill.

Giavazzi, Francesco, and Alberto Giovannini. 1989. *Limiting Exchange Rate Flexibility: The European Monetary System.* Cambridge, Mass.: MIT Press.

Giovannini, Alberto. 1989. "How Fixed Exchange Rate Regimes Work: The Gold Standard, Bretton Woods, and the EMS." In Marcus Miller, Barry Eichengreen, and Richard Portes, eds., *Blueprints for Exchange Rate Management*, 13-42. New York: Academic Press.

Goldenweiser, E. A. 1925. *The Federal Reserve System in Operation.* New York: McGraw-Hill.

Goldstein, Morris, and Nicholas Lardy. 2003. "A Modest Proposal for China's Renminbi." *Financial Times* (16 August): 11.

Gordon, Robert J. 1982. "Why U.S. Wage and Employment Behavior Differs from That in Britain and Japan." *Economic Journal* 92: 13-44.

Greenfield, Robert L., and Hugh Rockoff. 1992. "Gresham's Law Regained." NBER Working Paper on Historical Factors in Long Run Growth 35. National Bureau of Economic Research, Cambridge, Mass.

Grigg, James. 1948. *Prejudice and Judgment.* London: Jonathan Cape.

Gros, Daniel, and Niels Thygesen. 1991. *European Monetary Integration from the European Monetary System to the European Monetary Union.* London: Macmillan.

Grossman, Richard. 1988. "The Role of Bank Failures in Financial Crisis: Three Historical Perspectives." Ph.D. Diss., Harvard University.

———. 1994. "The Shoe that Didn't Drop: Explaining Banking Stability during the Great Depression." *Journal of Economic History* 54: 654-82.

Ground, Richard L. 1988. "The Genesis of Import Substitution in Latin America." *CEPAL Review* 36: 179-203.

Gyohten, Toyoo. 1994. "Comment." In Barry Eichengreen, ed., *International Monetary Arrangements for the 21st Century,* 142-49. Washington, D.C.: Brookings Institution.

Hamilton, James. 1987. "Monetary Factors in the Great Depression." *Journal of Monetary Economics* 13: 145-69.

Hanke, Steve H., Lars Jonung, and Kurt Schuler. 1993. *Russian Currency and Finance: A Currency Board Approach to Reform.* London: Routledge.

Hardey, Charles O. 1936. *Is There Enough Gold?* Washington, D.C.: Brookings Institution.

Harrod, Roy F. 1952. "The Pound Sterling." Princeton Essays in International Finance 13. International Finance Section, Department of economics, Princeton University, Princeton, N.J.

Hawtrey, Ralph. 1938. *A century of Bank Rate.* London: Longmans, Green.

Heckscher, Eli F. 1954. *An Economic History of Sweden.* Cambridge, Mass.: Harvard University Press.

Henning, Randall. 1994. *Currencies and Politics in the United States, Germany, and Japan.* Washington, D.C.: Institute for International Economics.

Hirsch, Fred. 1966. *Money International.* New York: Doubleday.

Holtfrerich, Carl-Ludwig. 1988. "Relations between Monetary Authorities and Governmental Institutions: The Case of Germany from the 19th Century to the Present." In Gianni Toniolo, ed., *Central Banks' Independence in Historical Perspective,* 105-59. Berlin: Walter de Gruyter.

Horiuchi, Akiyoshi. 1993. "Monetary Policies: Japan." In Haruhiro Fukui, Peter H. Merkl, Hubertus Müller-Groeling, and Akio Watanabe, eds., *The Politics of Economic Change in Postwar Japan and West Germany,* 101-15.

New York: St. Martin's Press.

Horn, Hendrik, and Torsten Persson. 1988. "Exchange Rate Policy, Wage Formation, and Credibility." *European Economic Review* 32: 1621-36.

Horsefield, J. Keith. 1969. *The International Monetary Fund, 1945-1965.* Washington, D.C.: International Monetary Fund.

Howson, Susan. 1975. *Domestic Monetary Management in Britain, 1919-38.* Cambridge, Eng.: Cambridge University Press.

———. 1980. "Sterling's Managed Float: The Operations of the Exchange Equalisation Account, 1932-1939." Princeton Studies in International Finance 46. International Finance Section, Department of Economics, Princeton University, Princeton, N.J.

Hume, David. [1752] 1898. "On the Balance of Trade." In *Essays, Moral, Political, and Literary,* vol. 1, 330-45. London: Longmans, Green.

International Conference of Economic Services. 1938. *International Abstract of Economic Statistics, 1931-1936.* The Hague: International Conference of Economic Services.

Irwin, Douglas. 1995. "The GATT's Contribution to Economic Recovery in Post-War Western Europe." In Barry Eichengreen, ed., *Europe's Postwar Recovery,* 127-50. Cambridge, Eng.: Cambridge University Press.

Jacoby, Sanford. 1985. *Employing Bureaucracy: Managers, Unions, and the Transformation of Work in American Industry, 1900-1945.* New York: Columbia University Press.

James, Harold. 1984. *The German Slump: Politics and Economics, 1924-1936.* Oxford, Eng.: Clarendon Press.

———. 1992. "Financial Flows across Frontiers during the Interwar Depression." *Economic History Review* 45: 594-613.

———. 1995. *International Monetary Cooperation since Bretton Woods.* New York: Oxford University Press.

Jeanne, Olivier. 1995. "Monetary Policy in England, 1893-1914: A Structural VAR Analysis." *Explorations in Economic History* 32: 302-26.

Johnson, Harry G. 1973. "The Exchange-Rate Question for a United Europe." In Melvyn Krauss, ed., *The Economics of Integration,* 201-15. London: George Allen and Unwin.

384

Kaplan, Jacob, and Gunther Schleiminger. 1989. *The European Payments Union: Financial Diplomacy in the 1950s*. Oxford, Eng.: Clarendon Press.

Kenen, Peter B. 1960. *British Monetary Policy and the Balance of Payments, 1951-1957*. Cambridge, Mass.: Harvard University Press.

―――. 1969. "The Theory of Optimum Currency Areas: An Eclectic View." In Robert A. Mundell and Alexander K. Swoboda, eds., *Monetary Problems of the International Economy*, 41-60. Chicago: University of Chicago Press.

―――. 1988. *Managing Exchange Rates*. London: Royal Institute of International Affairs.

―――. 1993. "Financial Opening and the Exchange Rate Regime." In Helmut Reisen and Bernhard Fischer, eds., *Financial Opening*, 237-62. Paris: OECD.

―――. 1994. *The International Economy*. 3d ed. New York: Cambridge University Press.

―――. 1995. *Economic and Monetary Union in Europe: Moving Beyond Maastricht*. Cambridge, Eng.: Cambridge University Press.

Kennedy, Ellen. 1991. *The Bundesbank: Germany's Central Bank in the International Monetary System*. London: Royal Institute of International Affairs.

Kennedy, Susan Eastabrook. 1973. *The Banking Crisis of 1933*. Lexington: University Press of Kentucky.

Keynes, John Maynard. 1925. *The Economic Consequences of Mr. Churchill*. London: Hogarth Press.

―――. 1930. *A Treatise on Money*. London: Macmillan.

―――. 1932. *Essays in Persuasion*. London: Macmillan.

―――. 1980. *The Collected Writings of John Maynard Keynes*. Vol. 25. *Activities 1940-1944: Shaping the Postwar World: The Clearing Union*, ed. Donald Moggridge. London: Macmillan and Cambridge University Press.

Kindleberger, Charles P. 1973. *The World in Depression, 1929-1939*. Berkeley: University of California Press (『대공황의 세계』, 박명섭 옮김, 부키, 1998년).

King, Wilfred T. C. 1936. *History of the London Discount Market*. London: G. Routledge.

Kouri, Pentti J. K., and Michael G. Porter. 1974. "International Capital Flows and Portfolio Equilibrium." *Journal of Political Economy* 82: 443-67.

Krugman, Paul. 1979. "A Model of Balance-of-Payments Crises." *Journal of*

Money, Credit, and Banking 11: 311-25.

———. 1985. "Is the Strong Dollar Sustainable?" In *The U.S. Dollar: Recent Developments, Outlook, and Policy Options*, 103-32. Kansas City, Mo.: Federal Reserve Bank of Kansas City.

———. 1991. "Target Zones and Exchange Rate Dynamics." *Quarterly Journal of Economics* 106: 669-82.

———. 1998. "The Asian Crisis." MIT, Cambridge, Mass. Unpublished manuscript.

Kunz, Diane, 1987. *The Battle for Britain's Gold Standard in 1931.* London: Croom Helm.

Laughlin, J. Lawrence. 1885. *The History of Bimetallism in the United States.* New York: Appleton.

League of Nations. 1930. *Interim Report of the Gold Delegation of the Financial Committee.* Economic and Financial Series II.26. Geneva: League of Nations.

Lewis, Cleona. 1938. *America's Stake in International Investments.* Washington, D.C.: Brookings Institution.

Lindert, Peter. 1969. "Key Currencies and Gold, 1900-1913." Princeton Studies in International Finance 24. International Finance Section, Department of Economics, Princeton University, Princeton, N.J.

Little, I. M. D., Richard N. Cooper, W. Max Corden, and Sarath Rajapatirana. 1993. *Boom, Crisis, and Adjustment: The Macroeconomic Experience of Developing Countries.* New York: Oxford University Press.

Lucas, Robert. 1973. "Some International Evidence on Output-Inflation Tradeoffs." *American Economic Review* 63: 326-34.

Ludlow, Peter. 1982. *The Making of the European Monetary System.* London: Butterworth.

Lüke, R. E. 1958. *Von der Stabilisierung zur Krise.* Zurich: Polygrashisher Verlag.

MacDougall, Donald. 1957. *The World Dollar Problem.* New York: St. Martin's Press.

Machlup, Fritz. 1964. *International Payments, Debts and Gold.* New York: Charles Scribner's Sons.

Maier, Charles. 1987. "The Two Post-War Eras and the Conditions for Stability in

Twentieth Century Western Europe." In *In Search of Stability*, 153-84. Cambridge, Eng.: Cambridge University Press.

Marris, Stephen. 1985. *Deficits and the Dollar: The World Economy at Risk.* *Washington*, D.C.: Institute for International Economics.

Marshall, Alfred. 1925. *Memorials of Alfred Marshall*, Arthur C. Pigou, ed., London: Macmillan.

Marston, Richard. 1993. "Interest Differentials under Bretton Woods and the Post-Bretton Woods Float: The Effects of Capital Controls and Exchange Risk." In Michael Bordo and Barry Eichengreen, eds., *A Retrospective on the Bretton Woods System*, 515-46. Chicago: University of Chicago Press.

McKinnon, Ronald. 1964. "Optimum Currency Areas." *American Economic Review* 53: 717-25.

————. 1994. "A Fiscally Consistent Proposal for International Monetary Reform." Stanford University, Stanford, Calif. Unpublished manuscript.

Meltzer, Allan H. 1991. "U.S. Policy in the Bretton Woods Era." *Federal Reserve Bank of St. Louis Review* 73 (May/June): 54-83.

Metzler, Lloyd. 1947. "Exchange Rates and the I.M.F." *Postwar Economic Studies* 7: 1-45.

Micco, Alejandro, Ernesto Stein, and Guillermo Ordenez. 2003. "The Currency Union Effect on Trade: Early Evidence from EMU." *Economic Policy* 18: 316-56.

Mikesell, Raymond F. 1954. *Foreign Exchange in the Postwar World.* New York: Twentieth Century Fund.

————. 1994. "The Bretton Woods Debates: A Memoir." Princeton Essays in International Finance 192. International Finance Section, Department of Economics, Princeton University, Princeton, N.J.

Miller, Marcus, and Alan Sutherland. 1994. "Speculative Anticipations of Sterling's Return to Gold: Was Keynes Wrong?" *Economic Journal* 104: 804-12.

Miller, Victoria. 1995. "Exchange Rate Crises with Domestic Bank: Runs: Evidence from the 1890s." University of Quebec at Montreal. Unpublished manuscript.

Milward, Alan. 1984. *The Reconstruction of Western Europe, 1945-1951.* London: Methuen.

Mishkin, Frederic. 2004. "Can Inflation Targeting Work in Emerging Markets?"

NBER Working Paper no. 10646. National Bureau of Economic Research, Cambridge, Mass.

Mitchell, B. R. 1978. *European Historical Statistics.* New York: Columbia University Press.

Modigliani, Franco. 1970. "The Life Cycle Hypothesis and Saving and Intercountry Differences in the Saving Ratio." In W. A. Eltis, M. F. Scott, and J. N. Wolfe, eds., *Induction Growth, and Trade: Essays in Honor of Sir Roy Harrod,* 197-225. Oxford, Eng.: Clarendon Press.

Modigliani, Franco, and Shi Larry Cao. 2004. "The Chinese Saving Puzzle and the Life-Cycle Hypothesis." *Journal of Economic Literature* 42: 145-70.

Moggridge, Donald E. 1969. *The Return to Gold, 1925.* Cambridge, Eng.: Cambridge University Press.

————. 1970. "The 1931 Financial Crisis — A New View." *The Banker* 120: 832-39.

Morgan-Webb, Charles. 1934. *The Rise and Fall of the Gold Standard.* New York: Macmillan.

Morgenstern, Oskar. 1959. *International Financial Transactions and Business Cycles.* Princeton, N.J.: Princeton University Press.

Mundell, Robert A. 1961. "A Theory of Optimum Currency Areas." *American Economic Review* 51: 657-65.

————. 1992. "The Global Adjustment System." In Mario Baldassarri, John McCallum, and Robert A. Mundell, eds., *Global Disequilibrium in the World Economy,* 351-456. London: Macmillan.

Mussa, Michael. 2002. "Argentina and the Fund: From Triumph to Tragedy." Policy Analyses in International Economics no. 67. Washington, D.C.: Institute for International Economics (July).

Neme, Colette. 1986. "Les possibilités d'abolition du contrôle des changes français." *Revue d'économie politique* 2: 177-94.

Nurkse, Ragnar. 1944. *International Currency Experience.* Geneva: League of Nations.

Obstfeld, Maurice. 1986. "Rational and Self-Fulfilling Balance-of-Payments Crises." *American Economic Review* 76: 72-81.

————. 1993a. "Destabilizing Effects of Exchange Rate Escape Clauses." NBER

Working Paper no. 3603. National Bureau of Economic Research, Cambridge, Mass.

———. 1993b. "The Adjustment Mechanism." In Michael D. Bordo and Barry Eichengreen, eds., *A Retrospective on the Bretton Woods System*, 201-68. Chicago: University of Chicago Press.

———. 1994. "The Logic of Currency Crises." *Cahiers Economiques et Monétaires* 43: 189-213.

———. 1996. "Models of Currency Crises with Self-Fulfilling Features." *European Economic Review* 40: 1037-47.

OECD. 2003. "Product Market Competition and Economic Performance." *Journal of Competition Law and Policy* 4: 27-38.

Office of Business Economics. 1954. *The Balance of Payments of the United States, 1919-1953.* Washington, D.C.: U.S. Government Printing Office.

Officer, Lawrence. 1993. "Gold-Point Arbitrage and Uncovered Interest Parity under the 1925-31 Dollar-Sterling Gold Standard." *Explorations in Economic History* 30: 98-127.

Ohlin, Bertil. 1936. *International Economic Reconstruction.* Paris: International Chamber of Commerce.

Oppers, Stefan. 1992. "A Model of the Bimetallic System." University of Michigan, Ann Arbor. Unpublished manuscript.

———. 1994. "Was the Worldwide Shift to Gold Inevitable? An Analysis of the End of Bimetallism." University of Michigan, Ann Arbor. Unpublished manuscript.

Organisation for European Economic Cooperation. 1950. *First Annual Report.* Paris: OEEC.

———. 1954. Fifth Annual Report. Paris: OEEC.

Özatay, Fatih, and Güven Sak. 2003. "Banking Sector Fragility and Turkey's 2000-2001 Financial Crisis." Research Department Discussion Paper, Central Bank of Turkey (December).

Ozkan, F. Gulcin, and Alan Sutherland. 1994. "A Model of the ERM Crisis." CEPR Discussion Paper 879. Centre for Economic Policy Research, London.

Palyi, Melchior. 1972. *The Twilight of Gold, 1914-1936.* Chicago: Regnery.

Parsley, David, and Shang-Jin Wei. 2007. "In Search of a Euro Effect: Big

Lessons from a Big Mac Meal?" Vanderbilt University and Columbia University (August). Unpublished manuscript.

Perry, Guillermo, and Luis Servén. 2003. "The Anatomy of a Multiple Crisis: Why Was Argentina Special and What Can We Learn From It?" Policy Research Working Paper no. 3081. Washington, DC: World Bank (June).

Phelps, Edmund. 1967. "Phillips Curves, Expectations of Inflation, and Optimal Unemployment." *Economica* 2d ser. 34: 254-81

Pippinger, John. 1984. "Bank of England Operations, 1893-1913" In Michael D. Bordo and Anna Schwartz, eds., *A Retrospective on the Classical Gold Standard, 1821-1931*, 203-33. Chicago: University of Chicago Press.

Plessis, Alain. 1985. *La politique de la Banque de France de 1851 à 1870.* Geneva: Droz.

Pöhl, Karl Otto. 1995. "International Monetary Policy: A Personal View." In Yegor Gaidar and Karl Otto Pöhl, *Russian Reform/International Money*, 55-140. Cambridge, Mass.: MIT Press.

Polak, Jacques J. 1980. "The EMF: External Relations." *Banca Nazionale del Lavoro Quarterly Review* 134: 359-72.

Pollard, Sidney. 1969. *The Development of the British Economy, 1919-1967.* 2d ed. London: Edward Arnold.

Polanyi, Karl. 1944. *The Great Transformation.* New York: Rinehart (『거대한 전환』, 홍기빈 옮김, 길, 2009년).

Prati, Alessandro. 1991. "Poincaré's Stabilization: Stopping a Run on Government Debt." *Journal of Monetary Economics* 27: 213-39.

Pressnell, L. S. 1968. "Gold Reserves, Banking Reserves, and the Baring Crisis of 1890." In C. R. Whittlesey and J. S. G. Wilson, eds., *Essays in Honour of R. S. Sayers*, 167-228. Oxford, Eng.: Clarendon Press.

Putnam, Robert, and Nicholas Bayne. 1987. *Hanging Together: The Seven Power Summits.* 2d ed. Cambridge, Mass.: Harvard University Press.

Putnam, Robert, and C. Randall Henning. 1989. "The Bonn Summit of 1978: A Case of Cooperation." In Richard N. Cooper, Barry Eichengreen, Gerald Holtham, Robert D. Putnam, and C. Randall Henning, *Can Nations Agree? Issues in International Economic Cooperation*, 12-140. Washington, D.C.: Brookings Institution.

Radalet, Steven, and Jeffrey Sachs. 1998. "The Asian Financial Crisis: Diagnosis,

Remedies, Prospects." *Brookings Papers on Economic Activity* 1: 1-74.

Rastel, Georges. 1935. *Les controverses doctrinales sur le bimétallisme au XIXème siècle*. Paris: Presses Modernes.

Redish, Angela. 1990. "The Evolution of the Gold Standard in England." *Journal of Economic History* 50: 789-805.

———. 1992. "The Evolution of the Classical Gold Standard: The Case of France." University of British Columbia, Vancouver. Unpublished manuscript.

Redmond, John. 1984. "The Sterling Overvaluation in 1925: A Multilateral Approach." *Economic History Review* 37: 520-32.

Reinhart, Carmen, and Kenneth Rogoff. 2004. "The Modern History of Exchange Rate Arrangements: A Reinterpretation." *Quarterly Journal of Economics* 119: 1-48.

Ricardo, David. [1810] 1951. "Three Letters on the Bullion Report." In *Pamphlets and Papers 1809-1811*, vol. 3, 136-37. Cambridge, Eng.: Cambridge University Press.

———. [1819] 1952. "Minutes of Evidence Taken before the Secret Committee on the Expediency of the Bank Resuming Cash Payments." Reprinted in Piero Sraffa, ed., *The Works and Correspondence of David Ricardo*, vol. 5, *Speeches and Evidence*, 371-400. Cambridge, Eng.: Cambridge University Press.

Rich, Georg. 1989. "Canadian Banks, Gold, and the Crisis of 1907." *Explorations in Economic History* 26: 135-60.

Rolnick, Arthur, and Warren Weber. 1986. "Gresham's Law or Gresham's Fallacy?" *Journal of Political Economy* 94: 185-99.

Roosa, Robert. 1965. *Monetary Reform for the World Economy*. New York: Harper and Row.

Rose, Andrew. 1994. "Are Exchange Rates Macroeconomic Phenomena?" *Federal Reserve Bank of San Francisco Economic Review* 19: 20-30.

Rose, Andrew, and Lars Svensson. 1994. "European Exchange Rate Credibility before the Fall." *European Economic Review* 38: 1185-1216.

Rueff, Jacques. 1972. *The Monetary Sin of the West*. Trans. Roger Glemet. New York: Macmillan.

Ruggie, John Gerald. 1983. "International Regimes, Transactions, and Change: Embedded Liberalism in the Postwar Economic Order." In Stephen D.

Krasner, ed., *International Regimes*, 195-223. Ithaca, N.Y.: Cornell University Press.

Russell, Henry B. 1898. *International Monetary Conferences*. New York: Harper and Brothers.

Sachs, Jeffrey D., and Charles Wyplosz. 1986. "The Economic Consequences of President Mitterrand." *Economic Policy* 2: 261-321.

Sala-i-Martin, Xavier, and Jeffrey D. Sachs. 1992. "Fiscal Federalism and Optimum Currency Areas: Evidence for Europe from the United States." In Matthew B. Canzoneri, Vittorio Grilli, and Paul R. Masson, eds., *Establishing a Central Bank: Issues in Europe and Lessons on the United States*, 195-220. Cambridge, Eng.: Cambridge University Press.

Sargent, Thomas J. 1983. "Stopping Moderate Inflation: The Methods of Poincaré, and Thatcher." In Rudiger Dornbusch and M. H. Simonsen, eds., *Inflation, Debt and Indexation*, 54-96. Cambridge, Mass.: MIT Press.

Sayers, Richard S. 1976. *The Bank of England, 1891-1944*. 3 vols. Cambridge, Eng.: Cambridge University Press.

Scammell, W. M. 1975. *International Monetary Policy: Bretton Woods and After*. London: Macmillan.

Schacht, Hjalmar. 1927. *The Stabilization of the Mark*. New York: Adelphi.

Schelling, Thomas. 1978. *Micromotives and Macrobehavior*. New York: Norton.

Schenk, Catherine. 1994. *Britain and the Sterling Area: From Devaluation to Convertibility in the 1950s*. London: Routledge.

Schoorl, Evert. 1995. "Working Party Three and the Dollar, 1961-1964." University of Groningen, the Netherlands. Unpublished manuscript.

Schubert, Aurel. 1991. *The Credit-Anstalt Crisis of 1931*. Cambridge. Eng.: Cambridge University Press.

Schumpeter, Joseph. 1954. *History of Economic Analysis*. New York: Oxford University Press.

Shelton, Judy. 1994. *Money Meltdown*. New York: Free Press.

Shirer, William L. 1969. *The Collapse of the Third Republic*. New York: Simon and Schuster.

Sicsic, Pierre. 1992. "Was the Franc Poincaré Deliberately Undervalued?" *Explorations in Economic History* 29: 69-92.

Sorensen, Theodore. 1965. *Kennedy*. New York: Harper and Row.

Spooner, Frank. 1972. *The International Economy and Monetary Movements in France, 1493-1725.* Cambridge, Mass.: Harvard University Press.

Stoddard, Lothrop. 1932. *Europe and Our Money.* New York: Macmillan.

Sturzenegger, Federico, and Eduardo Levy-Yeyati. 2007. "Fear of Appreciation." Policy Research Paper no. 4387. Washington, D.C.: The World Bank (November).

Summers, Robert, and Alan Heston. 1991. "The Penn World Tables (Mark 5): An Expanded Set of International Comparisons, 1950-1988." *Quarterly Journal of Economics* 106: 327-68.

Taus, Esther Rogoff. 1943. *Central Banking Functions of the United States Treasury, 1789-1941.* New York: Columbia University Press.

Taussig, Frank. 1927. *International Trade.* New York: Macmillan.

Temin, Peter. 1989. *Lessons from the Great Depression.* Cambridge, Mass.: MIT Press.

———. 1994. "Universal Banks and Financial Instability in the 1920s and 1930s." MIT, Cambridge, Mass. Unpublished manuscript.

———. 1995. "The 'Koreaboom' in West Germany: Fact or Fiction?" *Economic History Review* 48: 737-53.

Tew, Brian. 1988. *The Evolution of the International Monetary System, 1945-1988.* 4th ed. London: Hutchinson.

Thuillier, Guy. 1983. *La monnaie en France au début du XIXème siècle.* Geneva: Librairie Droz.

Triffin, Robert. 1947. "National Central Banking and the International Economy." *Postwar Economic Studies* 7: 46-81.

———. 1960. *Gold and the Dollar Crisis: The Future of Convertibility.* New Haven, Conn.: Yale University Press.

———. 1964. "The Evolution of the International Monetary System: Historical Reappraisal and Future Perspectives." Princeton Studies in International Finance 12. International Finance Section, Department of Economics, Princeton University, Princeton, N.J.

———. 1966. *The World Money Maze.* New Haven, Conn.: Yale University Press.

United Nations. 1949. *International Capital Movements during the Inter-War*

Period. Lake Success, N.Y.: United Nations.

van der Wee, Herman. 1986. *Prosperity and Upheaval.* Trans. Robin Hogg and Max R. Hall. New York: Viking.

Viner, Jacob. 1951. *International Economics: Studies.* Glencoe, Ill.: Free Press.

Viren, Matti. 1994. "A Note on Interest Rate Policy during the Great Depression." *Journal of European Economic History* 23: 115-29.

Volcker, Paul, and Toyoo Gyohten. 1992. *Changing Fortunes: The World's Money and the Threat to American Leadership.* New York: Times Books.

von Hagen, Jürgen. 1994. "Credible Roads to EMU." University of Mannheim, Germany. Unpublished manuscript.

Warnock, Francis, and Virginia Warnock. 2005. "International Capital Flows and U.S. Interest Rates." International Finance Discussion Paper no. 840. Washington, D.C.: Board of Governors of the Federal Reserve System (September).

Warren, George F, and Frank A. Pearson. 1933. *Prices.* New York: John Wiley and Sons.

————. 1935. *Gold and Prices.* New York: John Wiley and Sons.

Werner, Pierre, Baron Hubert Ansiaux, Georg Brouwers, Bernard Clappier, Ugo Moscq, Jean-Baptiste Schöllhorn, and Giorgio Stammati. 1970. *Report to the Council and the Commission on the Realisation by Stages of Economic and Monetary Union in the Community.* Supplement to Bulletin II-1970 of the European Communities. Brussels: European Communities.

Whale, P. Barrett. 1939. "Central Banks and the State." *Manchester School* 10: 38-49.

Wheelock, David C. 1991. *The Strategy and Consistency of Federal Reserve Monetary Policy, 1924-1933.* Cambridge, Eng.: Cambridge University Press.

White, Harry D. 1933. *The French International Accounts, 1880-1913.* Cambridge, Mass.: Harvard University Press.

Wicker, Elmus. 1966. *Federal Reserve Monetary Policy, 1917-1933.* New York: Random House.

Wigmore, Barrie. 1984. "Was the Bank Holiday of 1933 Caused by a Run on the Dollar?" *Journal of Economic History* 47: 739-55.

Williams, David. 1968. "The Evolution of the Sterling System." In C. R. Whittlesey and J.S.G. Wilson, eds., *Essays in Money and Banking in Honour of R. S. Sayers*, 266-97. Oxford, Eng.: Clarendon Press.

Williams, John H. 1952. *Economic Stability in the Modern world*. London: Athlone Press.

Williamson, John. 1977. *The Failure of World Monetary Reform, 1971-74*. New York: New York University Press.

———. 1993. "Exchange Rate Management." *Economic Journal* 103: 188-97.

Williamson, John, and C. Randall Henning. 1994. "Managing the Monetary System." In Peter B. Kenen, ed., *Managing the World Economy Fifty Years after Bretton Woods*, 83-117. Washington, D.C.: Institute for International Economics.

Willis, Henry Parker. 1901. *A History of the Latin Monetary Union*. Chicago: University of Chicago Press.

Wilson, Harold. 1971. *The Labour Government, 1964-1970: A Personal Record*. London: Weidenfeld and Nicolson and Michael Joseph.

Working Group on Exchange Market Intervention. 1983. *Report*. Washington, D.C.: U.S. Treasury.

Yeager, Leland. 1966. *International Monetary Relations*. New York: Harper and Row.

-----. 1968. *The International Monetary Mechanism*. New York: Holt, Rinehart and Winston.

Zaragaza, Carlos E. 1995. "Can Currency Boards Prevent Devaluations and Financial Meltdowns?" *Southwest Economy* 4: 6-9.

찾아보기

지은이 배리 아이켄그린 Barry Eichengreen

국제 금융과 통화 체제의 최고 권위자로 인정받는 미국 경제학자이며, UC버클리대 경제학과 교수이자 경제사학회 회장이다. 국제통화기금(IMF)에서 수석정책자문위원을 역임했으며, 전미경제연구소(NBER)의 연구위원이다. 2010년에 국제슘페터학회로부터 슘페터상을 수상했고, 『포린폴리시』가 뽑은 '세계에서 가장 영향력 있는 지식인 100명'에 선정되기도 했다. 한국은행의 자문 교수이기도 하다. 지은 책으로는 『황금 족쇄』, 『달러 제국의 몰락』, 『글로벌 불균형』 등이 있다.

옮긴이 강명세

고려대학교를 졸업하고 동대학원에서 정치학 석사 학위를 받았다. 뉴스쿨에서 석사를 수료하고 UCLA에서 정치학 박사 학위를 받았다. 현재 세종연구소 수석 연구 위원으로 있다.

글로벌라이징 캐피털

국제 통화 체제는 어떻게 진화하는가

발행일   2010년 12월 5일(초판 1쇄)
          2019년 11월 30일(초판 4쇄)

지은이   배리 아이켄그린
옮긴이   강명세
펴낸이   이지열
펴낸곳   미지북스
          서울 마포구 성암로 15길 46(상암동 2-120) 201호
          우편번호 03930
          전화 070-7533-1848   팩스 02-713-1848
          mizibooks@naver.com
          출판 등록 2008년 2월 13일 제313-2008-000029호
책임 편집 이지열
출력   상지출력센터
인쇄   한영문화사

ISBN   978-89-94142-10-4 93320
값 22,000원

· 블로그 http://mizibooks.tistory.com
· 트위터 http://twitter.com/mizibooks
· 페이스북 http://facebook.com/pub.mizibooks